이 책의 머리말

해야 할 일도 많고 공부할 것도 많은 우리 친구들!
모든 교과목을 따로 따로 공부하기에는 시간이 부족하지 않나요?

초코 전과목 단원평가는 바쁜 우리 친구들을 위해
단 한 권으로 교과 평가를 대비할 수 있게 하였습니다.

개념을 스스로 채워가며 빠르게 정리하고,
실전 문제를 풀면서 학교 시험에 완벽하게 대비할 수 있어요.

초코 전과목 단원평가가 우리 친구들의 학습 부담을
조금이라도 덜어줄 수 있는 소중한 친구가 되었으면 합니다.

그럼, 지금부터 초코 전과목 단원평가를 학습해 볼까요?

구성과 특징

"빠르고 정확한 전과목 초등 코어 학습으로
단원평가 100점!"

핵심 개념

- 과목별 핵심 개념을 스스로 채워가며 기본 실력을 다져요.
- 핵심 개념을 대표 지문과 자료에 적용하며 응용 실력을 키워요.

QR코드를 스캔하면 핵심 개념을 한눈에 모아 보면서 정리할 수 있어요.

국어

국어 핵심 개념 1. 비유하는 표현

➜ 바른답·알찬풀이 2쪽

개념 1 비유하는 표현

- 비유하는 표현: 어떤 현상이나 사물을 비슷한 ❶ㅎㅅ이나 사물에 ❷ㅂㄷㅇ 표현하는 것입니다.
- 비유하는 표현 예: 꽃처럼 아름다운 우리 가족은 언제나 밝게 웃어요.

1 다음 글에서 봄날 꽃잎은 무엇을 비유한 것인지 쓰시오.

뻥튀기

"뻥이요. 뻥!"

봄날 꽃잎이 흩날리는 것처럼 아름답게 보였습니다.
아니야, 아니야, 나비가 날아갑니다.
아니야, 아니야, 함박눈이 내리는 거야.

• (　　　　　)이/가 사방으로 날리는 모양

개념 2 비유하는 표현을 생각하며 시 읽기

핵심 개념을 익히고, 시험에 자주 나오는 대표 지문과 문제를 한 번에 학습합니다.

수학

수학 핵심 개념 1. 분수의 나눗셈

➜ 바른답·알찬풀이 20쪽

개념 1 (자연수)÷(자연수)의 몫을 분수로 나타내기

- 몫이 1보다 작은 (자연수)÷(자연수)

$2\div5=\frac{2}{5}$

- 몫이 1보다 큰 (자연수)÷(자연수)

$4\div3=\frac{4}{3}=1\frac{1}{3}$

1 그림을 보고 □ 안에 알맞은 수를 써넣으시오.

$3\div4=\frac{\square}{\square}$

개념 2 (자연수)÷(자연수)를 분수의 곱셈으로 나타내어 계산하기

핵심 개념을 익히고, 확인 문제를 통해 익힌 개념을 다시 한 번 학습합니다.

사회

사회 핵심 개념

1. 우리나라의 정치 발전

1 민주주의의 발전과 시민 참여

개념 1 4·19 혁명(1960)

① 배경

- 우리나라의 첫 번째 대통령이었던 이승만은 헌법을 바꿔 가며 ❶ㄷㅈ 정치를 이어 갔습니다.
- 이승만 정부는 1960년 3월 15일에 치러진 정부통령 선거에서 ❷ㅂㅈ 선거를 하였습니다.

② 전개 과정

1 마산에서 3·15 부정 선거에 항의하는 시위가 일어남.
2 시위에 참여하였다가 실종된 ❸ㄱㅈㅇ 학생의 시신이 발견되면서 시위가 전국으로 퍼짐.
3 4월 19일, 재선거를 요구하는 대규모 시위가 일어남.

③ 결과

자료 2 유신 헌법에 대한 자

대학생들이 유신 헌법 폐지를 주장하는 시위

핵심 개념을 한눈에 정리하고, 핵심 자료만 따로 모아 자료 해석 능력을 키웁니다.

과학

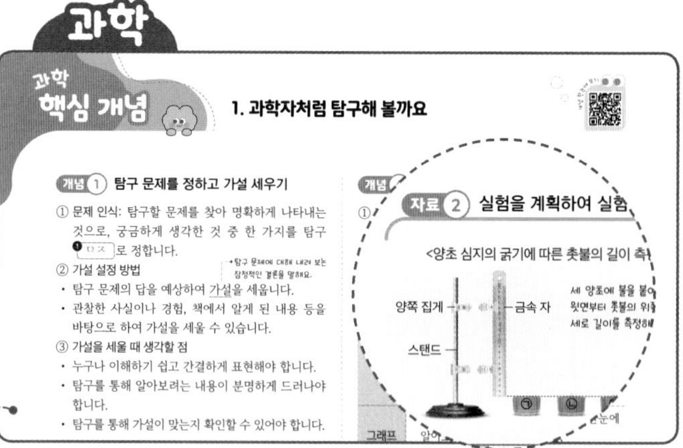

과학 핵심 개념 1. 과학자처럼 탐구해 볼까요

개념 1 탐구 문제를 정하고 가설 세우기

① 문제 인식: 탐구할 문제를 찾아 명확하게 나타내는 것으로, 궁금하게 생각한 것 중 한 가지를 탐구 ❶ㅁㅈ로 정합니다.

② 가설 설정 방법

- 탐구 문제의 답을 예상하여 가설을 세웁니다.
- 관찰한 사실이나 경험, 책에서 알게 된 내용 등을 바탕으로 하여 가설을 세울 수 있습니다.

③ 가설을 세울 때 생각할 점

- 누구나 이해하기 쉽고 간결하게 표현해야 합니다.
- 탐구를 통해 알아보려는 내용이 분명하게 드러나야 합니다.
- 탐구를 통해 가설이 맞는지 확인할 수 있어야 합니다.

자료 2 실험을 계획하여 실험

<양초 심지의 굵기에 따른 촛불의 길이 측

핵심 개념을 한눈에 정리하고, 탐구 자료만 따로 모아 개념과 탐구를 한 번에 학습합니다.

- 기본/실전 단원평가로 구분한 단계별 학습으로 실전을 대비해요.
- 교과서 통합 문제를 제공하여 모든 교과서의 단원평가를 대비해요.

기본

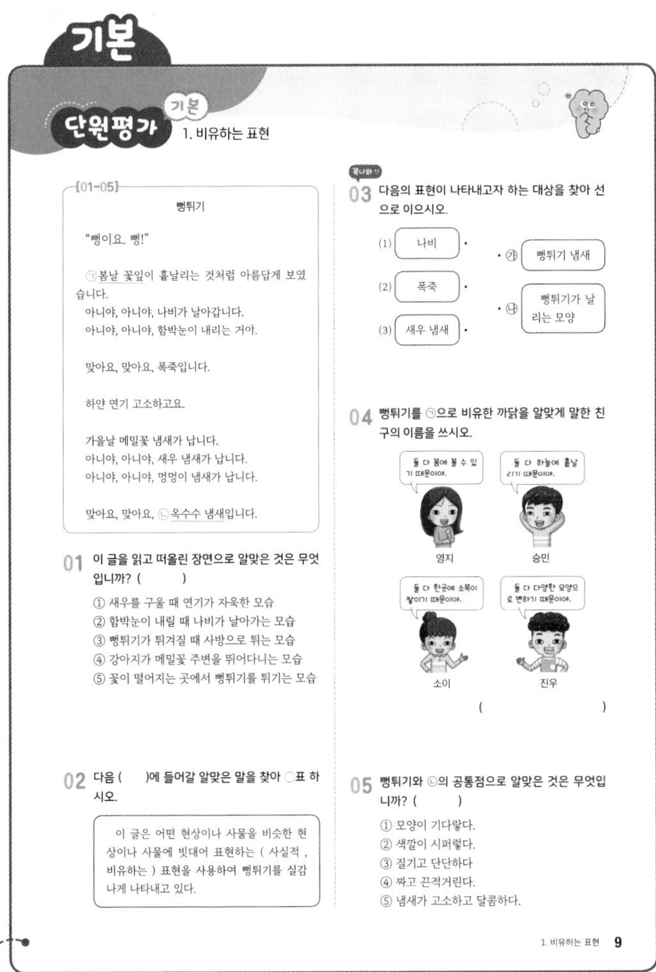

단원평가 기본 1. 비유하는 표현

[01~05]

뻥튀기

"뻥이요. 뻥!"

㉠봄날 꽃잎이 흩날리는 것처럼 아름답게 보였습니다.
아니야, 아니야, 나비가 날아갑니다.
아니야, 아니야, 함박눈이 내리는 거야.

맞아요, 맞아요, 폭죽입니다.

하얀 연기 고소하고요.

가을날 메밀꽃 냄새가 납니다.
아니야, 아니야, 새우 냄새가 납니다.
아니야, 아니야, 멍멍이 냄새가 납니다.

맞아요, 맞아요, ㉡옥수수 냄새입니다.

01 이 글을 읽고 떠올린 장면으로 알맞은 것은 무엇입니까? ( )

① 새우를 구울 때 연기가 자욱한 모습
② 함박눈이 내릴 때 나비가 날아가는 모습
③ 뻥튀기가 튀겨질 때 사방으로 튀는 모습
④ 강아지가 메밀꽃 주변을 뛰어다니는 모습
⑤ 꽃이 떨어지는 곳에서 뻥튀기를 튀기는 모습

02 다음 ( )에 들어갈 알맞은 말을 찾아 ○표 하시오.

이 글은 어떤 현상이나 사물을 비슷한 현상이나 사물에 빗대어 표현하는 (사실적 , 비유하는) 표현을 사용하여 뻥튀기를 실감 나게 나타내고 있다.

03 다음의 표현이 나타내고자 하는 대상을 찾아 선으로 이으시오.

(1) 나비 • • ㉮ 뻥튀기 냄새
(2) 폭죽 •
(3) 새우 냄새 • • ㉯ 뻥튀기가 날리는 모양

04 뻥튀기를 ㉠으로 비유한 까닭을 알맞게 말한 친구의 이름을 쓰시오.

영지, 승민, 소이, 진우

( )

05 뻥튀기와 ㉡의 공통점으로 알맞은 것은 무엇입니까? ( )

① 모양이 기다랗다.
② 색깔이 시퍼렇다.
③ 질기고 단단하다.
④ 짜고 끈적거린다.
⑤ 냄새가 고소하고 달콤하다.

1. 비유하는 표현 9

개념 확인 문제부터 단계별 서술형 문제, 출제율 높은 대표 유형 문제를 모두 모아 풀면서 차근차근 학교 시험에 대비합니다.

실전

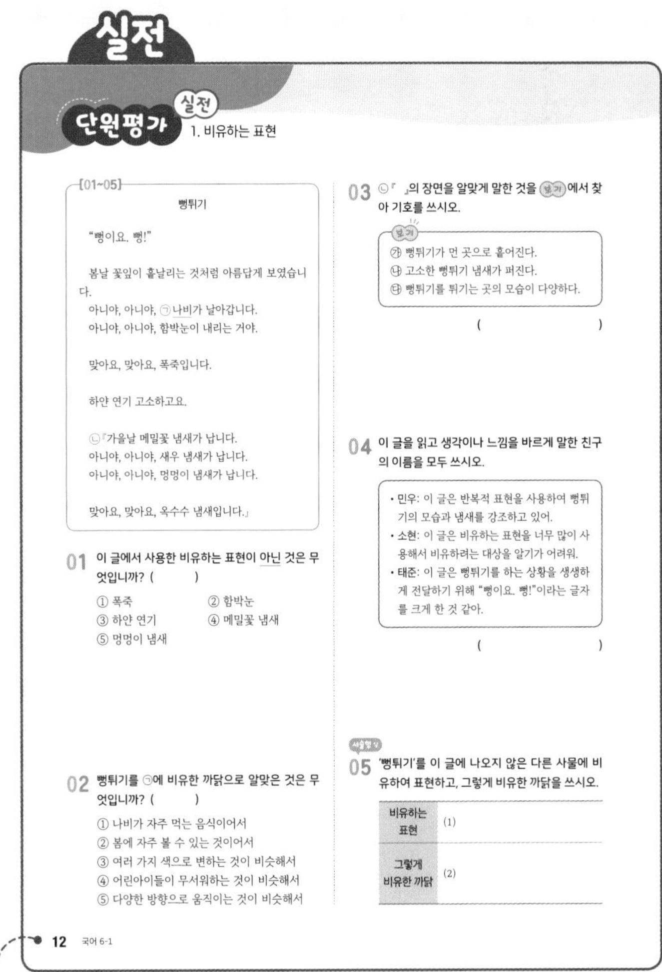

단원평가 실전 1. 비유하는 표현

[01~05]

뻥튀기

"뻥이요. 뻥!"

봄날 꽃잎이 흩날리는 것처럼 아름답게 보였습니다.
아니야, 아니야, ㉠나비가 날아갑니다.
아니야, 아니야, 함박눈이 내리는 거야.

맞아요, 맞아요, 폭죽입니다.

하얀 연기 고소하고요.

㉡「가을날 메밀꽃 냄새가 납니다.
아니야, 아니야, 새우 냄새가 납니다.
아니야, 아니야, 멍멍이 냄새가 납니다.

맞아요, 맞아요, 옥수수 냄새입니다.」

01 이 글에서 사용한 비유하는 표현이 아닌 것은 무엇입니까? ( )

① 폭죽 ② 함박눈
③ 하얀 연기 ④ 메밀꽃 냄새
⑤ 멍멍이 냄새

02 뻥튀기를 ㉠에 비유한 까닭으로 알맞은 것은 무엇입니까? ( )

① 나비가 자주 먹는 음식이어서
② 봄에 자주 볼 수 있는 것이어서
③ 여러 가지 색으로 변하는 것이 비슷해서
④ 어린아이들이 무서워하는 것이 비슷해서
⑤ 다양한 방향으로 움직이는 것이 비슷해서

03 ㉡「 」의 장면을 알맞게 말한 것을 보기에서 찾아 기호를 쓰시오.

보기
㉮ 뻥튀기가 먼 곳으로 흩어진다.
㉯ 고소한 뻥튀기 냄새가 퍼진다.
㉰ 뻥튀기를 튀기는 곳의 모습이 다양하다.

( )

04 이 글을 읽고 생각이나 느낌을 바르게 말한 친구의 이름을 모두 쓰시오.

- 민우: 이 글은 반복적 표현을 사용하여 뻥튀기의 모습과 냄새를 강조하고 있어.
- 소현: 이 글은 비유하는 표현을 너무 많이 사용해서 비유하려는 대상을 알기가 어려워.
- 태준: 이 글은 뻥튀기를 하는 상황을 생생하게 전달하기 위해 "뻥이요. 뻥!"이라는 글자를 크게 한 것 같아.

( )

05 '뻥튀기'를 이 글에 나오지 않은 다른 사물에 비유하여 표현하고, 그렇게 비유한 까닭을 쓰시오.

비유하는 표현	(1)
그렇게 비유한 까닭	(2)

12 국어 6-1

한 단계 높아진 난이도의 문제와 실전 서술형 문제, 최신 경향 문제까지 다양한 문제를 풀면서 학교 시험에 완벽하게 대비합니다.

이 책의 차례

사회

과학

숨은국어찾기

학습을 시작하기 전에 숨은 그림을 찾아보세요.

숨은그림

갓 오이 작은북 사탕 붓 훈민정음 편지

정답바로보기

국어

1. 비유하는 표현

➔ 바른답·알찬풀이 2쪽

개념 QR 보기

개념 1 비유하는 표현

- 비유하는 표현: 어떤 현상이나 사물을 비슷한 ❶ ㅎ ㅅ 이나 사물에 ❷ ㅂ ㄷ ㅇ 표현하는 것입니다.
- 비유하는 표현 예: 꽃처럼 아름다운 우리 가족은 언제나 밝게 웃어요.

1 **다음 글에서 봄날 꽃잎은 무엇을 비유한 것인지 쓰시오.**

> 뻥튀기
>
> "뻥이요. 뻥!"
>
> 봄날 꽃잎이 흩날리는 것처럼 아름답게 보였습니다.
> 아니야, 아니야, 나비가 날아갑니다.
> 아니야, 아니야, 함박눈이 내리는 거야.

• (   )이/가 사방으로 날리는 모양

개념 2 비유하는 표현을 생각하며 시 읽기

- ❸ ㅂ ㅇ 하는 표현은 대상 하나를 다른 대상에 빗대어 표현하므로 두 대상 사이에는 ❹ ㄱ ㅌ ㅈ 이 있습니다.

은유법	'~은/는 ~이다'로 빗대어 표현하는 방법
직유법	'~같이', '~처럼', '~듯이'와 같은 말로 두 대상을 직접 견주어 표현하는 방법

2 **봄비 내리는 소리를 ㉠에 비유한 까닭을 찾아 ○표 하시오.**

> 봄비
>
> 해님만큼이나
> 큰 은혜로
> 내리는 ㉠교향악
>
> 이 세상
> 모든 것이 다
> 악기가 된다.
>
> 달빛 내리던 지붕은
> 두둑 두드둑 / 큰북이 되고
>
> 아기 손 씻던
> 세숫대야 바닥은
>
> 도당도당 도당당
> 작은북이 된다.

(1) 여러 가지 소리가 섞여 있는 것이 비슷해서 (   )

(2) 봄비가 내리는 때에만 교향악을 연주해야 해서 (   )

개념 3 비유하는 표현을 살려 시 쓰기

- 시로 표현하고 싶은 ❺ ㄷ ㅅ 을 생각해 정합니다.
- 대상의 ❻ ㅌ ㅈ 을 생각하며 여러 가지 비유하는 표현을 떠올립니다.
- 자신이 정한 대상의 특징을 담아 비유하는 표현을 살려 시를 씁니다.

3 **봄에 새롭게 만난 대상의 특징을 비유하는 표현으로 나타내려고 합니다. 표의 빈칸에 알맞은 내용을 쓰시오.**

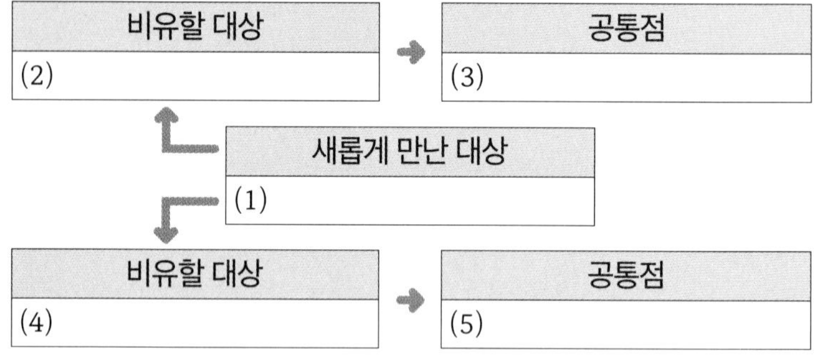

정답 ❶ 현상 ❷ 빗대어 ❸ 비유 ❹ 공통점 ❺ 대상 ❻ 특징

[01~05]

뻥튀기

"뻥이요. 뻥!"

㉠봄날 꽃잎이 흩날리는 것처럼 아름답게 보였습니다.
아니야, 아니야, 나비가 날아갑니다.
아니야, 아니야, 함박눈이 내리는 거야.

맞아요, 맞아요, 폭죽입니다.

하얀 연기 고소하고요.

가을날 메밀꽃 냄새가 납니다.
아니야, 아니야, 새우 냄새가 납니다.
아니야, 아니야, 멍멍이 냄새가 납니다.

맞아요, 맞아요, ㉡옥수수 냄새입니다.

01 이 글을 읽고 떠올린 장면으로 알맞은 것은 무엇입니까? (　　　)

① 새우를 구울 때 연기가 자욱한 모습
② 함박눈이 내릴 때 나비가 날아가는 모습
③ 뻥튀기가 튀겨질 때 사방으로 튀는 모습
④ 강아지가 메밀꽃 주변을 뛰어다니는 모습
⑤ 꽃이 떨어지는 곳에서 뻥튀기를 튀기는 모습

02 다음 (　　)에 들어갈 알맞은 말을 찾아 ○표 하시오.

이 글은 어떤 현상이나 사물을 비슷한 현상이나 사물에 빗대어 표현하는 (사실적 , 비유하는) 표현을 사용하여 뻥튀기를 실감나게 나타내고 있다.

꼭나와

03 다음의 표현이 나타내고자 하는 대상을 찾아 선으로 이으시오.

(1) 나비 •
(2) 폭죽 •
(3) 새우 냄새 •

• ㉮ 뻥튀기 냄새
• ㉯ 뻥튀기가 날리는 모양

04 뻥튀기를 ㉠으로 비유한 까닭을 알맞게 말한 친구의 이름을 쓰시오.

(　　　　　　　　)

05 뻥튀기와 ㉡의 공통점으로 알맞은 것은 무엇입니까? (　　　)

① 모양이 기다랗다.
② 색깔이 시퍼렇다.
③ 질기고 단단하다
④ 짜고 끈적거린다.
⑤ 냄새가 고소하고 달콤하다.

[06~10]

봄비

해님만큼이나
큰 은혜로
내리는 ㉠교향악

㉡이 세상
모든 것이 다
악기가 된다.

달빛 내리던 지붕은
두둑 두드둑
큰북이 되고

아기 손 씻던
세숫대야 바닥은

도당도당 도당당
작은북이 된다.

앞마을 냇가에선
퐁퐁 포옹 퐁
뒷마을 연못에선
풍풍 푸웅 풍

외양간 엄마 소도 함께
댕그랑댕그랑

엄마 치마 주름처럼
산들 나부끼며
왈츠 / 봄의 왈츠
하루 종일 연주한다.

06 이 시에서 봄비가 내리면서 악기가 되지 않은 것은 무엇입니까? (   )

① 지붕
② 뒷마을 연못
③ 세숫대야 바닥
④ 외양간 엄마 소
⑤ 엄마 치마 주름

꼭나와

07 ㉠이 표현하는 것은 무엇입니까? (   )

① 꽃들이 피는 모습
② 봄비가 내리는 소리
③ 치마가 흩날리는 모습
④ 지붕에 햇볕이 내리쬐는 모습
⑤ 여러 사람들이 노래하는 소리

서술형

08 비유해 표현한 ㉡을 읽고, 다음 물음에 답하시오.

(1) ㉡에서 악기에 무엇을 비유했는지 찾아 쓰시오.
(   )

(2) (1)처럼 비유한 까닭을 쓰시오.

09 이 시에서 운율이 잘 느껴지는 말이 아닌 것은 무엇입니까? (   )

① 두둑 두드둑
② 풍풍 푸웅 풍
③ 댕그랑댕그랑
④ 도당도당 도당당
⑤ 하루 종일 연주한다.

10 이 시에서 다음 설명에 해당하는 말을 찾아 쓰시오.

- 봄비가 내리는 모습을 비유하는 표현이다.
- 경쾌하고 가볍게 움직이는 것이 비슷하다는 공통점이 있다.

(   )

➔ 바른답·알찬풀이 2쪽

[11~15]

풀잎과 바람

나는 풀잎이 좋아, ㉠풀잎 같은 친구 좋아
바람하고 엉켰다가 풀 줄 아는 풀잎처럼
헤질 때 또 만나자고 손 흔드는 친구 좋아.

나는 바람이 좋아, 바람 같은 친구 좋아
풀잎하고 헤졌다가 되찾아 온 바람처럼
만나면 얼싸안는 바람, 바람 같은 친구 좋아.

11 이 시에서 사용된 비유하는 표현이 아닌 것은 무엇입니까? (　　　)

① 풀잎 같은 친구 좋아
② 바람 같은 친구 좋아
③ 풀잎하고 헤졌다가 되찾아 온 바람처럼
④ 바람하고 엉켰다가 풀 줄 아는 풀잎처럼
⑤ 헤질 때 또 만나자고 손 흔드는 친구 좋아

12 이 시에서 '친구'를 '풀잎'에 비유한 까닭을 알맞게 말한 친구의 이름을 쓰시오.

- 현경: 풀잎이 바람과 엉켰다 푸는 모습이 친구와 싸워서 토라진 모습과 닮았기 때문이야.
- 유진: 풀잎이 바람과 엉켰다 푸는 모습이 헤어질 때 또 만나자고 손 흔드는 친구의 모습과 닮았기 때문이야.
- 인호: 풀잎이 바람과 엉켰다 푸는 모습이 다른 사람들과 힘을 합쳐 문제를 해결하는 친구의 모습과 닮았기 때문이야.

(　　　　　　　　)

13 '친구'와 '바람'의 공통점은 무엇입니까? (　　　)

① 다시 찾아오는 것
② 시련을 이겨 내는 것
③ 다른 대상에 의지하는 것
④ 남의 말에 쉽게 흔들리는 것
⑤ 남에게 도움이 되는 일을 하는 것

14 이 시와 같이 익숙한 대상을 비유하여 표현하면 좋은 점으로 알맞은 것을 보기에서 모두 찾아 기호를 쓰시오.

보기
㉮ 시의 운율을 잘 느낄 수 있다.
㉯ 익숙한 대상이 새롭게 느껴진다.
㉰ 대상의 특징을 더 잘 알 수 있다.

(　　　　　　　　)

서술형

15 이 시를 읽고 '친구는 따뜻하다'라고 생각할 때, 이에 맞게 ㉠을 다른 표현으로 바꾸어 보시오.

(1) 다음 (　　)에 공통으로 들어갈 비유하는 표현을 한 가지 쓰시오.

(　　　) 같은 친구 좋아
따뜻하게 온 땅을 내리쬐는 (　　　)처럼

(　　　　　　　　)

(2) (1)에서 답한 표현을 사용한 까닭을 쓰시오.

[01~05]

뻥튀기

"뻥이요. 뻥!"

봄날 꽃잎이 흩날리는 것처럼 아름답게 보였습니다.

아니야, 아니야, ㉠나비가 날아갑니다.
아니야, 아니야, 함박눈이 내리는 거야.

맞아요, 맞아요, 폭죽입니다.

하얀 연기 고소하고요.

㉡『가을날 메밀꽃 냄새가 납니다.
아니야, 아니야, 새우 냄새가 납니다.
아니야, 아니야, 멍멍이 냄새가 납니다.

맞아요, 맞아요, 옥수수 냄새입니다.』

01 이 글에서 사용한 비유하는 표현이 아닌 것은 무엇입니까? (　　　)

① 폭죽　② 함박눈
③ 하얀 연기　④ 메밀꽃 냄새
⑤ 멍멍이 냄새

02 뻥튀기를 ㉠에 비유한 까닭으로 알맞은 것은 무엇입니까? (　　　)

① 나비가 자주 먹는 음식이어서
② 봄에 자주 볼 수 있는 것이어서
③ 여러 가지 색으로 변하는 것이 비슷해서
④ 어린아이들이 무서워하는 것이 비슷해서
⑤ 다양한 방향으로 움직이는 것이 비슷해서

03 ㉡『 』의 장면을 알맞게 말한 것을 보기에서 찾아 기호를 쓰시오.

보기
㉮ 뻥튀기가 먼 곳으로 흩어진다.
㉯ 고소한 뻥튀기 냄새가 퍼진다.
㉰ 뻥튀기를 튀기는 곳의 모습이 다양하다.

(　　　　　　　　　)

04 이 글을 읽고 생각이나 느낌을 바르게 말한 친구의 이름을 모두 쓰시오.

- 민우: 이 글은 반복적 표현을 사용하여 뻥튀기의 모습과 냄새를 강조하고 있어.
- 소현: 이 글은 비유하는 표현을 너무 많이 사용해서 비유하려는 대상을 알기가 어려워.
- 태준: 이 글은 뻥튀기를 하는 상황을 생생하게 전달하기 위해 "뻥이요. 뻥!"이라는 글자를 크게 한 것 같아.

(　　　　　　　　　)

서술형

05 '뻥튀기'를 이 글에 나오지 않은 다른 사물에 비유하여 표현하고, 그렇게 비유한 까닭을 쓰시오.

비유하는 표현	(1)
그렇게 비유한 까닭	(2)

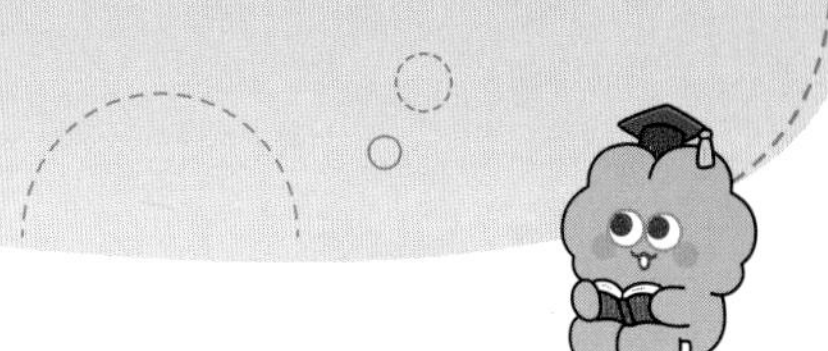

[06~10]

봄비

해님만큼이나
큰 은혜로
내리는 ㉠ 교향악

이 세상 / 모든 것이 다
악기가 된다.

달빛 내리던 지붕은
두둑 두드둑 / 큰북이 되고

아기 손 씻던
세숫대야 바닥은

도당도당 도당당
작은북이 된다.

㉡ 앞마을 냇가에선
퐁퐁 포옹 퐁
뒷마을 연못에선
풍풍 푸웅 풍

외양간 엄마 소도 함께
댕그랑댕그랑

엄마 치마 주름처럼
산들 나부끼며
왈츠 / 봄의 왈츠
하루 종일 연주한다.

06 이 시의 내용으로 보아, '봄비'와 ㉠의 공통점으로 알맞은 것은 무엇입니까? (　　　)

① 여러 사람이 만든다.
② 세상에 널리 퍼진다.
③ 기분을 차분하게 만든다.
④ 여러 가지 소리가 섞여 있다.
⑤ 가벼우면서도 활발하게 움직인다.

07 다음 대상과 관련된 것을 찾아 선으로 이으시오.

(1) 지붕 •　　• ㉮ 큰북: 큰 소리가 난다.

(2) 세숫대야 바닥 •　　• ㉯ 작은북: 작은 소리가 난다.

08 ㉡이 나타내는 모습은 무엇입니까? (　　　)

① 앞마을 냇가에 비가 내리는 모습
② 앞마을 냇가에 돌멩이를 던지는 모습
③ 앞마을 냇가에서 개구리가 우는 모습
④ 앞마을 냇가에서 물거품이 일어나는 모습
⑤ 앞마을 냇가에서 물고기들이 움직이는 모습

어려워

09 이 시를 읽고 든 생각이나 느낌으로 알맞은 것을 보기에서 모두 찾아 기호를 쓰시오.

보기
㉮ 은유법을 사용하여 봄비를 비유했어.
㉯ 비 오는 것을 무거운 분위기로 나타냈어.
㉰ 소리를 흉내 내는 말을 사용하여 운율이 잘 느껴졌어.
㉱ 모양을 나타내는 말을 반복하여 봄비의 모습을 실감 나게 표현했어.

(　　　　　　)

10 이 시의 봄비 내리는 장면을 다른 악기에 빗대어 알맞게 표현한 친구의 이름을 쓰시오.

• 경우: 봄비를 맞는 가로수는 일자로 서서 소리 내는 리코더가 된다.
• 라임: 봄비를 맞고 자라는 새싹은 매우 묵직한 소리를 내는 첼로가 된다.

(　　　　　　)

[11~15]

풀잎과 바람

나는 풀잎이 좋아, ㉠풀잎 같은 친구 좋아
바람하고 엉켰다가 풀 줄 아는 풀잎처럼
헤질 때 또 만나자고 손 흔드는 친구 좋아.

나는 바람이 좋아, ㉡바람 같은 친구 좋아
풀잎하고 헤졌다가 되찾아 온 바람처럼
만나면 얼싸안는 바람, 바람 같은 친구 좋아.

11 이 시에 대한 설명으로 알맞은 것을 세 가지 고르시오. (　　,　　,　　)

① 친구 간의 우정을 노래하고 있다.
② 비슷한 구절이 반복되어 운율이 잘 느껴진다.
③ 말하는 이는 바람에 흔들리는 풀잎을 좋아한다.
④ 자연물에서 친구와 비슷한 점을 찾아 비유하고 있다.
⑤ 소리를 흉내 내는 말을 사용하여 친구의 모습을 재미있게 표현하고 있다.

12 '풀잎'에 대한 말하는 이의 생각이나 느낌으로 알맞은 것은 무엇입니까? (　　)

① 풀잎이 엉키는 모습이 나를 지켜 주는 부모님의 모습과 비슷해.
② 풀잎이 흔들리는 모습이 고통을 함께 나누는 친구의 모습과 비슷해.
③ 풀잎이 흔들리는 모습이 헤어질 때 손 흔드는 친구의 모습과 비슷해.
④ 풀잎이 흔들리는 모습이 만나면 반갑게 맞아 주는 친구의 모습과 비슷해.
⑤ 풀잎이 엉키는 모습이 나의 잘못을 따뜻하게 용서해 주는 선생님의 모습과 비슷해.

13 '친구'를 '바람'에 비유한 까닭으로 알맞은 것을 찾아 ○표 하시오.

(1) 잔디밭에서 마음껏 뛰노는 친구의 모습이 자유롭게 움직이는 바람과 닮았기 때문이다. (　　)
(2) 만나면 얼싸안는 친구의 모습이 풀잎하고 헤어졌다 되찾아 온 바람과 닮았기 때문이다. (　　)

어려워

14 ㉠과 같은 방법으로 비유한 표현이 아닌 것은 무엇입니까? (　　)

① 사과 같은 내 얼굴
② 햇살같이 따뜻한 봄
③ 거북이처럼 느린 아기
④ 봄비는 봄의 왈츠이다.
⑤ 시간은 물 흐르듯이 간다.

서술형

15 다음 '친구의 의미'를 ㉡과 같은 비유하는 표현으로 바꾸어 쓰고, 그렇게 비유한 까닭을 쓰시오.

친구의 의미	나를 감싸 주는 친구

↓

비유하는 표현	(1)
그렇게 비유한 까닭	(2)

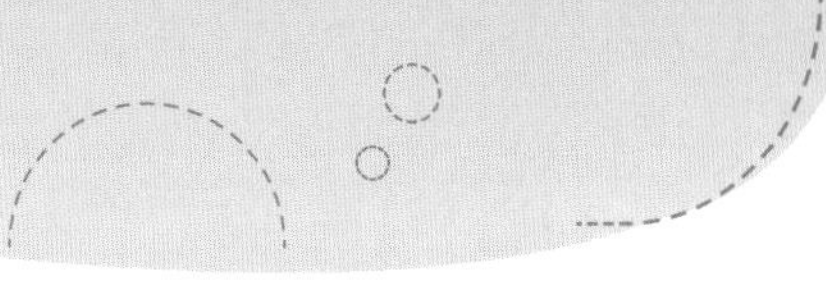

➔ 바른답·알찬풀이 3쪽

국어

[16~17]

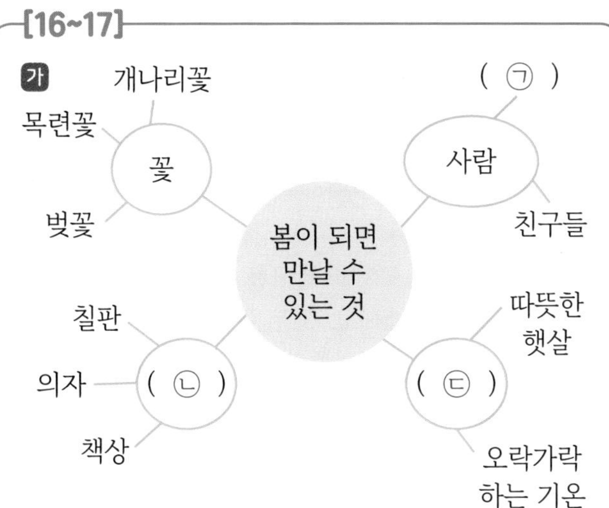

나 우리: 봄에 만난 꽃들의 아름다운 모습을 표현하고 싶어.

대한: 새롭게 만난 친구들과 앞으로 잘 지내고 싶은 마음을 표현하고 싶어.

16 ㉠~㉢에 들어갈 알맞은 말을 보기에서 찾아 쓰시오.

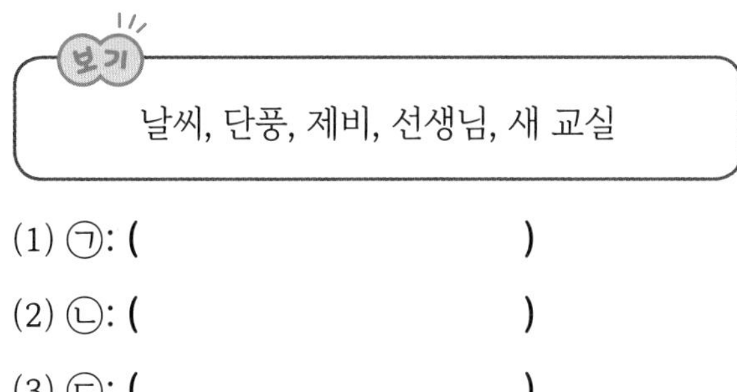

(1) ㉠: (   )

(2) ㉡: (   )

(3) ㉢: (   )

서술형

17 나처럼 봄이 되어 새롭게 만난 대상을 정해 어떤 생각이나 마음을 표현하고 싶은지 쓰시오.

(1) 새롭게 만난 대상을 쓰시오.

(   )

(2) (1)에서 답한 대상에 대해 표현하고 싶은 생각이나 마음을 쓰시오.

어려워

18 비유하는 표현을 사용하여 친구의 특징을 나타낸 것으로 알맞지 않은 것은 무엇입니까? (   )

① 연예인처럼 멋있는 내 친구
② 호수같이 깊고 넓은 내 친구
③ 쇠붙이와 같이 잘 웃는 내 친구
④ 흥부처럼 착하고 순박한 내 친구
⑤ 내 친구는 언제나 나에게 힘을 주는 영양제이다.

19 비유하는 표현을 살려 시를 쓰는 방법으로 알맞은 것을 에서 모두 찾아 기호를 쓰시오.

보기

㉮ 대상의 특징과 어울리는 비유하는 표현을 생각해 본다.
㉯ 익숙한 대상은 비유하는 표현을 되도록 사용하지 않는 것이 좋다.
㉰ 표현하고 싶은 대상은 막연하고 잘 모르는 사물이나 인물로 정한다.
㉱ 표현하고자 하는 대상을 비유하는 대상과의 공통점이나 비슷한 점을 찾아 나타낸다.

(   )

20 다음 중 시를 낭송하는 방법을 잘못 말한 친구는 누구입니까? (   )

① 승민: 시의 분위기나 느낌을 잘 살려야 해.
② 희라: 쑥스러워하지 않고 자신 있게 읽어야 해.
③ 원영: 시에서 떠오르는 장면을 상상하면서 읽어야 해.
④ 서준: 노래하듯이 부드러우면서도 자연스럽게 읽어야 해.
⑤ 혜수: 시의 분위기와 상관없이 조용하고 잔잔한 배경 음악을 사용해야 해.

국어 **핵심 개념**

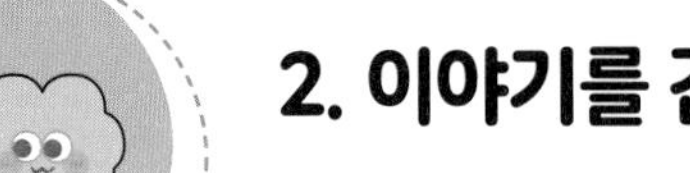

2. 이야기를 간추려요

바른답·알찬풀이 4쪽

개념 1 이야기 속 사건의 흐름 살펴보기

- 글에 나오는 등장인물을 알아봅니다.
- 인물에게 일어난 ❶[ㅇ]을 차례대로 정리합니다.
- 인물의 말과 ❷[ㅎ][ㄷ]에 대한 자신의 생각이나 느낌을 씁니다.

1 **다음 글에서 일어난 일을 완성하여 쓰시오.**

> 사람들은 황금 사과를 따려고 마법의 나무 주위로 벌 떼처럼 우르르 몰려들었어.
> "이 사과들은 우리 거예요!" / "천만에! 이건 우리 것입니다!"
> "이 사과를 처음 본 건 우리라고요." / 두 동네 사이에는 툭하면 싸움이 벌어졌어. / 다들 황금 사과를 갖겠다고 아우성이었지.

• 두 동네 사람들이 ( )을/를 서로 가지겠다고 싸웠다.

개념 2 이야기 구조

- 이야기 구조에는 발단, 전개, 절정, ❸[ㄱ][ㅁ]이 있습니다.
  - 발단: 이야기의 사건이 시작되는 부분
  - 전개: 사건이 본격적으로 발생하고 ❹[ㄱ][ㄷ]이 일어나는 부분
  - 절정: 사건 속의 갈등이 커지면서 긴장감이 가장 높아지는 부분
  - 결말: 사건이 해결되는 부분

2 **다음처럼 이야기의 사건이 시작되는 부분은 무엇입니까? ( )**

> 옛날, 전라남도 영암 땅에서 있던 일이다.
> 영암 원님이 죽어서 염라대왕 앞으로 끌려갔다.
> "염라대왕님, 소인은 아직 할 일이 많습니다. 그런데 벌써 저를 데려오셨습니까? 이승에서 좀 더 살게 해 주십시오."
> 원님은 머리를 조아리며 간청했다. 그러자 염라대왕은 수명을 적어 놓은 책을 들여다보고는 아직 원님이 나이가 젊어 딱하다는 생각이 들었다.

① 발단 ② 전개 ③ 절정 ④ 결말 ⑤ 해설

개념 3 이야기 구조를 생각하며 요약하기

- 이야기 구조를 생각하며 각 부분에서 중요한 사건을 찾습니다.
- 이야기 흐름에서 중요하지 않은 내용은 ❺[ㅅ][ㅈ]하거나 간단히 씁니다.
- 중요한 사건이 일어난 ❻[ㅇ][ㅇ]과 결과를 찾습니다.
- 여러 사건이 관련 있을 때에는 관련 있는 사건을 하나로 묶습니다.

3 **다음은 「우주 호텔」의 사건 전개 과정을 요약한 것입니다. 빈칸에 이야기 구조를 차례대로 써넣으시오.**

(1) 종이 할머니는 허리를 굽혀 땅만 보며 종이를 주웠다.
→ (2) 종이 할머니는 빈 상자를 안 빼앗기려고 소리치며 눈에 혹이 난 할머니를 밀었다.
→ (3) 종이 할머니는 메이가 가져다주는 종이를 매일 기다렸는데, 메이가 그린 우주 그림을 보고 어릴 적 꿈을 떠올렸다.
→ (4) 종이 할머니는 눈에 혹이 난 할머니와 친구처럼 지내며 자신이 사는 곳이 바로 우주 호텔이라고 생각했다.

정답 ❶ 일 ❷ 행동 ❸ 결말 ❹ 갈등 ❺ 삭제 ❻ 원인

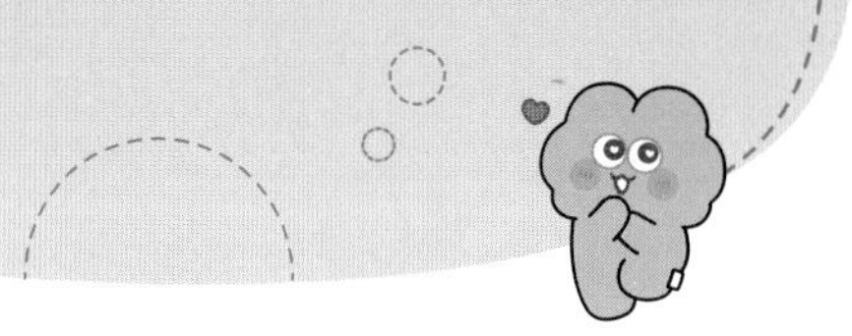

[01~03]

가 "얘기 들었어? 사과나무에 황금 사과가 열린대!"
"황금 사과? 말도 안 돼!"
"가 보면 알 거 아냐. 우리 눈으로 직접 확인하자고!"
그 소식은 아랫동네부터 윗동네까지 쫙 퍼져 나갔지.

나 "천만에! 이건 우리 것입니다!"
"이 사과를 처음 본 건 우리라고요."
두 동네 사이에는 툭하면 싸움이 벌어졌어.

다 "이 나무는 우리 두 동네의 한가운데에 있습니다. 그러니 잘 나누기 위해 땅바닥에 금을 그읍시다. 금 오른쪽에 열리는 사과는 윗동네, 금 왼쪽에 열리는 사과는 아랫동네에서 갖도록 말입니다."
그렇게 해서 땅바닥에 금이 생겼지.

라 사람들은 이제 담을 쌓기 시작했어.
사방이 꽉 막힌 높고 단단한 담을.
그런 다음 양쪽에 보초를 세우고 담을 넘는 사람이 있나 잘 감시했지. / 윗동네도 아랫동네도 서로를 의심하는 마음이 차츰차츰 쌓여 갔어. / 그러다 나중에는 서로 잡아먹을 듯이 미워하게 되었지.

01 두 동네 사람들이 싸운 까닭은 무엇입니까? (　　　)

① 맛있는 사과를 먹고 싶어서
② 황금 사과를 서로 가지려고 해서
③ 잘 익은 사과를 많이 따려고 해서
④ 황금 사과를 먼저 구경하고 싶어서
⑤ 황금 사과를 팔아 부자가 되고 싶어서

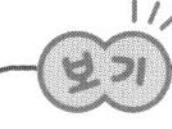

꼭나와

02 이 글의 사건 중 가장 나중에 일어난 사건을 보기에서 찾아 기호를 쓰시오.

보기
㉮ 두 동네 사람들이 싸웠다.
㉯ 두 동네 사람들이 담을 높이 쌓았다.
㉰ 두 동네 사람들이 땅바닥에 금을 그었다.

(　　　　　　　)

03 두 동네 사람들의 태도 변화에 대한 설명으로 알맞은 것은 무엇입니까? (　　　)

① 서로의 입장을 이해하게 되었다.
② 서로 의심하고 미워하게 되었다.
③ 황금 사과를 지키기 위해 힘을 합쳤다.
④ 서로에게 잘못한 점에 대해 미안해했다.
⑤ 마법의 나무를 찾기 위해 지혜를 모았다.

[04~05]

가 어느 날, 한 꼬마 아이가 물었어.
"엄마, 저 담 너머에는 누가 살아요?"
"쉿! 아가야, 절대로 저 담 옆에 가면 안 돼. 저 담 너머에는 심술궂고 못된, 아주 나쁜 사람들이 산단다."

나 그러던 어느 날, 한 꼬마 아이가 공놀이를 하다가 공을 놓치고 말았어.
공은 떼굴떼굴 담 쪽으로 굴러갔지. / 아이는 아무도 살지 않는 으스스한 그곳으로 걸어갔어.

다 "와, 세상에 이럴 수가!"
아이의 눈에 보인 건 공을 가지고 즐겁게 노는 아이들이었어. / 엄마가 말한 끔찍한 괴물들이 아니라 자기하고 비슷한 또래 친구들 말이야.

04 엄마가 말한 담 너머에 사는 사람의 모습으로 알맞지 않은 것은 무엇입니까? (　　　)

① 못된 사람　　② 끔찍한 괴물
③ 심술궂은 사람　　④ 아주 나쁜 사람
⑤ 꼬마 또래의 아이들

서술형

05 사건을 생각하며 다음 물음에 답하시오.

(1) 글 **나**, **다**에 나온 중심인물을 쓰시오.
(　　　　　　　　　　)

(2) (1)에서 답한 인물에게 일어난 일을 쓰시오.

국어

[06~10]

가 "염라대왕님, 소인은 아직 할 일이 많습니다. 그런데 벌써 저를 데려오셨습니까? 이승에서 좀 더 살게 해 주십시오."

원님은 머리를 조아리며 간청했다. 그러자 염라대왕은 수명을 적어 놓은 책을 들여다보고는 아직 원님이 나이가 젊어 딱하다는 생각이 들었다.

나 "좋다, 내 마음이 변하기 전에 얼른 사라져라."

염라대왕은 원님을 저승사자에게 돌려보냈다.

"이승으로 나가려는데 어떻게 가면 될까요?"

"여기까지 데려왔는데 그냥 보내 줄 수는 없다. 너 때문에 헛걸음을 했으니 수고비를 내놓아라."

"어떡하지요? 지금 저는 빈털터리인데……."

"그러면 저승에 있는 네 곳간에서라도 내놓아라."

다 "어찌해 제 곳간에는 볏짚 한 단밖에 없습니까?"

"너는 이승에 있을 때 남에게 덕을 베푼 일이 없지 않느냐?"

원님은 순간, 쥐구멍에라도 숨고 싶을 만큼 부끄러웠다. 생각해 보니 자신은 남에게 좋은 일 한 번 변변히 한 적이 없었다.

라 저승사자가 핀잔하듯 말했다.

"네 고을에 사는 주막집 딸은 곳간을 그득하게 채웠는데, 고을 원님이라는 사람이 이게 무슨 꼴이냐?"

"아니, 그게 무슨 얘깁니까?"

"덕진이라는 아가씨의 곳간에는 쌀이 수백 석이나 있으니, 일단 거기서 쌀을 꾸어 계산하고 이승에 나가서 갚도록 해라."

저승사자가 원님에게 제안했다. 결국 원님은 덕진의 곳간에서 쌀 삼백 석을 꾸어 셈을 치를 수 있었다.

06 이 글의 내용으로 알맞지 않은 것은 무엇입니까? (　　　)

① 원님이 저승에서 염라대왕을 만났다.
② 염라대왕은 원님을 딱하게 생각했다.
③ 저승사자의 곳간에 볏짚만 한 단 있었다.
④ 원님은 염라대왕에게 살려 달라고 간청했다.
⑤ 원님이 이승으로 돌아가려면 저승사자의 도움이 필요했다.

07 이 글에서 일어난 사실에 대한 질문을 만든 것으로 알맞은 것은 무엇입니까? (　　　)

① 이승에 있는 곳간은 누가 관리하나요?
② 원님이 저승에 오게 된 까닭은 무엇인가요?
③ 저승사자가 원님에게 제안한 것은 무엇인가요?
④ 저승의 곳간을 비우려면 어떻게 해야 하나요?
⑤ 염라대왕과 저승사자는 어떤 모습을 하고 있을까요?

꼭나와

08 다음은 글 가와 나의 중심 내용을 간추린 것입니다. (　　)에 알맞은 말을 쓰시오.

> 저승에 간 원님이 염라대왕에게 이승에서 좀 더 살게 해 달라고 간청하자 염라대왕은 원님을 (1) (　　　　　)에게 돌려보냈고, 저승사자는 원님에게 (2) (　　　　　)을/를 내놓으라고 함.

09 글 다에서 짐작할 수 있는 원님의 마음으로 알맞은 것을 두 가지 고르시오. (　　　,　　　)

① 이승에 갈 방법을 찾아서 안심한다.
② 이승으로 돌아가려고 한 것을 후회한다.
③ 볏짚을 받지 않는 저승사자가 원망스럽다.
④ 남에게 덕을 베풀지 않는 자신이 부끄럽다.
⑤ 자기 곳간이 비어 이승으로 갈 수 없을까 봐 걱정한다.

10 글 다와 라는 이야기 구조 중 어느 부분에 해당합니까? (　　　)

① 사건이 시작되는 부분
② 사건이 해결되는 부분
③ 긴장감이 가장 높아지는 부분
④ 사건이 본격적으로 발생하는 부분
⑤ 새로운 사건이 발생하여 갈등이 커지는 부분

국어

[11~12]

가 종이 할머니는 잰걸음으로 다가가 작고 뚱뚱한 할머니의 뒤통수에 대고 소리쳤어.

"이 상자는 내 것이여! 이 가게 주인이 나더러 가져가라고 내놓은 거여."

작고 뚱뚱한 할머니는 흠칫 놀라 뒤돌아보았어.

그런데 정작 놀란 건 종이 할머니였어. 작고 뚱뚱한 할머니의 한쪽 눈두덩에 불룩한 혹이 나 있었기 때문이야.

나 종이 할머니는 아이가 폐지 위에 놓고 간 스케치북을 찬찬히 넘겼어. 첫 장에는 아이가 뽀그르르 비누 거품 속에서 노는 모습이 그려져 있었어.

다 그러고는 마지막 장을 넘겼어. / "아!"

종이 할머니는 자신도 모르게 탄성을 질렀어. 지금까지 한 번도 보지 못한 세상이 그려져 있었기 때문이야. 약간 찌그러진 똥그스름한 파란 지구, 아름다운 테를 두른 토성, 몸빛이 황갈색으로 빛나는 불퉁불퉁한 목성, 붉은빛이 뿜어져 나오는 태양……. 그리고 그 주위를 돌고 있는 버섯 모양의 우주선까지.

'그러고 보니 하늘을 본 지 꽤 오래됐구먼.'

하늘을 본 게 언제였더라? 별을 본 건 언제였지? 달을 본 건…….

아주 어릴 적에 달을 올려다보면서 '꼭 한 번 달에 가고 싶다'고 꿈꿨던 기억이 아슴아슴 떠올랐어.

11 글 가~다 중 인물들 간의 갈등이 일어나는 부분을 찾아 기호를 쓰시오.

글 (　　　　　　　　)

12 글 나와 다를 읽고, 다음 물음에 답하시오.

(1) 아이의 우주 그림을 본 종이 할머니의 감정을 쓰시오.

(　　　　　　　　)

(2) (1)과 같은 감정을 느낀 까닭을 쓰시오.

____

____

[13~15]

가 "우주 호텔이 뭐여? 우주에도 호텔이 있단 말이여?"

"네, 우주는 아주아주 넓은 곳이니까요. 우주 호텔은 우주를 여행하다가 쉬는 곳이에요. 목성에 갔다가 쉬고, 토성에 갔다가 쉬고……. 우주여행은 무척 힘들어요. 그래서 우주 호텔에 들러 잠깐 쉬는 거예요. 외계인 친구를 만나서 차도 마시면서요."

나 여러 계절이 왔다가 가고, 다시 왔다가 갔단다. 종이 할머니는 여전히 폐지를 모았어. 그렇지만 이제는 혼자가 아니야. 눈에 혹이 난 할머니와 같이 주웠어. 그리고 저녁이 되면 따뜻한 밥도 같이 먹고 생강차도 나누어 마셨지.

종이 할머니는 벽에 붙여 놓은 우주 그림을 보며 잠깐잠깐 이런 생각에 빠졌단다.

'여기가 우주 호텔이 아닌가? 여행을 하다가 잠시 이렇게 쉬어 가는 곳이니……, 여기가 바로 우주의 한가운데지.'

꼭나와

13 이 글은 사건이 해결되는 부분입니다. 이야기 구조 중 무엇에 해당하는지 쓰시오.

(　　　　　　　　)

14 종이 할머니에 대한 생각이나 감정을 알맞게 말한 친구의 이름을 쓰시오.

- 정우: 눈에 혹이 난 할머니와 함께 마음을 나누며 살고 있어 행복할 것 같아.
- 현태: 폐지를 줍는 일을 계속해야 해서 답답하고 즐거운 마음이 들지 않을 것 같아.

(　　　　　　　　)

15 종이 할머니가 자신이 사는 곳을 우주 호텔이라고 생각한 까닭은 무엇입니까? (　　　)

① 방 벽에 우주 사진을 붙여 놓아서
② 호텔처럼 다른 곳에 사는 느낌이어서
③ 눈에 혹이 난 할머니와 같이 지낼 수 없어서
④ 폐지를 모으며 잠깐 쉬었다가 떠나는 곳이어서
⑤ 인생이라는 여행을 하다가 쉬어 가는 곳이어서

[01~03]

가 다들 황금 사과를 갖겠다고 아우성이었지.
할 수 없이 사람들은 모여서 의논을 했어.
"이 나무는 우리 두 동네의 한가운데에 있습니다. 그러니 잘 나누기 위해 땅바닥에 금을 그읍시다. 금 오른쪽에 열리는 사과는 윗동네, 금 왼쪽에 열리는 사과는 아랫동네에서 갖도록 말입니다."
그렇게 해서 땅바닥에 금이 생겼지.

나 두 동네 사이에는 다시 싸움이 일어났지.
결국 금보다 더 확실하고 분명한 방법이 있어야 했어. / 이런저런 생각 끝에 사람들은 드나들 수 있는 작은 문이 달린 나무 울타리를 세웠지.
그렇지만 나무 울타리도 사람들의 욕심을 막을 수가 없었어. / 사람들은 이제 담을 쌓기 시작했어.

01 이 글에서 두 동네 사람들이 서로 차지하려고 하는 것이 무엇인지 쓰시오.

( )

02 두 동네 사람들이 문제를 해결하기 위해 한 일을 세 가지 고르시오. (, ,)

① 담을 쌓았다.
② 땅바닥에 금을 그었다.
③ 담에 철조망을 설치했다.
④ 담의 문에 자물쇠를 부수었다.
⑤ 작은 문이 달린 나무 울타리를 세웠다.

03 두 동네가 평화를 유지하려면 해야 할 일을 보기 에서 모두 찾아 기호를 쓰시오.

보기
㉮ 황금 사과 나무를 모두 없앤다.
㉯ 서로 정보를 주고받으며 돕는다.
㉰ 서로를 이해하기 위해 노력한다.

( )

[04~05]

가 언제 담을 세웠는지, 왜 세웠는지조차 사람들은 까맣게 잊고 만 거야.
담을 넘는 사람들이 없어지자 보초도 사라졌고, 황금 사과까지 사라졌어. / 오직 남은 것은 가슴 깊숙이 뿌리박힌 서로 미워하는 마음뿐이었지.

나 "쉿! 아가야, 절대로 저 담 옆에 가면 안 돼. 저 담 너머에는 심술궂고 못된, 아주 나쁜 사람들이 산단다." / 그 아이가 어른이 되어 딸을 낳았지.
어느 날, 어린 딸이 물었어.
"엄마, 저 담 너머에는 누가 살아요?"
"쉿! 아가야, 절대로 저 담 옆에 가면 안 돼. 저 담 너머에는 무시무시한 괴물들이 산단다."

다 아이는 무서운 마음을 꾹 누르고 구멍 속을 들여다보았어. / "와, 세상에 이럴 수가!"
아이의 눈에 보인 건 공을 가지고 즐겁게 노는 아이들이었어. / 엄마가 말한 끔찍한 괴물들이 아니라 자기하고 비슷한 또래 친구들 말이야.

라 ㉠아이는 친구들에게 다가가 말했어.
"㉡얘들아, 안녕! 내 이름은 사과야. 너희 이름은 뭐야?"

04 ㉠에 대한 자신의 생각이나 느낌을 알맞게 말한 친구의 이름을 쓰시오.

- 윤주: 어른들과 달리 담 너머 친구들에게 다가가 말을 건네는 아이는 용기가 있어.
- 서현: 언제 또 옆 동네와 싸움이 날지 모르니 어른들처럼 담 옆에 가지 말아야 해.

( )

서술형

05 ㉡에서 아이의 이름을 '사과'로 지은 까닭이 무엇일지 이 글의 주제와 관련지어 쓰시오.

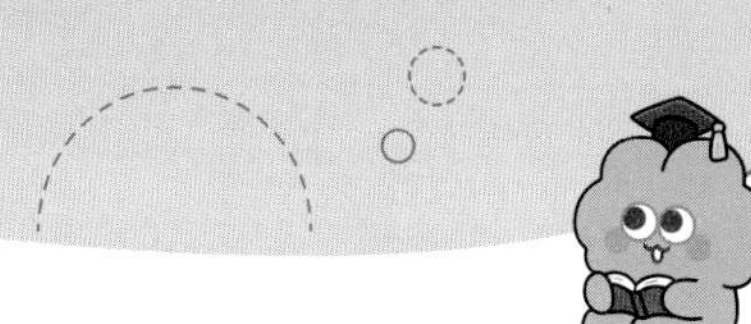

[06~10]

가 원님은 그렇게 하기로 하고 자기 곳간으로 갔다. 그런데 그 곳간에는 특별한 재물이랄 게 없었다. 고작 볏짚 한 단만이 있을 뿐이었다.

"이 사람, 남에게 덕을 베푼 일이라곤 없는 모양이네!"

나 "덕진이라는 아가씨의 곳간에는 쌀이 수백 석이나 있으니, 일단 거기서 쌀을 꾸어 계산하고 이승에 나가서 갚도록 해라."

저승사자가 원님에게 제안했다. 결국 원님은 덕진의 곳간에서 쌀 삼백 석을 꾸어 셈을 치를 수 있었다.

다 원님이 깜짝 놀라 정신을 차려 보니, 그곳은 바로 이승이었고, 자신도 이승 사람이 되어 있었다. 원님은 즉시 나졸들을 시켜 덕진이라는 아가씨를 찾으라고 명령했다. 얼마 뒤, 덕진이라는 아가씨가 어머니와 주막을 차려 살고 있으며, 인정이 많아 손님을 후하게 대접한다는 것을 알았다.

사실을 확인하고 싶은 원님은 허름한 선비 모습으로 변장하고, 밤에 덕진의 주막을 찾아갔다.

"저, 돈 열 냥만 빌려줄 수 있소?"

"그렇게 하지요."

덕진은 선뜻 열 냥을 내주었다.

라 "걱정 마시고 형편이 어렵거든 가져다 쓰시고, 돈이 생기거든 갚으십시오." / 덕진은 웃으며 대답했다. 원님은 열 냥을 받아 가지고 나오면서 생각했다.

'이런 것이 만인에게 적선하는 것이로구나. 이런 식으로 덕진은 수많은 사람을 도와주고, 돈 수천 냥을 다른 사람들에게 나누어 주었을 것이다. 그러니 덕진의 저승 곳간에는 곡식이 가득 차 있을 수밖에…….'

원님은 크게 감명받아 며칠 뒤에 달구지에 쌀 삼백 석을 싣고 덕진의 주막을 찾아갔다.

06 이와 같은 글을 요약하는 방법으로 알맞지 않은 것은 무엇입니까? (　　　)

① 사건의 흐름을 모두 뒤섞는다.
② 관련 있는 사건을 하나로 묶는다.
③ 각 부분에서 중요한 사건을 찾는다.
④ 중요한 사건의 원인과 결과를 찾는다.
⑤ 흐름에서 중요하지 않은 내용은 삭제한다.

07 원님의 저승 곳간에 볏짚만 있는 까닭은 무엇입니까? (　　　)

① 이승에서 가난하게 살아서
② 얼마 전 저승 곳간을 청소해서
③ 저축하지 않고 재물을 함부로 써서
④ 이승에서 남에게 덕을 베풀지 않아서
⑤ 일찍 죽어서 착한 일을 할 시간이 없어서

서술형

08 이야기 구조 중 글 다는 어느 부분에 해당하는지를 그렇게 생각한 까닭과 함께 쓰시오.

이야기 구조	(1)
그렇게 생각한 까닭	(2)

어려워

09 다음 질문에 알맞은 내용을 찾아 선으로 이으시오.

(1) 추론 질문 •　　• ㉮ 원님은 덕진에게 돈을 빌릴 때 어떤 마음이 들었을까요?

(2) 평가 질문 •　　• ㉯ 자신이 덕진이라면 처음 본 원님에게 큰돈을 빌려줄 수 있을까요?

10 이 글에서 원님에게 큰 감명을 준 인물의 이름을 쓰시오.

(　　　　　　　　)

국어

[11~12]

종이 할머니는 빈 상자를 포기할 수 없었어. 한번 포기하면 다른 곳의 상자나 폐지도 흉측하게 생긴 이 노인에게 빼앗길지 모르니까.

"내 거여! 이 동네에서 폐지 줍는 노인네들은 다 아는구먼."

하지만 눈에 혹이 난 할머니는 아무 대꾸도 없이 상자를 실은 유모차를 끌고 가려고 했어.

울뚝, 화가 치밀어 오른 종이 할머니는 눈에 혹이 난 할머니의 팔을 잡고는 힘껏 밀어 버렸어. 벌러덩, 눈에 혹이 난 할머니는 힘없이 넘어졌어. 그러고는 앞이 잘 안 보이는지 땅을 허둥허둥 짚어 대다가 유모차를 간신히 잡고 일어났어.

종이 할머니는 미안한 마음이 들기도 했지만 그보다는 마음이 놓였어. 인상도 험하고 자신보다 힘이 셀 것 같았는데, 흐무러진 살구처럼 약하고 부서지기 쉽다는 걸 알게 되었으니까.

11 종이 할머니가 빈 상자를 포기할 수 없었던 까닭은 무엇입니까? (　　　)

① 눈에 혹이 난 할머니가 미워서
② 폐지 줍는 동네 노인들이 자기 편을 들어줘서
③ 상자나 폐지 줍는 일이 그나마 힘이 덜 들어서
④ 눈에 혹이 난 할머니보다 돈을 적게 벌고 싶어서
⑤ 한번 포기하면 다른 곳의 상자나 폐지도 빼앗길 수 있어서

12 이 글에서 종이 할머니의 감정의 변화로 알맞은 것은 무엇입니까? (　　　)

① 설렘 → 짜증
② 화남 → 안심함
③ 귀찮음 → 미안함
④ 답답함 → 부끄러움
⑤ 외로움 → 후회스러움

[13~15]

가 '그래, 아이의 말이 맞을지도 모르겠군. 하늘도 저렇게 넓은데 저 하늘 밖의 우주는 얼마나 넓을까?'

종이 할머니의 눈에는 우주 호텔이 보이는 것 같았어. 바람개비처럼 돌고 있는 별들 사이에 우뚝 솟아 있는 우주 호텔.

나 그리고 힘겹게 허리를 펴고 천천히 고개를 들었단다. 그러고는 하늘을 올려다보았지. 하늘엔 먹구름이 물러가고 환한 빛이 눈부시게 쏟아지고 있었어.

"㉠눈은 아직 늙지 않았구먼. 아주 멀리 있는 것도 볼 수 있지."

종이 할머니는 환한 빛 너머, 하늘 너머, 별 너머, 우주 호텔 너머 유리 바다에 둘러싸인 성을 보았지.

종이 할머니는 결심했어. 쉽게 허리를 구부리지 않기로 말이야. 쉽게 허리를 구부리면 다시는 저 우주 호텔을 보지 못할 것 같았거든.

13 글 가에서 종이 할머니가 하늘을 보며 떠올린 것이 무엇인지 쓰시오.

(　　　　　　　　　　　)

14 종이 할머니가 ㉠과 같이 생각한 까닭은 무엇입니까? (　　　)

① 허리를 펴고 다닐 수 있어서
② 아주 멀리 있는 것도 볼 수 있어서
③ 눈에 혹이 난 할머니보다 잘 보여서
④ 앞이 잘 보여 종이를 잘 주울 수 있어서
⑤ 손수레를 끄는 일이 아직은 힘들지 않아서

서술형 상

15 글 나의 중심 내용을 종이 할머니의 결심과 그 까닭이 드러나게 간추려 쓰시오.

➔ 바른답·알찬풀이 5쪽

[16~18]

가 며칠 전, 채소 가게 앞에서 본 눈에 혹이 난 할머니였어. / 아마 폐지를 줍는 것은 포기한 모양이야.

나 그때 동네 꼬마들이 지나가며 소리쳤어.

"눈에 혹이 났어!" / "외계인이다! 도망가자."

종이 할머니는 외계인이라는 소리에 깜짝 놀라서 눈에 혹이 난 할머니의 얼굴을 찬찬히 살펴보았지. 그러고 보니 메이가 그린 초록색 외계인 친구하고 닮은 것도 같았어. / "이 동네로 이사 왔수?"

종이 할머니가 넌지시 물었어.

"한 달 조금 됐는디 말 상대가 없어라. 생긴 게 이래서……." / "……."

종이 할머니는 강낭콩을 받아 들고 돈을 내밀었어.

"심심하면…… 놀러 오우. 우리 집은 도서관 뒷골목 세 번째 집이라오."

다 종이 할머니는 여전히 폐지를 모았어. 그렇지만 이제는 혼자가 아니야. ㉠눈에 혹이 난 할머니와 같이 주웠어. 그리고 저녁이 되면 따뜻한 밥도 같이 먹고 생강차도 나누어 마셨지.

16 이 글의 주제는 무엇입니까? (   )

① 성공은 마음먹기에 달려 있다.
② 형제와 우애 있게 지내야 한다.
③ 이웃과 더불어 살면 행복해진다.
④ 잘못을 인정하는 태도가 중요하다.
⑤ 미래를 예측하기는 어려운 일이다.

17 이 글에서 일어난 사실에 대한 질문으로 알맞은 것을 보기에서 찾아 기호를 쓰시오.

보기

㉮ 종이 할머니를 보고 어떤 생각이 들었나요?
㉯ 종이 할머니는 다시 만난 눈에 혹이 난 할머니에게 무엇을 제안하였나요?
㉰ 종이 할머니는 왜 눈에 혹이 난 할머니에게 자기 집으로 놀러 오라고 했을까요?

(   )

18 ㉠에서 짐작할 수 있는 종이 할머니의 감정으로 알맞은 것은 무엇입니까? (   )

① 슬픔 ② 서운함 ③ 미안함
④ 행복함 ⑤ 외로움

[19~20]

이야기 구조	사건의 중심 내용 간추리기
발단	소년은 집으로 돌아가던 길에 소녀와 마주치고 소녀가 던진 조약돌을 간직함.
전개	소년과 소녀가 가까워져 함께 산으로 놀러 감.
절정	산에서 소나기를 만난 소년과 소녀는 수숫단 속에서 비를 피함. 며칠 뒤 다시 만난 소녀는 그동안 많이 아팠으며 곧 이사를 간다고 쓸쓸해함.
결말	며칠 뒤, 소년은 소녀가 앓다가 죽었다는 소식을 듣게 됨. 소녀의 유언은 자신이 입던 옷을 그대로 입혀서 묻어 달라는 것이었음.

19 이 표는 이야기 매체 「소나기」의 사건 전개 과정을 구조에 따라 요약한 것입니다. 「소나기」에 나오는 인물을 두 명 쓰시오.

(   )

20 이와 같은 이야기 매체의 특성을 묻는 질문으로 알맞지 않은 것은 무엇입니까? (   )

① 작품 속 배경 음악은 어떠했니?
② 어떤 장면이 가장 기억에 남니?
③ 소설과 이야기 매체는 어떤 차이점이 있을까?
④ 이야기 매체에 나오는 자막의 수를 세어 봤니?
⑤ 등장인물의 말과 행동을 보고 인상 깊었던 점이 있었니?

국어

3. 짜임새 있게 구성해요

➔ 바른답·알찬풀이 6쪽

개념 한눈에 보기

개념 1 공식적인 말하기 상황

- 말하는 사람
  - 큰 소리로 또박또박 말합니다.
  - 여러 사람 앞에서 말하는 것이므로 ❶ ㄴ ㅇ 표현을 사용합니다.
  - 듣는 사람이 이해하기 쉽게 ❷ ㅈ ㄹ 를 활용하면 좋습니다.
- 듣는 사람: 집중해서 듣습니다.

1 다음 그림을 보고, 자료를 활용해 발표할 때의 좋은 점을 쓰시오.

( )

개념 2 다양한 자료의 특성

- 표: 여러 자료의 ❸ ㅅ ㄹ 을 비교하기 쉽고, 많은 양의 자료를 간단하게 나타낼 수 있습니다.
- 사진: 설명하는 대상의 정확한 모습을 한눈에 보여 줄 수 있습니다.
- 도표: 수량의 변화 정도와 정확한 ❹ ㅅ ㅊ 를 나타낼 수 있습니다.
- 동영상: 음악, 자막을 넣어 분위기를 잘 전달할 수 있습니다.

2 그림 가, 나 중 과거에 있던 직업인 보부상의 모습을 발표하는 것을 찾아 기호를 쓰시오.

( )

개념 3 발표할 내용을 준비하고 정리해 발표하기

- 발표할 ❺ ㅈ ㅈ 와 내용을 정하고, 그 내용을 잘 전달하기에 알맞은 자료를 찾습니다.
- 발표할 내용을 '시작하는 말', '자료를 ❻ ㅅ ㅁ 하는 말', '끝맺는 말'로 나누어 정리합니다.
- 자료를 활용해 자세히 발표합니다.

3 발표할 내용을 구성할 때, 알맞은 것을 보기 에서 찾아 기호를 쓰시오.

㉮ 발표하려는 주제나 제목을 넣습니다.
㉯ 자료에 담긴 핵심 내용이 들어가야 합니다.
㉰ 자료를 가져온 곳을 반드시 밝혀야 합니다.
㉱ 발표를 준비하며 느낀 점이나 함께 생각할 점을 넣습니다.

(1) 시작하는 말: ( )
(2) 자료를 설명하는 말: ( )
(3) 끝맺는 말: ( )

정답 ❶ 높임 ❷ 자료 ❸ 수량 ❹ 수치 ❺ 주제 ❻ 설명

[01~03]

01 이와 같은 공식적인 말하기의 예로 알맞지 않은 것은 무엇입니까? (　　　)

① 국어 시간에 발표하는 경우
② 학급 회의에서 토의하는 경우
③ 방송에서 뉴스를 진행하는 경우
④ 전교 회장 선거에서 소견을 발표하는 경우
⑤ 자신의 고민에 대해 친구와 대화하는 경우

02 이 연설의 말하는 사람에 대한 설명으로 알맞지 않은 것은 무엇입니까? (　　　)

① 책을 활용하고 있다.
② 여러 명을 대상으로 말하고 있다.
③ 만화 영화를 활용해 발표하고 있다.
④ 설문 조사 결과 도표를 사용하고 있다.
⑤ 자료를 바탕으로 하여 공약을 발표하고 있다.

03 이와 같은 말하기에서 말하는 사람이 지녀야 할 태도를 바르게 말한 친구의 이름을 모두 쓰시오.

- 예서: 듣는 사람이 알기 쉽게 말해야 해.
- 승민: 여러 사람 앞에서 말하니 큰 소리로 또박또박 말해야 해.
- 유진: 학생에게 말하는 것이니 친근감 있게 예사말을 사용하는 것이 좋아.

(　　　　　　　　　　)

[04~05]

가

나

04 그림 가와 나의 말하기 상황에 알맞은 것을 찾아 선으로 이으시오.

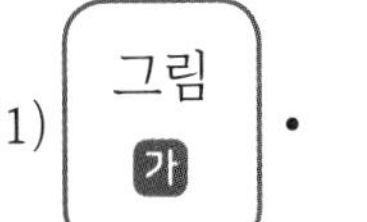

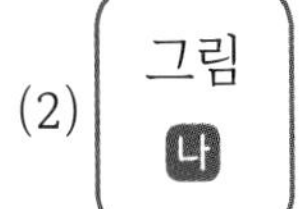

(1)	그림 가	•	• ㉮ 공식적인 말하기 상황
(2)	그림 나	•	• ㉯ 개인적인 말하기 상황

05 그림 가와 나의 두 가지 말하기 상황의 비슷한 점을 보기에서 모두 찾아 기호를 쓰시오.

보기
㉮ 말하는 사람이 있다.
㉯ 높임 표현을 사용한다.
㉰ 듣는 사람이 친구들이다.
㉱ 교실 밖에서 자유롭게 말한다.

(　　　　　　　　　　)

[06~07]

가 우리 반 친구들이 좋아하는 운동

종목	축구	배드민턴	줄넘기	합계
인원(명)	10	5	8	23

나

다 2022년 서울 강수량 분석

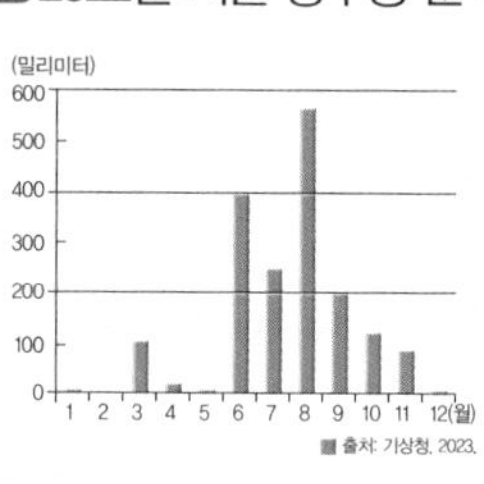

라

06 자료 가~라의 종류는 무엇인지 보기에서 찾아 쓰시오.

보기
표, 도표, 그림, 사진, 실물, 동영상

(1) 자료 가: (　　　　　　　　)
(2) 자료 나: (　　　　　　　　)
(3) 자료 다: (　　　　　　　　)
(4) 자료 라: (　　　　　　　　)

07 자료 가~라 중 다음 특성을 지닌 것을 찾아 기호를 쓰시오.

수량의 변화 정도를 알 수 있고, 정확한 수치를 나타낼 수 있다.

자료 (　　　　　　　　)

[08~09]

가

나

08 그림 가와 나의 발표 내용으로 알맞은 것을 찾아 ○표 하시오.

(1) 과거의 직업 (　　　)
(2) 생활 환경의 변화 과정 (　　　)
(3) 과거와 현대의 인기 있는 직업 (　　　)

서술형

09 그림 나를 보고, 다음 물음에 답하시오.

(1) 그림 나에서 활용한 자료의 종류를 쓰시오.
(　　　　　　　　)

(2) (1)에서 답한 자료를 그림 나에서 활용한 까닭을 짐작하여 쓰시오.

____

____

10 발표에 필요한 자료를 준비하는 방법을 바르게 말한 친구의 이름을 모두 쓰시오.

- 한성: 발표할 내용을 잘 전달하기에 알맞은 자료를 선택한다.
- 대한: 발표할 내용과 관련이 적어도 자료를 최대한 많이 모은다.
- 민국: 컴퓨터를 활용하여 글, 그림, 동영상 등의 자료를 만들어 발표할 때 보여 준다.

(　　　　　　　　)

➔ 바른답·알찬풀이 6쪽

[11~15]

시작하는 말 안녕하세요? 1모둠 발표를 맡은 김대한입니다. 우리의 미래를 생각하면서 우리 모둠은 '미래에는 어떤 인재가 필요할까'라는 주제로 발표를 준비했습니다. 우리 모둠이 준비한 자료는 표와 동영상입니다. 자료를 보면서 발표를 들어 주십시오.

자료 1 100대 기업의 인재상 변화

	2008년	2013년	2018년
1순위	창의성	도전 정신	소통과 협력
2순위	전문성	주인 의식	전문성
3순위	도전 정신	전문성	원칙과 신뢰
4순위	원칙과 신뢰	창의성	도전 정신
5순위	소통과 협력	원칙과 신뢰	주인 의식

– 출처: 대한상공회의소, 2018.

설명하는 말 미래에는 어떤 인재가 필요할까요? 대한상공회의소에서 조사한 '100대 기업의 인재상 변화'에 따르면 2008년에는 창의성이 1순위였는데 2013년에는 도전 정신이, 2018년에는 소통과 협력이 1순위입니다. 이처럼 시대에 따라 필요한 인재상은 달라지고 있습니다.

㉠우리가 어른이 되는 미래에는 어떤 인재가 필요할까요? 우리 모둠은 인공 지능, 사물 인터넷 같은 4차 산업 혁명으로 이전과는 다른 산업 형태가 나타나면서 필요한 인재상도 달라질 것이라고 예상했습니다. 미래에는 변화가 굉장히 빠른 속도로 일어나기 때문에 미래의 인재에게 가장 중요한 것은 계속 배우려는 의지라고 생각합니다.

꼭나와

11 이와 같은 발표에서 '시작하는 말'에 들어갈 내용으로 알맞은 것은 무엇입니까? (　　　)

① 자료의 핵심 내용
② 자료를 가져온 곳
③ 발표하려는 주제나 제목
④ 발표를 준비하며 느낀 점
⑤ 발표 내용에 대한 간단한 정리

서술형

12 자료 1을 읽고, 다음 물음에 답하시오.

(1) 자료 1의 종류가 무엇인지 쓰시오.
(　　　　　　　)

(2) (1)에서 답한 자료를 활용하여 이 발표에서 다루려는 주제를 쓰시오.

____

13 자료에 어울리는 설명을 하는 방법으로 알맞은 것을  에서 모두 찾아 기호를 쓰시오.

보기
㉮ 자료를 가져온 곳을 꼭 밝힌다.
㉯ 자료에 담긴 핵심 내용을 설명한다.
㉰ 자료에 따라 설명하는 방법을 달리한다.
㉱ 자료를 가져온 과정을 구체적으로 설명한다.

(　　　　　　　)

14 ㉠에 대한 1모둠의 의견으로 알맞은 것은 무엇입니까? (　　　)

① 창의성입니다.
② 도전 정신입니다.
③ 소통과 협력입니다.
④ 원칙과 신뢰입니다.
⑤ 계속 배우려는 의지입니다.

15 이 발표를 들을 때의 주의할 점으로 알맞지 <u>않은</u> 것은 무엇입니까? (　　　)

① 발표하는 내용에 집중하며 듣는다.
② 발표하는 사람을 바라보며 바른 자세로 듣는다.
③ 발표하는 내용 가운데에서 중요한 부분을 적으며 듣는다.
④ 발표에 사용된 자료가 발표하는 내용과 어울리는지 생각하며 듣는다.
⑤ 발표를 듣는 사람이 지루하지 않도록 주제를 자주 바꾸었는지 확인하며 듣는다.

[01~02]

01 그림 가와 나의 공통점은 무엇입니까? (　　　)

① 듣는 사람이 한 명인 상황
② 글을 쓰는 사람이 한 명인 상황
③ 개인적으로 자유롭게 말하는 상황
④ 교실에서 친구들에게 말하는 상황
⑤ 여러 사람을 대상으로 공식적으로 말하는 상황

02 그림 가와 같은 상황에서 가져야 할 태도로 알맞은 것을 두 가지 고르시오. (　　　,　　　)

① 말하는 사람은 또박또박 바르게 말한다.
② 듣는 사람은 상대의 말을 집중해서 듣는다.
③ 듣는 사람은 자신이 발표할 내용을 연습한다.
④ 자신과 의견이 다르면 절대 받아들이지 않는다.
⑤ 교훈적인 내용이면 주제와 달라도 꼭 말한다.

어려워

03 다음 ㉮와 ㉯에 대한 설명으로 알맞지 않은 것은 무엇입니까? (　　　)

> ㉮ 수업 시간에 발표하는 상황
> ㉯ 쉬는 시간에 친구들과 대화하는 상황

① ㉮는 친구들 앞이지만 공식적으로 말한다.
② ㉮는 이해하기 쉽게 자료를 활용하면 좋다.
③ ㉯는 비공식적인 말하기 상황이다.
④ ㉮는 높임말을, ㉯는 예사말을 사용한다.
⑤ ㉮보다는 ㉯에서 큰 소리로 말해야 한다.

04 다음 연설에 대한 설명으로 알맞지 않은 것은 무엇입니까? (　　　)

> 저는 최근에 『오늘의 순위』라는 책을 우연히 보았습니다. 이 책은 우리나라의 여러 가지를 조사한 순위를 알려 주는 책인데, 우리나라의 초등학생들 가운데에서 꿈이 없는 사람이 남학생은 14.2퍼센트, 여학생은 16.7퍼센트라고 합니다. 꿈을 정하지 못한 것이 아니라 꿈이 없는 학생들이 그만큼이라는 얘기입니다. 백 명 가운데 열다섯 명이 꿈이 없는 학생이라니, 어릴 때부터 공부만 열심히 하라는 말을 지겹게 들어온 결과가 아닌가 싶습니다. 그래서 저는 우리 학교의 학생들만큼은 꼭 누구나 꿈을 하나씩 정하고 그 꿈을 이루려고 노력하도록 도와주고 싶습니다.

① 자료를 제시할 때 출처를 밝혔다.
② 책에 나온 조사 결과를 활용했다.
③ 듣는 사람의 특성에 맞춘 내용을 말했다.
④ 여러 사람 앞에서 높임 표현을 사용했다.
⑤ 학생들의 꿈을 도표로 정리하여 전달했다.

서술형

05 다음 ㉯에서 발표자가 활용한 것을 쓰고, ㉮보다 ㉯와 같이 발표할 때의 좋은 점을 쓰시오.

㉯에서 활용한 것	(1)
좋은 점	(2)

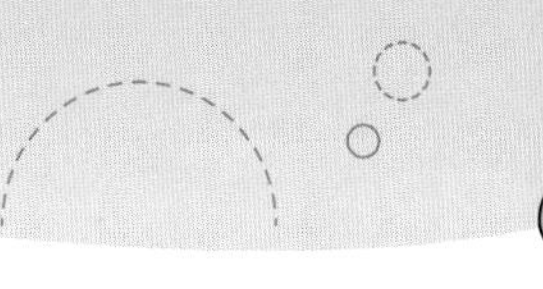

국어

[06~07]

가 우리 반 친구들이 좋아하는 운동

종목	축구	배드민턴	줄넘기	합계
인원(명)	10	5	8	23

나

다 2022년 서울 강수량 분석

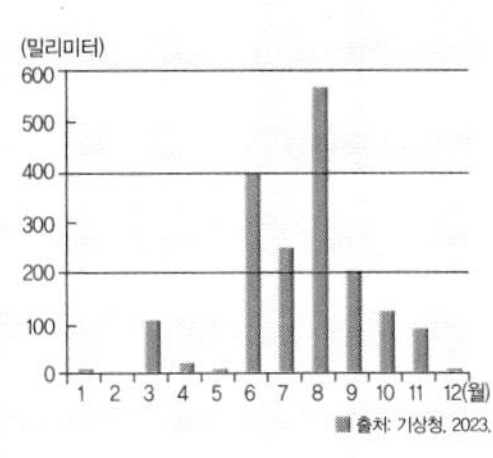

라

06 자료 **가**~**라**에 대한 설명으로 알맞지 않은 것은 무엇입니까? (　　　)

① **가**는 정보들의 수량을 비교하기가 쉽다.
② **나**는 설명하는 대상의 정확한 모습을 보여 줄 수 있다.
③ **다**는 설명 대상의 변화 정도를 잘 알 수 있다.
④ **라**는 음악이나 자막을 넣어 분위기를 잘 전달할 수 있다.
⑤ **라**보다는 **나**가 대상의 움직임을 잘 보여 줄 수 있다.

07 **가**~**라**와 같은 자료를 활용하여 발표할 때 좋은 점을 보기에서 모두 찾아 기호를 쓰시오.

㉮ 듣는 사람의 흥미를 끌 수 있다.
㉯ 설명하는 내용을 쉽게 전달할 수 있다.
㉰ 듣는 사람의 상황을 잘 이해할 수 있다.
㉱ 말하는 사람의 기분을 잘 전달할 수 있다.

(　　　　　　　　　　　)

[08~09]

가

이 표는 과거에는 있었지만 지금은 사라진 직업의 종류를 보여 줍니다. 기술이 발달해 사라진 직업이 많습니다.

나

과거에 있던 직업인 보부상을 소개하는 동영상을 보여 드리겠습니다.

08 그림 **가**와 **나**에 대해 바르게 말한 친구의 이름을 쓰시오.

- 준호: **가**는 사라진 직업의 종류와 그 까닭을 직업별로 정리해서 표로 보여 주었어.
- 세영: **나**는 보부상이라는 직업의 개수를 간단히 나타내기 위해 동영상을 활용했어.
- 윤아: **가**, **나**는 미래에 사라질 직업들이 무엇인지 생생하게 보여 줄 수 있어.

(　　　　　　　　　　　)

어려워

09 그림 **나**와 같은 자료를 활용해 발표할 때, 주제로 가장 알맞은 것은 무엇입니까? (　　　)

① 지역 특산물　　② 학교 체육 대회
③ 일 년의 기온　　④ 여행지의 교통편
⑤ 학생들이 지각하는 이유

서술형

10 여행지를 소개하는 발표에서 여행지까지 가는 길을 말하려고 합니다. 이때 활용하기에 알맞은 자료와 그렇게 생각한 까닭을 쓰시오.

자료	(1)
그렇게 생각한 까닭	(2)

11 다음 중 발표 주제에 알맞은 발표 내용을 찾아 선으로 이으시오.

(1)	미래의 인재 •	• ㉮	슈바이처
(2)	초등학생의 건강 •	• ㉯	소아 비만
(3)	친구들이 닮고 싶은 인물 •	• ㉰	미래에 갖추어야 할 능력

어려워

12 발표 내용에 따라 필요한 자료를 찾는 방법으로 알맞지 않은 것은 무엇입니까? ( )

① 반 친구들의 장래 희망은 설문으로 조사한다.
② 우리 지역 축제는 축제 안내 책자를 활용한다.
③ 한국의 음식은 백과사전에서 사진과 함께 찾는다.
④ 옛사람의 생활 모습은 국어사전에서 찾아 도표로 나타낸다.
⑤ 미래에 생길 직업의 종류는 직업 관련 누리집에서 검색해 표로 정리한다.

13 교실에서 친구들에게 발표할 때 자료를 제시하는 방법을 알맞게 말한 친구의 이름을 쓰시오.

- 혜주: 멀리 있는 친구도 잘 볼 수 있게 자료를 크게 확대해서 제시해야 해.
- 재석: 발표하려는 내용에 필요하지 않아도 최대한 많은 자료를 보여 주어야 친구들의 관심을 끌 수 있어.

( )

14 다음 그림을 보고, 자료를 활용할 때 주의할 점을 보기에서 모두 찾아 기호를 쓰시오.

보기
㉮ 자료의 출처를 반드시 밝혀야 한다.
㉯ 자료가 복잡하지 않고 이해하기 쉬워야 한다.
㉰ 듣는 사람이 지루해하지 않도록 자료가 너무 길지 않아야 한다.
㉱ 듣는 사람의 흥미를 높이려면 동영상 자료를 가장 먼저 활용해야 한다.

( )

15 발표할 내용을 구성하는 방법으로 알맞지 않은 것은 무엇입니까? ( )

① 시작하는 말에는 발표 주제를 넣는다.
② 시작하는 말에는 듣는 사람의 주의를 집중시킬 수 있는 내용을 넣는다.
③ 설명하는 말에는 자료에 담긴 핵심 내용이 들어가야 한다.
④ 끝맺는 말에는 발표한 내용을 간단하게 정리한다.
⑤ 끝맺는 말에는 발표에 사용한 모든 자료의 출처를 한꺼번에 밝힌다.

➔ 바른답·알찬풀이 7쪽

국어

[16~18]

가 시작하는 말 안녕하세요? 1모둠 발표를 맡은 김대한입니다. 우리의 미래를 생각하면서 우리 모둠은 '미래에는 어떤 인재가 필요할까'라는 주제로 발표를 준비했습니다.

나 설명하는 말 다음으로 준비한 자료는 한국교육방송공사에서 방송한 「일자리의 미래」입니다. 자료를 보면서 발표를 이어 가겠습니다.

이 동영상에서는 2020년까지 사라지는 일자리는 510만 개로, 미래에는 한 사람이 평균 4~5개의 직업을 가져야 한다고 합니다. 우리가 이러한 미래 사회에서 성공하려면 여러 분야에서 다양한 능력을 갖춰야 합니다. 경제협력개발기구[OECD]가 정리한 미래 핵심 역량은 도구 활용 능력, 사회적 상호작용 능력, 자기 삶에 대한 자주적 관리 능력입니다.

다 끝맺는 말 지금까지 '미래에는 어떤 인재가 필요할까'라는 주제로 발표했습니다. 발표를 준비하면서 미래에 훌륭한 사람이 되려면 어떻게 준비해야 할지 친구들과 생각해 볼 수 있었습니다.

16 이 발표의 제목으로 알맞은 것은 무엇입니까? (　　　)

① 세계의 변화　② 미래의 인재
③ 4차 산업 혁명　④ 미래 사회의 특징
⑤ 미래에 새로 생기는 직업

17 글 가와 다에 들어 있는 내용을 바르게 짝 지은 것은 무엇입니까? (　　　)

	가	다
①	발표자 소개	발표를 준비하는 과정
②	발표하려는 주제	자료에 담긴 내용 설명
③	발표하려는 주제	발표를 준비하며 느낀 점
④	발표한 내용 요약	발표를 준비하는 과정
⑤	발표한 내용 요약	발표를 준비하며 느낀 점

서술형

18 글 나에서 발표자가 활용한 자료의 종류를 제목과 함께 쓰고, 발표자가 이 자료를 가져온 곳을 쓰시오.

활용한 자료	(1)
자료를 가져온 곳	(2)

19 발표 상황을 생각하며 떠올린 생각으로 알맞은 것을 에서 모두 찾아 기호를 쓰시오.

보기
㉮ 듣는 사람의 흥미와 관심을 끌 수 있는 자료를 준비해야겠어.
㉯ 여러 사람 앞에서 발표하는 것이니까 높임 표현을 사용해 또박또박 말해야겠어.
㉰ 준비한 자료는 설명하는 말의 앞부분에만 보여 주어야 듣는 사람이 발표 내용에 끝까지 집중할 수 있어.

(　　　　　　　)

20 발표를 들으며 점검해야 할 내용으로 알맞지 않은 것은 무엇입니까? (　　　)

① 발표 내용을 적절히 구성하여 발표했는가?
② 발표에서 활용한 자료의 개수가 몇 개인가?
③ 발표 내용에 알맞은 자료를 적절히 활용했는가?
④ 자료를 활용할 때 저작권을 침해하지 않았는가?
⑤ 듣는 사람에게 전하려는 내용이 잘 전달되었는가?

4. 주장과 근거를 판단해요

→ 바른답·알찬풀이 8쪽

개념 1 논설문의 특성

- 논설문은 주장과 이를 뒷받침하는 ❶ [ㄱ][ㄱ] 로 이루어져 있습니다.
- 논설문은 서론, 본론, 결론으로 짜여 있습니다.
  - 서론: 글을 쓴 ❷ [ㅁ][ㅈ] 상황과 글쓴이의 주장을 밝힙니다.
  - 본론: 글쓴이의 주장에 적절한 근거를 제시합니다.
  - 결론: 글 내용을 요약하거나 주장을 다시 한번 강조할 수도 있습니다.

1 **다음 글에 대한 설명으로 알맞은 것은 무엇입니까? (　　　)**

> 요즘에 우리 전통 음식보다 외국에서 유래한 햄버거나 피자와 같은 음식을 더 좋아하는 어린이를 쉽게 볼 수 있습니다. 이러한 음식은 지나치게 많이 먹으면 건강이 나빠지기도 합니다. 그에 비해 우리 전통 음식은 오랜 세월에 걸쳐 전해 오면서 우리 입맛과 체질에 맞게 발전해 왔기 때문에 여러 가지 면에서 우수합니다. 우리 전통 음식을 사랑합시다.

① 근거를 뒷받침하는 자료가 포함되어 있다.
② 글 내용을 요약하며 근거를 강조하고 있다.
③ 외국에서 유래한 음식의 장점을 소개하고 있다.
④ 글쓴이가 이 글을 쓰게 된 문제 상황이 드러나 있다.
⑤ 글쓴이의 주장을 뒷받침하는 근거가 네 가지 쓰여 있다.

개념 2 근거의 타당성과 표현의 적절성을 판단하는 방법

- 근거가 주장과 관련 있는지 살펴봅니다.
- 근거가 주장을 ❸ [ㄷ][ㅂ][ㅊ] 하는지 살펴봅니다.
- 주관적 표현, 모호한 표현, ❹ [ㄷ][ㅈ] 하는 표현이 있는지 살펴봅니다.

2 **논설문에서 다음 표현을 쓰면 생기는 문제를 찾아 선으로 이으시오.**

(1) 적당히 먹어야 건강에 좋다. •　　　• ㉮ 주관적인 표현으로 다른 사람을 논리적으로 설득하기 어렵다.

(2) 나는 자전거 타기보다 걷기를 더 좋아한다. 그래서 걷기는 좋은 운동이다. •　　　• ㉯ 모호한 표현을 사용하면 자신이 말하려는 내용을 명확하게 전달할 수 없다.

개념 3 타당한 근거를 들어 논설문 쓰기

- 문제 상황을 떠올립니다.
- 그 문제 상황을 해결할 ❺ [ㅈ][ㅈ] 을 정합니다.
- 주장을 뒷받침하는 ❻ [ㄱ][ㄱ] 를 제시합니다.

3 **다음 보기 에서 문제 상황을 한 가지 골라, 그에 어울리는 주장과 근거를 쓰시오.**

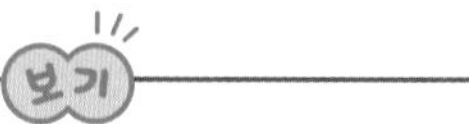

스마트폰 중독, 즉석 음식 즐겨 먹기, 한 가지 갈래의 책만 읽기

주장	(1)
근거	(2)

정답 ❶ 근거 ❷ 문제 ❸ 뒷받침 ❹ 단정 ❺ 주장 ❻ 근거

국어

[01~03]

시은 동물원은 살아 있는 동물들을 모아서 기르는 곳입니다. 자연 상태에서 보기 힘든 다양한 동물을 가까이에서 볼 수 있어 동물의 생태와 습성, 자연환경의 소중함을 배울 수 있는 교육 장소입니다. 하지만 좁은 우리에 갇혀 살아가는 동물들은 스트레스를 많이 받습니다. ㉠'동물원은 필요한가'에 대해 ㉡우리 모둠 친구들은 어떻게 생각하나요?

01 시은이가 말한 문제 상황은 무엇입니까? ( )

① 동물들이 사라질 위기에 처한 것
② 지구의 환경이 오염되고 있는 것
③ 사람들이 동물원에 구경을 오지 않는 것
④ 좁은 우리 속 동물들이 스트레스를 받는 것
⑤ 동물에 대한 생태 교육을 할 장소가 없는 것

02 ㉠에 대해 서로 주장이 다를 때, 지녀야 할 태도를 알맞게 말한 친구의 이름을 쓰시오.

- 영지: 내가 주장하는 내용을 상대가 무조건 따르도록 만들어야 해.
- 소희: 내 생각과 다른 주장이라도 구체적인 근거와 내용을 보고 판단해야 해.

( )

03 ㉡이 제시한 근거가 다음과 같을 때, 그에 어울리는 주장은 무엇입니까? ( )

동물원에서 신기한 동물들을 보고, 동물과 교감하는 시간을 가질 수 있습니다.

① 동물원은 있어야 한다.
② 동물원의 시설을 개선해야 한다.
③ 멸종 위기의 동물을 보호해야 한다.
④ 동물과 교감하는 방법을 알아야 한다.
⑤ 동물원 입장료를 비싸게 받아야 한다.

[04~05]

가 지훈 저는 동물원이 있어야 한다고 생각합니다. 그 까닭은 첫째, 동물원은 우리에게 큰 즐거움을 줍니다. 3000년 전에 이미 동물원을 만들었을 만큼 사람은 동물을 좋아하고 가까이해 왔습니다. 동물원에서는 쉽게 만날 수 없는 동물을 가까이에서 볼 수 있는데, 열대 지역에 사는 사자나 극지방에 사는 북극곰도 쉽게 만날 수 있습니다. 서울 동물원에만 한 해 평균 350만 명이 방문한다고 합니다. 이렇게 많은 사람이 동물원을 좋아하고 동물원에서 즐거움을 느낍니다. 둘째, 동물원은 동물을 보호해 줍니다. 야생에서는 약한 동물이 더 강한 동물에게 공격당하거나 먹이가 없어 굶어 죽기도 합니다.

나 미진 첫째, 동물원은 동물의 자유를 구속하고, 동물에게 사람의 구경거리가 되는 고통을 줍니다. 동물원에서 동물은 제한된 공간에 갇혀 수많은 관람객과 마주해야 합니다. 이러한 상황에서 동물은 극심한 스트레스를 받습니다.

꼭 나와요

04 지훈이가 제시한 근거로 알맞은 것을 두 가지 고르시오. (,)

① 동물원은 동물을 보호한다.
② 동물원은 동물들의 자유를 제한한다.
③ 동물원은 자연적인 환경을 대신한다.
④ 동물원은 우리에게 큰 즐거움을 준다.
⑤ 동물원은 생태계의 소중함을 가르쳐 준다.

서술형

05 글 나를 읽고, 다음 물음에 답하시오.

(1) 지훈이의 주장에 대해 미진이는 찬성과 반대 중 어느 입장인지 쓰시오.

( )

(2) (1)에서 답한 입장이 드러나게 미진이의 주장을 쓰시오.

[06~08]

가 그에 비해 우리 전통 음식은 오랜 세월에 걸쳐 전해 오면서 우리 입맛과 체질에 맞게 발전해 왔기 때문에 여러 가지 면에서 우수합니다. ㉠우리 전통 음식을 사랑합시다. 왜 우리 전통 음식을 사랑해야 할까요?
나 첫째, ㉡우리 전통 음식은 건강에 이롭습니다. 우리가 날마다 먹는 밥은 담백해 쉽게 싫증이 나지 않으며 어떤 반찬과도 잘 어우러져 균형 잡힌 영양분을 섭취하기 좋습니다. 또 된장, 간장, 고추장과 같은 발효 식품에는 무기질과 비타민이 풍부하게 들어 있어 몸을 건강하게 해 줍니다.
다 둘째, ㉢우리 전통 음식을 가까이하면 계절과 지역에 따라 다양한 맛을 즐길 수 있습니다. 우리 조상은 생활 주변에서 나는 여러 가지 재료를 이용해 계절에 맞는 다양한 음식을 만들어 왔습니다. ㉣주변 바다와 산천에서 나는 풍부하고 다양한 해산물과 같은 나물이나 채소와 같은 재료에는 각각 고유한 맛이 있습니다.
라 셋째, ㉤우리 전통 음식에서 우리 조상의 슬기와 문화를 경험할 수 있습니다. 우리 조상은 겨울을 나려고 김장을 하고, 저장 온도와 저장 기간을 조절해 겨울철에도 신선하게 채소를 먹을 수 있도록 했습니다.

06 문단 가에 대한 설명으로 알맞은 것은 무엇입니까? (　　　)

① 문제의 원인을 밝힌다.
② 주장에 대한 근거를 나열한다.
③ 근거를 뒷받침하는 자료를 제시한다.
④ 글에서 내세우는 글쓴이의 주장을 나타낸다.
⑤ 글쓴이의 여러 가지 주장을 하나로 요약한다.

07 문단 가~라 중 다음 내용이 들어가기에 알맞은 문단의 기호를 쓰시오.

청국장은 항암 효과는 물론 해독 작용까지 뛰어나다고 합니다.

문단 (　　　　　　　　　)

꼭나와

08 ㉠~㉤ 중 문단의 중심 문장으로 알맞지 않은 것은 무엇입니까? (　　　)

① ㉠　② ㉡　③ ㉢
④ ㉣　⑤ ㉤

[09~10]

우리나라 전통 음식은 세계 여러 나라 사람에게 주목받고 있습니다. 우리 조상의 넉넉한 마음과 삶에서 배어 나온 지혜가 담긴 우리 전통 음식은 그 맛과 멋과 영양의 삼박자를 모두 갖추고 있습니다. 우리는 우리 전통 음식의 과학성과 우수성을 알고 우리 전통 음식에 관심을 가지고 우리 전통 음식을 사랑해야겠습니다.

09 이와 같은 논설문의 특징으로 알맞지 않은 것은 무엇입니까? (　　　)

① 읽는 사람을 설득하는 것이 목적이다.
② 글쓴이가 내세우는 주장이 담겨 있다.
③ 주장을 뒷받침하는 근거나 자료가 있다.
④ '서론-본론-결론'의 짜임으로 되어 있다.
⑤ 결론에서 글을 쓴 문제 상황과 글쓴이의 주장을 밝힌다.

10 이 글에 나타난 글쓴이의 주장으로 알맞은 것은 무엇입니까? (　　　)

① 전통 음식에 담긴 조상의 지혜를 알아보자.
② 우리 전통 음식에 관심을 가지고 사랑하자.
③ 우리 전통 음식을 만드는 방법을 알아보자.
④ 우리 전통 음식을 세계 여러 나라에 알리자.
⑤ 생활 주변에서 나는 재료로 우리 전통 음식을 만들자.

바른답·알찬풀이 8쪽

[11~14]

가 우리나라뿐만 아니라 세계 곳곳에서 벌어지는 자연 개발은 우리 삶을 위협한다. 이러한 무분별한 개발로 우리 삶의 터전인 자연은 몸살을 앓고, 이제 인류의 생존까지 위협하는 상황에 이르렀다. 우리는 자연의 목소리에 귀를 기울이고 자연을 보호해야 한다. 왜 자연을 보호해야 할까?

나 첫째, 자연은 한번 파괴되면 복원되기가 어렵다. 어린나무 한 그루가 아름드리나무로 성장하는 데 약 30년에서 50년이 걸린다고 한다. 우유 한 컵(150밀리리터)으로 오염된 물을 물고기가 살 수 있는 깨끗한 물로 만들려면 우유 한 컵의 약 2만 배의 물이 필요하다.

다 둘째, 무리한 자연 개발은 생태계를 파괴한다. 생물은 서로 유기적인 생태계로 얽혀 있으며 주변 환경과 영향을 주고받으면서 살아간다. 자연 개발로 생태계를 파괴하면 결국 사람의 생활 환경을 악화시키는 결과를 초래한다.

라 셋째, 자연은 우리 후손이 살아갈 삶의 터전이다. 당장의 편리와 이익만을 추구하다 보면 우리 후손에게 훼손된 자연을 물려주게 된다.

마 자연은 우리의 영원한 안식처이다. 더 이상 무분별한 개발로 금수강산을 훼손해서는 안 된다. 자연 개발로 사라져 가는 동식물을 다시 이 땅으로 돌아오게 하여 더불어 살아야 한다. 지나친 개발 때문에 나타나는 지구 온난화와 이상 기후 현상이 더 이상 심해지지 않도록 노력하는 일도 우리 모두에게 남겨진 과제이다. 이제 우리 모두 자연 보호를 실천해야 한다.

11 이 글에서 답을 찾을 수 있는 질문을 보기에서 모두 찾아 기호를 쓰시오.

㉮ 이 글을 쓴 문제 상황은 무엇인가요?
㉯ 무리한 자연 개발은 어떤 결과를 불러오나요?
㉰ 자연을 보호하기 위해 우리가 할 수 있는 일에는 무엇이 있나요?

( )

12 이 글을 읽고 다음과 같이 판단했다면, 그 까닭으로 알맞은 것을 찾아 ○표 하시오.

> 이 글의 주장은 가치가 있고 중요하다.

(1) 자연 개발이 필요한 곳이 많은 지금 상황에서 이 주장이 중요해서이다. ( )
(2) 이상 기후 현상이 점점 심해지는 지금 상황에서 이 주장이 중요해서이다. ( )

서술형

13 이 글의 짜임을 생각하며 다음 물음에 답하시오.

(1) 결론 부분에 해당하는 문단의 기호를 쓰시오.
문단 ( )

(2) (1)에서 답한 문단에서 글쓴이의 주장이 담긴 중심 문장을 찾아 쓰시오.

꼭 나와

14 이와 같은 글에서 사용하기에 알맞은 표현을 보기에서 찾아 기호를 쓰시오.

㉮ 모호한 표현
㉯ 객관적인 표현
㉰ 단정하는 표현

( )

15 논설문을 쓸 때 가장 먼저 할 일은 무엇입니까? ( )

① 주장과 관련된 자료만 고른다.
② 근거를 뒷받침하는 자료를 찾는다.
③ 주장을 펼치고 싶은 문제 상황을 떠올린다.
④ 문제 상황을 해결할 수 있는 주장을 정한다.
⑤ 서론, 본론, 결론이 드러나도록 논설문을 쓴다.

[01~05]

가 지훈 동물원에서는 쉽게 만날 수 없는 동물을 가까이에서 볼 수 있는데, 열대 지역에 사는 사자나 극지방에 사는 북극곰도 쉽게 만날 수 있습니다. 서울 동물원에만 한 해 평균 350만 명이 방문한다고 합니다. 이렇게 많은 사람이 동물원을 좋아하고 동물원에서 즐거움을 느낍니다. 둘째, 동물원은 동물을 보호해 줍니다. 야생에서는 약한 동물이 더 강한 동물에게 공격당하거나 먹이가 없어 굶어 죽기도 합니다. 동물원은 자유를 제한하더라도 먹이와 안전을 보장하기 때문에 동물에게 훨씬 이롭습니다. ㉠최근에는 친환경 동물원으로 탈바꿈하는 곳도 많습니다. 동물들이 지내는 환경을 개선하면 동물원은 사람에게도, 동물에게도 이로운 곳이 될 것입니다.

나 미진 동물원에서 동물은 제한된 공간에 갇혀 수많은 관람객과 마주해야 합니다. 이러한 상황에서 동물은 극심한 스트레스를 받습니다. 동물은 사람의 눈요깃거리가 아니라 그 자체로 존중받아야 하는 소중한 생명체입니다. 둘째, 동물원은 인공적인 환경이기 때문에 자연을 대신할 수 없습니다. 동물원의 우리는 동물의 행동반경에 비해 턱없이 좁습니다. 친환경 동물원이 생기고 있지만 동물이 원래 살던 환경을 그대로 동물원으로 옮기는 것은 불가능합니다. 동물은 인위적으로 만든 동물원보다 생태계가 어우러진 광활한 자연에서 살아야 합니다. 동물에게 이로움보다 해로움이 훨씬 더 많은 동물원은 없애야 한다고 생각합니다.

서술형

01 지훈이와 미진이는 어떤 주제에 대해 어떤 주장을 펼치고 있는지 각각 쓰시오.

주제	(1)
지훈이의 주장	(2)
미진이의 주장	(3)

02 동물원에 대한 생각이 글 가의 지훈이와 다른 친구의 이름을 쓰시오.

- 영지: 동물원에서 신기한 동물들을 보고 동물과 교감하는 시간을 가질 수 있어.
- 은지: 동물원에 가면 평소에 볼 수 없는 동물들을 보고 동물을 사랑하는 마음이 생겨.
- 미미: 자연에 사는 동물은 자유롭게 살 수 있지만, 동물원의 동물에게는 자유가 없어.

( )

03 글 나에서 미진이가 제시한 주장의 근거로 알맞은 것을 두 가지 고르시오. (,)

① 동물원은 동물의 자유를 구속한다.
② 동물원은 약한 동물의 안전을 보장한다.
③ 동물원은 자연환경을 본떠서 만든 곳이다.
④ 동물원의 동물은 구경거리로 고통을 겪는다.
⑤ 동물원은 동물과 사람 모두에게 이로운 곳이다.

04 ㉠에 대한 미진이의 의견으로 알맞은 것은 무엇입니까? ( )

① 야생에서 약한 동물들을 돌봅시다.
② 친환경 동물원도 더 개선해야 합니다.
③ 사람들은 원래 살던 환경을 좋아합니다.
④ 친환경 동물원은 동물들의 스트레스를 줄여 줍니다.
⑤ 친환경 동물원도 동물이 원래 살던 환경을 그대로 옮길 수 없습니다.

05 지훈이와 미진이가 지녀야 할 태도를 다음과 같이 정리할 때, ( )에 알맞은 말을 쓰시오.

내 생각과 다른 주장이라도 무시하지 말고, 구체적인 ( )과/와 내용을 보고 판단해야 한다.

국어

[06~10]

가 요즘에 우리 전통 음식보다 외국에서 유래한 햄버거나 피자와 같은 음식을 더 좋아하는 어린이를 쉽게 볼 수 있습니다. ㉠이러한 음식은 지나치게 많이 먹으면 건강이 나빠지기도 합니다. 그에 비해 우리 전통 음식은 오랜 세월에 걸쳐 전해 오면서 우리 입맛과 체질에 맞게 발전해 왔기 때문에 여러 가지 면에서 우수합니다. 우리 전통 음식을 사랑합시다.

나 첫째, ㉡우리 전통 음식은 건강에 이롭습니다. 우리가 날마다 먹는 밥은 담백해 쉽게 싫증이 나지 않으며 어떤 반찬과도 잘 어우러져 균형 잡힌 영양분을 섭취하기 좋습니다. ㉢또 된장, 간장, 고추장과 같은 발효 식품에는 무기질과 비타민이 풍부하게 들어 있어 몸을 건강하게 해 줍니다.

다 둘째, ㉣우리 전통 음식을 가까이하면 계절과 지역에 따라 다양한 맛을 즐길 수 있습니다. 우리 조상은 생활 주변에서 나는 여러 가지 재료를 이용해 계절에 맞는 다양한 음식을 만들어 왔습니다. 주변 바다와 산천에서 나는 풍부하고 다양한 해산물과 갖은 나물이나 채소와 같은 재료에는 각각 고유한 맛이 있습니다. ㉤이러한 재료를 이용해 만든 여러 가지 음식은 지역 특색을 살린 독특한 맛을 냅니다.

서술형

06 이 글을 읽고, 문제 상황에 대한 물음에 답하시오.

(1) 가~다 중 문제 상황이 나타난 문단의 기호를 쓰시오.

문단 ( )

(2) (1)에서 답한 문단에서 알 수 있는 문제 상황을 쓰시오.

______

______

______

07 ㉠~㉤ 중 문단의 중심 문장에 해당하는 것을 두 가지 찾아 기호를 쓰시오.

( )

08 글의 짜임을 생각할 때, 나와 다의 특징으로 알맞은 것을 두 가지 고르시오. (,)

① 주장에 대한 근거를 제시한다.
② 근거를 뒷받침하는 예를 제시한다.
③ 글 전체 내용을 요약하며 마무리한다.
④ 글 전체의 주장을 다시 한번 강조한다.
⑤ 글 전체에서 내세우는 주장을 먼저 밝힌다.

09 글 다에 뒷받침하는 예를 추가할 때, 알맞은 내용을 쓴 친구의 이름을 쓰시오.

- 호진: 삼국 시대부터 발달한 염장 기술로 고기류와 어패류를 오랫동안 보관해 맛있게 먹을 수 있도록 했습니다.
- 선아: 농경 생활을 하면서 설이나 추석과 같은 명절에 가족이나 이웃과 함께 세시 음식을 만들어 먹으며 정답게 어울려 지냈습니다.
- 민정: 김치 또한 시원하고 톡 쏘는 맛이 강하거나 맵고 진한 감칠맛이 나는 등 지역에 따라 다양한 맛으로 만든 것을 볼 수 있습니다.

( )

어려워

10 이 글의 결론을 다음과 같이 쓴다고 할 때, ㉮, ㉯에 들어갈 알맞은 말을 이 글에서 찾아 쓰시오.

우리 전통 음식은 (㉮)에 이롭고, 우리 전통 음식을 가까이하면 계절과 (㉯)에 따라 다양한 맛을 즐길 수 있습니다. 우리 모두 우리 전통 음식에 관심과 애정을 가지도록 노력합시다.

(1) ㉮: ( )
(2) ㉯: ( )

[11~15]

가 우리나라뿐만 아니라 세계 곳곳에서 벌어지는 자연 개발은 우리 삶을 위협한다. 이러한 무분별한 개발로 우리 삶의 터전인 자연은 몸살을 앓고, 이제 인류의 생존까지 위협하는 상황에 이르렀다. 우리는 자연의 목소리에 귀를 기울이고 자연을 보호해야 한다. 왜 자연을 보호해야 할까?

나 첫째, ㉠자연은 한번 파괴되면 복원되기가 어렵다. 어린나무 한 그루가 아름드리나무로 성장하는 데 약 30년에서 50년이 걸린다고 한다. 우유 한 컵(150 밀리리터)으로 오염된 물을 물고기가 살 수 있는 깨끗한 물로 만들려면 우유 한 컵의 약 2만 배의 물이 필요하다. 이처럼 환경을 오염시키는 것은 순식간이지만 오염된 환경을 되살리는 데는 수십, 수백 배의 시간과 노력이 든다.

다 둘째, ㉡무리한 자연 개발은 생태계를 파괴한다. 생물은 서로 유기적인 생태계로 얽혀 있으며 주변 환경과 영향을 주고받으면서 살아간다. 자연 개발로 생태계를 파괴하면 결국 사람의 생활 환경을 악화시키는 결과를 초래한다. 예를 들어 사람의 편의를 돕는 시설을 만들면서 무분별하게 산을 파헤치면 동식물은 삶의 터전을 잃는다. 무리한 자연 개발의 결과로 기후 변화 현상까지 나타나 동물이 멸종 위기에 처하고, 지구 환경이 위협을 받기도 한다. 동식물이 살 수 없는 곳은 사람도 살 수 없는 곳이 된다. 사람도 자연의 일부분이므로 자연과 조화를 이루어야 우리 삶이 풍요로워진다.

11 이 글에 대한 설명으로 알맞지 않은 것은 무엇입니까? (　　　)

① 주장에 대한 근거를 나열하고 있다.
② 서론의 질문에 대한 대답을 본론에서 제시하고 있다.
③ 여러 가지의 구체적인 예를 들어 주장을 펼치고 있다.
④ 문제 상황에 대한 여러 가지 해결 방법을 제시하고 있다.
⑤ 본론의 각 문단에서는 중심 문장을 먼저 제시하고 뒷받침 내용을 뒤에 제시하고 있다.

12 글 가에 대한 설명으로 알맞은 것을 (　　)에서 찾아 ○표 하시오.

> 글을 쓴 (문제 상황 , 건의 사항)이 나타나 있으므로 (서론 , 본론 , 결론)에 해당된다.

서술형

13 글쓴이가 ㉠과 같이 말한 까닭을 쓰시오.

____

____

14 ㉡을 뒷받침하는 내용으로 알맞지 않은 것은 무엇입니까? (　　　)

① 지구 환경이 위협을 받는다.
② 기후 변화 현상이 나타난다.
③ 동물이 멸종 위기에 처한다.
④ 동식물은 삶의 터전을 잃는다.
⑤ 식량이 부족해지는 문제가 발생한다.

어려워

15 다음 질문과 관련지어 이 글의 타당성을 알맞게 판단한 친구의 이름을 모두 쓰시오.

자연을 보호하자는 주장은 가치가 있고 중요한가?	강영: 환경 문제가 심각해지는 지금 상황에서 중요하다.
주장과 근거가 서로 연결될 수 있는 내용인가?	우재: 두 가지 근거 중에서 한 가지만 주장과 연결될 수 있다.
근거가 글쓴이의 주장을 뒷받침하는 데 도움이 되는가?	정아: 글에 제시된 근거들은 글쓴이의 주장을 뒷받침하는 데 도움이 된다.

(　　　　　　　　　　)

➔ 바른답·알찬풀이 9쪽

[16~18]

가 셋째, 자연은 우리 후손이 살아갈 삶의 터전이다. 당장의 편리와 이익만을 추구하다 보면 우리 후손에게 훼손된 자연을 물려주게 된다. 환경을 고려하지 않은 개발로 물, 공기, 토양, 해양과 같은 자연환경이 돌이키기 힘들 정도로 훼손되면 우리 후손은 그 훼손된 자연 속에서 살아가야 한다. 조상으로부터 금수강산을 물려받은 우리는 후손에게 아름다운 자연을 물려주어야 할 의무가 있다.

나 자연 개발로 사라져 가는 동식물을 다시 이 땅으로 돌아오게 하여 더불어 살아야 한다. 지나친 개발 때문에 나타나는 지구 온난화와 이상 기후 현상이 더 이상 심해지지 않도록 노력하는 일도 우리 모두에게 남겨진 과제이다. 이제 우리 모두 자연 보호를 실천해야 한다.

16 이와 같은 글의 내용이 타당한지 판단하는 방법으로 알맞지 않은 것을 두 가지 고르시오. (　　,　　)

① 새로운 주장인지 살펴본다.
② 근거가 재미있는 내용인지 살펴본다.
③ 주장이 가치 있고 중요한지 살펴본다.
④ 근거가 주장과 관련 있는지 살펴본다.
⑤ 근거가 주장을 뒷받침하는지 살펴본다.

17 논설문의 짜임에서 글 가와 나 부분에서 다루는 내용을 보기에서 모두 찾아 기호를 쓰시오.

㉮ 주장에 대한 근거를 제시한다.
㉯ 근거를 뒷받침하는 예를 제시한다.
㉰ 글 전체를 요약한 내용을 제시한다.
㉱ 글쓴이의 주장을 다시 한번 강조한다.

글 가	(1)
글 나	(2)

18 이 글의 주장이 드러나게 제목을 정할 때, 알맞은 것은 무엇입니까? (　　　)

① 조상이 남긴 소중한 환경 유산
② 자연 보호는 우리가 실천해야 할 일
③ 자연 개발로 멸종 위기에 처한 동식물
④ 우리 후손이 살아갈 삶의 터전인 지구
⑤ 삶을 풍요롭게 하는 자연 개발의 필요성

어려워

19 다음 중 논설문의 표현으로 알맞은 것은 무엇입니까? (　　　)

① 건강하려면 반드시 밖으로 나가 걸어야 한다.
② 국립 공원에 케이블카를 설치해서는 안 된다.
③ 내 생각에 급식 시간에 음식을 남기는 것은 괜찮은 것 같다.
④ 운동회는 우리 학교 전통이니까 하면 좋겠지만, 재미는 없을 것이다.
⑤ 나는 자전거 타기보다 걷기를 더 좋아한다. 그래서 걷기는 좋은 운동이다.

20 다음을 바탕으로 글을 쓸 때, 논설문의 짜임에 맞는 내용을 찾아 선으로 이으시오.

• 글 전체의 주장: 일회용품 사용을 줄이자.

(1) 서론 •　　• ㉮ 일회용품의 사용을 줄이자고 다시 강조하며 끝맺는다.

(2) 본론 •　　• ㉯ 일회용품을 많이 사용하는 문제 상황을 명확히 밝힌다.

(3) 결론 •　　• ㉰ 일회용품 사용으로 발생하는 환경 문제의 예를 제시한다.

5. 속담을 활용해요

➔ 바른답·알찬풀이 10쪽

개념 한눈에 보기

개념 1 속담을 사용하는 까닭

- 듣는 사람이 ❶ ㅎ ㅁ 를 느낄 수 있기 때문입니다.
- 조상의 지혜와 ❷ ㅅ ㄱ 를 알 수 있습니다.
- 자신의 의견을 쉽고 효과적으로 전달할 수 있습니다.

1 우진이가 밑줄 친 속담을 사용한 까닭을 찾아 ○표 하시오.

> 우진: 윤정아, 내가 청소 도와줄게.
> 윤정: 우진아, 괜찮아. 혼자서도 할 수 있어.
> 우진: "바늘 가는 데 실 간다."라고 했어. 우리는 짝이니까 함께 하자.
> 윤정: 재미있는 말이네. 고마워!

(1) 듣는 사람의 흥미를 끌어내려고 ( )
(2) 자신의 생각을 재빨리 바꾸려고 ( )
(3) 듣는 사람의 잘못된 행동을 고치도록 설득하려고 ( )

개념 2 다양한 상황에서 쓰이는 속담의 뜻 알기

- 무엇을 말하고 있는 ❸ ㅅ ㅎ 인지 살펴봅니다.
- 그 상황에 쓰인 속담을 알아보고, 속담의 ❹ ㄸ 을 찾아봅니다.
- 속담을 사용할 수 있는 다른 상황을 생각합니다.

2 다음 상황에서 사용할 수 있는 속담은 무엇입니까? ( )

> 지난주에 내 자랑 발표 대회가 있었습니다. 그런데 친구들과 놀고 싶은 마음에 말할 내용을 준비하지 않아서 더듬거리며 발표했습니다. 좀 더 노력하지 않은 제 모습이 후회가 됩니다.

① 티끌 모아 태산
② 배보다 배꼽이 더 크다
③ 우물을 파도 한 우물을 파라
④ 세 살 적 버릇이 여든까지 간다
⑤ 콩 심은 데 콩 나고 팥 심은 데 팥 난다

개념 3 주제를 생각하며 글 읽기

- 글에 쓰인 속담의 뜻을 짐작해 봅니다.
- 인물의 말이나 행동을 통해 인물의 ❺ ㅁ ㅇ 을 알아봅니다.
- 글쓴이가 글을 통해 말하고자 하는 글의 ❻ ㅈ ㅈ 는 무엇인지 생각하며 글을 읽습니다.

3 ㉠에서 까마귀의 마음으로 알맞은 것은 무엇입니까? ( )

> 가 "가다가 딴전 부리지 말고 곧장 강 도령에게 전해야 한다. 아주 중요한 편지야." / 염라대왕이 몇 번씩 다짐을 받았습니다.
> 나 까마귀는 침을 삼키며 강 도령에게 빨리 편지를 전하고 와서 배불리 먹어야겠다고 생각했습니다.
> 다 까마귀는 생각을 바꿔 말고기를 먹고 가기로 했습니다.
> ㉠까마귀가 말고기를 먹으려고 입을 벌리는 순간, 입에 문 편지가 바람에 날려 어디론가 사라졌습니다.

① 기쁜 마음 ② 뿌듯한 마음 ③ 외로운 마음
④ 기대하는 마음 ⑤ 걱정하는 마음

정답 ❶ 흥미 ❷ 슬기 ❸ 상황 ❹ 뜻 ❺ 마음 ❻ 주제

단원평가 기본 5. 속담을 활용해요

국어

[01~02]

01 ㉠의 속담에 담긴 뜻으로 알맞은 것은 무엇입니까? (   )

① 모든 일에는 순서가 있다.
② 친구들과 사이좋게 지내야 한다.
③ 쉬운 일이라도 협력해서 하면 훨씬 쉽다.
④ 깨끗하게 정리된 곳에서 공부해야 공부가 잘 된다.
⑤ 여러 사람이 일할 때는 열심히 하지 말고 대충해도 된다.

02 ㉡에 들어갈 속담으로 알맞은 것을 두 가지 고르시오. (,   )

① 시작이 반이다.
② 손이 많으면 일도 쉽다.
③ 천 리 길도 한 걸음부터.
④ 두 손뼉이 맞아야 소리가 난다.
⑤ 콩 심은 데 콩 나고 팥 심은 데 팥 난다.

03 다음과 뜻이 같은 속담을 찾아 선으로 이으시오.

(1) 누워서 떡 먹기 •　　　　• ㉮ 땅 짚고 헤엄치기

(2) 아는 길도 물어 가랬다 •　　　　• ㉯ 돌다리도 두들겨 보고 건너라

꼭 나와요

04 '바늘 가는 데 실 간다.'와 바꾸어 쓸 수 있는 속담은 무엇입니까? (   )

① 구름 갈 제 비가 간다
② 가시나무에 가시 난다
③ 발 없는 말이 천 리 간다
④ 지렁이도 밟으면 꿈틀한다
⑤ 세 살 적 버릇이 여든까지 간다

05 속담을 사용한 경험을 말한 것입니다. 속담을 바르게 사용한 친구의 이름을 모두 쓰시오.

동희: 감기에 걸린 동생이 찬 음식을 먹고 배탈이 난 것을 보고 "엎친 데 덮친다."라고 말했어.

나진: 고운 말을 쓰자고 주장하는 글을 시작할 때 관심을 끌려고 "가는 말이 고와야 오는 말이 곱다."라는 속담을 쓴 적이 있어.

소현: 수영을 배우다가 그만두고 태권도를 배우고, 그것도 그만두고 피아노를 배우겠다는 친구에게 "용 가는 데 구름 간다."라고 말한 적이 있어.

(   )

[06~07]

가

어제 뉴스 봤니? 퓨마가 탈출했던 동물원에서 안전 관리 실태를 점검하고 있대.

미리 점검하지 않고, ㉠소 잃고 외양간 고치는 격이구나.

나

일 년 동안 모은 동전이 20만 원이나 돼.

그래? (㉡) 모아 태산이라더니 그 말이 맞네.

06 다음은 ㉠의 뜻입니다. 이 속담의 뜻과 관련 있는 낱말은 무엇입니까? (　　　)

> 일이 이미 잘못된 뒤에는 손을 써도 소용이 없다.

① 후회　② 성공　③ 인내
④ 저축　⑤ 절약

서술형

07 그림 나에서 속담이 사용된 상황을 생각하며, 다음 물음에 답하시오.

(1) ㉡에 들어갈 알맞은 낱말을 쓰시오.
(　　　　　　　　　　)

(2) (1)에서 답한 낱말을 넣어 완성된 속담을 사용할 수 있는 다른 상황을 한 가지 쓰시오.

____

____

꼭 나와

08 다음 속담을 사용할 수 있는 상황으로 알맞은 것은 무엇입니까? (　　　)

> • 속담: 하룻강아지 범 무서운 줄 모른다
> • 속담의 뜻: 하룻강아지가 범을 본 적이 없어서 범이 무서운 동물이라는 것을 모른다는 뜻으로, 철없이 함부로 덤빈다는 말

① 남에게 친절을 베푼 상황
② 부모님께 칭찬을 받아 뿌듯한 상황
③ 안전에 주의하지 않고 놀다가 다친 상황
④ 어렸을 때의 나쁜 버릇을 고치지 못한 상황
⑤ 어린아이들이 축구 선수에게 축구 시합을 하자고 하는 상황

09 다음에 알맞은 속담은 무엇입니까? (　　　)

> 마땅히 작아야 할 것이 크고 커야 할 것이 작다는 뜻을 말하는 상황에서 사용한다.

① 배보다 배꼽이 크다
② 하나를 보면 열을 안다
③ 쥐구멍에도 볕 들 날 있다
④ 비 온 뒤에 땅이 굳어진다
⑤ 돌다리도 두들겨 보고 건너라

10 다음 속담에 담긴 뜻을 찾아 선으로 이으시오.

	속담			뜻
(1)	천 리 길도 한 걸음부터	•	• ㉮	무슨 일이나 그 일의 시작이 중요하다.
(2)	지렁이도 밟으면 꿈틀한다	•	• ㉯	순하고 좋은 사람이라도 너무 업신여기면 가만있지 않는다.

[11~13]

"야, 이렇게 계산해 보니 며칠 안 가 독이 천만 개나 되겠는걸. 그럼 그 돈으로 논과 밭을 사는 거야. 그러고 남는 돈으로는 고래 등 같은 기와집을 짓는 거야."

독장수는 너무 기쁜 나머지 팔을 번쩍 들었습니다. 그러다가 팔로, 지게를 받치던 지겟작대기를 밀어 버렸습니다. 지게는 기우뚱하더니 옆으로 팍 쓰러졌습니다. 지게에 있던 독들도 와장창 깨지고 말았습니다.

㉠ "아이고, 망했다. 이걸 어쩐다?"

독장수는 눈물을 뚝뚝 흘리며 박살 난 독 조각들을 쓰다듬었습니다.

11 독장수가 독을 팔아서 하고 싶어 한 일을 보기에서 모두 찾아 기호를 쓰시오.

보기

㉮ 논과 밭을 사고 싶어 하였다.
㉯ 곡식을 많이 사고 싶어 하였다.
㉰ 고래 등 같은 기와집을 짓고 싶어 하였다.
㉱ 다른 물건을 파는 일을 하고 싶어 하였다.

( )

12 이 글에서 일어난 일에 맞게 ( )에 알맞은 말을 쓰시오.

독장수가 즐거운 생각을 하다 보니 너무 기뻐 (1)( )을/를 들었다가 지겟작대기를 밀어 버려서 (2)( )이/가 쓰러지면서 그 위에 있던 독들이 깨졌다.

13 ㉠에서 짐작할 수 있는 독장수의 마음으로 알맞은 것은 무엇입니까? ( )

① 속상할 것이다.
② 뿌듯할 것이다.
③ 신이 날 것이다.
④샘이 날 것이다.
⑤ 홀가분할 것이다.

[14~15]

가 "가다가 딴전 부리지 말고 곧장 강 도령에게 전해야 한다. 아주 중요한 편지야."

염라대왕이 몇 번씩 다짐을 받았습니다.

나 까마귀는 침을 삼키며 강 도령에게 빨리 편지를 전하고 와서 배불리 먹어야겠다고 생각했습니다.

'아냐, 그새 누가 와서 다 먹어 버리면 어떡하지? 조금만 먹고 빨리 갔다 와야지.'

까마귀는 생각을 바꿔 말고기를 먹고 가기로 했습니다. 까마귀가 말고기를 먹으려고 입을 벌리는 순간, 입에 문 편지가 바람에 날려 어디론가 사라졌습니다.

다 까마귀는 좀 쉬고 난 뒤 편지를 찾았습니다. 그러나 편지는 온데간데없었습니다.

"아니, 편지가 없어졌네. 이거 큰일 났다."

서술형

14 까마귀의 행동을 생각하며, 다음 물음에 답하시오.

(1) 까마귀가 잃어버린 물건을 쓰시오.

( )

(2) (1)에서 답한 물건을 까마귀가 어떻게 잃어버리게 되었는지 쓰시오.

꼭나와

15 이 글의 주제를 바르게 파악한 친구의 이름을 쓰시오.

- 준이: 염라대왕이 까마귀에게 편지를 주는 모습에서 "자세히 설명해 준 다음에 심부름을 시키자."라고 생각했어.
- 예솔: 까마귀가 강 도령에게 편지도 전하지 않고 말고기를 먹으려는 모습에서 "중요한 일을 잊지 않도록 노력하자."라고 생각했어.

( )

[01~02]

가 영주네 가족은 이삿짐 싸는 차례를 서로 다르게 생각했어요.

할머니와 이모께서는 깨지기 쉬운 항아리나 유리그릇부터 싸라고 하셨고, 삼촌께서는 텔레비전이나 컴퓨터부터 옮기라고 하셨어요. "(㉠)"라는 속담처럼 서로 의견을 굽히지 않아 시간만 흘러갔어요.

나 학생 1: 친구들이 바른 몸가짐으로 항상 웃으며 인사하면 좋겠어. "(㉡)"라는 말이 있듯이 작은 행동 하나에 그 사람의 많은 것이 드러나게 돼.

학생 2: 친구의 의견이 옳은 것 같아.

어려워

01 글 가, 나와 같은 상황에서 속담을 사용하면 좋은 점을 바르게 말한 친구의 이름을 모두 쓰시오.

- 유진: 글을 쓸 때 사용하면 주제를 자주 바꾸어 가며 재미있게 전할 수 있습니다.
- 희아: 자신의 의견을 제시할 때 사용하면 주장의 논리를 뒷받침하여 상대를 설득할 수 있습니다.
- 이든: 대화를 할 때 사용하면 듣는 사람이 흥미를 느낄 수 있어서 대화 분위기가 좋아질 수 있습니다.

( )

02 ㉠과 ㉡에서 사용할 수 있는 속담으로 알맞은 것을 찾아 선으로 이으시오.

(1) ㉠ • • ㉮ 하나를 보면 열을 안다.

(2) ㉡ • • ㉯ 사공이 많으면 배가 산으로 간다.

[03~04]

가 학생 1: 영주에게 태권도 겨루기를 하자고 했어.

학생 2: 하룻강아지 범 무서운 줄 모른다더니, 한 달 배운 네가 태권도 대표 선수인 영주를 이길 수 있겠니?

나 사랑하는 영주야! / 처음에는 어렵다고 느껴지는 책도 두세 번씩 읽다 보면 어느덧 담긴 뜻을 생각하며 쉽게 읽을 수 있단다. 그러니 힘든 일이 있더라도 꿋꿋하게 견디며 희망을 가졌으면 좋겠다.

03 글 가에서 '학생 2'가 속담을 통해 말하려는 뜻으로 알맞은 것은 무엇입니까? ( )

① 철없이 함부로 덤빈다.
② 잘 아는 일도 세심하게 주의를 해야 한다.
③ 어떤 일이든 하나를 끝까지 해야 성공한다.
④ 일이 이미 잘못된 뒤에 손을 써도 소용없다.
⑤ 아무리 작은 것도 모이면 큰 덩어리가 된다.

04 글 나를 쓰면서 속담을 활용하려고 할 때, 알맞은 것을 보기에서 찾아 기호를 쓰시오.

보기

㉮ 바늘 가는 데 실 간다
㉯ 쥐구멍에도 볕 들 날 있다
㉰ 쏘아 놓은 살이요 엎지른 물이다

( )

서술형

05 다음 상황에 알맞은 속담을 한 가지 쓰시오.

만 원을 주고 산 장난감이 고장 나서 고치러 갔더니 수리비가 만오천 원이라고 합니다. 장난감 가격보다 수리비가 더 비쌉니다.

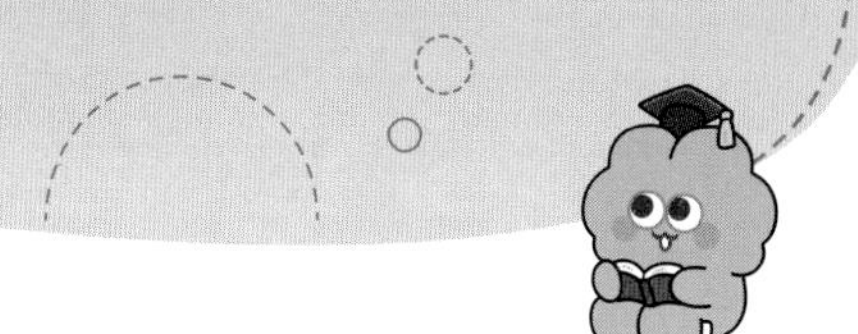

06 다음 주제와 생각을 나타내는 데 사용하기에 알맞은 속담은 무엇입니까? (　　　　)

주제	행복한 학교생활을 위해 지켜야 할 일
나의 생각	우리 서로가 서로에게 좋은 말과 행동을 했으면 좋겠다.

① 호랑이도 제 말 하면 온다
② 지렁이도 밟으면 꿈틀한다
③ 돌다리도 두들겨 보고 건너라
④ 세 살 적 버릇이 여든까지 간다
⑤ 가는 말이 고와야 오는 말이 곱다

[07~10]

"야, 정말 시원하구나. 저 독 둘은 팔아 빚을 갚는 데 쓰고, 나머지 독을 팔면 다른 독 두 개는 살 수 있겠지? 그 독 둘을 다시 팔면 독 네 개를 살 수 있고, 넷을 팔면 가만있자, 이 이는 사, 이 사 팔. 그래 여덟 개를 살 수 있구나. 그다음에 여덟 개를 팔면, 가만있자……."

이렇게 계산해 나가니 열여섯 개가 서른두 개가 되고, 서른두 개면 예순네 개가 되고, 예순네 개는 백스물여덟 개가 되었습니다.

"야, 이렇게 계산해 보니 며칠 안 가 독이 천만 개나 되겠는걸. 그럼 그 돈으로 논과 밭을 사는 거야. 그러고 남는 돈으로는 고래 등 같은 기와집을 짓는 거야."

독장수는 너무 기쁜 나머지 팔을 번쩍 들었습니다. 그러다가 팔로, 지게를 받치던 지겟작대기를 밀어 버렸습니다. 지게는 기우뚱하더니 옆으로 팍 쓰러졌습니다. 지게에 있던 독들도 와장창 깨지고 말았습니다.

"아이고, 망했다. 이걸 어쩐다?" / 독장수는 눈물을 뚝뚝 흘리며 박살 난 독 조각들을 쓰다듬었습니다.

이와 같이 허황된 것을 궁리하고 미리 셈하는 것을 '독장수구구'라고 하고, 실현성이 없는 허황된 계산은 도리어 손해만 가져온다는 뜻으로 ㉠"독장수구구는 독만 깨뜨린다."라는 속담이 쓰입니다.

07 독장수가 지게 옆에 누워 상상한 것으로 알맞은 것은 무엇입니까? (　　　　)

① 많은 독을 깨뜨리는 상상
② 제일 큰 독을 만드는 상상
③ 독을 팔아 부자가 되는 상상
④ 기와집에서 낮잠을 자는 상상
⑤ 독을 사람들에게 공짜로 나누어 주는 상상

서술형

08 독장수 이야기를 통해 전하고 있는 주제를 이 글에 나온 속담의 뜻을 포함하여 쓰시오.

어려워

09 이 글을 읽고 떠올린 생각을 바르게 말한 친구의 이름을 모두 쓰시오.

- 기영: 독을 모두 깨뜨린 독장수는 마음이 많이 속상했을 것 같아.
- 준용: 독장수가 실속 없이 헛된 꿈만 꾸지 말고 노력하는 생활을 하면 좋았을 것 같아.
- 서진: 즐거운 상상을 하다가 실수로 독을 깨뜨린 독장수를 보면서 나쁜 일을 하면 벌을 받게 된다는 생각을 했어.

(　　　　　　　　)

10 ㉠의 속담을 사용할 수 있는 상황에 있는 친구는 누구입니까? (　　　　)

① 다친 친구를 쳐다보고만 있는 지우
② 옆에 둔 지우개를 못 보고 계속 찾는 승엽
③ 아이스크림 가게를 지나치지 못하는 석현
④ 시험을 망치고 나서 앞으로 공부를 열심히 해야겠다고 다짐하는 서윤
⑤ 연습은 하지 않고 연주회에서 일 등 하는 것만 꿈꾸다 연주를 망친 민지

국어

[11~13]

가 "이 녀석아, 인간 세상의 모든 일을 맡아보는 강 도령을 모른단 말이냐!"
"아, 그 강 도령요. 알고말고요. 어서 편지나 주세요. 휭하니 다녀오겠습니다."
까마귀가 머리를 긁적이며 말했습니다.
"가다가 딴전 부리지 말고 곧장 강 도령에게 전해야 한다. 아주 중요한 편지야."
㉠염라대왕이 몇 번씩 다짐을 받았습니다.

나 한참 맴을 돌며 내려오는데 어디선가 아주 고소한 냄새가 났습니다.
"이야, 참 고소하다. 어디서 고기 냄새가 날까?"
까마귀는 그만 고기 냄새에 넋을 잃었습니다.
"앗, 저기다. 아니, 말이 쓰러져 있잖아. 어디 가까이 가 볼까."

다 까마귀가 말고기를 먹으려고 입을 벌리는 순간, 입에 문 편지가 바람에 날려 어디론가 사라졌습니다. 그래도 까마귀는 정신없이 말고기를 먹었습니다.
"후유, 정말 잘 먹었다. 인간 세상은 참 좋아. 나도 여기서 살았으면 좋겠다. 배불리 먹고 나니 부러울 게 하나도 없구나."
까마귀는 좀 쉬고 난 뒤 편지를 찾았습니다. 그러나 편지는 온데간데없었습니다.
"아니, 편지가 없어졌네. 이거 큰일 났다."

11 다음은 염라대왕이 까마귀에게 시킨 일입니다. (　　)에 알맞은 말을 쓰시오.

> 염라대왕은 까마귀에게 인간 세상에 내려가 (1) (　　　　　　)에게 (2) (　　　　　　) 을/를 전하고 오라는 일을 시켰다.

12 ㉠에 담긴 염라대왕의 마음으로 알맞은 것은 무엇입니까? (　　　)

① 귀찮음. ② 즐거움. ③ 허전함.
④ 불안함. ⑤ 부끄러움.

어려워

13 글 다의 까마귀와 비슷한 상황에 있는 친구는 누구입니까? (　　　)

① 피아니스트가 되고 싶어 피아노 연습을 열심히 하는 지노
② 단짝 친구인 진아가 가는 곳이라면 어디든지 따라가는 혜영
③ 친구들과 놀이터에서 노느라고 엄마의 심부름을 잊어버린 미지
④ 고등학교 농구 선수인 형에게 농구 시합을 하자고 하는 초등학생 민수
⑤ 발표를 준비하지 않고 있다가 자기 차례의 발표 시간에 당황해하는 상현

[14~17]

가 "강 도령님, 염라대왕께서 보내서 왔습니다."
"그런데 왜 이리 늦었느냐?"
"네, 염라대왕께서 다른 곳에도 심부름을 시켜 거기 먼저 다녀오느라 늦었습니다."
까마귀가 시치미를 떼고 말했습니다.
"그건 그렇고, 어디 편지를 보자꾸나."
강 도령이 손을 내밀며 말했습니다.
"편지는 안 주시고 그냥 아무나 빨리 끌어 올리라고 하셨습니다."
"뭐, 아무나 끌어 올리라고? 그럴 리가 없을 텐데."
강 도령은 고개를 갸우뚱했습니다.

나 강 도령은 갑자기 바빠졌습니다. 아무나 되는대로 저승으로 보내야 했기 때문입니다.
그전까지는 나이 많은 순서대로 저승에 보내졌습니다. 그래서 사람들은 죽음을 슬픔이 아닌 당연한 일로 받아들였습니다. 본디 왔던 곳으로 돌아간다고 생각했기 때문입니다.
그러나 까마귀가 염라대왕의 뜻을 잘못 전한 뒤부터는 어른, 아이 할 것 없이 아무나 먼저 죽게 되었답니다. 이때부터 나이에 상관없이 사람들이 죽게 되었지요.
"까마귀 고기를 먹었나."라는 속담은 이런 경우와 같이 [　　㉠　　]을 가리켜 사용됩니다.

➔ 바른답·알찬풀이 11쪽

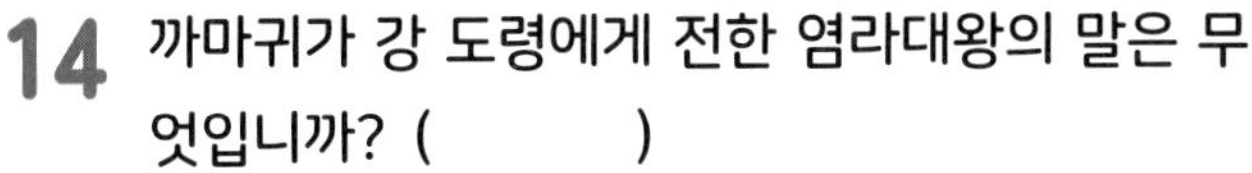

14 까마귀가 강 도령에게 전한 염라대왕의 말은 무엇입니까? (　　　)

① 편지를 다시 써서 보내라.
② 저승으로 아무나 빨리 보내라.
③ 죽음을 당연한 일로 생각해라.
④ 강 도령이 좋아하는 사람을 골라라.
⑤ 저승으로 나이 많은 사람부터 보내라.

15 ㉠에 들어갈 말로 알맞은 것은 무엇입니까? (　　　)

① 남의 일에 관심이 없는 사람
② 심부름을 하기 싫어하는 사람
③ 무엇인가를 잘 잊어버리는 사람
④ 자기가 하고 싶은 일만 하는 사람
⑤ 채소보다 고기를 더 좋아하는 사람

서술형

16 까마귀가 염라대왕의 편지를 잘 전했다면 인간 세상은 어떻게 되었을지 쓰시오.

____

____

____

17 이 글의 주제로 알맞은 것은 무엇입니까? (　　　)

① 함부로 말을 옮기지 말자.
② 웃어른에게 예의를 갖추자.
③ 하루하루 열심히 공부하자.
④ 실속 없이 헛된 꿈만 꾸지 말자.
⑤ 중요한 일을 잊어버리지 않도록 노력하자.

18 다음 대상과 관련된 속담을 보기에서 모두 찾아 기호를 쓰시오.

보기
㉮ 소 잃고 외양간 고친다
㉯ 말이 많으면 쓸 말이 적다
㉰ 아 해 다르고 어 해 다르다
㉱ 원숭이도 나무에서 떨어진다

대상	속담
동물	(1)
언어	(2)

19 문제 18번의 대상과 관련된 속담이 많은 까닭을 찾아 선으로 이으시오.

(1) 동물 • 　 • ㉮ 행동이나 특징에 빗대어 사람의 성격이나 태도를 표현할 수 있어서이다.

(2) 언어 • 　 • ㉯ 사람들은 관계를 중요하게 생각하는데, 말을 통해 상대 마음을 읽을 수 있어서이다.

20 속담을 활용해 생각을 표현하는 알맞은 방법을 세 가지 고르시오. (　　,　　,　　)

① 상황에 어울리는 속담을 활용한다.
② 자신의 생각을 잘 드러낼 속담을 활용한다.
③ 속담의 뜻이 두 가지 이상인 것을 활용한다.
④ 듣는 사람이 이해하기 쉬운 속담을 활용한다.
⑤ 속담은 빗대어 표현하므로 그 뜻을 자세하게 설명한다.

6. 내용을 추론해요

➔ 바른답·알찬풀이 12쪽

개념 1 추론에 대해 알기

- 추론이란 이미 아는 정보를 근거로 삼아 다른 ❶ [ㅍ][ㄷ]을 이끌어 내는 것입니다.
- 추론할 때 ❷ [ㅂ][ㄱ][ㅈ][ㅅ]이나 여러 가지 상황을 생각하며 드러나지 않은 내용을 짐작해 봅니다.
- 추론하며 글을 읽으면 내용이나 상황을 깊고 넓게 이해할 수 있습니다.

1 **다음은 영상 광고 「우리는 이미 하나」라는 제목을 이해하기 위해 떠올린 생각입니다. 어떤 방법으로 생각했는지 찾아 선으로 이으시오.**

(1) 표정이나 행동을 보면 모두 즐겁게 일을 하시는 것 같아. •

(2) 낯선 곳을 잠깐 여행하는 것도 힘든 점이 많던데 잘 적응하며 사시는 게 놀라워. •

• ㉮ 자신의 경험 떠올리기

• ㉯ 말이나 행동에서 단서 확인하기

개념 2 이야기의 내용을 추론하는 방법 ①

- 이야기에서 찾을 수 있는 ❸ [ㄷ][ㅅ]를 확인합니다.
- 자신이 아는 사실과 경험한 것을 떠올려 더 알 수 있는 것을 생각합니다.
- 글에 쓰인 다의어나 ❹ [ㄷ][ㅎ][ㅇ]의 뜻을 국어사전에서 찾아봅니다.

2 **다음 밑줄 친 낱말이 쓰인 뜻으로 알맞은 것을 찾아 ○표 하시오.**

> 『화성성역의궤』는 수원 화성에 성을 <u>쌓는</u> 과정을 기록한 책인 의궤야. 수원 화성은 일제 강점기를 거치면서 성곽 일대가 훼손되기 시작하고 6.25 전쟁 때 크게 파괴되었는데, 『화성성역의궤』를 보고 원래의 모습대로 다시 만들어졌단다.

(1) 여러 개의 물건을 겹겹이 포개어 얹어 놓다. ( )

(2) 물건을 차곡차곡 포개어 얹어서 구조물을 이루다. ( )

개념 3 이야기의 내용을 추론하는 방법 ②

- 이야기의 특정 부분을 바탕으로 하여 알 수 있는 내용과 더 추론할 수 있는 ❺ [ㅅ][ㅅ]을 살펴봅니다.
- 글 내용을 바탕으로 하여 친구들과 함께 ❻ [ㅈ][ㅁ]을 만들고 서로 묻거나 답해 봅니다.

3 **다음 추론한 내용은 ㉠, ㉡ 중 무엇과 관련한 것인지 기호를 쓰시오.**

> **가** 수원 화성은 정조 임금의 원대한 꿈이 담긴 곳으로 볼거리가 많아. 건물 하나만 보는 것보다는 주변 경치를 함께 감상하는 것이 더 좋아. ㉠<u>정조 임금이 엄격하게 고른 좋은 자리에 지었으니까.</u>
> **나** ㉡<u>더 둘러보고 싶은 친구가 있다면 근처에 있는 융건릉과 용주사에 가 볼 것을 추천할게.</u> 융건릉은 사도 세자의 무덤인 융릉과 정조 임금의 무덤인 건릉을 합쳐서 부르는 이름이고, 용주사는 사도 세자의 명복을 빌려고 지은 절이야.

(1) 융건릉, 용주사에 볼거리가 많다. ( )

(2) 정조 임금은 화성을 건축하는 데 많은 관심을 가졌다. ( )

정답 ❶ 판단 ❷ 배경지식 ❸ 단서 ❹ 동형어 ❺ 사실 ❻ 질문

[01~03]

가 『화성성역의궤』는 수원 화성에 성을 쌓는 과정을 기록한 책인 의궤야. ㉠수원 화성은 일제 강점기를 거치면서 성곽 일대가 훼손되기 시작하고 6.25 전쟁 때 크게 파괴되었는데, 『화성성역의궤』를 보고 원래의 모습대로 다시 만들어졌단다.

나 『화성성역의궤』는 정조 임금이 갑자기 세상을 떠나는 바람에 다음 임금인 순조 때 만들어졌는데, 건축과 관련된 의궤 가운데에서도 가장 내용이 많아. 수원 화성 공사와 관련된 공식 문서는 물론, 참여 인원, 사용된 물품, 설계 등의 기록이 그림과 함께 실려 있는 일종의 보고서인 셈이야. 내용이 아주 세세하고 치밀해서 공사에 참여한 기술자 1800여 명의 이름과 주소, 일한 날수와 받은 임금까지 적혀 있어.

01 『화성성역의궤』에 기록된 내용으로 알맞지 않은 것은 무엇입니까? (　　　)

① 설계 기록　② 공사 참여 인원
③ 성곽의 훼손 정도　④ 공사에 사용된 물품
⑤ 공사와 관련된 공식 문서

꼭나와

02 ㉠을 통해 다음 내용을 추론했습니다. 추론한 방법을 찾아 ○표 하시오.

수원 화성은 여러 위기를 거치면서 원래의 모습을 잃었다.

(1) 자신의 경험 떠올리기 (　　　)
(2) 글에서 단서 확인하기 (　　　)

03 이 글에서 『화성성역의궤』가 만들어진 때를 찾아 쓰시오.

(　　　　　　　　　)

[04~05]

가 수원 화성은 정조 임금의 원대한 꿈이 담긴 곳으로 볼거리가 많아. 건물 하나만 보는 것보다는 주변 경치를 함께 감상하는 것이 더 좋아. 정조 임금이 엄격하게 고른 좋은 자리에 지었으니까. 수원 화성은 규모가 커서 다 돌아보려면 꽤 시간이 걸려.

나 더 둘러보고 싶은 친구가 있다면 근처에 있는 융건릉과 용주사에 가 볼 것을 추천할게. 융건릉은 사도 세자의 무덤인 융릉과 정조 임금의 무덤인 건릉을 합쳐서 부르는 이름이고, 용주사는 사도 세자의 명복을 빌려고 지은 절이야.

04 이 글을 읽으며 '자신의 경험 떠올리기' 방법으로 추론한 것을 보기에서 찾아 기호를 쓰시오.

보기

㉮ 수원 화성은 규모가 크고 볼거리가 많아서 다 돌아보려면 시간이 걸릴 것이다.
㉯ 정조 임금이 수원 화성의 자리까지 고른 것으로 보아, 수원 화성의 건축에 관심이 많았던 것 같다.
㉰ 경주 여행을 갔을 때 편안한 신발을 신지 않아서 힘든 적이 있었다. 수원 화성에 직접 가 보려면 운동화를 신는 것이 좋겠다.

(　　　　　　　　　)

서술형

05 이 글의 내용을 바탕으로 하여 추론할 수 있는 사실을 쓰려고 합니다. 다음 물음에 답하시오.

(1) 수원 화성 근처에 있는 문화유산 두 곳을 쓰시오.

(　　　　　　　　　)

(2) 글쓴이가 (1)에서 답한 곳에 가 볼 것을 추천한 까닭을 추론하여 쓰시오.

[06~07]

가 경복궁에서 가장 웅장한 건물은 '부지런히 나라를 다스리라'는 뜻을 지닌 근정전이다. 근정전은 왕의 즉위식, 왕실의 혼례식, 외국 사신과의 만남과 같은 나라의 중요한 행사를 치르던 곳이다.

경복궁에서 안쪽에 자리 잡은 교태전은 왕비가 생활하던 곳이다. 교태전은 중앙에 대청마루를 두고 왼쪽과 오른쪽에 온돌방을 놓은 구조로 되어 있다.

나 '경사스러운 연회'라는 뜻의 경회루는 커다란 연못 중앙에 섬을 만들고 그 위에 지은, 우리나라에서 가장 큰 누각이다. 이곳은 왕이 외국 사신을 접대하거나 신하들에게 연회를 베풀던 장소이다.

꼭나와

06 다음은 이 글을 읽고, 낱말의 뜻을 추론한 것입니다. 이 글에서 그 낱말을 찾아 쓰시오.

이 낱말은 '임금의 자리에 오르는 것을 백성과 조상에 알리기 위해 치르는 식'을 뜻하는 것 같아. 낱말 앞에 '왕의'라고 되어 있고, 낱말 뒤에는 '중요한 행사'라고 했기 때문이야.

( )

07 경복궁의 각 건물에 해당하는 설명을 찾아 선으로 이으시오.

(1) 근정전 • • ㉮ 왕비가 생활하던 곳

(2) 교태전 • • ㉯ 왕의 즉위식, 혼례식을 치르던 곳

(3) 경회루 • • ㉰ 왕이 외국 사신을 접대하거나 신하들에게 연회를 베풀던 곳

[08~10]

창덕궁은 경복궁 동쪽에 있다고 하여 창경궁과 함께 '동궐'로도 불렸다. 건물과 후원이 잘 어우러져 아름다우며 유네스코 세계 문화유산으로 기록되었다. 산이 많은 우리나라답게 산자락에 자연스럽게 배치한 건물이 인상적이다. 넓은 ㉠후원의 정자와 연못들은 우리나라 전통 정원의 모습을 잘 보여 주고 있다.

특히 부용지는 '하늘은 둥글고 땅은 네모나다'는 전통적 사상을 반영하여, 땅을 나타내는 네모난 연못 가운데 하늘을 뜻하는 둥근 섬을 띄워 놓은 형태이다.

서술형

08 이 글을 읽고, 다음 물음에 답하시오.

(1) 창덕궁은 유네스코의 무엇으로 기록되었는지 쓰시오.

( )

(2) 창덕궁이 (1)에서 답한 것으로 기록될 수 있었던 까닭을 쓰시오.

09 부용지에 대한 설명으로 알맞은 것을 세 가지 고르시오. (, ,)

① 창덕궁 후원에 있는 연못이다.
② 섬의 둥근 모양은 땅을 뜻한다.
③ 네모난 연못은 하늘을 나타낸다.
④ 우리나라 전통적 사상이 반영되어 있다.
⑤ 연못 가운데에 섬을 띄워 놓은 형태이다.

10 ㉠의 뜻을 에서 찾아 기호를 쓰시오.

보기
㉮ 후원[1]: 대궐 안에 있는 동산.
㉯ 후원[2]: 뒤에서 도와줌.

( )

➔ 바른답·알찬풀이 12쪽

[11~13]

창경궁은 성종이 할머니들을 모시려고 지은 궁궐로, 효자로 유명한 정조가 태어난 곳이기도 하여 효와 인연이 깊다. 창경궁은 임진왜란 때 불탔다가 광해군 때 제 모습을 찾았으나, 그 뒤로도 큰 화재를 겪는 수난을 당했다. 문정전 앞뜰은 사도 세자가 목숨을 잃은 비극이 일어난 곳으로 유명하다. 왕비가 생활하던 통명전 서쪽에는 아름다운 연못이 있고, 뒤쪽에는 '열천'이라는 우물이 남아 있다.

한편 ㉠ 일제 강점기에는 일본 사람들이 창경궁에 동물원과 식물원을 만들면서 많은 건물을 헐고, 이름도 '창경원'으로 바꾸었다. 1983년에 동물원과 식물원 일부를 옮기고 창경궁이라는 이름을 되찾았다.

11 창경궁이 '효'와 인연이 깊다고 한 까닭과 관계된 두 인물을 고르시오. (　　　,　　　)

① 성종　　② 정조
③ 광해군　　④ 사도 세자
⑤ 일본 사람

12 조선 시대의 창경궁 안 건물에 대한 설명으로 알맞지 않은 것은 무엇입니까? (　　　)

① 문정전 앞뜰: 사도 세자가 목숨을 잃은 곳
② 문정전 뒤쪽: 동물원과 식물원이 있는 곳
③ 통명전: 왕비가 생활하던 곳
④ 통명전 서쪽: 아름다운 연못이 있는 곳
⑤ 통명전 뒤쪽: 열천이라는 우물이 있는 곳

13 다음은 ㉠에서 추론한 사실을 정리한 것입니다. (　　)에 들어갈 알맞은 말을 쓰시오.

> 일제 강점기가 되면서 차차 (　　　　)이/가 힘을 잃었다는 것을 추론했다.

(　　　　　　　　　　)

[14~15]

가 경희궁의 처음 이름은 경덕궁이었으나, 영조 때 경희궁으로 고쳐 불렀다. 인조 이후 철종에 이르기까지 10대에 걸쳐 왕들이 머물렀다. 특히 영조는 25년 동안이나 이곳에 머물렀다고 한다. 경희궁은 경복궁 서쪽에 있다고 하여 '서궐'로도 불렸다. 궁궐의 원래 규모는 1500칸에 이르렀으나, 일제 강점기에 강제로 헐려 터만 남아 있다가 최근에 옛 모습의 일부를 되찾았다.

나 지금의 덕수궁은 원래 경운궁이라고 불렸는데, 성종의 형인 월산 대군의 집이었다. 선조가 임진왜란이 끝난 뒤에 서울로 돌아오니 궁궐이 모두 불타 버려서 이곳을 넓혀 행궁으로 만들었다고 한다. 선조가 죽고 광해군이 왕위에 오른 뒤에 이 행궁을 경운궁이라고 했다. 그러다가 조선 왕조 말기에 고종이 강한 나라들의 정치적 ㉠ 소용돌이에 휘말리면서 거처를 경운궁으로 옮긴 뒤, 비로소 궁궐다운 모습을 갖추었다.

14 이 글에서 설명한 내용으로 알맞지 않은 것은 무엇입니까? (　　　)

① 경희궁은 처음에는 경덕궁으로 불리었다.
② 경희궁은 원래 규모가 1500칸이나 되는 궁궐이었다.
③ 경운궁은 원래 성종의 형인 월산 대군의 집이었다.
④ 경운궁은 조선 왕조 말기에 비로소 궁궐다운 모습을 갖추었다.
⑤ 경운궁은 인조 이후 철종에 이르기까지 10대에 걸쳐 왕들이 머물렀던 곳이다.

꼭 나와

15 ㉠의 뜻을 추론하는 데 단서가 되는 낱말은 무엇입니까? (　　　)

① 나라들　　② 비로소
③ 갖추었다　　④ 궁궐다운
⑤ 휘말리면서

01 다음에서 설명한 것은 무엇인지 쓰시오.

이미 아는 정보를 근거로 삼아 다른 판단을 이끌어 내는 것.

( )

[02~03]

02 이 그림을 보고 추론할 때, ( )에 들어갈 알맞은 말을 쓰시오.

입에 병아리를 물고 달아나는 고양이를 어미 닭이 쫓아가는 것으로 보아, 고양이가 입에 문 병아리는 ( )의 새끼인 것 같다.

( )

03 이 그림을 보고, 자신의 경험을 떠올려 말한 친구의 이름을 쓰시오.

- 민규: 나무의 새싹을 보니 봄일 것이다.
- 준우: 고양이를 쫓는 저 긴 막대는 담뱃대이다.
- 새연: 고양이가 내 신발을 물고 달아나 놀란 적이 있는데, 그림 속 남자의 마음도 같았을 것이다.

( )

[04~05]

04 이 그림으로 알 수 있는 사실이 아닌 것은 무엇입니까? ( )

① 엿을 파는 사람이 있다.
② 두 사람이 씨름을 하고 있다.
③ 사람들이 모두 한복을 입고 있다.
④ 부채로 얼굴을 가린 사람이 있다.
⑤ 씨름에서 이긴 사람이 상을 받고 있다.

서술형

05 이 그림을 보고, 자신이 추론한 내용을 정리하여 쓰시오.

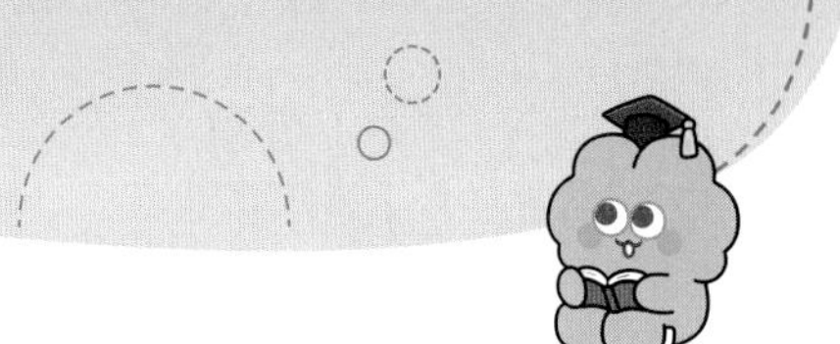

[06~10]

가 『화성성역의궤』는 수원 화성에 성을 ㉠쌓는 과정을 기록한 책인 의궤야. 수원 화성은 일제 강점기를 거치면서 성곽 일대가 훼손되기 시작하고 6.25 전쟁 때 크게 파괴되었는데, 『화성성역의궤』를 보고 원래의 모습대로 다시 만들어졌단다. 덕분에 수원 화성이 1997년에 유네스코 세계 문화유산으로 등록될 수 있었어.

나 『화성성역의궤』는 정조 임금이 갑자기 세상을 떠나는 바람에 다음 임금인 순조 때 만들어졌는데, 건축과 관련된 의궤 가운데에서도 가장 내용이 많아. 수원 화성 공사와 관련된 공식 문서는 물론, 참여 인원, 사용된 물품, 설계 등의 기록이 그림과 함께 실려 있는 일종의 보고서인 셈이야. 내용이 아주 세세하고 치밀해서 공사에 참여한 기술자 1800여 명의 이름과 주소, 일한 날수와 받은 임금까지 적혀 있어. 공사에 사용된 모든 물건의 크기와 값은 또 얼마나 상세히 적었는지 입이 떡 벌어질 정도라니까.

다 수원 화성은 정조 임금의 원대한 꿈이 담긴 곳으로 볼거리가 많아. 건물 하나만 보는 것보다는 주변 경치를 함께 ㉡감상하는 것이 더 좋아. 정조 임금이 엄격하게 고른 ㉢좋은 자리에 지었으니까. 수원 화성은 규모가 커서 다 돌아보려면 꽤 시간이 걸려. 다리가 아프면 화성 열차를 타는 것도 좋겠지. 화성 열차는 수원 화성 구경을 하러 온 사람들을 위해 마련한 열차야.

어려워

06 **이 글을 바탕으로 하여 추론할 수 있는 사실로 알맞지 않은 것은 무엇입니까? (　　　)**

① 수원 화성은 건물뿐만 아니라 주변 경치도 감상해 볼 만하다.
② 수원 화성은 역사적 위기를 겪으면서 원래의 모습을 잃은 적이 있다.
③ 수원 화성은 세계적인 문화유산으로 인정받을 만큼 훌륭한 건축물이다.
④ 수원 화성은 걸어서만 구경할 수 있으므로, 편한 신발을 신는 것이 좋다.
⑤ 『화성성역의궤』는 옛날 건축물의 형태에 대해 알 수 있는 소중한 기록이다.

07 **『화성성역의궤』에 대한 설명으로 알맞지 않은 것은 무엇입니까? (　　　)**

① 수원 화성에 성을 쌓는 과정이 적혀 있다.
② 수원 화성 공사의 기록과 그림이 실려 있다.
③ 수원 화성 공사와 관련해 세세히 기록되었다.
④ 건축과 관련된 의궤 가운데에서 가장 많은 내용을 담고 있는 책이다.
⑤ 수원 화성 공사 상황에 관해 정조 임금에게 알릴 목적으로 순조 임금이 만든 보고서이다.

08 **이 글에서 답을 찾을 수 있는 질문으로 알맞은 것은 무엇입니까? (　　　)**

① 유네스코 세계 문화유산이란 무엇일까?
② 수원 화성에 담긴 정조의 꿈은 무엇일까?
③ 정조가 수원 화성을 쌓은 까닭은 무엇일까?
④ 건축 의궤 외에도 어떤 의궤들이 더 있을까?
⑤ 수원 화성을 다 보는 데 시간이 꽤 걸리는 까닭은 무엇일까?

09 **㉠~㉢의 뜻을 알맞게 말한 친구의 이름을 쓰시오.**

- 윤호: ㉠은 여러 개의 물건을 겹겹이 포개어 얹어 놓는다는 뜻이야.
- 민이: ㉡은 주로 예술 작품을 이해하여 즐기고 평가한다는 뜻이야.
- 세라: ㉢은 성품이나 인격 등이 선하다는 뜻이야.

(　　　　　　　　　　)

서술형

10 **『화성성역의궤』를 보고 수원 화성을 원래의 모습대로 다시 만들 수 있었던 까닭을 쓰시오.**

____

____

국어

[11~15]

가 현재 서울에 남아 있는 조선 시대의 궁궐은 모두 다섯 곳으로 경복궁, 창덕궁, 창경궁, 경희궁, 경운궁이다.

나 궁궐에는 왕과 왕비뿐만 아니라 왕실의 가족과 관리, 군인, 내시, 나인 등 많은 사람이 살았다. ㉠이 사람들은 각자 자신의 신분에 알맞은 건물에서 생활했고, 건물의 명칭 또한 주인의 신분에 따라 달랐다. 예컨대 궁궐에는 강녕전이나 교태전과 같이 '전' 자가 붙는 건물이 있는데, 이러한 건물에는 궁궐에서 가장 신분이 높은 왕과 왕비만 살 수 있었다. 왕실 가족이나 후궁들은 주로 '전'보다 한 단계 격이 낮은 '당' 자가 붙는 건물을 사용했다. 그 밖의 궁궐 사람들은 주로 '각', '재', '헌'이 붙는 건물에서 생활했다.

다 '큰 복을 누리며 번성하라'는 뜻을 지닌 경복궁은 조선 시대 최초의 궁궐이면서 여러 궁궐 가운데 가장 대표적인 것이다. 경복궁은 태조 이성계가 조선을 세운 뒤에 한양, 즉 지금의 서울에 세운 조선의 법궁이다.

경복궁의 건물은 7600여 칸으로 규모가 어마어마하다. 경복궁에서 가장 웅장한 건물은 '부지런히 나라를 다스리라'는 뜻을 지닌 근정전이다. 근정전은 왕의 즉위식, 왕실의 혼례식, 외국 사신과의 만남과 같은 나라의 중요한 행사를 치르던 곳이다.

11 이 글에서 설명하는 내용으로 알맞은 것은 무엇입니까? (　　　)

① 궁궐의 위치　② 궁궐의 혼례
③ 궁궐의 재료　④ 궁궐의 건물
⑤ 궁궐을 짓는 방법

12 ㉠에서 추론할 수 있는 조선 시대의 특징을 정리할 때, (　　)에 알맞은 말을 쓰시오.

조선 시대에는 (　　　　　　)에 따른 차이가 매우 명확했다.

13 다음 건물의 명칭에 따라 살았던 사람들을 찾아 선으로 이으시오.

(1)	'전' 자가 붙는 건물	㉮	왕과 왕비
(2)	'당' 자가 붙는 건물	㉯	관리, 군인, 내시, 나인 등
(3)	'각', '재', '헌'이 붙는 건물	㉰	왕실 가족이나 후궁들

14 경복궁에 대한 설명으로 알맞지 않은 것은 무엇입니까? (　　　)

① 조선 시대 최초의 궁궐이다.
② 태조 이성계가 한양에 세운 법궁이다.
③ 건물이 7600여 칸으로 규모가 매우 크다.
④ '부지런히 나라를 다스리라'는 뜻을 지녔다.
⑤ 나라의 중요한 행사를 치르던 근정전이 있다.

어려워

15 글쓴이가 이 글을 쓴 까닭을 알맞게 추론한 친구의 이름을 모두 쓰시오.

- 이수: 서울에 남아 있는 조선 시대의 궁궐에 대하여 알려 주고 싶어서일 것이다.
- 강산: 역사적으로 우리나라에는 다섯 궁궐만 있었음을 강조하기 위해서일 것이다.
- 태경: 서울의 궁궐이 가진 특징을 우리 모두 알고 있어야 한다고 생각해서일 것이다.

(　　　　　　　　　)

➔ 바른답·알찬풀이 13쪽

[16~19]

가 창덕궁은 경복궁 동쪽에 있다고 하여 창경궁과 함께 '동궐'로도 불렸다. 건물과 후원이 잘 어우러져 아름다우며 유네스코 세계 문화유산으로 기록되었다. 산이 많은 우리나라답게 산자락에 자연스럽게 배치한 건물이 인상적이다. 넓은 후원의 정자와 연못들은 우리나라 전통 정원의 모습을 잘 보여 주고 있다. / 특히 부용지는 '하늘은 둥글고 땅은 네모나다'는 전통적 사상을 반영하여, 땅을 나타내는 네모난 연못 가운데 하늘을 뜻하는 둥근 섬을 띄워 놓은 형태이다. 연못 가장자리에 있는 부용정은 십자(+) 모양의 정자로, ㉠ 단청이 화려하고 처마 끝 곡선이 무척 아름답다.

나 조선 왕조 말기에 고종이 강한 나라들의 정치적 소용돌이에 휘말리면서 거처를 경운궁으로 옮긴 뒤, 비로소 궁궐다운 모습을 갖추었다.

경운궁 안에는 중화전과 같은 전통적 건물, 석조전이나 정관헌과 같은 서양식 건물이 함께 들어서 있다. 중화전은 국가적 의식을 치르던 곳이고, 석조전은 왕이 일상생활을 하던 곳이다. 정관헌은 고종 황제가 커피를 마시며 여가를 즐기거나 손님을 맞이하던 곳이다.

16 이 글의 내용으로 알맞지 않은 것은 무엇입니까? ( )

① 창덕궁은 산자락에 자연스럽게 배치되어 있다.
② 창덕궁의 부용지에는 전통적 사상이 반영되어 있다.
③ 창덕궁의 후원은 우리나라 전통 정원의 모습을 하고 있다.
④ 경운궁 안에는 중화전, 석조전, 정관헌과 같은 건물이 있다.
⑤ 경운궁의 건물인 석조전은 고종 황제가 손님을 맞이하던 곳이다.

17 '동궐'로 불린 궁궐을 모두 찾아 쓰시오.

( )

어려워

18 다음은 ㉠의 뜻을 추론한 것입니다. 추론한 방법으로 알맞은 것은 무엇입니까? ( )

> 단청의 뜻은 '옛날식 건물에 그린 그림이나 무늬'일 것이다. 뒤에 '화려하다'는 낱말을 통하여 뜻을 짐작할 수 있다.

① 글의 내용을 요약하여 추론하기
② 글쓴이의 생각을 찾아서 추론하기
③ 자신의 경험과 관련지어 추론하기
④ 이미 알고 있는 사실을 떠올려 추론하기
⑤ 앞뒤 문장에서 알 수 있는 사실을 바탕으로 하여 추론하기

서술형

19 글 **나**의 중요한 내용을 정리하여 쓰시오.

20 알리고 싶은 내용을 정해 영상 광고를 만들려고 합니다. 영상 광고를 만드는 순서에 맞게 기호를 쓰시오.

> ㉮ 역할 나누기
> ㉯ 촬영 도구와 편집 도구 준비하기
> ㉰ 영상 광고 주제, 내용과 분량 정하기
> ㉱ 완성한 영상 광고를 함께 보며 고치기
> ㉲ 장면을 촬영하고 편집 도구로 자막 넣기

( ) → ( ) → ( ) → ( ) → ( )

7. 우리말을 가꾸어요

개념 한눈에 보기

➔ 바른답·알찬풀이 14쪽

개념 1 우리말 사용 실태 알아보기

- 우리말 사용 ❶ [ㅅ][ㅌ] 와 관련된 사례를 살펴봅니다.
- 올바른 우리말 사용과 관련 있는 질문을 만들어 봅니다.
- '언어생활 자기 점검표'를 바탕으로 조사합니다.
- 한눈에 보기 쉽게 ❷ [ㄷ][ㅍ] 로 나타냅니다.

1 **다음은 무엇과 관련 있는 질문을 만든 것입니까? (　　　　)**

> • 외국어, 줄임 말을 섞어서 말하는 친구와 대화하면 기분이 어떠한가요?
> • 배려하는 말, 긍정하는 말, 올바른 우리말로 대화하면 좋은 점은 무엇인가요?
> • 대화할 때 어떤 마음으로 해야 하나요?

① 줄임 말의 종류　② 올바른 우리말 사용
③ 웃어른과 대화하는 방법　④ 다듬은 말을 만드는 방법
⑤ 외국어와 우리말의 차이점

개념 2 우리말 사용 실태 조사하기

- 우리말 사용 실태를 찾아보고 조사할 내용을 생각합니다.
- 조사 날짜와 시간, 조사 장소, 준비물, 조사 ❸ [ㅂ][ㅂ], 조사 자료, 주의할 점 등을 정해 계획을 세웁니다.
- ❹ [ㄱ][ㅎ] 에 따라 조사합니다.
- 발표할 때 주의할 점을 생각하며 친구들 앞에서 발표합니다.

2 **다음은 우리말 사용 실태 조사를 계획한 내용입니다. 빈칸에 알맞은 말을 쓰시오.**

조사 날짜와 시간	20○○년 ○○월 ○○일, 방과 후
(1)	학교 앞, 학교 도서관, 학교 컴퓨터실 등
준비물	컴퓨터, 필기도구, 기록장
(2)	직접 조사, 인터넷 검색
조사 자료	뉴스 영상
주의할 점	출처를 정확하게 밝히고, 큰 소리로 말해 다른 사람에게 피해를 주지 않습니다.

개념 3 올바른 우리말 사용을 주제로 글 쓰기

- 글쓰기 ❺ [ㅁ][ㅈ] 에 맞는 주장과 근거를 정합니다.
- 글쓰기할 내용을 정리합니다.
- 실태 조사를 바탕으로 하여 올바른 우리말 사용을 ❻ [ㅈ][ㅈ] 로 글을 씁니다.

3 **다음 내용으로 보아, 글쓴이의 생각은 무엇입니까? (　　　　)**

> 비속어나 욕설 같은 거친 말보다는 고운 우리말 사용이 자신과 상대의 마음을 아름답게 해 준다는 결과도 있습니다. 상대의 실수에는 너그러운 말을 하고, 내 잘못에는 미안하다는 말을 하며, 상대의 배려에는 고마운 말을 하는 것입니다.

① 긍정적인 생각을 하자.　② 친구들과 자주 대화하자.
③ 고운 우리말을 사용하자.　④ 항상 상대를 먼저 배려하자.
⑤ 부정하는 말의 영향을 알아보자.

정답 ❶ 실태 ❷ 도표 ❸ 방법 ❹ 계획 ❺ 목적 ❻ 주제

국어

[01~02]

01 여자아이가 ㉠과 같은 줄임 말을 쓴 까닭을 알맞게 말한 친구의 이름을 쓰시오.

- 민지: 줄임 말이 표준어이기 때문입니다.
- 수아: 평소에 줄임 말을 즐겨 쓰고 있기 때문입니다.
- 준서: 줄임 말을 사용해야 낱말의 뜻을 더 정확하게 전달할 수 있기 때문입니다.

(　　　　　　　　)

02 아빠와 여자아이가 말이 통하지 않은 까닭으로 알맞은 것은 무엇입니까? (　　　)

① 여자아이가 아빠에게 예사말로 말했기 때문이다.
② 아빠가 일부러 여자아이의 말을 못 들은 척했기 때문이다.
③ 아빠가 여자아이의 마음을 이해하지 못하고 있기 때문이다.
④ 아빠가 여자아이에게 생일 선물을 안 사 주려고 했기 때문이다.
⑤ 여자아이가 줄임 말과 신조어, 비속어를 사용해서 말을 했기 때문이다.

[03~05]

사례 1 텔레비전 프로그램

평범한 중고등학생 네 명을 대상으로 욕 사용 실태를 관찰했더니 네 시간 동안 평균 500여 번의 욕설이 쏟아졌습니다.

㉠충격적인 것은 이 학생들이 문제아나 불량 청소년이 아니라는 것입니다. 이제 욕은 많은 학생들의 입에서 거침없이 터져 나오는 일상어가 되어 버렸습니다.

그렇다면 아이들이 최초로 욕을 대하는 때는 언제일까요?

대중 매체 환경이 빠르게 바뀌면서 욕설이나 비속어를 대하는 나이가 더욱 어려지는 지금, 초등학교 교실을 찾아 그들이 아는 욕설을 적어 보도록 했습니다. / 그 결과, 절반 가까운 학생이 욕을 열 개 이상 버릇처럼 사용하고, 서른 개 이상 사용하는 아이도 있었습니다.

- 출처: 한국교육방송공사, 2011.

03 다음은 글쓴이가 관찰한 것을 정리한 것입니다. (　　)에 알맞은 말을 쓰시오.

글쓴이는 평범한 중고등학생 네 명을 대상으로 (　　　　　) 사용 실태를 관찰했다.

꼭 나와요

04 글쓴이가 ㉠과 같이 말한 까닭은 무엇입니까? (　　　)

① 외국어에 욕이 차지하는 비율이 높아서
② 많은 학생이 욕을 일상어처럼 사용해서
③ 학생들이 매일 500여 번 이상 욕을 해서
④ 중학생보다 초등학생이 욕을 더 많이 해서
⑤ 불량 청소년들이 욕을 하는 문제가 심각해서

05 이 글에서 욕설을 대하는 나이가 어려지는 데 영향을 준 환경이 무엇인지 찾아 쓰시오.

(　　　　　　　　)

[06~07]

사례 2 교실에서 일어난 일

며칠 전 우리 반 교실에서 일어난 일입니다. 준형이와 수진이가 교실 뒤쪽을 걷다가 뜻하지 않게 서로 부딪혔습니다. 준형이와 수진이는 서로 노려 보면서 눈살을 찌푸렸습니다.

꼭나와

06 준형이와 수진이의 다툼이 커진 까닭은 무엇입니까? (　　　　)

① 준형이가 먼저 사과를 하지 않아서
② 준형이와 수진이가 서로 모르는 말을 해서
③ 수진이가 준형이의 사과를 받아주지 않아서
④ 준형이와 수진이가 친구의 말을 듣지 않아서
⑤ 준형이와 수진이가 비속어를 사용하며 서로 비난해서

07 준형이와 수진이에게 해 줄 말로 알맞은 것을 에서 찾아 기호를 쓰시오.

보기
㉮ 줄임 말을 섞어서 말하는 것은 좋지 않아.
㉯ 서로를 배려하는 말을 해야 서로가 다투지 않고 친하게 지낼 수 있어.
㉰ 상대방의 말을 듣지 않고 일방적으로 자기 말만 하는 습관은 버리는 것이 좋아.

(　　　　　　　　　　)

08 우리말 사용 실태를 다룬 자료를 찾을 수 있는 곳으로 알맞지 않은 것은 무엇입니까? (　　　　)

① 책　② 뉴스　③ 일기장
④ 인터넷　⑤ 신문 기사

[09~10]

지원: 나는 텔레비전 뉴스 기사를 인터넷에서 찾았어. 「초등학생 줄임 말, 신조어 '심각'」이라는 뉴스야.
중화: 지원아, 조사를 참 잘했구나. 나는 선생님과 학생, 학생과 학생끼리도 서로 [㉠]을/를 사용하는 언어문화를 조사했어.
지원: 그랬구나. 중화야, 그 사례를 좀 더 자세히 이야기해 주겠니?
중화: ○○초등학교에서는 선생님과 학생, 학생과 학생끼리 공부 시간은 물론이고 학교에서 지내는 동안 높임말을 사용한대. 학생들이 서로 "진수 님, 창문 좀 닫아 줄 수 있을까요?"라고 존칭과 [㉡]을/를 쓰고, 선생님께서도 "연화 님, 연화 님은 배려심이 참 많아 칭찬해 주고 싶어요."처럼 존칭과 [㉢]을/를 사용하는 문화가 자리 잡았다고 해. 그래서 존중하고 배려하는 생활 공동체를 만들어 나가고 있대.

09 ○○초등학교에서 서로를 부를 때 사용하는 말은 무엇입니까? (　　　　)

① △△야　② △△ 님
③ △△ 씨　④ △△ 양
⑤ △△ 군

서술형

10 우리말을 올바로 사용하는 방법을 생각하며, 다음 물음에 답하시오.

(1) 중화와 지원이의 대화로 볼 때, ㉠, ㉡, ㉢에 공통으로 들어갈 알맞은 말을 쓰시오.

(　　　　　　　　　　)

(2) (1)에서 답한 말을 사용하면 어떤 효과가 있는지 쓰시오.

바른답·알찬풀이 14쪽

[11~12]

우리 반에는 공놀이할 때마다 실수해서 같은 편이 되기를 꺼려 하는 친구가 있습니다. 대부분 그 친구와 같은 편이 되면 "짜증 나."라는 말이나 비속어, 욕설을 합니다. 그러던 어느 날, 그 친구가 안쓰러워서 "괜찮아, 넌 잘할 수 있어."라고 말했습니다. 그랬더니 신기하게도 그 친구가 승점을 냈습니다.

이 일이 있은 뒤에 우리 반 친구들을 대상으로 조사해 보니 긍정하는 말이 부정하는 말보다 듣기가 좋다는 결과가 나왔습니다. 긍정하는 말을 하면 말하는 사람은 물론 듣는 사람도 마음이 편안해집니다.

11 이 글로 보아, 다음의 말을 들은 사람의 마음으로 알맞은 것을 찾아 선으로 이으시오.

(1) 긍정하는 말 • • ㉮ 마음이 편안해지고 자신감이 생긴다.

(2) 부정하는 말 • • ㉯ 화가 나고 자신감이 없어진다.

12 이 글에서 글쓴이가 한 일을 생각하며, 다음 물음에 답하시오.

(1) 글쓴이가 공놀이할 때마다 실수하는 친구에게 해 준 말을 쓰시오.

( )

(2) (1)에서 답한 말을 사용한 이후에 친구에게 어떤 일이 일어났는지 쓰시오.

13 부정하는 말을 긍정하는 말로 바꾼 것으로 알맞지 않은 것은 무엇입니까? ( )

① 힘들어. → 힘내자.
② 짜증 나. → 괜찮아.
③ 안 돼. → 어쩔 수 없어.
④ 망했어. → 다시 할 거야.
⑤ 이상해 보여. → 멋있어 보여.

[14~15]

비속어나 욕설 같은 거친 말보다는 ㉠고운 우리말 사용이 자신과 상대의 마음을 아름답게 해 준다는 결과도 있습니다. 상대의 실수에는 너그러운 말을 하고, 내 잘못에는 미안하다는 말을 하며, 상대의 배려에는 고마운 말을 하는 것입니다. 비속어나 욕설을 사용하면 추한 마음이 생길 것인데 고운 우리말을 사용하면 너그러운 마음이 생기고, 미안한 마음이 생기며, 고마운 마음이 생기므로 아름다운 사람이 된다는 것입니다.

꼭 나와요

14 이 글에서 글쓴이가 주장하는 내용으로 알맞은 것은 무엇입니까? ( )

① 고운 우리말을 사용하자.
② 상대의 실수도 못 본 척해 주자.
③ 상대가 배려해 주기를 기다리자.
④ 자신과 상대의 마음이 일치되게 하자.
⑤ 겉모습만큼 속마음도 아름다운 사람이 되자.

15 ㉠을 사용하면 생기는 마음을 에서 모두 찾아 기호를 쓰시오.

보기

㉮ 추한 마음 ㉯ 고마운 마음
㉰ 미안한 마음 ㉱ 너그러운 마음

( )

01 다음 중 올바른 언어생활을 위하여 사용할 말로 알맞은 것은 무엇입니까? (   )

① 욕설
② 줄임 말
③ 비속어
④ 무시의 말
⑤ 긍정의 말

[02~03]

02 그림 ❷와 ❸ 중에서 상대가 힘과 긍정의 마음을 갖도록 긍정적으로 말한 장면의 기호를 쓰시오.

그림 (   )

03 솔연이와 강민이의 마음으로 알맞은 것을 찾아 선으로 이으시오.

(1) 솔연 •   • ㉮ 무시당하는 기분이 들어 속상했을 것이다.

(2) 강민 •   • ㉯ 격려해 주니 힘이 나고 기분이 좋았을 것이다.

[04~06]

사례 1 텔레비전 프로그램

평범한 중고등학생 네 명을 대상으로 욕 사용 실태를 관찰했더니 네 시간 동안 평균 500여 번의 욕설이 쏟아졌습니다.

충격적인 것은 이 학생들이 문제아나 불량 청소년이 아니라는 것입니다. 이제 욕은 많은 학생들의 입에서 거침없이 터져 나오는 일상어가 되어 버렸습니다.

그렇다면 아이들이 최초로 욕을 대하는 때는 언제일까요?

대중 매체 환경이 빠르게 바뀌면서 욕설이나 비속어를 대하는 나이가 더욱 어려지는 지금, 초등학교 교실을 찾아 그들이 아는 욕설을 적어 보도록 했습니다.

그 결과, 절반 가까운 학생이 욕을 열 개 이상 버릇처럼 사용하고, 서른 개 이상 사용하는 아이도 있었습니다.

- 출처: 한국교육방송공사, 2011.

사례 2 교실에서 일어난 일

며칠 전 우리 반 교실에서 일어난 일입니다. 준형이와 수진이가 교실 뒤쪽을 걷다가 뜻하지 않게 서로 부딪혔습니다. 준형이와 수진이는 서로 노려 보면서 눈살을 찌푸렸습니다.

04 [사례 1]에서 설명한 우리말 사용과 관련한 문제점은 무엇입니까? (   )

① 학생들이 욕을 너무 많이 사용한다.
② 대중 매체 환경이 매우 빠르게 바뀐다.
③ 중학교에 다니면서 처음 욕을 하게 된다.
④ 고등학생이 30개 이상의 욕을 알고 있다.
⑤ 일상어를 이용해 욕설이나 비속어를 만든다.

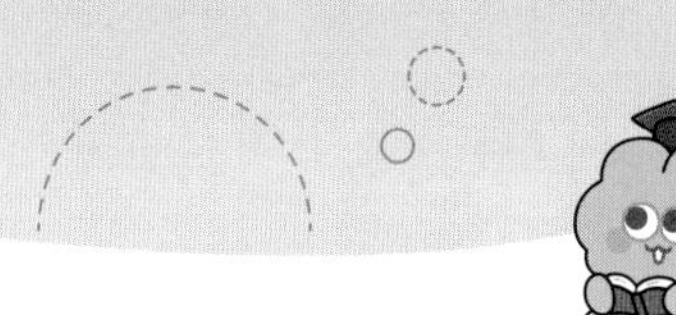

05 [사례 1]에서 설명한 우리말 사용 실태로 알맞은 것을 보기에서 모두 찾아 기호를 쓰시오.

보기
㉮ 많은 학생에게 욕은 일상어가 되었다.
㉯ 대중 매체 환경이 빠르게 바뀌면서 욕설을 대하는 나이가 어려지고 있다.
㉰ 욕설이나 비속어는 문제아나 불량 청소년들만 주로 사용하는 말이 되었다.

( )

06 [사례 2]에서 준형이와 수진이가 어떻게 말하는 것이 좋을지 쓰시오.

07 다음 글의 ( )에 공통으로 들어갈 말을 보기에서 찾아 쓰시오.

보기
시터, 돌봄이, 지지자

반려동물을 돌봐 주는 사람을 '펫시터', 길고양이 보호 활동을 하는 사람을 '캣맘', '캣대디'라고 한다. 하지만 우리말을 올바로 사용하기 위해 '펫시터'는 '반려동물 ( )'(이)로, '캣맘', '캣대디'는 '길고양이 ( )'(이)로 바꾸어 부르는 것이 바람직하다.

( )

08 우리 주변에서 올바르지 못한 말을 사용한 예를 찾아 말한 친구의 이름을 쓰시오.

- 수환: 거리 간판에 우리말보다는 외국어로 된 것이 많습니다.
- 민지: 의견이 잘 맞지 않은 친구와 대화할 때에도 긍정의 말을 사용하려고 노력합니다.
- 서아: 텔레비전 프로그램에 나오는 많은 외국인들이 우리말을 사용하고 있습니다.

( )

[09~10]

모둠 친구들의 우리말 사용 실태의 경우, 부정적인 언어 사용으로는 욕설이나 비속어(17회)를 가장 많이 사용하고 있으며, 줄임 말(16회), 외국어(9회)의 순입니다. 긍정적인 언어 사용으로는 배려하는 말(8회), 올바른 우리말(6회), 긍정하는 말(4회) 순으로 사용하고 있습니다.

어려워

09 이 글에서 모둠 친구들의 우리말 사용 실태를 설명한 것으로 알맞지 않은 것은 무엇입니까? ( )

① 긍정적인 언어로는 배려하는 말을 가장 많이 사용한다.
② 부정적인 언어로는 욕설이나 비속어를 가장 많이 사용한다.
③ 긍정적인 언어보다 부정적인 언어를 사용하는 횟수가 더 적다.
④ 배려하는 말, 올바른 우리말, 긍정하는 말을 사용하는 것은 바람직한 점이다.
⑤ 욕설이나 비속어, 줄임 말, 외국어를 많이 사용하는 것은 친구들이 고쳐야 할 점이다.

10 이 글에서 모둠 친구들이 가장 많이 사용하는 말이 무엇인지 찾아 쓰시오.

( )

국어

서술형

11 우리말 사용 실태를 다룬 다음 자료들을 보고, 알 수 있는 문제점은 무엇인지 쓰시오.

____

____

[12~14]

지원: 나는 텔레비전 뉴스 기사를 인터넷에서 찾았어. 「초등학생 줄임 말, 신조어 '심각'」이라는 뉴스야.

중화: 지원아, 조사를 참 잘했구나. 나는 선생님과 학생, 학생과 학생끼리도 서로 높임말을 사용하는 언어문화를 조사했어.

지원: 그랬구나. 중화야, 그 사례를 좀 더 자세히 이야기해 주겠니?

중화: ○○초등학교에서는 선생님과 학생, 학생과 학생끼리 공부 시간은 물론이고 학교에서 지내는 동안 높임말을 사용한대. 학생들이 서로 "진수 님, 창문 좀 닫아 줄 수 있을까요?"라고 존칭과 높임말을 쓰고, 선생님께서도 "연화 님, 연화 님은 배려심이 참 많아 칭찬해 주고 싶어요."처럼 존칭과 높임말을 사용하는 문화가 자리 잡았다고 해. 그래서 존중하고 배려하는 생활 공동체를 만들어 나가고 있대.

지원: 와, 그런 학교도 있구나. 우리 반에서도 하루 정도 날을 정해 선생님과 아이들, 친구들 사이에 높임말을 쓰거나 올바른 우리말을 사용해 보면 어떨까? 그러고 난 뒤에 어떤 마음이 들었는지 이야기도 나눠 보고 말이야.

어려워

12 지원이와 중화가 조사 계획을 세울 때 주고받았을 말로 알맞지 않은 것은 무엇입니까? (　　　)

① 조사 주제를 정하고 이에 맞는 자료를 찾아 봐야겠어.
② 직접 조사나 인터넷 검색 등을 통하여 조사해 봐야겠어.
③ 조사한 뒤에 드는 생각이나 느낌을 함께 정리해 두어야겠어.
④ 조사 주제와 관련 있으면서 학생들의 관심을 끌 만한 사례를 찾아봐야겠어.
⑤ 조사 자료를 어디서 찾았는지 알고 있으니까 출처를 따로 정리해 둘 필요는 없겠어.

13 지원이와 중화가 조사한 내용을 찾아 선으로 이으시오.

(1) 지원 •		• ㉮	좋은 언어문화
(2) 중화 •		• ㉯	잘못된 우리말 사용 실태

14 다음은 지원이가 제안한 것입니다. (　　)에 들어갈 알맞은 말을 쓰시오.

> 우리 반에서도 선생님과 학생, 친구들 사이에 (　　　)(이)나 올바른 우리말을 써 보고 생각이나 느낌을 나누어 봅시다.

(　　　　　　　　　　)

➔ 바른답·알찬풀이 15쪽

[15~17]

㉮ 이 일이 있은 뒤에 우리 반 친구들을 대상으로 조사해 보니 긍정하는 말이 부정하는 말보다 듣기가 좋다는 결과가 나왔습니다. 긍정하는 말을 하면 부정하는 말보다 듣기가 좋다는 결과가 나왔습니다. 긍정하는 말을 하면 말하는 사람은 물론 듣는 사람도 마음이 편안해집니다. 예를 들면 "안 돼."보다는 "할 수 있어.", "짜증 나."보다는 "괜찮아.", "이상해 보여."보다는 "멋있어 보여.", "힘들어."보다는 "힘내자."와 같이 부정하는 말을 긍정하는 말로 고쳐 사용하면, 말하는 사람과 듣는 사람 모두 기분도 좋아지고 자신감도 생긴다는 것입니다.

㉯ 긍정하는 표현은 자신은 물론 주변 사람들 마음에 긍정하는 힘을 줍니다. 그리고 고운 우리말 사용이 아름다운 소통을 이루고, 진정한 말맛을 느끼게 합니다. 그러므로 ㉠<u>긍정하는 말과 고운 우리말을</u> 사용해야 합니다.

서술형

15 이 글을 쓴 글쓴이가 자기 주장을 뒷받침하기 위해 조사한 대상과 조사 결과를 쓰시오.

____

____

16 글쓴이가 이 글을 쓴 까닭으로 알맞은 것은 무엇입니까? (　　　)

① 우리말의 종류를 알려 주려고
② 친구와 대화하는 방법을 알려 주려고
③ 학부모를 대상으로 조사한 내용을 말하려고
④ 긍정과 부정의 말의 비슷한 점을 설명하려고
⑤ 긍정의 말과 고운 우리말 사용을 주장하려고

17 ㉠을 사용하면 좋은 점으로 알맞지 <u>않은</u> 것은 무엇입니까? (　　　)

① 기분이 좋아진다.　② 자신감이 줄어든다.
③ 긍정하는 힘을 준다.　④ 진정한 말맛이 있다.
⑤ 아름다운 소통을 이룬다.

[18~20]

다음은 성우네 반 모둠 친구들이 국립국어원 우리말 다듬기 누리집에서 자료를 수집해 만든 올바른 우리말 사례집입니다.

다듬은 우리말 신문　　20○○년 ○○월 호

우리말로 다듬어 새로운 낱말 탄생!

국립국어원 우리말 다듬기 누리집에서는 들어온 지 얼마 안 된 어려운 외국어를 쉬운 우리말로 바꾼 사례를 볼 수 있다.

우리말 다듬기 누리집에 올라온 다듬은 말을 오른쪽 표와 같이 사례집으로 엮어 보았다.

다듬을 말	다듬은 말
포스트잇	붙임쪽지
이모티콘	그림말
버킷 리스트	소망 목록
타임캡슐	기억상자
무빙워크	자동길

앞으로 외국어를 우리말로 다듬은 낱말을 자주 사용해 올바른 우리말 사용의 터전을 닦아 나가야겠다.

18 성우네 반 모둠 친구들이 만든 우리말 사례집의 형식은 무엇입니까? (　　　)

① 시　② 신문　③ 이야기
④ 만화 영화　⑤ 영상 광고

19 이 글에서 성우네 반 모둠 친구들이 사례집에 넣을 자료를 찾은 곳을 찾아 쓰시오.

(　　　　　　　　　　　　)

20 다음 말을 다듬은 말을 찾아 선으로 이으시오.

(1) 이모티콘 •　　• ㉮ 그림말
(2) 버킷 리스트 •　　• ㉯ 소망 목록

8. 인물의 삶을 찾아서

➔ 바른답·알찬풀이 16쪽

개념 보기

개념 1 글쓴이가 말하고자 하는 생각 찾기

- 글쓴이가 말하고자 하는 ❶ [ㅅ ㄱ]을 '글의 주제'라고 합니다.
- 글의 제목, 중요한 ❷ [ㄴ ㅁ], 중심 문장을 살펴보면 글의 주제를 파악할 수 있습니다.
- 글의 주제를 찾으며 읽으면 글 내용을 더 깊이 이해할 수 있습니다.

1 다음 글에서 글쓴이가 말하고자 하는 생각을 쓰시오.

> 꿈과 희망, 소외된 사람들에 대한 관심, 용기와 도전같이 작가가 말하고자 하는 생각도 듣는단다. 그 많은 이야기에 공감하며 이야기 속 인물의 삶에서 내 삶을 돌아보는 기회가 되는 것도 책이 주는 선물이야. 그래서 책을 읽는 사람은 지혜롭게 세상을 살 수 있다고 해. 나는 책에서 꿈을 찾았고 꿈을 이루는 방법까지 배웠으니 책이 주는 더 특별한 선물을 받은 거지.
> 책이 주는 선물을 받고 싶니? 너희도 책을 읽어 봐.

( )

개념 2 인물이 추구하는 가치 파악하기

- 인물이 처한 상황을 떠올려 봅니다.
- 인물이 처한 상황에서 인물이 한 ❸ [ㅁ]과 행동을 알아봅니다.
- 인물이 처한 상황에서 그렇게 말하고 행동한 ❹ [ㄲ ㄷ]을 생각해 봅니다.

2 ㉠~㉤ 중 글쓴이의 변함없는 마음을 뜻한 것을 찾아 기호를 쓰시오.

> 가 ㉠이런들 어떠하며 저런들 어떠하리
> ㉡만수산 드렁칡이 얽혀진들 어떠하리
> 우리도 이같이 ㉢얽혀져 백 년까지 누리리
>
> 나 ㉣이 몸이 죽고 죽어 일백 번 고쳐 죽어
> 백골이 진토 되어 넋이라도 있고 없고
> 임 향한 ㉤일편단심이야 가실 줄이 있으랴

( )

개념 3 인물이 추구하는 가치를 자신의 삶과 관련짓기

- 이야기와 관련한 자신의 ❺ [ㄱ ㅎ]을 생각합니다.
- 인물과 자신의 삶을 비교해 보고 느낀 점을 생각합니다.
- 자신이 처한 문제나 고민을 해결하는 데 도움을 준 인물의 말과 ❻ [ㅎ ㄷ]을 생각합니다.

3 승수는 「나무를 심는 사람」을 읽고, 왕가리 마타이가 추구하는 가치를 자신의 삶과 관련지었습니다. ( )에 알맞은 말을 쓰시오.

> 승수가 쓴 글
> "우리 아이들을 위해서!" / "모든 사람의 것이야."
> 왕가리 마타이가 모두의 이익과 행복을 추구하는 모습을 보여 주는 말이다. 부모님께서 하셨던 말씀이기도 하다. 왕가리 마타이와 부모님께서 우리에게 보여 주신 행동처럼 나도 우리 모두를 위한 일이 무엇인지 찾아봐야겠다. 그리고 꼭 실천해야겠다.

• 승수는 ( )이/가 한 말과 행동을 보고, 자신도 우리 모두를 위한 일을 찾아봐야겠다고 생각했다.

정답 ❶ 생각 ❷ 낱말 ❸ 말 ❹ 까닭 ❺ 경험 ❻ 행동

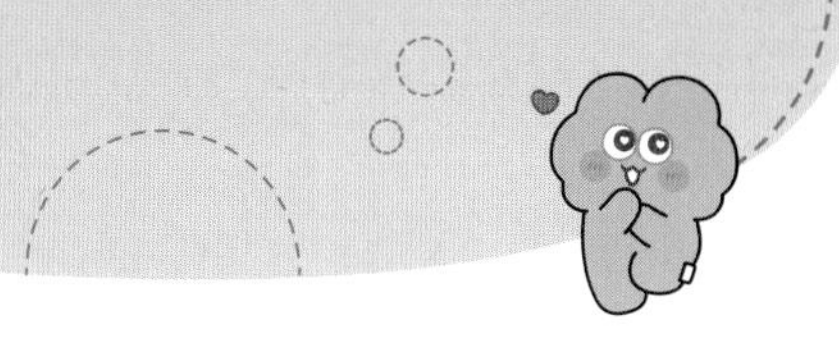

[01~02]

나는 이야기를 쓰는 작가야. 책을 읽고 작가가 되는 꿈을 꾸게 되었고 책을 읽으면서 그 꿈을 키웠단다. 너희에게 내가 기억하는 책들을 소개해 줄게.

내가 처음으로 재미있게 읽은 책은 발데마르 본젤스의 ㉠『꿀벌 마야의 모험』인데, 아기 꿀벌이 꿀을 모으러 바깥세상에 나갔다가 모험을 시작하는 이야기야. 그 꿀벌이 여러 가지 경험을 하며 자신의 삶을 이끌어 가는 모습이 내게 꿈과 희망을 줬어. 이야기가 어찌나 흥미로웠던지 발데마르 본젤스처럼 작가가 되는 꿈을 갖게 되었지.

나는 책을 많이 읽었어. 누구보다 빅토르 위고 작품을 좋아했는데, ㉡『레 미제라블』은 여러 번 읽었단다. 자신이 받은 도움을 생각하며 어려운 사람들을 돕는 인물 모습이 내 마음을 울렸거든. 이렇듯 빅토르 위고는 현실에서 소외된 사람들의 이야기에도 관심이 있었는데 빈민 구제를 주장하며 정치가로도 활동했어.

01 이 글을 읽고 글쓴이가 말하고자 하는 생각을 짐작하였습니다. (　　)에 알맞은 말을 쓰시오.

> 글쓴이는 '(　　　　　　)'(이)라는 낱말을 계속 사용하여 책이 자신에게 미친 영향을 강조하면서 이 글을 읽는 사람들에게 책을 읽자는 말을 하려고 하는 것 같아.

02 ㉠의 인물과 ㉡의 인물이 글쓴이에게 준 영향을 찾아 선으로 이으시오.

(1) ㉠의 인물 • 　　• ㉮ 글쓴이의 마음을 울림.

(2) ㉡의 인물 • 　　• ㉯ 글쓴이에게 꿈과 희망을 줌.

[03~05]

가 이런들 어떠하며 저런들 어떠하리
만수산 드렁칡이 얽혀진들 어떠하리
우리도 이같이 얽혀져 백 년까지 누리리

나 이 몸이 죽고 죽어 일백 번 고쳐 죽어
백골이 진토 되어 넋이라도 있고 없고
임 향한 일편단심이야 가실 줄이 있으랴

03 글 **가**와 **나**에 대한 설명을 읽고, (　　)에 알맞은 제목을 찾아 ○표 하시오.

> 고려 말에 정몽주는 고려를 유지하면서 개혁해야 한다고 생각했고, 이성계는 고려를 무너뜨리고 새로운 왕조를 세우고자 했다. 이러한 상황에서 이성계의 아들 이방원은 글 **가**의 (1) (「하여가」, 「단심가」)를 썼고, 정몽주는 글 **나**의 (2) (「하여가」, 「단심가」)를 썼다.

서술형

04 글 **가**에 담긴 글쓴이의 생각을 파악하며, 다음 물음에 답하시오.

(1) 글 **가**에서 글쓴이가 자신의 생각을 말하기 위하여 빗댄 표현을 찾아 쓰시오.

(　　　　　　　　)

(2) (1)에서 답한 표현과 함께 글쓴이의 생각이 잘 드러난 장을 찾아 쓰시오.

꼭 나와

05 글 **나**에서 글쓴이의 생각이 잘 드러난 낱말은 무엇입니까? (　　　)

① 이 몸　② 일백 번　③ 넋
④ 일편단심　⑤ 가실 줄

[06~07]

가 그나마 여기저기 상한 배 12척과 120여 명의 군사를 모을 수 있었습니다. 나라에서는 아예 바다를 포기하고 육군으로 싸우라고 했습니다. 이순신은 임금님께 글을 올렸습니다.

"지난 5, 6년 동안 일본이 충청도와 전라도 쪽으로 공격해 오지 못한 것은 수군이 그 길목을 막고 있었기 때문입니다. ㉠이제 제게 12척의 배가 있으니 죽을힘을 다해 싸운다면 이길 수 있을 것입니다."

나 이순신은 ㉡작전을 짰습니다.

"우리는 모든 것이 적다. 무기도 적고, 군사도 적고, 배도 적다. 적은 것을 갑자기 늘릴 방법은 없다. 그러나 많아 보이게 할 수는 있을 것이다."

이순신은 우선 고기잡이배와 피난 가는 배들을 판옥선처럼 꾸미게 했습니다. 비록 실제로 싸울 수 있는 배는 먼저 구한 12척과 나중에 구한 1척, 이렇게 총 13척밖에 안 되었지만, 멀리서 보면 수십 척의 판옥선이 갖추어진 것처럼 보이게 한 것입니다. 백성들에게는 바다가 보이는 육지의 산봉우리에서 계속 돌아다니게 했습니다. 마치 우리 군사의 수가 많은 것처럼 보이도록 한 것입니다.

꼭 나와요

06 ㉠으로 보아, 이순신이 추구하는 가치로 알맞지 <u>않은</u> 것은 무엇입니까? (　　　)

① 용기　② 자신감
③ 우월감　④ 극복 의지
⑤ 최선의 노력

07 ㉡의 내용으로 알맞은 것은 무엇입니까? (　　　)

① 조선 배를 일본 배처럼 만들었다.
② 우리 군사 수가 많아 보이게 했다.
③ 판옥선을 고기잡이배처럼 꾸몄다.
④ 중국에 배를 보내 달라고 부탁했다.
⑤ 무기와 군사를 늘릴 방법을 찾아냈다.

[08~10]

가 "버들이는 강안이마을에서 늙고 병든 어머니와 둘이 살았어. 가난했지만 누구보다 예쁜 아가씨였단다. 새벽마다 도깨비 샘물을 뜨러 왔었지. 가장 먼저 샘물을 길어 마셔야 효험이 있다니까 어머니 병을 낫게 하려고 새벽마다 온 거였어."

나 "언제부터인가 버들이가 고생하는 게 가엾어지기 시작했어. 그래서 재주를 부려 가랑잎으로 돈을 만들어다 주고 부잣집 돈을 훔쳐 내기도 했지. 나는 풋내기 도깨비라서 큰 재주를 못 부리니까 도둑질하는 날이 많았단다."

다 "버들이는 몰랐을 거야. 내가 도깨비라서 재주를 부린다고 믿었겠지. 버들이를 위해서라면 뭐든지 할 수 있었어. 파랑이가 나한테 정신 나간 도깨비라고 했을 정도로 버들이가 좋았으니까. 다른 도깨비들과 달리 나는 유난히 사람을 좋아했어. 지금도 사람이 좋아."

08 글 가로 보아, 버들이가 추구하는 가치로 알맞은 것은 무엇입니까? (　　　)

① 효　② 돈　③ 우정
④ 명예　⑤ 권력

09 '나'(몽당깨비)가 버들이를 위해 한 일 두 가지를 완성하여 쓰시오.

(1) (　　　　　)(으)로 돈을 만들어 주었다.
(2) 부잣집 (　　　　　)을/를 훔쳐다 주었다.

서술형

10 글 나와 다를 읽고, 다음 물음에 답하시오.

(1) '나'(몽당깨비)는 누구를 좋아하는지 쓰시오.
(　　　　　　　　　)

(2) (1)에서 답한 인물을 대하는 '나'(몽당깨비)의 모습에서 알 수 있는 인물의 특성을 쓰시오.

➔ 바른답·알찬풀이 16쪽

[11~12]

가 외국에서 공부를 마치고 케냐로 돌아온 왕가리 마타이는 황폐해진 케냐의 마을 풍경을 보고 깜짝 놀랐다. 케냐의 새로운 지도자들이 돈벌이를 위해 숲을 없애고 차나무와 커피나무를 심은 것이었다. 울창했던 숲은 벌목으로 벌거벗은 모습이 되었고, 비옥했던 토양은 영양분이 고갈되어 동물과 식물을 제대로 길러 낼 수 없는 상태가 되었다.

나 파괴된 환경이 그녀와 그녀의 아이들 그리고 케냐의 모든 이에게 고통을 주고 있다는 것을 깨달은 왕가리 마타이는 자신이 할 수 있는 일이 무엇인지 생각해 보았다. / '나무를 심는 거야.'

왕가리 마타이는 나무를 심기로 마음먹고, 방법을 고민한 끝에 나무를 심어 주는 회사를 세웠다. 그녀는 이 회사가 헐벗고 삭막한 도시를 풍요롭게 만들 뿐만 아니라, 가난한 사람들에게 나무를 심고 관리하는 일자리를 제공할 것이라고 생각했다.

11 왕가리 마타이가 외국에서 돌아왔을 때, 케냐의 상황으로 알맞은 것은 무엇입니까? (　　　)

① 울창했던 숲이 벌목으로 황폐하였다.
② 토양이 비옥하여 영양분이 풍부하였다.
③ 사람보다 동식물이 살기 좋은 환경이었다.
④ 파괴된 환경 속에서도 사람들이 잘살았다.
⑤ 차나무와 커피나무를 심는 것이 금지되었다.

12 이 글의 인물을 비교할 때, 각 인물이 중요하게 생각하는 가치를 찾아 선으로 이으시오.

(1) 케냐의 새로운 지도자들 • 　　• ㉮ 돈벌이보다 자연환경을 더 중요하게 생각함.

(2) 왕가리 마타이 • 　　• ㉯ 자연환경보다 돈벌이를 더 중요하게 생각함.

[13~15]

가 왕가리 마타이는 시골 여성들과 함께 나무를 심었다. 그리고 그녀들을 격려하며 나무 심기 운동을 전파해 달라고 부탁했다. 이러한 노력들이 모여 나무 심기 운동은 큰 변화를 가져왔다.

나 그린벨트 운동은 성공적이었지만, 심은 나무를 가꾸기까지는 시간과 노력이 많이 필요했다. 나무를 가꾸는 데 지친 몇몇 사람은 나무를 심기보다는 베어서 쓰고 싶어 했다.

㉠<u>"나무가 빨리 자라지 않으니 나무를 심기 싫어요."</u> / 왕가리 마타이는 사람들에게 인내심을 지니고 나무를 심어 줄 것을 부탁했다.

㉡『"우리가 오늘 베고 있는 나무는 우리가 심은 것이 아니라 이전에 누군가가 심어 준 것입니다. 그러니까 우리도 우리 아이들을 위해서, 미래의 케냐를 위해서 나무를 심어야 해요."』

13 왕가리 마타이에 대한 설명으로 알맞지 <u>않은</u> 것은 무엇입니까? (　　　)

① 적극적임. ② 포기를 모름.
③ 쉽게 지침. ④ 최선을 다함.
⑤ 끈기가 있음.

14 ㉠을 말한 사람들에게 부족한 점이 무엇인지 글 나에서 찾아 세 글자로 쓰시오.

(　　　　　　)

꼭나와

15 ㉡『 』을 바탕으로 하여 짐작할 수 있는 내용을 알맞게 말한 친구의 이름을 쓰시오.

- 민지: 왕가리 마타이가 추구하는 가치는 모두의 이익과 행복인 것 같아.
- 경훈: 왕가리 마타이가 나무 심기 운동을 꾸준히 한 것은 미래보다 현재의 삶을 더 중요하게 생각하는 마음 때문인 것 같아.

(　　　　　　)

국어

[01~02]

책 속에는 많은 이야기가 숨어 있어. 그리고 이야기 속 인물들은 우리를 다양한 경험 세계로 데려다주지. 꿈과 희망, 소외된 사람들에 대한 관심, 용기와 도전같이 작가가 말하고자 하는 생각도 듣는단다. 그 많은 이야기에 공감하며 이야기 속 인물의 삶에서 내 삶을 돌아보는 기회가 되는 것도 책이 주는 선물이야. 그래서 ㉠책을 읽는 사람은 지혜롭게 세상을 살 수 있다고 해. 나는 책에서 꿈을 찾았고 꿈을 이루는 방법까지 배웠으니 책이 주는 더 특별한 선물을 받은 거지.

01 이 글에서 책의 좋은 점을 빗대어 표현한 두 글자로 된 낱말을 찾아 쓰시오.

( )

02 글쓴이가 ㉠과 같이 말한 까닭으로 알맞은 것을 모두 찾아 ○표 하시오.

(1) 다양한 경험을 할 수 있어서 ( )
(2) 내 삶을 돌아보는 기회가 되어서 ( )
(3) 책을 통해서만 꿈이 결정되어서 ( )

[03~05]

가 정몽주는 고려를 유지하면서 개혁해야 한다고 생각했고, 이성계는 고려를 무너뜨리고 새로운 왕조를 세우고자 했다. 이러한 상황에서 이성계의 아들 이방원은 「하여가」를 썼고, 정몽주는 「단심가」를 썼다.

나 하여가

이런들 어떠하며 저런들 어떠하리
만수산 드렁칡이 얽혀진들 어떠하리
우리도 이같이 얽혀져 백 년까지 누리리

다 단심가

이 몸이 죽고 죽어 일백 번 고쳐 죽어
백골이 진토 되어 넋이라도 있고 없고
임 향한 일편단심이야 가실 줄이 있으랴

서술형

03 글 가를 참고할 때, 나와 다에서 이방원과 정몽주가 서로에게 말하고자 한 것을 쓰시오.

이방원이 정몽주에게	(1)
정몽주가 이방원에게	(2)

04 글 나의 낱말 중 보기에서 설명한 것으로 알맞은 것은 무엇입니까? ( )

보기
이방원의 생각이 담긴 시어로, 친근함을 나타내며 뜻을 같이하자는 마음을 드러낸다.

① 이런들 ② 저런들
③ 어떠하리 ④ 우리
⑤ 누리리

어려워

05 글 다를 읽고, 감상한 내용으로 알맞은 것을 보기에서 모두 찾아 기호를 쓰시오.

보기
㉮ 초장에서는 "죽고 죽어", "고쳐 죽어"와 같이 '죽다'라는 표현을 되풀이하여 자신의 의지가 확고함을 드러내고 있다.
㉯ 중장에서는 상대방을 "백골이 진토 되어"라는 표현에 빗대어 나타내면서 자신은 고려를 지키지 않을 것임을 강조하고 있다.
㉰ 종장에서 '임'은 고려를 의미하는 말로, "임 향한 일편단심"이라는 표현에는 새로운 왕이 아닌 고려의 왕을 따르겠다는 마음이 반영되어 있다.

( )

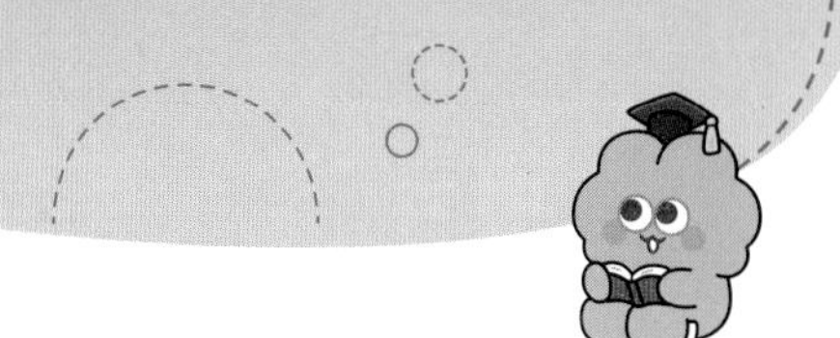

국어

[06~08]

가 이순신은 모든 준비를 끝낸 뒤 부하 장수들을 불러 모았습니다.

"㉠ 죽으려 하면 살고, 살려 하면 죽는다. 오늘 우리는 이 말처럼 죽기를 각오하고 싸워야 한다."

마침내 수많은 적선이 흐르는 물살을 타고 우리 수군 쪽으로 빠르게 쳐들어왔습니다.

나 드디어 물살 방향이 반대로 바뀌자 이순신은 일제히 공격하도록 지시했습니다. 단번에 30척이 넘는 적의 배가 부서져 버렸습니다. 일본 배들은 뒤로 물러나려고 했습니다. 그렇지만 물살이 너무 세서 배를 돌릴 수도 없고 앞으로 나아갈 수도 없었습니다. 우리 수군은 이때를 놓치지 않았습니다. 적의 배를 향해 총통을 쏘고 불화살을 날리며 총공격을 했습니다.

단 13척의 배로 133척의 배를 물리친 기적 같은 전투였습니다. 이 전투가 바로 '명량 대첩'입니다.

06 이 글의 배경이 되는 전투의 이름을 찾아 쓰시오.

( )

07 이 글에 나타난 이순신의 가치관으로 알맞은 것은 무엇입니까? ( )

① 죽음을 두려워한다.
② 높은 벼슬에 오르기를 원한다.
③ 전쟁에서 양보하는 것을 좋아한다.
④ 개인의 성공을 위해 열심히 노력한다.
⑤ 어떤 어려움도 극복할 수 있다고 생각한다.

08 이순신이 ㉠과 같이 말한 까닭을 다음과 같이 정리할 때, ( )에 알맞은 말을 쓰시오.

이순신은 일본과의 전쟁에 나서는 부하 장수들의 ( )을/를 다잡아 주고 싶었기 때문이다.

[09~10]

가 말을 타고 언덕 위를 가다가 말에서 떨어졌는데 막내아들 면이 밑에서 이순신을 받는 꿈이었습니다. 참으로 이상했습니다. / 나쁜 꿈은 바로 다음 날 현실로 드러났습니다. 면이 마을을 기습해 온 일본군과 싸우다가 죽었다는 소식이 날아든 것입니다. 일본군이 이순신에 대한 분풀이로 이순신의 고향 마을을 공격한 것이 분명했습니다.

나 '내가 죽을 것을 그 애가 대신 죽었구나.'

마음속에서는 이런 소리가 터져 나왔습니다. 밤이면 몇 번씩 자다 깨다 했습니다. 그러다가 코피를 한 사발씩 쏟기도 했습니다. 잠깐만 눈을 붙여도 아들 면의 모습이 보였습니다. ㉠『이순신은 자기도 모르게 이를 악물었습니다. / '이제는 끝내야만 해.'』

"아직도 저에게는 12척의 배가 있습니다. 비록 배는 적지만, 제가 죽지 않는 한 적이 감히 우리를 업신여기지 못할 것입니다."

어려워

09 이 글의 내용을 바르게 이해하여 생각을 말한 친구의 이름을 모두 쓰시오.

- 윤서: 나는 이순신처럼 어떤 힘든 상황에서도 포기하지 말아야겠다고 생각했어.
- 이안: 나는 이순신처럼 주어진 일에 최선을 다하는 사람이 되어야겠다고 생각했어.
- 하율: 나는 이순신처럼 어떤 고난에도 자신과 가족을 먼저 지키는 사람이 되어야겠다고 생각했어.

( )

서술형

10 이순신이 ㉠『 』과 같이 행동하고 생각한 까닭을 짐작해 쓰시오.

[11~13]

가 "버들이는 몰랐을 거야. 내가 도깨비라서 재주를 부린다고 믿었겠지. 버들이를 위해서라면 뭐든지 할 수 있었어. 파랑이가 나한테 정신 나간 도깨비라고 했을 정도로 버들이가 좋았으니까."

나 "어느 날, 버들이가 울면서 어머니가 위독하다고 했어. 어머니께 샘물을 좀 더 드리고 싶은데 샘이 너무 멀어서 조금밖에 못 길어 가니까 샘가에 오두막을 짓고 살겠다더군. 하지만 그건 위험한 생각이었어. 그 물은 산에 사는 온갖 동물들도 마시거든. 밤이면 여우도 나오고 호랑이도 나오는 곳이야. 밤마다 도깨비들까지 모였으니 사람이 얼씬거릴 곳이 아니었지."

다 "버들이가 이번에는 샘을 기와집 뒤란으로 옮겨 달라고 하잖아. 그러면 집에서 샘물을 긷게 될 거라고."
"이제 보니 버들이는 욕심쟁이구나. 샘을 옮기다니! 그러면 다른 동물들은 샘물을 못 마시잖아?"

11 이 글에서 '나'(몽당깨비)가 처한 상황을 보기에서 찾아 기호를 쓰시오.

㉮ 어머니가 위독하시다.
㉯ 도깨비들에게 기와집을 빼앗겼다.
㉰ 버들이의 부탁을 받고 도와주고 싶어 한다.

( )

12 샘을 옮겨 달라고 한 욕심쟁이의 이름을 쓰시오.

( )

13 이 글에서 알 수 있는 '나'(몽당깨비)와 버들이가 추구하는 가치를 찾아 선으로 이으시오.

(1) '나'(몽당깨비) • • ㉮ 현실적인 이익을 추구한다.

(2) 버들이 • • ㉯ 믿음과 사랑을 추구한다.

[14~15]

가 1989년, ㉠ 케냐 정부는 나이로비 시내 한복판에 있는 우후루 공원에 복합 빌딩을 건설하려고 했다. 우후루 공원은 대도시 나이로비에 남아 있는 유일한 녹지 공간으로, 콘크리트 건물 사이에서 시민들의 쉼터 역할을 하고 있었다. 왕가리 마타이는 도심 속 녹지대와 시민들의 쉼터가 계속 보전되어야 한다고 생각했다. 그녀는 관련 회사와 정부에 편지를 쓰고 언론에 자신의 주장을 알리며 우후루 공원을 지키려고 애썼다.

나 "우후루 공원은 모든 사람의 것이야. 그러니까 누군가는 그 잘못을 말해야 해."
왕가리 마타이는 포기하지 않고 우후루 공원을 지켜야 한다고 목소리를 높이면서 정부가 생각을 바꾸도록 노력했다. 노력은 결실을 맺었다. 우후루 공원에 복합 빌딩을 건설하는 것을 케냐 국민이 거세게 반대하고 세계 언론이 이 문제를 보도하자 케냐 정부는 복합 빌딩의 건설을 포기했다.

어려워요

14 이 글을 읽고 자신의 생각이나 느낌을 바르게 말한 친구의 이름을 쓰시오.

- 수호: 왕가리 마타이처럼 자신뿐 아니라 모두의 이익과 행복을 추구하는 부모님이 떠올라서 부모님께 감사한 마음이 들었어.
- 주아: 가난한 사람들이 생활할 빌딩을 지으려는 모습을 보면서 가난한 사람들을 위해 내가 실천할 수 있는 일을 생각해 봤어.

( )

서술형

15 ㉠을 막기 위해 왕가리 마타이가 한 행동과 노력의 결과를 쓰시오.

한 행동	(1)
노력의 결과	(2)

➔ 바른답·알찬풀이 17쪽

[16~17]

왕가리 마타이는 아무리 힘든 상황이라도 절망하지 않고 문제를 해결할 수 있는 방법을 찾아 나섰다. 환경 운동가인 왕가리 마타이에게 환경을 보호하는 방법은 나무를 심는 것이었다. 나무를 심고 키우는 것이 환경을 보호하고 사람을 이롭게 한다고 생각했다. 그래서 다른 사람들이 은퇴를 하고 휴식을 취할 무렵인 노년에도 환경 보호 운동에 앞장섰다. 그리고 왕가리 마타이는 이러한 노력을 인정받아 2004년에 아프리카 여성 최초로 노벨 평화상을 받았다.

16 왕가리 마타이가 환경과 사람을 위해 중요하게 생각한 것은 무엇입니까? (　　　)

① 나무를 심는 것　② 노벨상을 받는 것
③ 정부 편에 서는 것　④ 잘못을 인정하는 것
⑤ 도시가 발전하는 것

17 이 글에 나온 다음 인물의 노년 상황으로 알맞은 것을 찾아 선으로 이으시오.

(1) 왕가리 마타이 •　　• ㉮ 은퇴하고 휴식을 취함.

(2) 일반 사람들 •　　• ㉯ 환경 보호 운동에 앞장섬.

18 인물이 추구하는 가치를 자신의 삶과 관련짓는 방법으로 알맞지 않은 것은 무엇입니까? (　　　)

① 유명한 인물인지를 생각해 본다.
② 인물의 삶과 자신의 삶을 비교해 본다.
③ 인물의 삶에서 느낀 점을 생각해 본다.
④ 자신에게 도움이 된 인물의 말을 찾아본다.
⑤ 이야기와 관련된 자신의 경험을 떠올려 본다.

19 문학 작품을 읽고 인물 소개서를 쓸 때, 들어갈 내용으로 알맞지 않은 것은 무엇입니까? (　　　)

① 인물의 특징
② 인물에게 일어난 일
③ 책을 읽은 시간과 장소
④ 기억나는 인물의 말과 행동
⑤ 인물을 말해 주는 질문과 대답

20 다음은 민수가 『샘마을 몽당깨비』를 읽고 쓴 인물 소개서의 일부입니다. 빈칸에 공통으로 들어갈 인물의 이름을 쓰시오.

『샘마을 몽당깨비』의 [　　　]를 소개합니다
• 지은이: 황선미

• 이름: [　　　]
• 성별: 남
• 나이: 알 수 없음.
• 특징: 도깨비

• 인물에게 일어난 일
- 어머니의 병을 낫게 하려고 도깨비 샘물을 뜨러 오는 버들이를 사랑하게 됨.
- 버들이의 부탁을 받고 도깨비 샘의 물길을 바꾼 벌로 천 년 동안 은행나무 뿌리에 갇힘.
- 은행나무가 옮겨 가는 바람에 삼백 년 만에 세상에 나왔지만, 도깨비들이 샘을 잃어버린 것과 버들이의 자손인 아름이가 젖값으로 가슴병을 앓는 것을 알게 됨.
- 은행나무가 다시 살아나고 아름이의 가슴병도 낫자 대왕 도깨비로 거듭나려고 다시 은행나무 뿌리 속으로 들어감.

(　　　　　　)

9. 마음을 나누는 글을 써요

➔ 바른답·알찬풀이 18쪽

개념 1 글을 쓰는 상황과 목적 파악하기

- 마음을 나누는 글을 쓰는 상황을 확인합니다.
- 나누려는 ❶[ㅁ][ㅇ]을 떠올리고, 읽을 사람을 정합니다.
- 글을 전하는 방법을 정합니다.
- 글을 쓰는 ❷[ㅁ][ㅈ]을 생각합니다.

1 **마음을 나누는 글을 쓰는 상황과 나누려는 마음을 짝 지은 것으로 알맞으면 ○표, 알맞지 않으면 ×표 하시오.**

마음을 나누는 글을 쓰는 상황	나누려는 마음	답
선생님께서 국어 공부를 재미있게 하는 방법을 알려 주심.	감사한 마음	(1)
이웃을 도우려고 나눔 장터를 열려고 함.	도움을 주려는 마음	(2)
친구가 수학 문제를 푸는 방법을 알려 줌.	불쾌한 마음	(3)

개념 2 글로 쓸 내용 계획하기

- 글을 쓰는 상황과 목적을 생각합니다.
- 글로 쓸 ❸[ㄴ][ㅇ]을 정합니다.
- 읽을 사람을 생각해 ❹[ㅁ][ㅊ][ㅂ], 띄어쓰기를 잘 지켜 표현합니다.

2 **다음 글의 내용과 짜임을 생각하며** **에서 알맞은 말을 찾아 (　　)에 쓰시오.**

보기

첫인사, 끝인사, 생각이나 행동, 나누려는 마음

> 지효야, 아까는 당황스러워서 너에게 고맙다는 말을 제대로 못 했어. 정말 고마워! 네 따뜻한 마음을 잊지 않을게.
> 앞으로 내가 도와줄 일이 있으면 꼭 도와줄게. 그리고 우리 앞으로도 친하게 지내자. / 안녕. - 친구 신우가

• (　　　　　　)을/를 표현하고, (　　　　　　)을/를 함.

개념 3 마음을 나누는 글 쓰기

- 일어난 ❺[ㅅ][ㄱ]을 읽는 사람이 이해하기 쉽게 자세히 씁니다.
- 나누려는 마음을 자세하게 나타냅니다.
- 읽는 사람을 생각해 정확하고 쉬운 ❻[ㅍ][ㅎ]을 씁니다.

3 **다음 글에서 글쓴이가 읽을 사람에게 다른 사람과 나누라고 한 마음이 무엇인지 쓰시오.**

> 이후로는 평상시 일이 없을 때라도 항상 공손하고 화목하며, 조심하고 자기 정성을 다해 다른 사람의 환심을 얻는 일에 힘쓸 것이지, 마음속에 보답받을 생각은 가지지 않도록 해라.
> 다른 사람을 위해 먼저 베풀어라. 그러나 뒷날 너희가 근심 걱정할 일이 있을 때 다른 사람이 보답해 주지 않더라도 부디 원망하지 마라.

(　　　　　　　　　　　　　　　　　　　　)

정답 ❶ 마음 ❷ 목적 ❸ 내용 ❹ 맞춤법 ❺ 사건 ❻ 표현

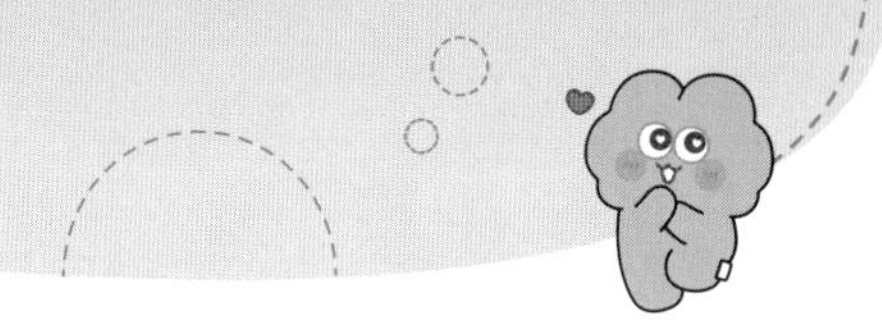

01 마음을 나누는 글을 써 본 경험을 바르게 말한 친구의 이름을 모두 쓰시오.

민규

제니

송하

( )

02 다음 사람에게 나눌 수 있는 마음으로 알맞은 것을 찾아 선으로 이으시오.

(1) 전학 가는 친구에게 • • ㉮ 슬픈 마음

(2) 고생하시는 경찰분께 • • ㉯ 고마운 마음

03 다음과 같이 편지를 써서 마음을 나누면 좋은 점은 무엇입니까? ( )

> 숙제를 도와준 친구에게 고마운 마음을 편지로 쓰는 상황

① 하고 싶은 말을 자세히 표현할 수 있다.
② 읽을 사람의 반응을 바로 확인할 수 있다.
③ 내가 알고 있는 지식을 바로 전할 수 있다.
④ 읽을 사람에게 행동 변화를 요구할 수 있다.
⑤ 읽을 사람이 누구일지는 생각하지 않아도 된다.

[04~05]

> 가 선생님, 안녕하세요? 저는 최연아입니다.
> 올해 선생님을 만난 건 저에게 큰 행운입니다. 저는 이상하게 국어 공부가 싫었습니다. 책은 만화책 말고는 모두 재미가 없고, 글쓰기도 팔만 아픈 것 같았습니다. 그런데 선생님과 함께 국어를 공부하고 나서는 조금씩 달라지기 시작했습니다.
> 선생님께서는 읽기와 쓰기를 할 때 도움이 되는 여러 가지 재미있는 방법을 알려 주셨습니다.
> 나 국어 공부를 좋아하게 되니 다른 과목 공부도 재미있었습니다. 모두 선생님 덕분입니다. 선생님께서 수업 시간에 늘 말씀하신 것처럼 몸과 마음이 건강한 사람이 되도록 노력하겠습니다. 선생님, 정말 고맙습니다.

꼭 나와

04 이 글에 대한 설명으로 알맞지 않은 것은 무엇입니까? ( )

① 읽을 사람과 마음을 나누기 위해서 썼다.
② 읽을 사람에게 하고 싶은 말을 자세히 썼다.
③ 읽을 사람에 대한 마음이 글에 드러나게 썼다.
④ 읽을 사람과 함께 경험했던 일을 떠올리며 썼다.
⑤ 읽을 사람에게 친근함을 나타내려고 편한 말로 썼다.

서술형

05 누가 누구에게 쓴 글인지 생각하며, 다음 물음에 답하시오.

(1) 이 글을 읽을 사람을 쓰시오.

( )

(2) (1)에서 답한 사람을 넣어 이 글을 쓴 목적을 쓰시오.

국어

[06~07]

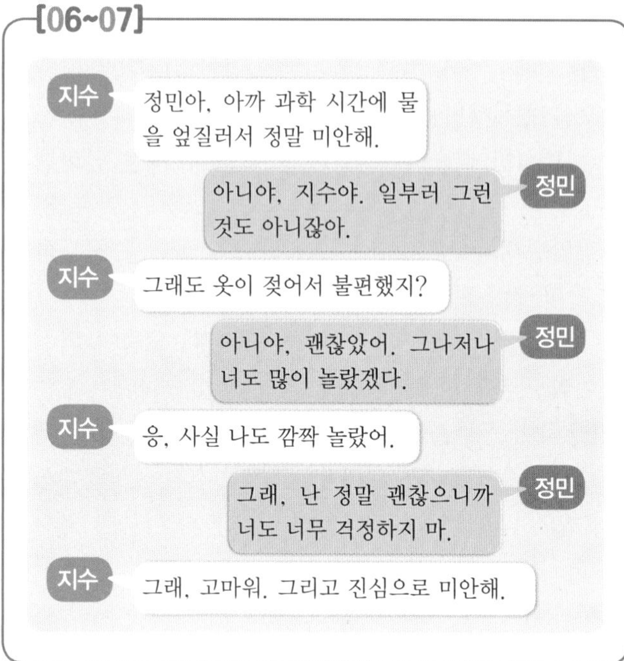

꼭 나와요

06 이 글과 같이 마음을 나눌 때 문자 메시지를 이용하면 좋은 점으로 알맞은 것을 두 가지 고르시오. (,)

① 자기가 하고 싶은 말만 할 수 있다.
② 읽을 사람의 반응을 바로 확인할 수 있다.
③ 자기의 생각이나 느낌을 바로 전할 수 있다.
④ 내용과 상관없이 표현하는 방법이 항상 같다.
⑤ 어떤 사람에게 쓸 것인지를 생각하지 않아도 된다.

07 지수가 정민이에게 문자 메시지를 보낸 목적으로 알맞은 것은 무엇입니까? ( )

① 정민이에게 미안한 마음을 표현하기 위해서
② 정민이에게 물을 엎지른 까닭을 설명하기 위해서
③ 정민이에게 더 친해지고 싶은 마음을 전하기 위해서
④ 정민이에게 과학 시간에 배운 내용을 물어보기 위해서
⑤ 정민이가 원하는 것이 무엇인지 자세히 알아보기 위해서

[08~10]

지효야, 안녕? 나 신우야.

지효야, 아까 내가 네 책상 옆에서 미역국을 엎질렀지? 너는 네 가방이 더러워져서 많이 속상했을 텐데 나에게 "괜찮아?" 하면서 걱정을 해 주었어. 그리고 미역국 치우는 것을 도와주었어.

나는 미역국을 엎지르고 너에게 미안하다는 말도 못 하고 멍하니 서 있었어. 너무 당황스러워서 어떻게 해야 할지 생각이 나지 않았어. 그런데 네가 오히려 나를 걱정해 주고 같이 치워 주어서 감동했단다.

지효야, 아까는 당황스러워서 너에게 고맙다는 말을 제대로 못 했어. 정말 고마워! 네 따뜻한 마음을 잊지 않을게. / 앞으로 내가 도와줄 일이 있으면 꼭 도와줄게. 그리고 우리 앞으로도 친하게 지내자.

08 이 글의 내용과 짜임에 대한 설명으로 알맞지 <u>않은</u> 것은 무엇입니까? ( )

① 첫인사를 했다.
② 일어난 사건을 자세히 썼다.
③ 마음을 나누려는 사람을 밝혔다.
④ 글을 쓴 사람의 마음이 드러났다.
⑤ 높임 표현을 사용하여 예의를 지켰다.

09 이 글을 다음과 같이 설명할 때, ( )에 알맞은 말을 찾아 ○표 하시오.

> 이 글은 (신우 , 지효)가 (신우 , 지효)에게 쓴 편지이다.

10 이 글에서 나누려고 하는 마음을 두 가지 고르시오. (,)

① 슬픈 마음
② 미안한 마음
③ 고마운 마음
④ 괴로운 마음
⑤ 위로하는 마음

바른답·알찬풀이 18쪽

[11~13]

너희는 항상 버릇처럼 말하기를 ㉠"일가친척 중에 한 사람도 불쌍히 여겨 돌보아 주는 사람이 없다."라고 개탄하였다. 더러는 험난한 물길 같다느니, 꼬불꼬불 길고 긴 험악한 길을 살아간다느니 하며 한탄하고 있다. 하지만 이는 모두 하늘을 원망하고 사람을 미워하는 말투로, 큰 병이다.

너희가 아픈 데가 있으면 다른 사람들이 돌보아 주기 마련이었다. 날마다 어떠냐는 안부를 전해 오고, 안아서 부축해 주는 사람도 있었다. 약을 먹여 주고 양식까지 대 주는 사람도 있었다. 이런 일에 너희가 너무 익숙해져 항상 은혜를 베풀어 주기만 바라고 있구나. 너희가 사람의 본분을 망각하지는 않았는지 걱정이다. 그래서 내가 이 (㉡)을/를 보낸다.

서술형

11 이 글의 내용과 짜임을 생각하며, 다음 물음에 답하시오.

(1) 이 글을 읽을 사람이 누구인지 찾아 쓰시오.
( )

(2) (1)에서 답한 인물에 대해 글쓴이는 무엇이 걱정이라고 하였는지 쓰시오.

---

12 ㉠에 담긴 마음으로 알맞은 것은 무엇입니까? ( )

① 남의 도움을 바라는 마음
② 일가친척이 생기기를 바라는 마음
③ 다른 사람을 업신여겨 대하는 마음
④ 돌볼 사람이 많은 것을 불평하는 마음
⑤ 한 사람과만 지내는 것을 걱정하는 마음

13 ㉡에 들어가기에 알맞은 글의 종류를 쓰시오.
( )

[14~15]

여러 날 밥을 끓이지 못하고 있는 집이 있을 텐데 너희는 쌀이라도 퍼 주고, 추운 집에는 장작개비라도 나누어 따뜻하게 해 주어라. 병들어 약을 먹어야 할 사람들에게는 한 푼의 돈이라도 쪼개어 약을 지을 수 있도록 도와주어라. 가난하고 외로운 노인이 있는 집에는 때때로 찾아가 무릎 꿇고 모시어 따뜻하고 공손한 마음으로 공경해야 한다. 그리고 근심 걱정에 싸여 있는 집에 가서 연민의 눈빛으로 그 고통을 함께 나누며 잘 처리할 방법을 의논해야 한다.

㉠이러한 몇 가지 일도 못하면서 어떻게 다른 집에서 너희가 위급할 때 깜짝 놀라 허겁지겁 쫓아올 것이며, 너희가 곤경에 처하였을 때 달려올 것을 바라겠느냐?

꼭나와

14 다음은 이 글을 쓴 목적입니다. ( )에 들어갈 알맞은 말은 무엇입니까? ( )

글쓴이가 글을 읽을 사람에게 ( )하고 싶은 것을 쓴 글이다.

① 당부 ② 용서 ③ 설명
④ 칭찬 ⑤ 질문

15 ㉠의 일 중 서로 관련 있는 것을 찾아 선으로 이으시오.

(1) 추운 집 • • ㉮ 연민으로 고통을 함께 나눔.

(2) 걱정에 싸인 집 • • ㉯ 장작개비를 나눔.

(3) 가난하고 외로운 노인의 집 • • ㉰ 따뜻하고 공손한 마음을 나눔.

01 마음을 나누는 글을 쓸 때 생각해야 할 것으로 알맞지 않은 것은 무엇입니까? (　　　)

① 누가 읽을 것인가?
② 어떤 일이 일어났는가?
③ 나누려는 마음은 무엇인가?
④ 글을 전하는 방법은 무엇인가?
⑤ 읽을 사람이 궁금해하는 지식이 무엇인가?

02 다음 상황에서 글을 써서 나누려는 마음으로 알맞은 것은 무엇입니까? (　　　)

> 이웃을 도우려고 나눔 장터를 여는 상황

① 기쁜 마음　② 미안한 마음
③ 고마운 마음　④ 부끄러운 마음
⑤ 도움을 주려는 마음

어려워

03 다음 상황에서 글을 쓰려고 계획한 내용으로 알맞지 않은 것은 무엇입니까? (　　　)

> ‘무분별한 벌목으로 아마존 밀림의 크기가 점점 줄어들고’라는 내용의 텔레비전 뉴스를 본 서연이는 ‘나무와 같은 자원을 아껴 써야겠구나.’라고 생각하였다. 그리고 교실 뒤의 분실물 보관함에 주인 없는 연필과 지우개를 보고 마음을 전하기 위해 글을 쓰려고 한다.

① 읽을 사람은 친구들로 정해야겠다.
② 학급 게시판이나 학급 누리집에 글을 실어야겠다.
③ 텔레비전 뉴스를 보는 습관을 들여야 한다는 것을 강조해야겠다.
④ 친구들이 학용품을 소중히 쓰지 않아 안타까운 마음을 드러내야겠다.
⑤ 학용품은 자연 자원으로 만드니까 소중히 다루어야 한다는 내용을 써야겠다.

[04~05]

> 선생님께
> 선생님, 안녕하세요? 저는 최연아입니다.
> 올해 선생님을 만난 건 저에게 큰 행운입니다. 저는 이상하게 국어 공부가 싫었습니다. 책은 만화책 말고는 모두 재미가 없고, 글쓰기도 팔만 아픈 것 같았습니다. 그런데 선생님과 함께 국어를 공부하고 나서는 조금씩 달라지기 시작했습니다.
> 선생님께서는 읽기와 쓰기를 할 때 도움이 되는 여러 가지 재미있는 방법을 알려 주셨습니다. 그리고 이해가 되지 않는 부분은 없는지, 더 알고 싶은 것이 있는지를 물어봐 주시고 진지하게 들어 주셨습니다. 그래서 저는 용기를 내어 궁금한 점이나 더 알고 싶은 것을 여쭈어보았고, 새로운 내용을 알면서 국어 공부가 점점 더 좋아지기 시작했습니다.
> 국어 공부를 좋아하게 되니 다른 과목 공부도 재미있었습니다. 모두 선생님 덕분입니다. 선생님께서 수업 시간에 늘 말씀하신 것처럼 몸과 마음이 건강한 사람이 되도록 노력하겠습니다. 선생님, 정말 고맙습니다.

04 이 글을 쓴 목적은 무엇입니까? (　　　)

① 국어 공부의 중요성을 알려 주기 위해서
② 선생님께 감사한 마음을 표현하기 위해서
③ 오랜만에 선생님께 안부를 전하기 위해서
④ 국어 공부를 재미있게 하였던 경험을 나누기 위해서
⑤ 선생님께 국어 공부를 하는 방법을 여쭈어보기 위해서

05 이 글에서 글쓴이가 주로 사용한 표현을 에서 찾아 기호를 쓰시오.

> 보기
> ㉮ 어려운 표현　㉯ 공손한 표현
> ㉰ 과장된 표현　㉱ 감각적인 표현

(　　　　　　　　)

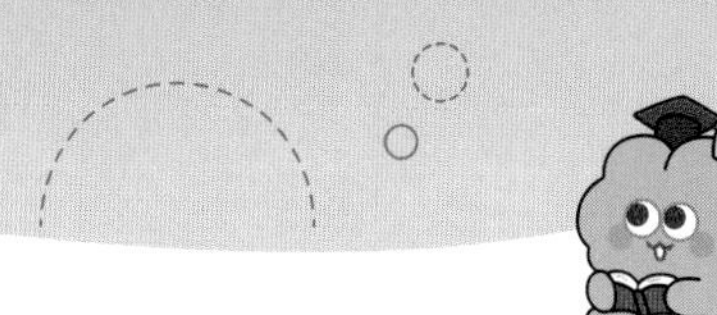

[06~08]

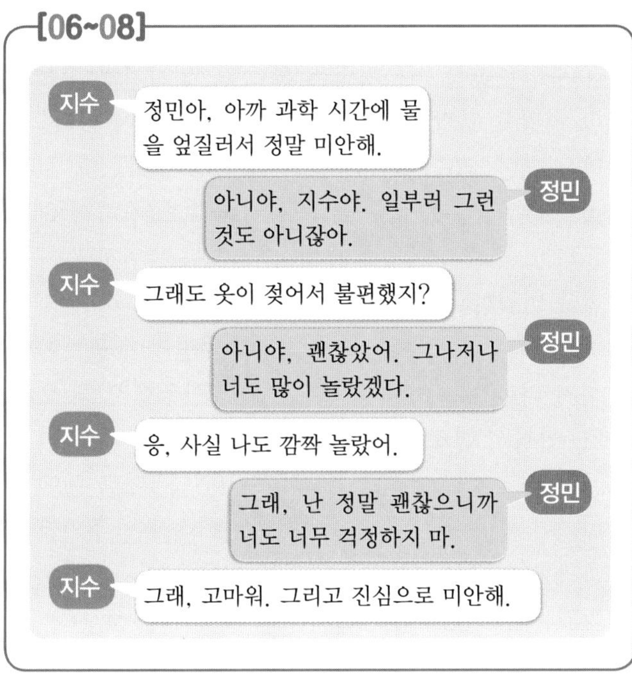

06 이 글에 대한 설명으로 알맞지 않은 것은 무엇입니까? (　　　)

① 친근한 표현을 사용하였다.
② 지수가 정민이에게 사과하는 마음을 표현하기 위해 썼다.
③ 지수와 정민이가 하루 내내 겪었던 일들을 주고받은 글이다.
④ 지수가 과학 시간에 실수로 물을 엎지른 일 때문에 쓴 글이다.
⑤ 지수의 말에 정민이가 바로 대답하며 지수의 사과를 받아주었다.

서술형

07 지수가 정민이에게 마음을 전한 방법과 그 방법을 사용하였을 때 좋은 점을 한 가지 쓰시오.

마음을 전한 방법	(1)
좋은 점	(2)

어려워

08 지수가 이 글을 편지로 바꾸어 쓸 때 더 좋은 점으로 알맞은 것은 무엇입니까? (　　　)

① 정민이 마음을 솔직하게 표현할 수 있다.
② 지수가 정민이의 반응을 바로 알 수 있다.
③ 길이가 더 짧은 글로 지수의 마음을 표현할 수 있다.
④ 정민이의 생각과 느낌을 지수에게 바로 전할 수 있다.
⑤ 지수가 정민이에게 하고 싶은 말을 더 자세하게 전할 수 있다.

[09~10]

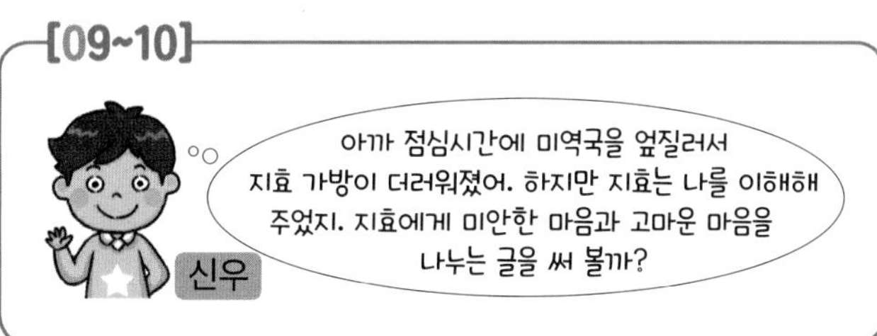

09 신우가 누구에게 어떤 마음을 나누려고 하는지 쓰시오.

(　　　　　　　　　　　　　　　　)

10 신우가 어떤 방법으로 글을 쓰면 좋을지 보기에서 모두 찾아 기호를 쓰시오.

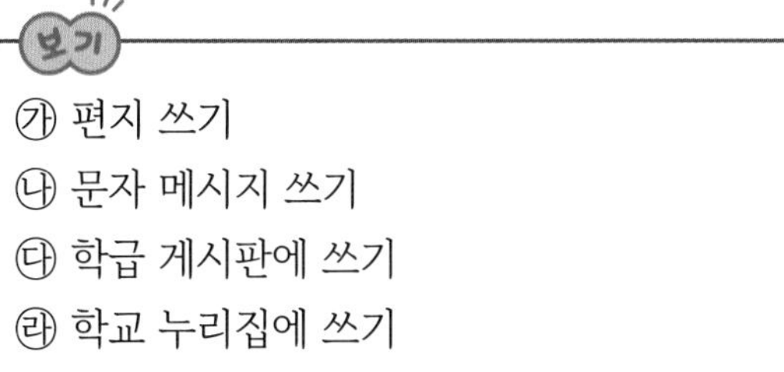

보기
㉮ 편지 쓰기
㉯ 문자 메시지 쓰기
㉰ 학급 게시판에 쓰기
㉱ 학교 누리집에 쓰기

(　　　　　　　　　　)

국어

[11~12]

지효야, 안녕? 나 신우야.

지효야, 아까 내가 네 책상 옆에서 미역국을 엎질렀지? 너는 네 가방이 더러워져서 많이 속상했을 텐데 나에게 "괜찮아?" 하면서 걱정을 해 주었어. 그리고 미역국 치우는 것을 도와주었어.

나는 미역국을 엎지르고 너에게 미안하다는 말도 못 하고 멍하니 서 있었어. 너무 당황스러워서 어떻게 해야 할지 생각이 나지 않았어. 그런데 네가 오히려 나를 걱정해 주고 같이 치워 주어서 감동했단다.

지효야, 아까는 당황스러워서 너에게 고맙다는 말을 제대로 못 했어. 정말 고마워! 네 따뜻한 마음을 잊지 않을게. / 앞으로 내가 도와줄 일이 있으면 꼭 도와줄게. 그리고 우리 앞으로도 친하게 지내자.

서술형

11 신우는 쓸 내용을 정하려고 어떤 사건을 떠올렸는지 쓰시오.

어려워

12 이 글을 쓸 계획을 세울 때 고려한 점과 관련된 내용을 두 가지 고르시오. (　　　,　　　)

> 일어난 사건에 대한 신우의 생각이나 행동을 떠올리기

① 점심시간에 지효와 있었던 일을 떠올렸다.
② 자신의 실수로 지효 가방을 더럽힌 상황이었다.
③ 지효가 오히려 자신을 걱정해 주어서 감동받았다.
④ 지효가 읽기 쉽게 친근하고 쉬운 표현을 사용하였다.
⑤ 자신이 너무 당황해서 지효에게 미안하다는 말을 못 하였다.

[13~14]

너희는 항상 버릇처럼 말하기를 "일가친척 중에 한 사람도 불쌍히 여겨 돌보아 주는 사람이 없다."라고 개탄하였다. 더러는 험난한 물길 같다느니, 꼬불꼬불 길고 긴 험악한 길을 살아간다느니 하며 한탄하고 있다. 하지만 이는 모두 하늘을 원망하고 사람을 미워하는 말투로, 큰 병이다.

너희가 아픈 데가 있으면 다른 사람들이 돌보아 주기 마련이었다. 날마다 어떠냐는 안부를 전해 오고, 안아서 부축해 주는 사람도 있었다. 약을 먹여 주고 양식까지 대 주는 사람도 있었다. 이런 일에 너희가 너무 익숙해져 항상 은혜를 베풀어 주기만 바라고 있구나. 너희가 사람의 본분을 망각하지는 않았는지 걱정이다. 그래서 내가 이 편지를 보낸다.

예나 지금이나 남의 도움만을 받으면서 살라는 법은 애초에 없었다. ㉠<u>마음속으로 남의 은혜를 받고자 하는 생각을 버린다면,</u> 절로 마음이 평안하고 기분이 화평해져 하늘을 원망한다거나 사람을 미워하는 그런 병폐는 없어질 것이다.

13 글쓴이가 걱정한 '너희'의 말버릇은 무엇입니까? (　　　)

① 화를 내며 말하는 말버릇
② 남의 도움을 바라는 말버릇
③ 우물쭈물하며 말하는 말버릇
④ 높임말과 예사말을 섞는 말버릇
⑤ 말의 끝맺음을 바르게 하지 않는 말버릇

14 ㉠과 같이 하면 좋은 점으로 글쓴이가 말한 것이 <u>아닌</u> 것은 무엇입니까? (　　　)

① 마음이 평안해진다.
② 기분이 화평해진다.
③ 하늘을 원망하는 마음이 없어진다.
④ 사람을 미워하는 병폐가 없어진다.
⑤ 다른 사람이 계속해서 은혜를 베풀게 된다.

➔ 바른답·알찬풀이 19쪽

국어

[15~17]

가 남이 어려울 때 자기는 은혜를 베풀지 않으면서 남이 먼저 은혜를 베풀어 주기만 바라는 것은 너희가 지닌 그 오기 근성이 없어지지 않았기 때문이다. 이후로는 평상시 일이 없을 때라도 항상 공손하고 화목하며, 조심하고 자기 정성을 다해 다른 사람의 환심을 얻는 일에 힘쓸 것이지, 마음속에 보답받을 생각은 가지지 않도록 해라.

나 다른 사람을 위해 먼저 베풀어라. 그러나 뒷날 너희가 근심 걱정할 일이 있을 때 다른 사람이 보답해 주지 않더라도 부디 원망하지 마라. 가벼운 농담일망정 ㉠<u>"나는 지난번에 이렇게 저렇게 해 주었는데 저들은 그렇지 않구나!"</u> 하는 소리도 입 밖에 내뱉지 말아야 한다. 만약 그러한 말이 한 번이라도 입 밖에 나오게 되면, 지난날 쌓아 놓은 공덕은 재가 바람에 날아가듯 하루아침에 사라져 버리고 말 것이다.

15 글쓴이가 '너희'에게 당부한 것을 보기에서 모두 찾아 기호를 쓰시오.

보기
㉮ 항상 공손하고 화목해라.
㉯ 평상시에도 조심하고 자기 정성을 다해라.
㉰ 다른 사람의 은혜를 받는 일에 익숙해져라.
㉱ 다른 사람이 보답해 주지 않더라도 원망하지 마라.

( )

16 글쓴이가 '너희'에게 바라는 것을 쓰시오.

( )

서술형

17 글쓴이가 '너희'에게 ㉠과 같은 말을 하면 어떻게 될 것이라고 하였는지 쓰시오.

18 마음을 나누기 위한 편지를 쓸 때 고려할 점으로 알맞지 <u>않은</u> 것은 무엇입니까? ( )

① 맞춤법과 띄어쓰기를 잘 지켜 표현한다.
② 글을 쓰는 상황과 목적을 생각하며 쓴다.
③ 마음을 나누는 글의 내용과 짜임에 맞게 글을 쓴다.
④ 읽을 사람과의 관계를 생각하여 알맞은 표현을 사용한다.
⑤ 글을 쓴 사람은 밝히고 글을 읽을 사람은 밝히지 않는다.

19 마음을 나누는 글을 쓴 다음, 점검하기 위한 질문을 바르게 말한 친구의 이름을 모두 쓰시오.

- 마리: 나누려는 마음을 잘 표현했나요?
- 윤아: 일어난 사건을 자세하게 밝혔나요?
- 정원: 글을 읽을 사람이 일어난 사건을 어떻게 생각하는지 밝혔나요?

( )

20 우리 반 친구들이 겪었던 일 중 인상 깊었던 일을 주제로 학급 신문을 만들 때, 만드는 순서에 맞게 기호를 쓰시오.

㉮ 쓸 내용을 정리한다.
㉯ 인상 깊었던 일을 정한다.
㉰ 인상 깊었던 일을 글로 쓴다.
㉱ 신문 기사를 모아 학급 신문을 만든다.
㉲ 쓴 글과 시각 자료로 신문 기사를 완성한다.

( ) → ( ) → ( ) → ( ) → ( )

숨은수학찾기

학습을 시작하기 전에 숨은 그림을 찾아보세요.

숨은그림

치즈 피라미드 주사위 선물상자 연필꽂이 삼각김밥 양초

정답바로보기

수학

1. 분수의 나눗셈

바른답·알찬풀이 20쪽

개념 ① (자연수)÷(자연수)의 몫을 분수로 나타내기

• 몫이 1보다 작은 (자연수)÷(자연수)

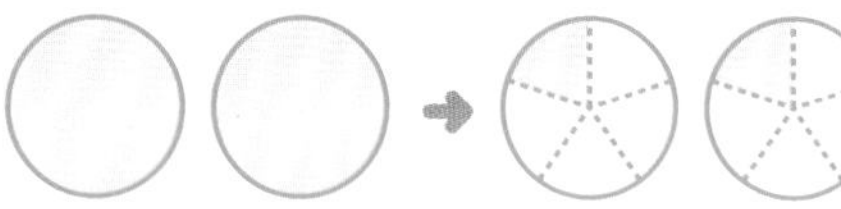

$2\div5=\frac{2}{5}$ → ▲÷■=$\frac{▲}{■}$

• 몫이 1보다 큰 (자연수)÷(자연수)

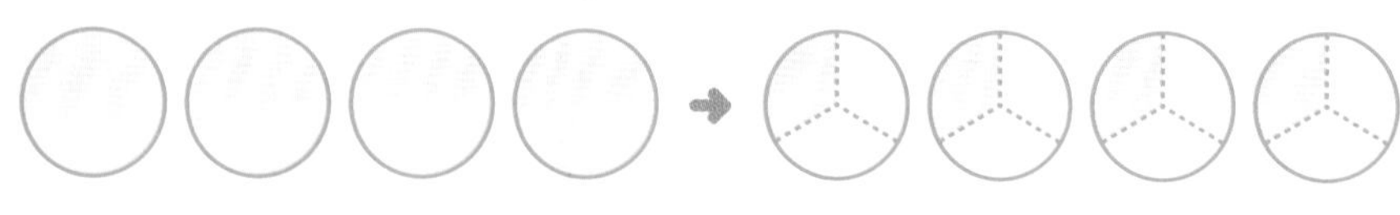

$4\div3=\frac{4}{3}=1\frac{1}{3}$

1 그림을 보고 ▢ 안에 알맞은 수를 써넣으시오.

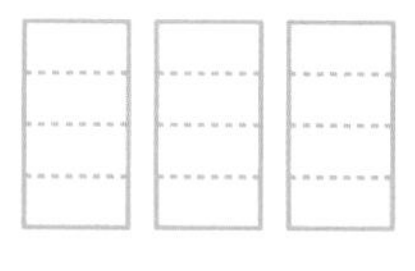

$3\div4=\frac{▢}{▢}$

개념 ② (자연수)÷(자연수)를 분수의 곱셈으로 나타내어 계산하기

(자연수)÷(자연수)는 (자연수)× $\frac{1}{(자연수)}$ 로 바꾸어 계산할 수 있습니다.

$2\div5=2\times\frac{1}{5}=\frac{2}{5}$ → ▲÷■=▲×$\frac{1}{■}$

2 나눗셈을 분수의 곱셈으로 나타내어 계산해 보시오.

$5\div9=5\times\frac{1}{▢}=\frac{▢}{▢}$

개념 ③ (분수)÷(자연수)

• 분자가 자연수의 배수인 경우

$\frac{4}{7}\div2$의 계산 $\frac{4}{7}\div2=\frac{4\div2}{7}=\frac{2}{7}$ → 분자를 자연수로 나누어 계산해요.

• 분자가 자연수의 배수가 아닌 경우

$\frac{3}{4}\div2$의 계산 $\frac{3}{4}\div2=\frac{3}{4}\times\frac{1}{2}=\frac{3}{8}$ → 분수의 곱셈으로 나타내어 계산해요.

3 ▢ 안에 알맞은 수를 써넣으시오.

$\frac{5}{9}\div4=\frac{5}{9}\times\frac{1}{▢}$

$=\frac{▢}{▢}$

개념 ④ (대분수)÷(자연수)

• 대분수를 가분수로 바꾸었을 때 분자가 자연수의 배수인 경우

$1\frac{1}{5}\div3$의 계산 $1\frac{1}{5}\div3=\frac{6}{5}\div3=\frac{6\div3}{5}=\frac{2}{5}$ → 분자를 자연수로 나누어 계산해요.

• 대분수를 가분수로 바꾸었을 때 분자가 자연수의 배수가 아닌 경우

$1\frac{1}{4}\div3$의 계산 $1\frac{1}{4}\div3=\frac{5}{4}\div3=\frac{5}{4}\times\frac{1}{3}=\frac{5}{12}$ → 분수의 곱셈으로 나타내어 계산해요.

4 ▢ 안에 알맞은 수를 써넣으시오.

$2\frac{1}{3}\div7=\frac{▢}{3}\div7$

$=\frac{▢}{3}$

01 $1 \div 9$의 몫을 그림과 분수로 나타내시오.

$1 \div 9 = \frac{\square}{\square}$

02 나눗셈의 몫을 분수로 나타내시오.

(1) $1 \div 6 = \frac{\square}{\square}$

(2) $5 \div 2 = \frac{\square}{\square} = \square\frac{\square}{\square}$

03 빈칸에 알맞은 분수를 써넣으시오.

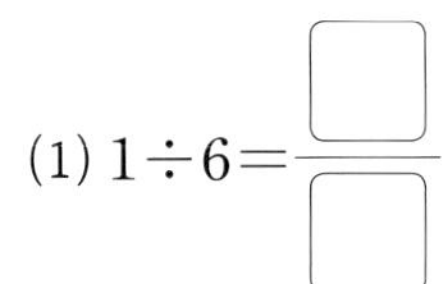

$\div 13$

꼭나와

04 나눗셈의 몫이 1보다 큰 것에 ○표 하시오.

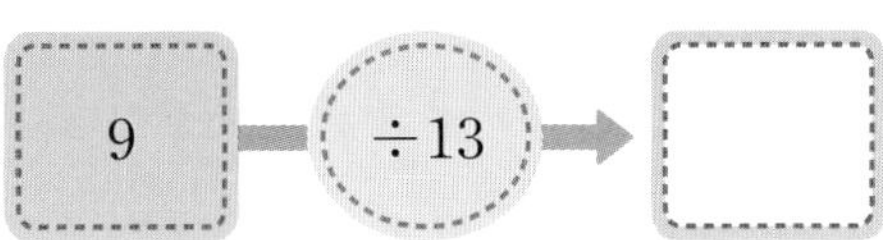

( ) ( )

서술형

05 태리네 텃밭의 넓이는 $19\,m^2$입니다. 이 텃밭에 오이, 가지, 토마토를 똑같은 넓이로 심었습니다. 오이를 심은 텃밭의 넓이는 몇 m^2인지 분수로 나타내려고 합니다. 풀이 과정을 쓰고, 답을 구하시오.

풀이

❶ 오이를 심은 텃밭의 넓이를 구하는 식 쓰기

❷ 오이를 심은 텃밭의 넓이는 몇 m^2인지 분수로 나타내기

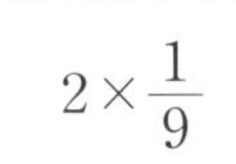

06 $2 \div 9$를 분수의 곱셈으로 바르게 나타낸 것을 찾아 색칠하시오.

$\frac{1}{2} \times 9$ | $\frac{1}{2} \times \frac{1}{9}$ | $2 \times \frac{1}{9}$

07 보기와 같이 나눗셈을 분수의 곱셈으로 나타내어 계산해 보시오.

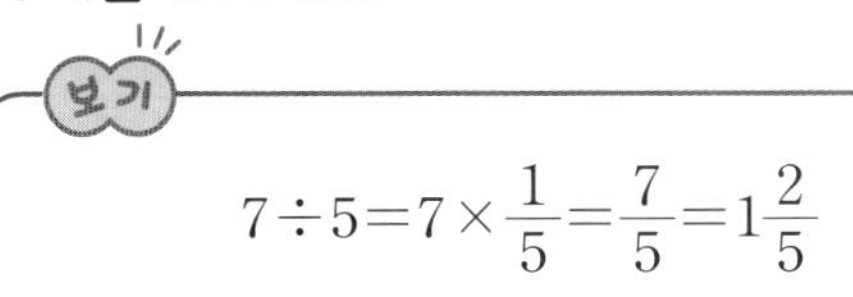

$7 \div 5 = 7 \times \frac{1}{5} = \frac{7}{5} = 1\frac{2}{5}$

$9 \div 4 =$

08 계산해 보시오.

(1) $\frac{8}{15} \div 2$

(2) $\frac{6}{11} \div 5$

09 빈칸에 알맞은 분수를 써넣으시오.

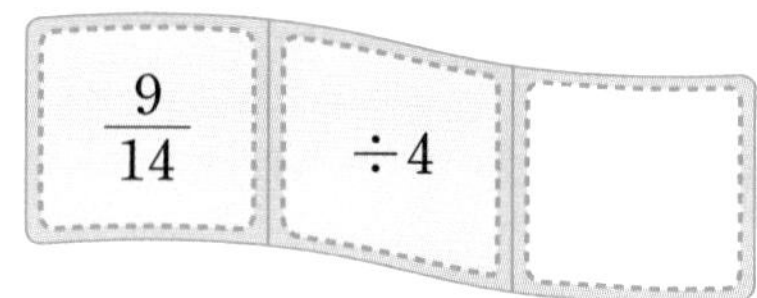

10 분수를 자연수로 나눈 몫을 구하시오.

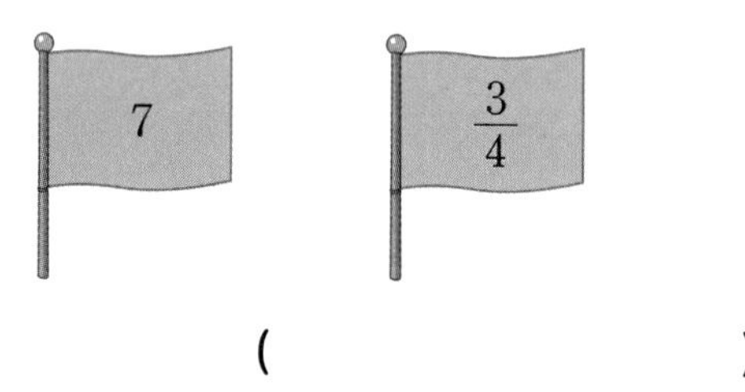

(　　　　　　　　)

11 몫의 크기를 비교하여 ○ 안에 $>$, $=$, $<$를 알맞게 써넣으시오.

$\frac{7}{12} \div 2$ ○ $\frac{5}{8} \div 3$

12 수직선에서 ㉠이 나타내는 분수를 2로 나눈 몫을 구하시오.

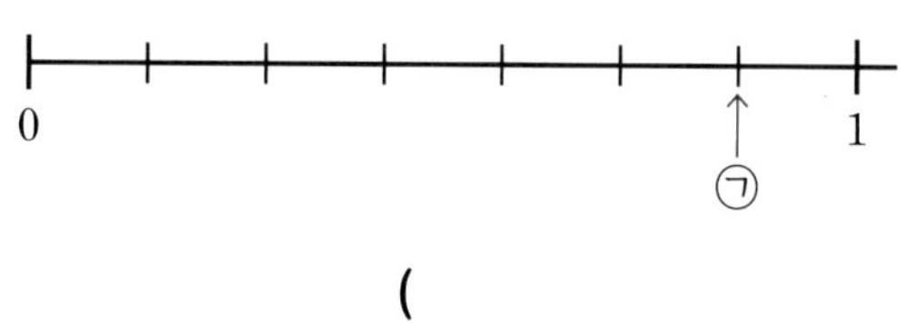

(　　　　　　　　)

꼭 나와

13 □ 안에 알맞은 분수를 구하시오.

$\square \times 6 = \frac{18}{23}$

(　　　　　　　　)

서술형

14 주스 $\frac{3}{4}$ L를 5명이 똑같이 나누어 마시려면 한 명이 주스를 몇 L씩 마셔야 하는지 분수로 나타내려고 합니다. 풀이 과정을 쓰고, 답을 구하시오.

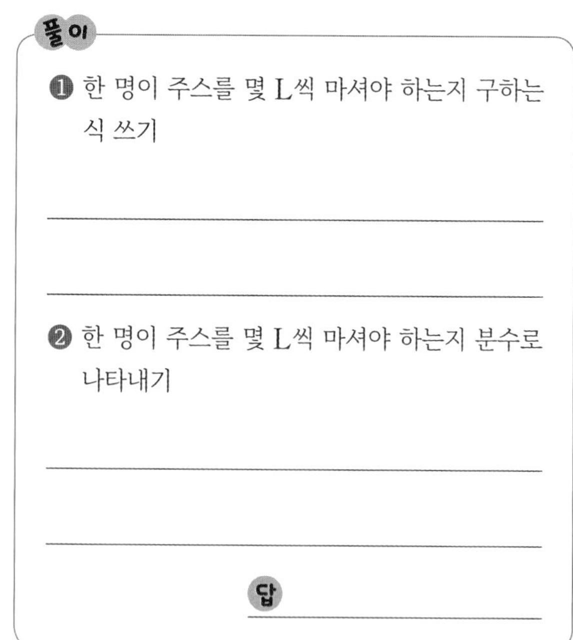

➔ 바른답·알찬풀이 20쪽

15  □ 안에 알맞은 수를 써넣으시오.

$$2\frac{4}{9}\div2=\frac{22}{9}\div2=\frac{\square\div\square}{9}=\frac{\square}{9}$$

16 계산 결과가 $\frac{3}{8}$인 사람의 이름을 쓰시오.

$3\frac{1}{8}\div5$	$3\frac{3}{4}\div10$
현우	지혜

(　　　　　　　　)

꼭 나와

17 가장 작은 수를 가장 큰 수로 나눈 몫을 분수로 나타내시오.

6　　$3\frac{3}{5}$　　9

(　　　　　　　　)

18 두 나눗셈의 몫의 합을 구하시오.

$1\frac{4}{9}\div5$　　$2\frac{1}{15}\div3$

(　　　　　　　　)

19 밑변이 5 cm이고 넓이가 $8\frac{3}{4}$ cm²인 평행사변형입니다. 높이는 몇 cm인지 분수로 나타내시오.

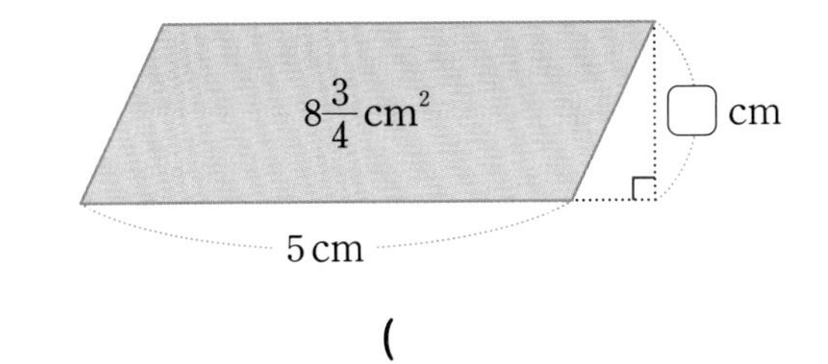

(　　　　　　　　)

서술형

20 ㉠에 알맞은 분수를 구하려고 합니다. 풀이 과정을 쓰고, 답을 구하시오.

$$6\frac{1}{2}\div7=㉠\times4$$

풀이

❶ $6\frac{1}{2}\div7$의 몫 구하기

❷ ㉠에 알맞은 분수 구하기

답

01 $3\div5$의 몫을 그림과 분수로 나타내시오.

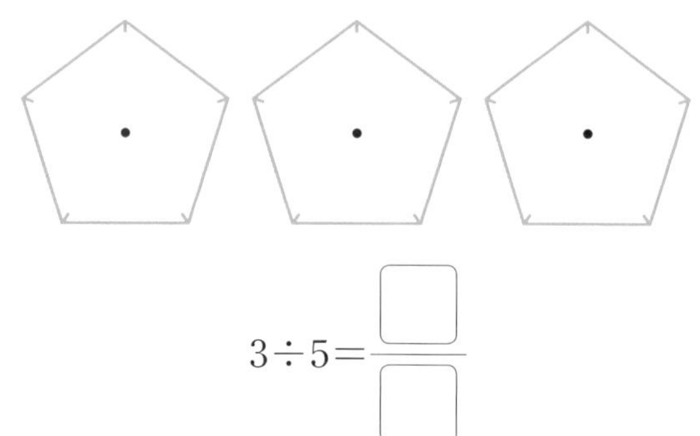

$3\div5=\frac{\square}{\square}$

02 나눗셈의 몫을 분수로 나타낸 것을 찾아 선으로 알맞게 이으시오.

$5\div3$ •	• $\frac{3}{7}$
$3\div7$ •	• $1\frac{2}{3}$

꼭 나와

03 나눗셈의 몫을 분수로 잘못 나타낸 것은 어느 것입니까? (　　　)

① $3\div8=\frac{3}{8}$　② $11\div13=\frac{11}{13}$

③ $6\div5=\frac{5}{6}$　④ $7\div2=3\frac{1}{2}$

⑤ $9\div4=2\frac{1}{4}$

04 ㉠+㉡의 값을 구하시오.

• $1\div$㉠$=\frac{1}{12}$　• ㉡$\div10=\frac{13}{10}$

(　　　　　　　　)

서술형

05 쌀 20 kg을 7봉지에 똑같이 나누어 담으려고 합니다. 한 봉지에 담아야 하는 쌀은 몇 kg인지 분수로 나타내려고 합니다. 풀이 과정을 쓰고, 답을 구하시오.

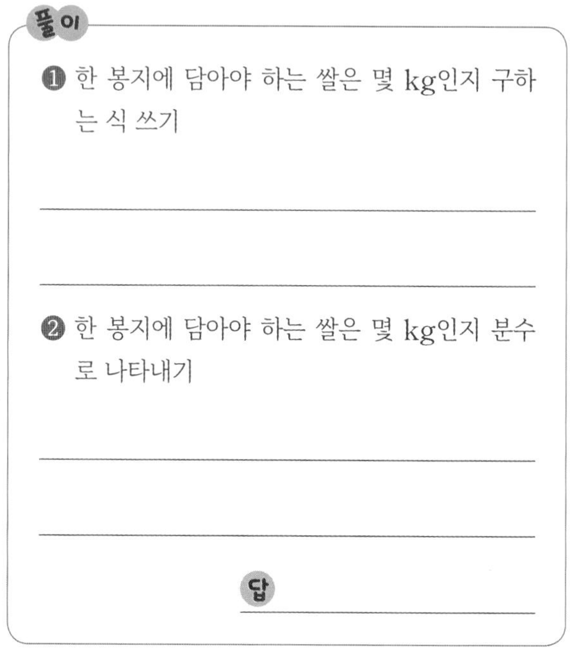

풀이

❶ 한 봉지에 담아야 하는 쌀은 몇 kg인지 구하는 식 쓰기

❷ 한 봉지에 담아야 하는 쌀은 몇 kg인지 분수로 나타내기

답

06 나눗셈을 분수의 곱셈으로 바르게 나타낸 것에 ○표 하시오.

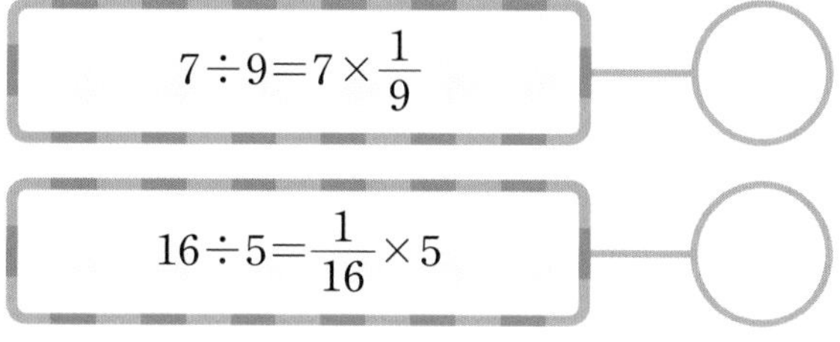

$7\div9=7\times\frac{1}{9}$ (　)

$16\div5=\frac{1}{16}\times5$ (　)

07 작은 수를 큰 수로 나눈 몫을 분수의 곱셈으로 나타내어 계산해 보시오.

12　　5

$\square\div\square=\square\times\frac{\square}{\square}=\frac{\square}{\square}$

08 $\frac{1}{8}\div 7$의 몫에 ○표 하시오.

$\frac{7}{8}$	$\frac{1}{56}$
(　　)	(　　)

09 처음으로 잘못 계산한 곳을 찾아 ○표 하고, 바르게 계산해 보시오.

$$\frac{5}{12}\div 2=\frac{12}{5}\times 2=\frac{24}{5}=4\frac{4}{5}$$

바르게 계산하기

$$\frac{5}{12}\div 2=$$

꼭나와

10 나눗셈의 몫이 $\frac{1}{6}$인 것을 찾아 기호를 쓰시오.

㉠ $\frac{5}{6}\div 4$　㉡ $\frac{2}{3}\div 4$　㉢ $\frac{3}{4}\div 6$

(　　　　　　)

11 몫이 더 큰 나눗셈을 말하고 있는 사람의 이름을 쓰시오.

(　　　　　　)

12 밀가루 $\frac{7}{10}$ kg을 똑같이 나누어 쿠키 3개를 만들었습니다. 쿠키 한 개를 만드는 데 사용한 밀가루는 몇 kg입니까?

(　　　　　　)

서술형

13 수 카드 2장을 한 번씩만 사용하여 가장 큰 진분수를 만들었습니다. 만든 진분수를 남은 수 카드의 수로 나눈 몫을 구하려고 합니다. 풀이 과정을 쓰고, 답을 구하시오.

5　　7　　8

풀이

❶ 가장 큰 진분수 만들기

❷ 만든 진분수를 남은 수 카드의 수로 나눈 몫을 구하기

답

➔ 바른답·알찬풀이 21쪽

14 □ 안에 알맞은 분수를 써넣으시오.

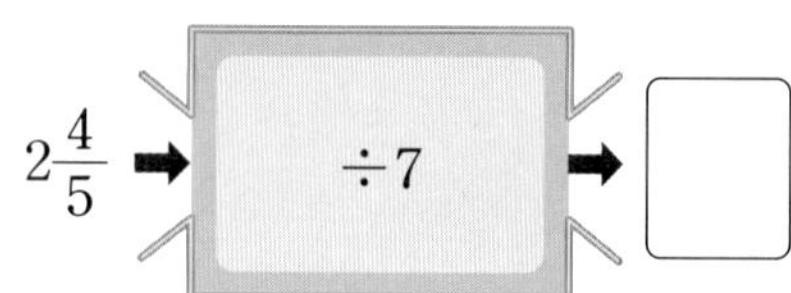

15 작은 수를 큰 수로 나눈 몫을 구하시오.

$3\frac{1}{6}$　　　4

(　　　　　　　　　)

서술형

16 계산이 잘못된 이유를 쓰고, 바르게 계산한 값을 구하시오.

$$2\frac{9}{10}\div 3=2\frac{9\div 3}{10}=2\frac{3}{10}$$

풀이

❶ 계산이 잘못된 이유를 쓰기

____

____

❷ 바르게 계산한 값을 구하기

____

____

답 ____________

17 나눗셈의 몫이 $\frac{1}{2}$보다 큰 것을 찾아 기호를 쓰시오.

㉠ $2\frac{4}{7}\div 6$　　㉡ $3\frac{1}{4}\div 7$　　㉢ $2\frac{5}{8}\div 5$

(　　　　　　　　　)

꼭 나와

18 어떤 수에 5를 곱했더니 $2\frac{2}{11}$가 되었습니다. 어떤 수는 얼마인지 분수로 나타내시오.

(　　　　　　　　　)

19 □ 안에 들어갈 수 있는 가장 작은 자연수를 구하시오.

$$8\frac{1}{3}\div 2<\square$$

(　　　　　　　　　)

20 무게가 같은 사과 3개가 들어 있는 상자의 무게를 재어 보니 $3\frac{2}{9}$ kg이었습니다. 빈 상자의 무게가 $\frac{4}{9}$ kg이라면 사과 한 개의 무게는 몇 kg입니까?

(　　　　　　　　　)

단원평가 실전

1. 분수의 나눗셈

01 빈칸에 알맞은 분수를 써넣으시오.

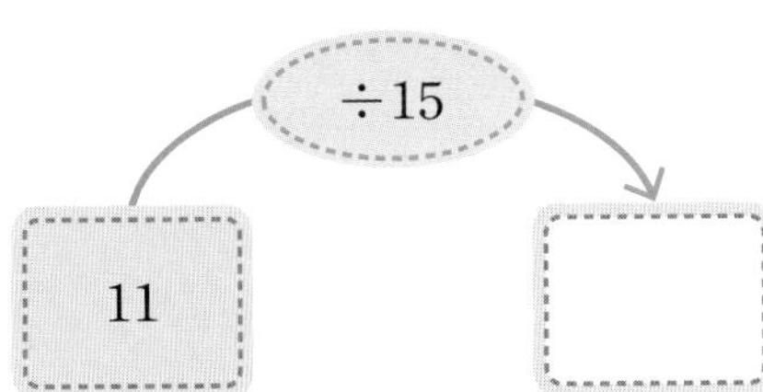

02 나눗셈의 몫을 분수로 나타낸 것 중에서 가장 큰 것은 어느 것입니까? (　　　　)

① $1 \div 3$　② $5 \div 8$　③ $10 \div 9$
④ $6 \div 5$　⑤ $12 \div 13$

03 수 카드 중에서 한 장을 골라 몫이 가장 큰 나눗셈식이 되도록 □ 안에 써넣고, 몫을 분수로 나타내시오.

3　5　9 ➡ $1 \div$ □

(　　　　　　　　　)

04 둘레가 $11\,\text{cm}$인 정팔각형이 있습니다. 이 정팔각형의 한 변은 몇 cm인지 분수로 나타내시오.

(　　　　　　　　　)

05 수직선에서 ㉠이 나타내는 대분수를 구하시오.

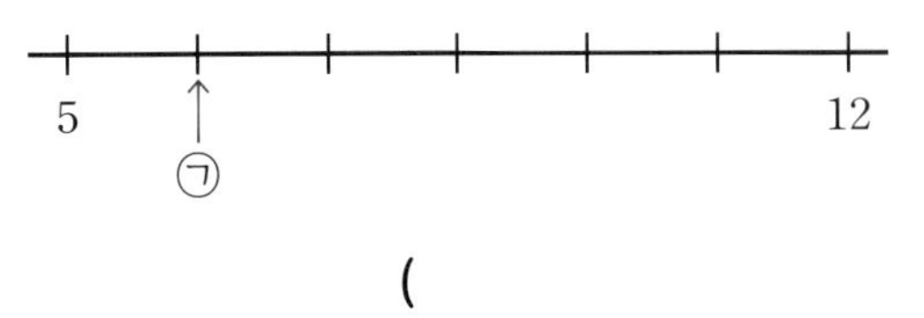

(　　　　　　　　　)

서술형

06 어떤 자연수를 6으로 나누어야 할 것을 잘못하여 곱했더니 66이 되었습니다. 바르게 계산한 값을 분수로 나타내려고 합니다. 풀이 과정을 쓰고, 답을 구하시오.

풀이

답

07 나눗셈을 분수의 곱셈으로 나타내어 바르게 계산한 것에 ○표 하시오.

$5 \div 11 = \frac{1}{5} \times 11 = \frac{11}{5} = 2\frac{1}{5}$　(　　　)

$4 \div 13 = 4 \times \frac{1}{13} = \frac{4}{13}$　(　　　)

수학

08 관계있는 것끼리 선으로 알맞게 이으시오.

$8\div9$ •	• $7\times\frac{1}{5}$ •	• $1\frac{2}{5}$
$7\div5$ •	• $8\times\frac{1}{9}$ •	• $\frac{5}{8}$
$5\div8$ •	• $5\times\frac{1}{8}$ •	• $\frac{8}{9}$

09 진분수를 자연수로 나눈 몫을 구하시오.

8 $\frac{16}{13}$ $\frac{7}{9}$ $1\frac{5}{6}$

( )

10 잘못 계산한 사람의 이름을 쓰고, 바르게 계산한 값을 분수로 나타내시오.

- 민혜: $\frac{2}{7}\div5=\frac{2}{35}$
- 영준: $\frac{4}{9}\div3=1\frac{1}{3}$

( ), ( )

11 계산 결과가 다른 하나를 찾아 ○표 하시오.

$\frac{5}{6}\div5$	$\frac{2}{3}\div4$	$\frac{3}{4}\div6$
( )	( )	( )

12 ㉠÷㉡의 몫을 구하시오.

㉠ $\frac{2}{5}\div3$ ㉡ 5

( )

어려워

13 한 봉지에 $\frac{4}{15}$ kg씩 들어 있는 소금이 2봉지 있습니다. 이 소금 2봉지를 3명이 똑같이 나누어 가졌다면 한 사람이 가진 소금은 몇 kg입니까?

( )

서술형

14 □ 안에 들어갈 수 있는 자연수는 모두 몇 개인지 풀이 과정을 쓰고, 답을 구하시오.

$$\frac{3}{5}\div8<\frac{\square}{40}<\frac{9}{10}\div4$$

풀이

답

➔ 바른답·알찬풀이 22쪽

15 ㉠과 ㉡에 알맞은 수를 각각 구하시오.

$$1\frac{1}{2}\div 6=\frac{㉠}{2}\times\frac{1}{6}=\frac{㉠}{12}=\frac{1}{㉡}$$

㉠: (　　　　　　　　　)
㉡: (　　　　　　　　　)

16 빈칸에 알맞은 분수를 써넣으시오.

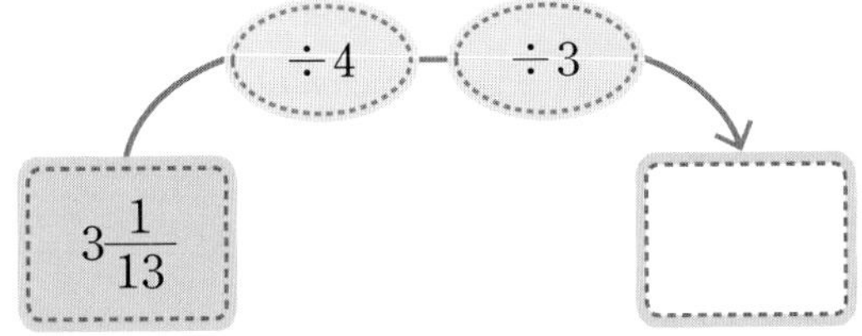

서술형

17 나눗셈의 몫이 큰 것부터 차례대로 기호를 쓰려고 합니다. 풀이 과정을 쓰고, 답을 구하시오.

㉠ $2\frac{7}{9}\div 4$　　㉡ $3\frac{1}{6}\div 6$　　㉢ $8\frac{3}{4}\div 9$

풀이

답

18 넓이가 $5\frac{3}{11}$ cm^2인 정육각형을 똑같이 6칸으로 나눈 것입니다. 색칠한 부분의 넓이는 몇 cm^2입니까?

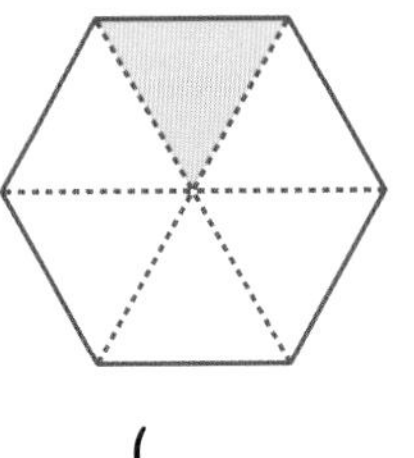

(　　　　　　　　　)

19 5분 동안 $4\frac{4}{9}$ km를 달리는 자동차가 있습니다. 같은 빠르기로 1시간 동안 몇 km를 달릴 수 있습니까?

(　　　　　　　　　)

어려워

20 길이가 $16\frac{4}{5}$ km인 도로의 양쪽에 처음부터 끝까지 같은 간격으로 나무 30그루를 심으려고 합니다. 나무 사이의 간격은 몇 km로 해야 합니까? (단, 나무의 두께는 생각하지 않습니다.)

(　　　　　　　　　)

수학

수학 핵심 개념

2. 각기둥과 각뿔

➔ 바른답·알찬풀이 23쪽

개념 1 각기둥과 각뿔의 밑면과 옆면

- 각기둥: 두 면이 서로 합동이고 평행한 다각형인 입체도형
- 각뿔: 한 면이 다각형이고 다른 면은 모두 삼각형인 입체도형

각기둥의 밑면과 옆면	각뿔의 밑면과 옆면
옆면이 직사각형 / 두 밑면이 서로 합동이고 평행한 다각형	옆면이 삼각형 / 밑면이 다각형

1 각뿔에 ○표 하시오.

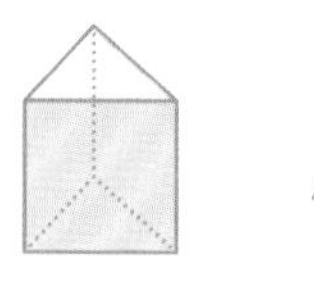

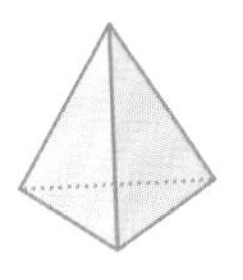

(　　　) (　　　)

개념 2 각기둥과 각뿔의 이름

각기둥과 각뿔의 이름은 밑면의 모양에 따라 정해집니다.

각기둥의 이름			각뿔의 이름		
삼각기둥	사각기둥	오각기둥	삼각뿔	사각뿔	오각뿔

2 밑면의 모양이 오각형인 각기둥의 이름을 쓰시오.

(　　　　　　)

개념 3 각기둥과 각뿔의 구성 요소

- 각기둥의 구성 요소

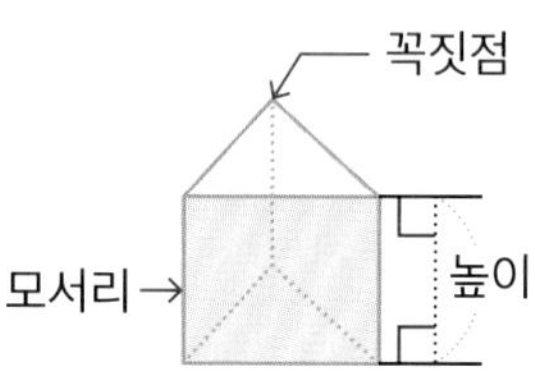

- 각뿔의 구성 요소

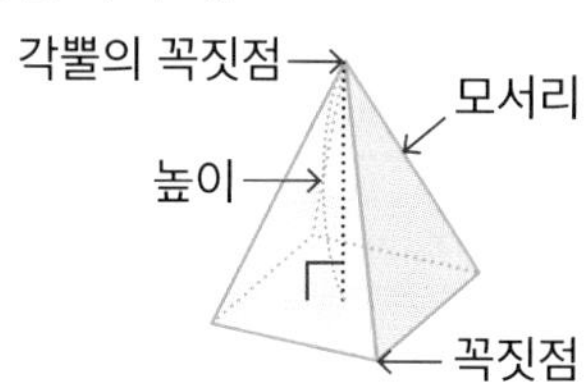

3 각뿔의 구성 요소를 ▢ 안에 써넣으시오.

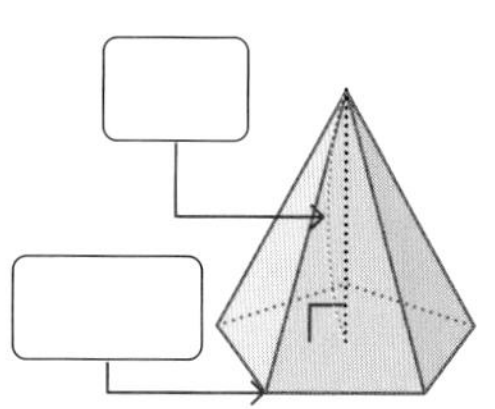

개념 4 각기둥의 전개도

각기둥의 전개도: 각기둥의 모서리를 잘라서 평면 위에 펼친 그림

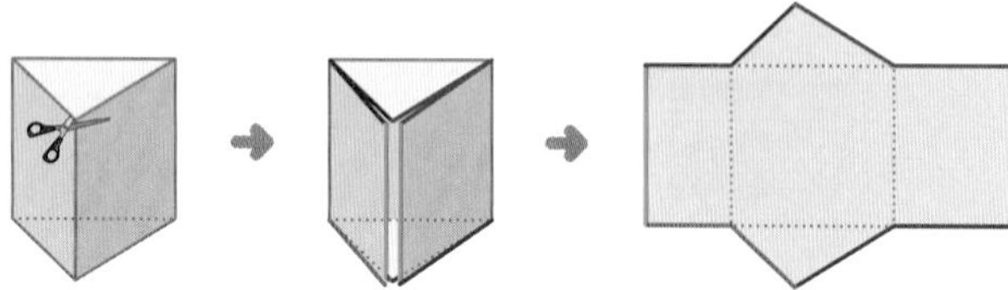

① 잘린 모서리는 실선으로, 잘리지 않은 모서리는 점선으로 그립니다.

② 접었을 때 서로 맞닿는 선분의 길이가 같고, 서로 겹치는 면이 없도록 그립니다.

4 전개도를 접었을 때 만들어지는 입체도형의 이름을 쓰시오.

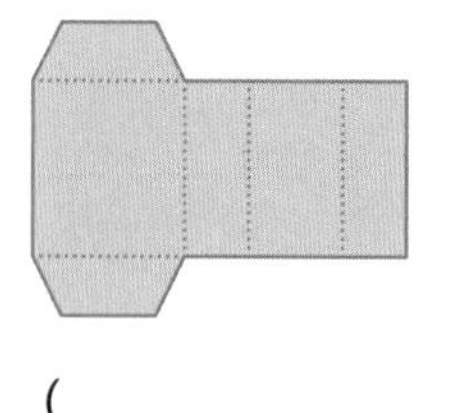

(　　　　　　)

[01~02] 입체도형을 보고 물음에 답하시오.

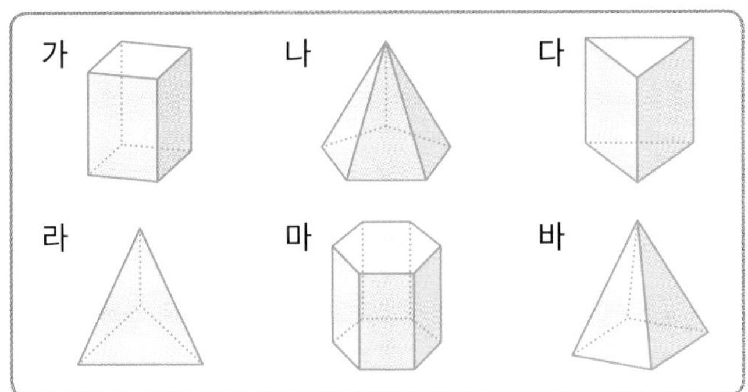

01 각기둥을 모두 찾아 기호를 쓰시오.

( )

02 각뿔을 모두 찾아 기호를 쓰시오.

( )

03 각기둥과 각뿔의 밑면을 모두 찾아 색칠하시오.

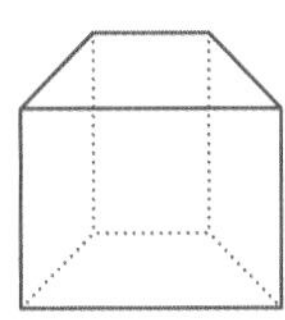

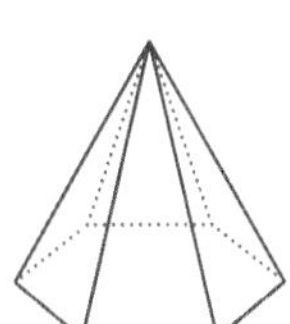

04 오른쪽 각뿔에서 면 ㄴㄷㄹ이 밑면일 때 옆면을 모두 찾아 쓰시오.

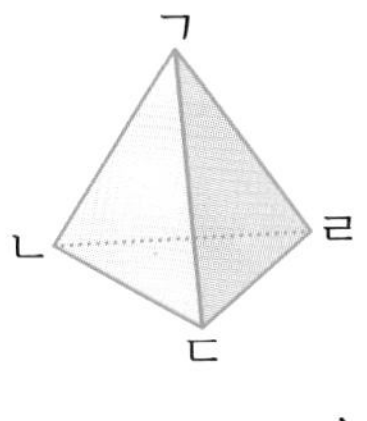

( )

서술형

05 오른쪽 입체도형이 각뿔이 아닌 이유를 쓰시오.

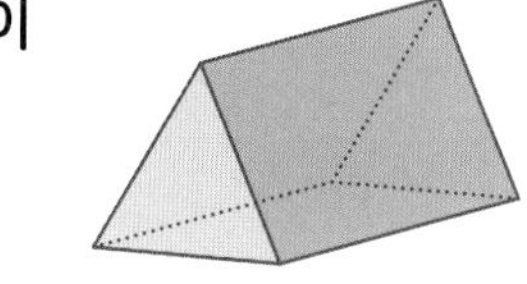

풀이

❶ 각뿔에 대해 설명하기

❷ 각뿔이 아닌 이유 쓰기

06 다음 각기둥의 이름을 쓰시오.

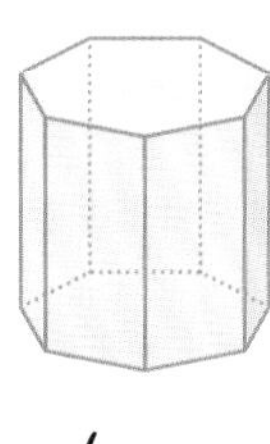

( )

꼭 나와

07 밑면의 모양이 다음과 같은 각뿔의 이름을 쓰시오.

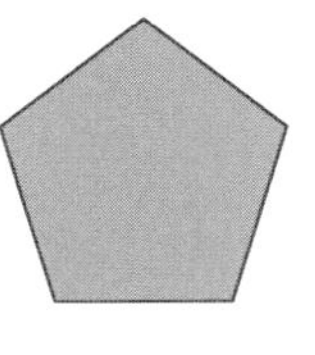

( )

수학

08 옆면이 5개인 각기둥의 이름을 쓰시오.

( )

09 밑면과 옆면의 모양이 다음과 같은 입체도형의 이름을 쓰시오.

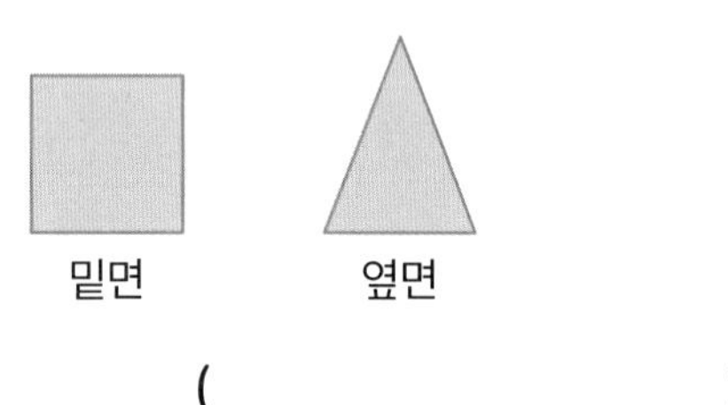

( )

10 □안에 알맞은 말을 보기에서 골라 써넣으시오.

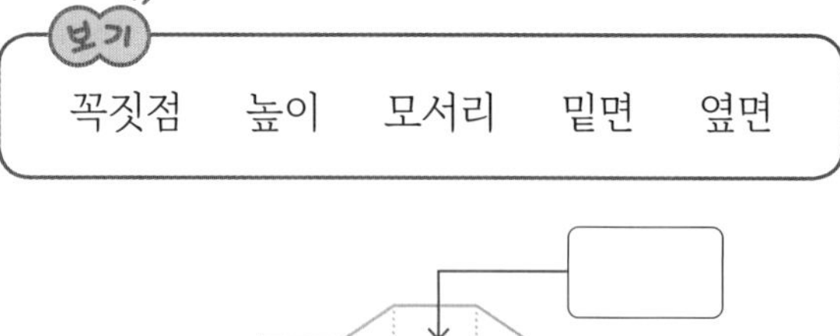

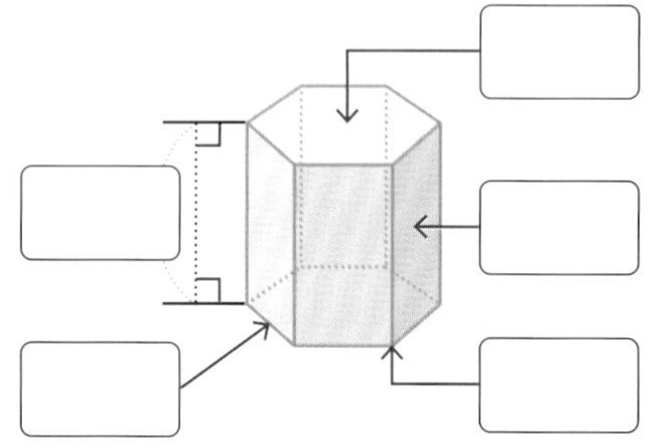

꼭나와

11 오른쪽 육각기둥의 꼭짓점, 면, 모서리는 각각 몇 개인지 구하시오.

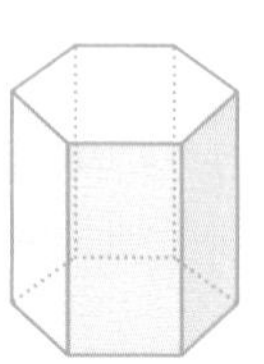

꼭짓점: ( )
면: ( )
모서리: ( )

12 관계있는 것끼리 선으로 알맞게 이으시오.

꼭짓점이 10개인 입체도형	모서리가 12개인 입체도형

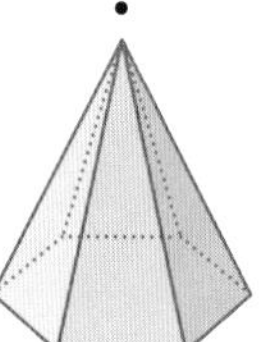
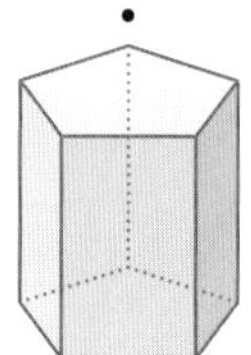
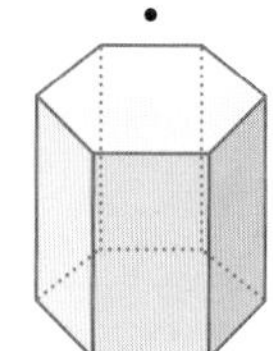

13 설명하는 입체도형의 이름을 쓰시오.

㉠ 밑면은 다각형입니다.
㉡ 옆면은 모두 삼각형입니다.
㉢ 꼭짓점은 6개입니다.

( )

서술형

14 오른쪽 각기둥의 밑면이 정팔각형일 때 각기둥의 모든 모서리의 합은 몇 cm인지 풀이 과정을 쓰고, 답을 구하시오.

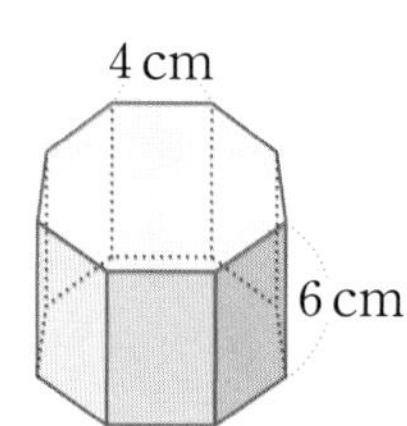

풀이

❶ 길이가 4 cm, 6 cm인 모서리의 수 각각 구하기

❷ 각기둥의 모든 모서리의 합은 몇 cm인지 구하기

답

➔ 바른답·알찬풀이 23쪽

[15~16] 전개도를 보고 물음에 답하시오.

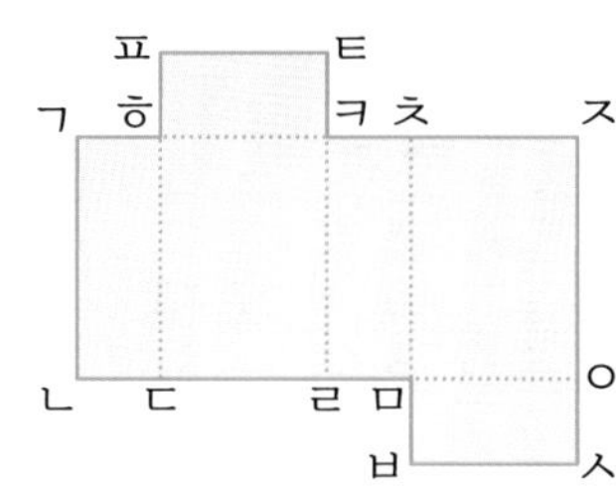

15 전개도를 접었을 때 선분 ㅍㅌ과 맞닿는 선분을 찾아 쓰시오.

( )

16 전개도를 접었을 때 면 ㅁㅂㅅㅇ과 평행한 면을 찾아 쓰시오.

( )

서술형

17 전개도에서 한 밑면의 둘레는 몇 cm인지 풀이 과정을 쓰고, 답을 구하시오.

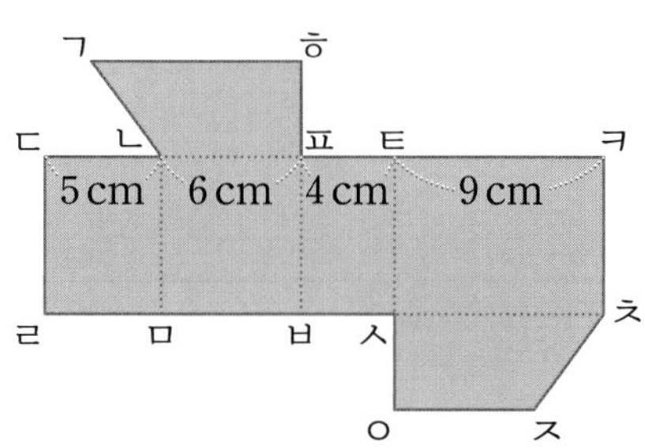

풀이

❶ 각기둥의 한 밑면 구하기

❷ 한 밑면의 둘레는 몇 cm인지 구하기

답

18 사각기둥의 전개도가 아닌 것에 ×표 하시오.

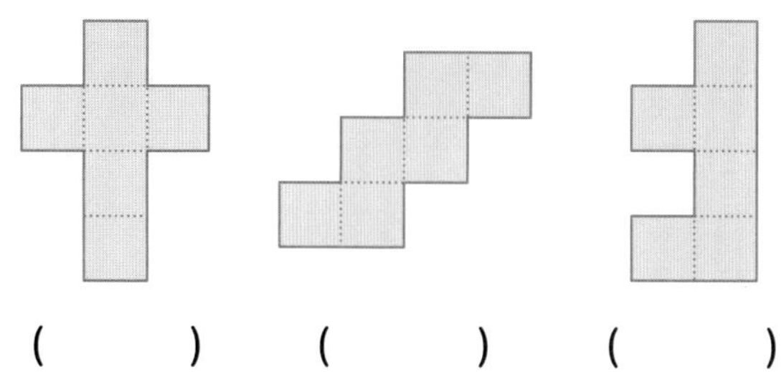

( ) ( ) ( )

꼭 나와요

19 사각기둥의 전개도를 그려 보시오.

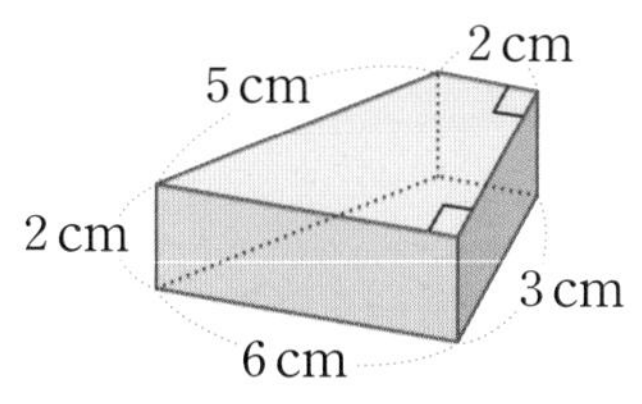

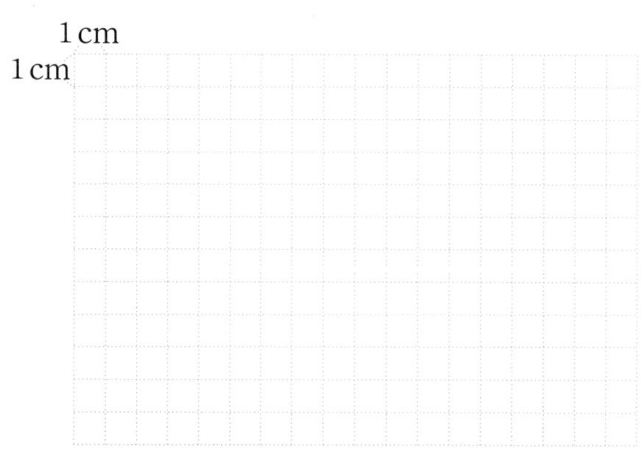

20 전개도를 접었을 때 만들어지는 각기둥의 모서리는 몇 개입니까?

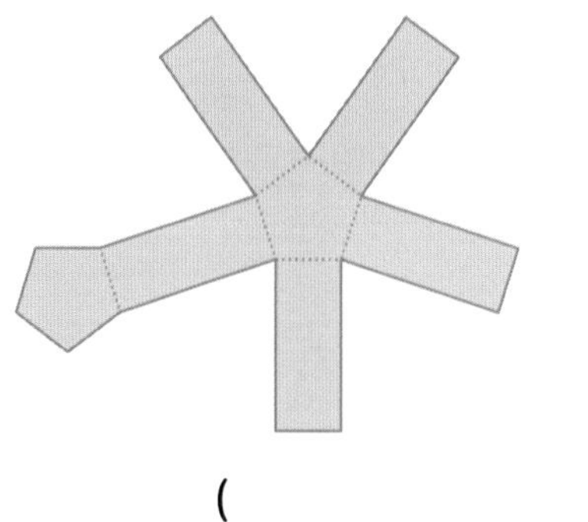

( )

01 □안에 알맞은 말을 써넣으시오.

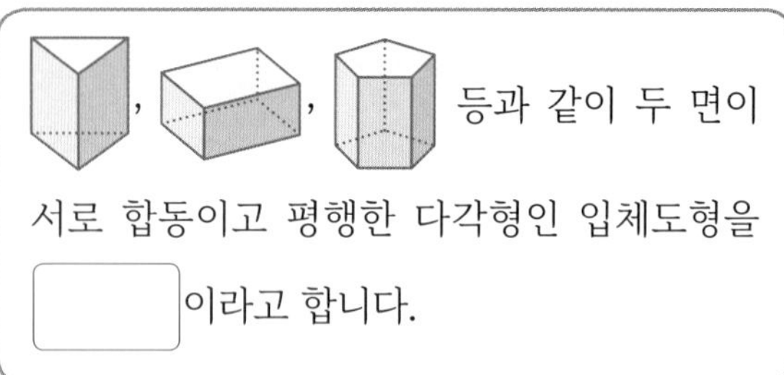

등과 같이 두 면이 서로 합동이고 평행한 다각형인 입체도형을 □이라고 합니다.

02 각뿔을 모두 찾아 ○표 하시오.

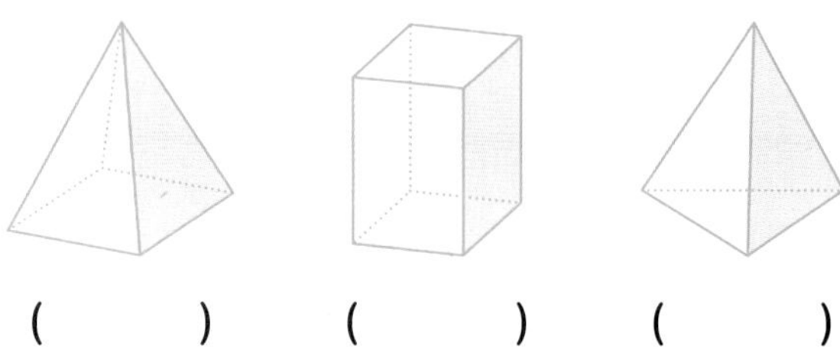

(　　) (　　) (　　)

03 각기둥에서 면 ㄱㄴㄷㄹ이 밑면일 때 다른 밑면을 찾아 쓰시오.

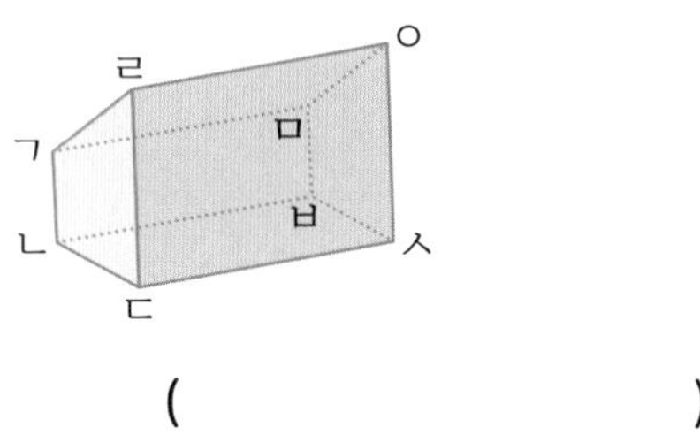

(　　　　　　)

04 각기둥에서 옆면은 모두 몇 개입니까?

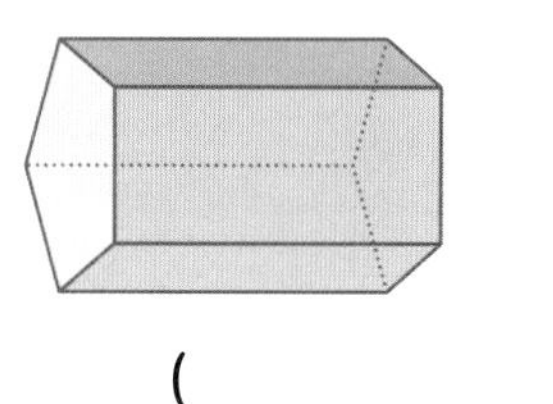

(　　　　　　)

05 칠각기둥과 칠각뿔의 같은 점을 모두 찾아 기호를 쓰시오.

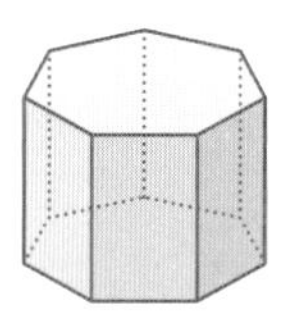

㉠ 밑면의 수　　㉡ 옆면의 수
㉢ 밑면의 모양　㉣ 옆면의 모양

(　　　　　　)

서술형

06 오른쪽 각기둥에서 색칠한 두 면은 평행하고 합동이지만 밑면이 아닙니다. 그 이유를 쓰시오.

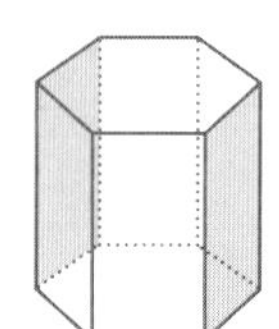

풀이

❶ 각기둥의 밑면에 대해 설명하기

❷ 밑면이 아닌 이유 쓰기

꼭 나와

07 다음 입체도형의 이름을 쓰시오.

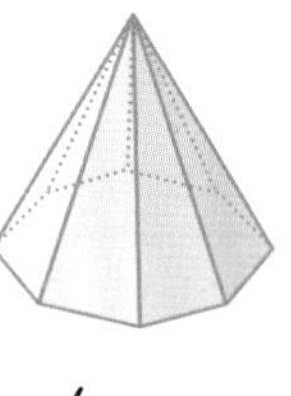

(　　　　　　)

08 밑면의 모양이 왼쪽과 같은 각뿔의 이름을 찾아 선으로 알맞게 이으시오.

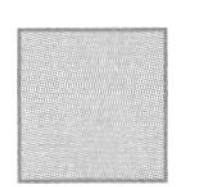 • • 팔각뿔

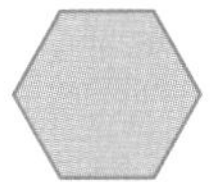 • • 사각뿔

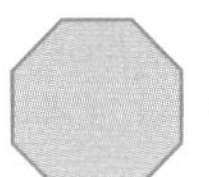 • • 육각뿔

09 아영이가 설명하는 입체도형의 이름을 쓰시오.

( )

10 각뿔에서 모서리를 모두 파란색, 꼭짓점을 모두 빨간색으로 표시하시오.

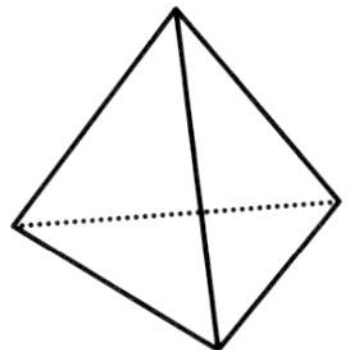

꼭나와

11 각기둥의 높이는 몇 cm입니까?

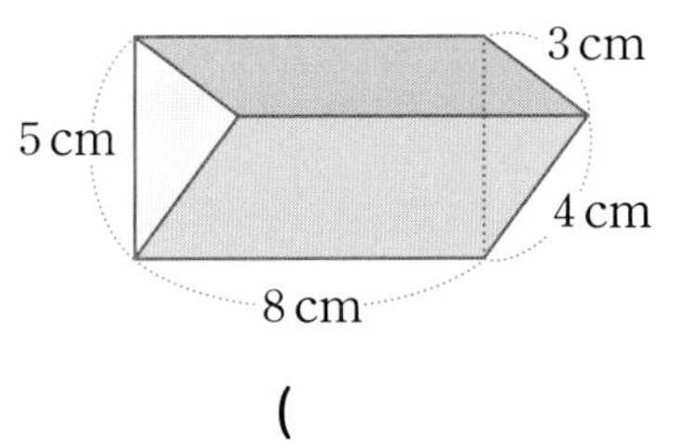

( )

12 꼭짓점이 8개인 입체도형을 찾아 이름을 쓰시오.

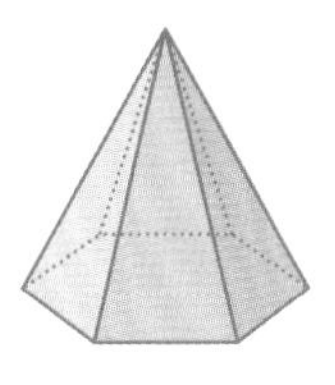 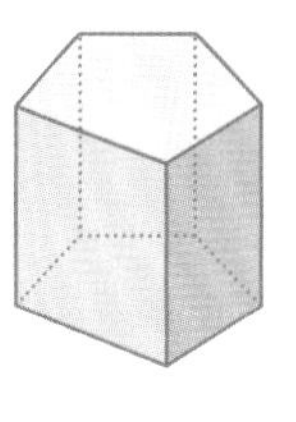 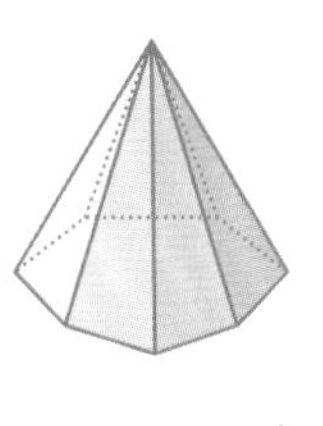

( )

13 밑면의 모양이 다음과 같은 각기둥의 면은 몇 개입니까?

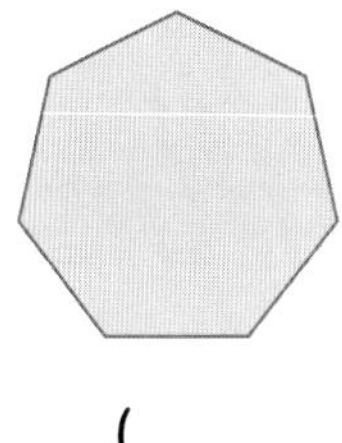

( )

서술형

14 오각뿔의 꼭짓점의 수와 모서리의 수의 합은 몇 개인지 풀이 과정을 쓰고, 답을 구하시오.

풀이

❶ 오각뿔의 꼭짓점의 수와 모서리의 수 각각 구하기

❷ 오각뿔의 꼭짓점의 수와 모서리의 수의 합은 몇 개인지 구하기

답

수학

➔ 바른답·알찬풀이 24쪽

15 오각기둥의 전개도가 될 수 있는 것에 ○표 하시오.

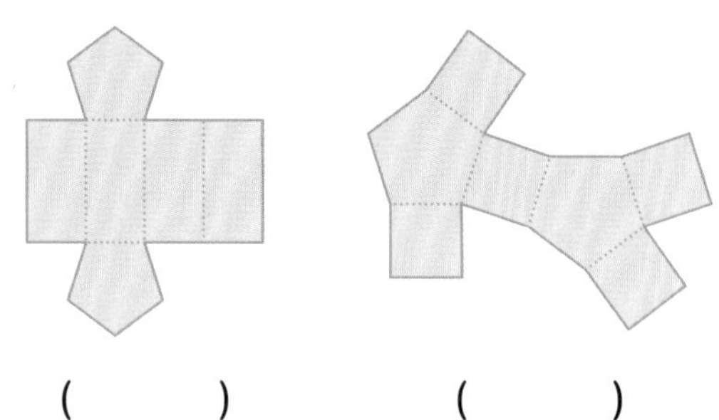

(　　　)　(　　　)

꼭 나와요

16 각기둥과 각기둥의 전개도를 보고 □ 안에 알맞은 수를 써넣으시오.

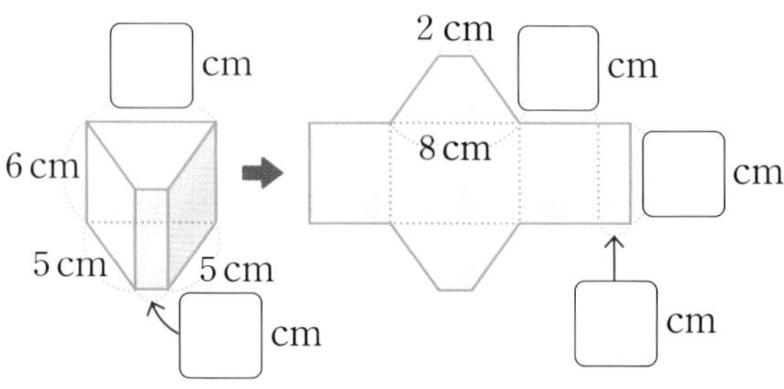

서술형

17 오른쪽 각기둥의 전개도를 접었을 때 면 ㉮와 만나는 면은 모두 몇 개인지 풀이 과정을 쓰고, 답을 구하시오.

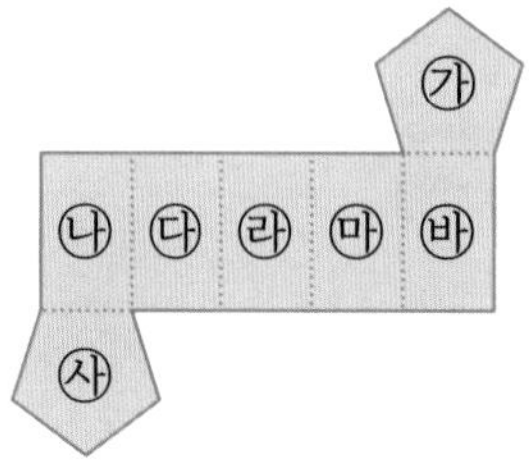

풀이

❶ 면 ㉮와 만나는 면 모두 구하기

❷ 면 ㉮와 만나는 면은 모두 몇 개인지 구하기

답

18 전개도에서 선분 ㄷㅈ은 몇 cm입니까?

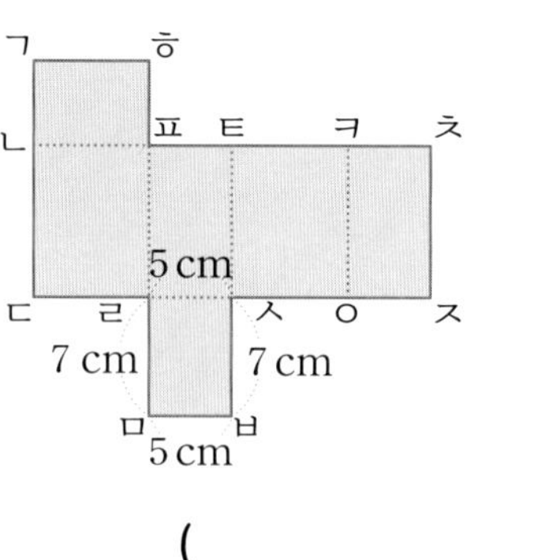

(　　　　　)

19 전개도를 접었을 때 만들어지는 각기둥의 꼭짓점은 몇 개입니까?

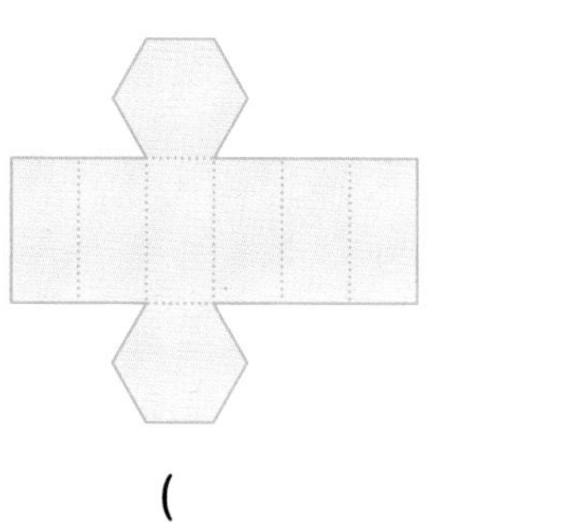

(　　　　　)

20 밑면의 모양이 오른쪽과 같고, 높이가 3 cm인 사각기둥의 전개도를 그려 보시오.

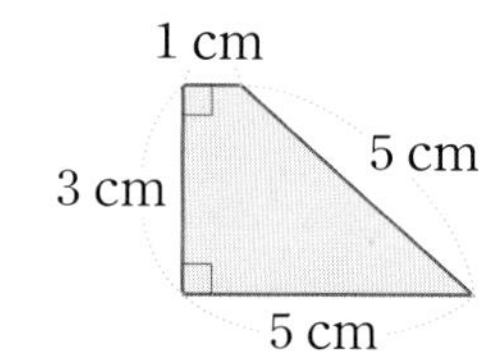

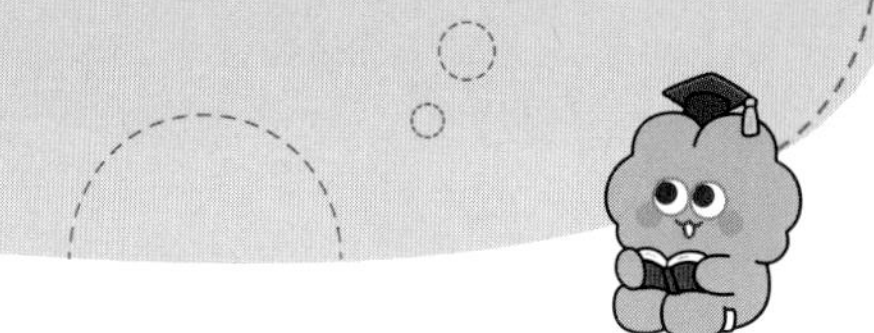

01 오른쪽 각뿔에 대한 설명으로 옳은 것을 찾아 기호를 쓰시오.

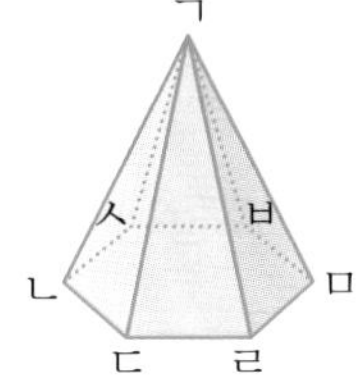

㉠ 옆면은 육각형입니다.
㉡ 밑면과 옆면은 수직으로 만납니다.
㉢ 밑면은 면 ㄴㄷㄹㅁㅂㅅ입니다.

( )

02 오른쪽 각기둥에서 면 ㄱㄴㄷㄹ이 밑면일 때 옆면이 아닌 것은 어느 것입니까? ( )

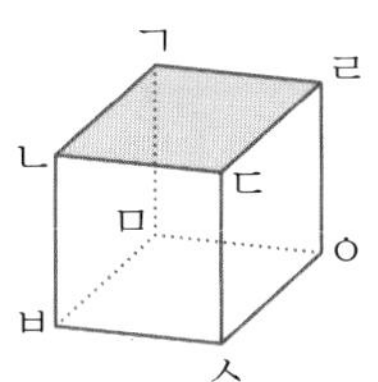

① 면 ㄴㅂㅅㄷ ② 면 ㄷㅅㅇㄹ
③ 면 ㄹㅇㅁㄱ ④ 면 ㄴㅂㅁㄱ
⑤ 면 ㅁㅂㅅㅇ

03 다음 입체도형 중에서 각기둥도 각뿔도 아닌 도형을 모두 찾아 기호를 쓰시오.

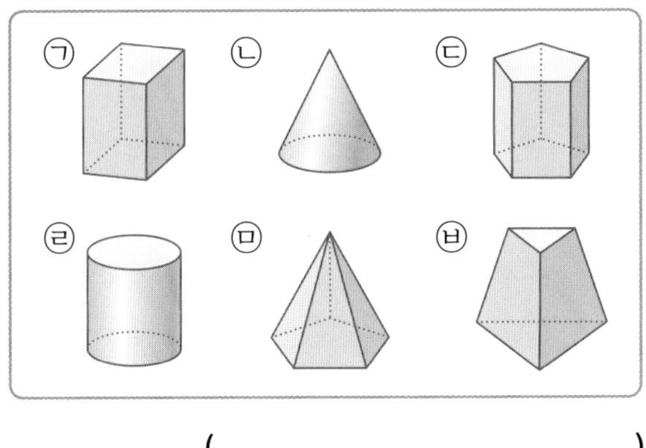

( )

04 구각뿔의 밑면의 수와 옆면의 수의 차는 몇 개인지 구하시오.

( )

서술형

05 각기둥의 특징에 대한 설명으로 틀린 것을 찾아 기호를 쓰려고 합니다. 풀이 과정을 쓰고, 답을 구하시오.

㉠ 밑면은 다각형입니다.
㉡ 옆면의 모양은 직사각형입니다.
㉢ 밑면은 1개입니다.
㉣ 옆면의 수는 밑면의 모양에 따라 다릅니다.

풀이

답

06 모든 면의 모양이 다음과 같은 입체도형의 이름은 무엇입니까?

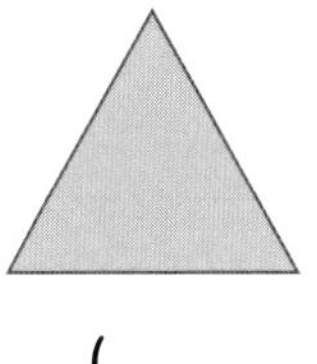

( )

어려워

07 다음에서 설명하는 입체도형의 이름을 쓰시오.

- 서로 평행한 두 면이 합동인 다각형입니다.
- 옆면은 직사각형입니다.
- 밑면의 수와 옆면의 수의 합은 10개입니다.

( )

수학

08 다음 각기둥에서 높이를 나타내는 모서리는 모두 몇 개입니까?

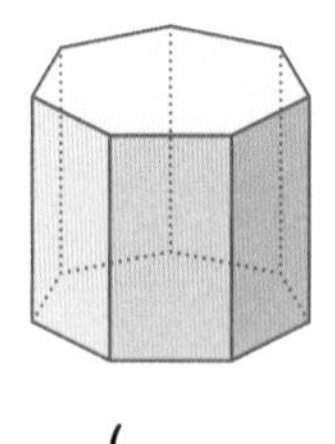

(   )

09 다음과 같은 각기둥의 이름을 쓰시오.

면이 11개인 각기둥

(   )

10 꼭짓점이 6개인 각뿔의 모서리는 몇 개인지 구하시오.

(   )

11 ㉠과 ㉡의 차는 몇 개인지 구하시오.

㉠ 오각기둥의 면의 수
㉡ 칠각뿔의 모서리의 수

(   )

12 밑면의 모양이 다음과 같은 각뿔이 있습니다. 이 각뿔에서 꼭짓점의 수, 면의 수, 모서리의 수의 합은 몇 개입니까?

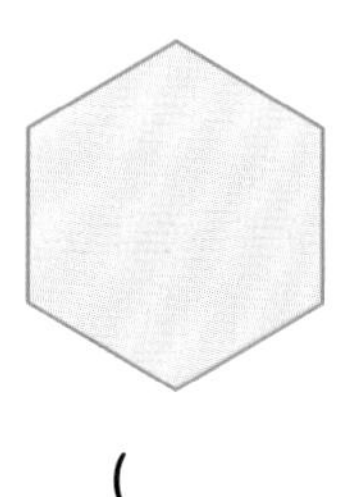

(   )

서술형

13 구성 요소의 수가 큰 것부터 차례대로 기호를 쓰려고 합니다. 풀이 과정을 쓰고, 답을 구하시오.

㉠ 오각기둥의 모서리의 수
㉡ 십각뿔의 면의 수
㉢ 팔각기둥의 꼭짓점의 수

풀이

답

어려워

14 오른쪽 그림과 같은 도형을 옆면으로 하는 각뿔의 모든 모서리의 합이 56 cm입니다. 옆면의 모양과 크기가 모두 같다면 이 각뿔의 밑면의 모양은 어떤 도형입니까?

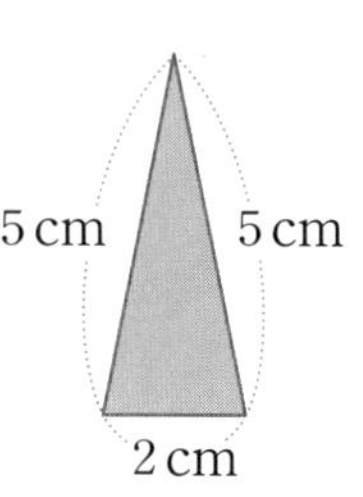

(   )

➔ 바른답·알찬풀이 25쪽

15 전개도를 접었을 때 각기둥이 되는 전개도를 찾아 기호를 쓰고, 각기둥의 이름을 쓰시오.

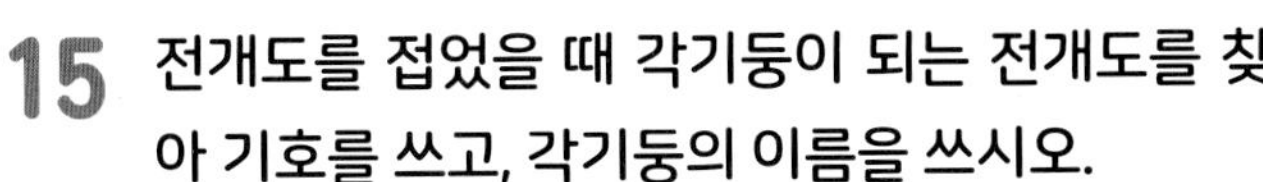

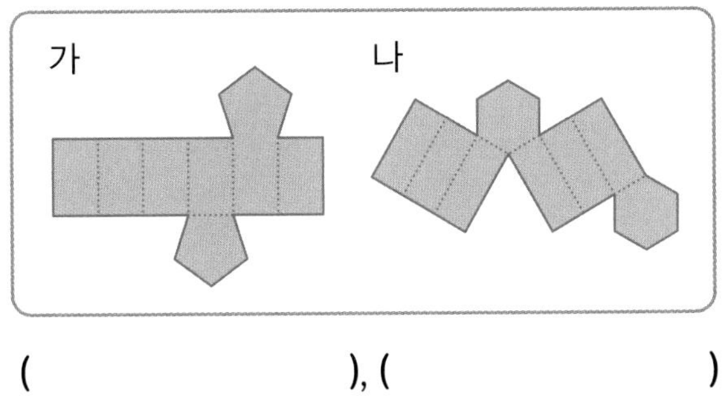

( ), ( )

16 어떤 각기둥의 옆면만 그린 전개도의 일부분입니다. 이 각기둥의 밑면의 모양은 어떤 도형입니까?

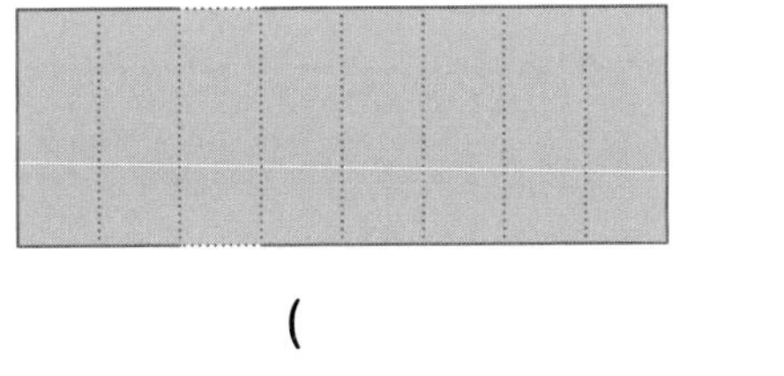

( )

17 전개도를 접었을 때 만들어지는 각기둥의 모서리의 수와 꼭짓점의 수의 차는 몇 개입니까?

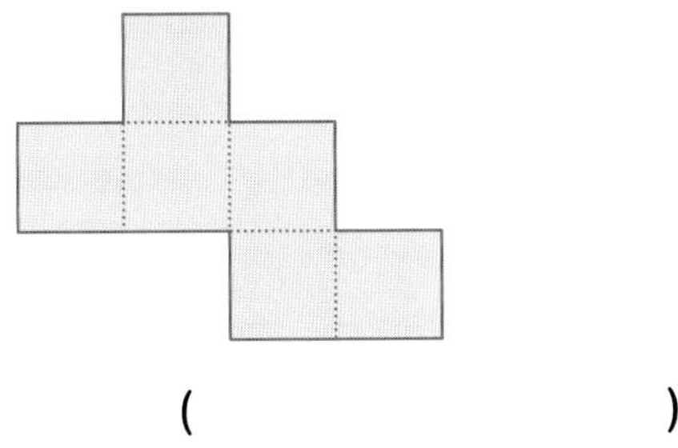

( )

서술형

18 밑면의 모양이 정육각형인 각기둥의 전개도입니다. 모든 옆면의 넓이의 합은 몇 cm^2인지 풀이 과정을 쓰고, 답을 구하시오.

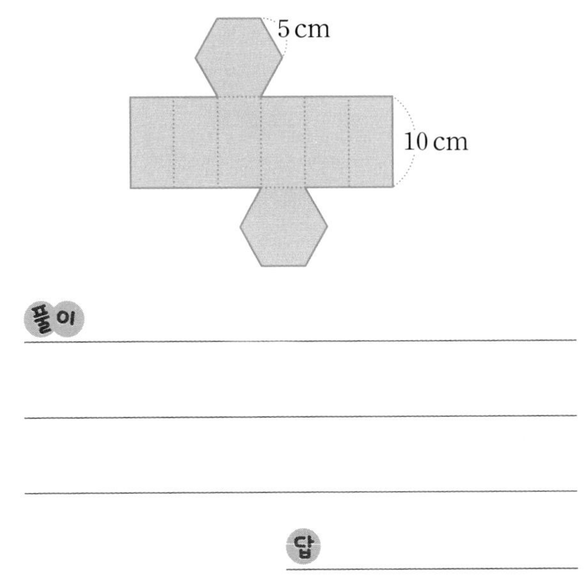

풀이

답

19 오른쪽 전개도를 접어서 만든 각기둥의 옆면은 모두 합동이고, 각기둥의 높이는 12 cm입니다. 각기둥의 모든 모서리의 합이 120 cm일 때 밑면의 한 변은 몇 cm입니까?

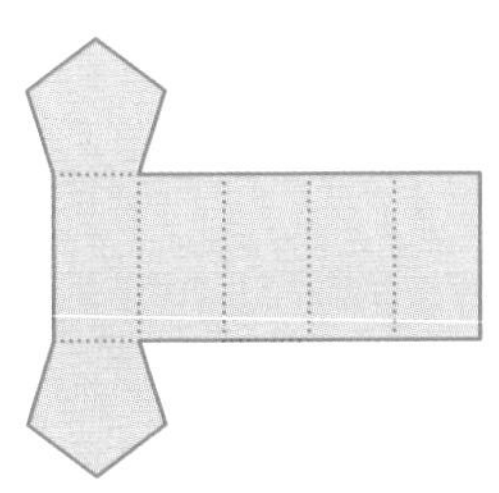

( )

어려워

20 밑면이 사각형인 각기둥의 전개도에서 파란색 선의 길이가 34 cm일 때 전개도를 접어서 만든 각기둥의 높이는 몇 cm입니까?

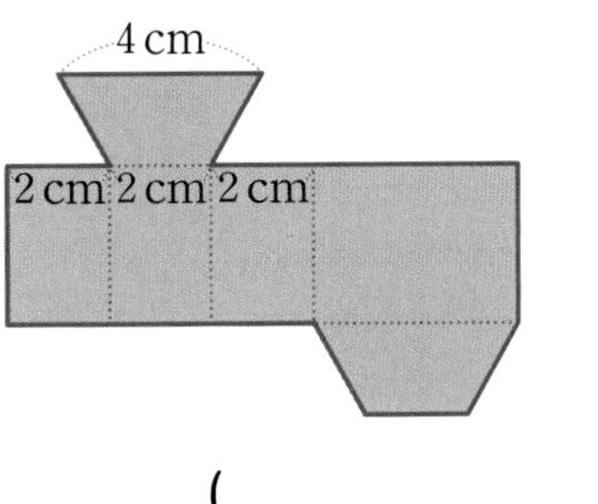

( )

수학

3. 소수의 나눗셈

➜ 바른답·알찬풀이 26쪽

개념 1 각 자리에서 나누어떨어지는 / 각 자리에서 나누어떨어지지 않는 (소수)÷(자연수)

• 각 자리에서 나누어떨어지는 경우

$936 \div 3 = 312$

$\frac{1}{10}$배 → $93.6 \div 3 = 31.2$ ← $\frac{1}{10}$배

$\frac{1}{100}$배 → $9.36 \div 3 = 3.12$ ← $\frac{1}{100}$배

• 각 자리에서 나누어떨어지지 않는 경우

$$\begin{array}{r} 2.3 \\ 6\overline{)13.8} \\ 12 \\ \hline 18 \\ 18 \\ \hline 0 \end{array}$$

→ 나누어지는 수의 소수점 위치에 맞춰 몫의 소수점을 찍어요.

1 □ 안에 알맞은 수를 써넣으시오.

$284 \div 2 = 142$

➜ $28.4 \div 2 =$ □

개념 2 몫이 1보다 작은 (소수)÷(자연수)

방법 1 분수의 나눗셈으로 바꾸어 계산하기

$1.72 \div 4 = \frac{172}{100} \div 4 = \frac{172 \div 4}{100}$

$= \frac{43}{100} = 0.43$

방법 2 세로로 계산하기

$$\begin{array}{r} 0.43 \\ 4\overline{)1.72} \\ 16 \\ \hline 12 \\ 12 \\ \hline 0 \end{array}$$

→ 자연수 부분이 비어 있으면 일의 자리에 0을 써요.

2 □ 안에 알맞은 수를 써넣으시오.

$$\begin{array}{r} 0.\square \\ 7\overline{)2.1} \\ \square\square \\ \hline 0 \end{array}$$

개념 3 소수점 아래 0을 내려 계산하는 (소수)÷(자연수)

방법 1 분수의 나눗셈으로 바꾸어 계산하기

$6.9 \div 5 = \frac{690}{100} \div 5 = \frac{690 \div 5}{100}$

$= \frac{138}{100} = 1.38$

방법 2 세로로 계산하기

$$\begin{array}{r} 1.38 \\ 5\overline{)6.90} \\ 5 \\ \hline 19 \\ 15 \\ \hline 40 \\ 40 \\ \hline 0 \end{array}$$

→ 소수점 아래에서 나누어떨어지지 않으면 0을 내려 계산해요.

3 □ 안에 알맞은 수를 써넣으시오.

$1.8 \div 4 = \frac{\square}{100} \div 4$

$= \frac{\square}{100} = \square$

개념 4 몫의 소수 첫째 자리에 0이 있는 (소수)÷(자연수) / (자연수)÷(자연수)

• 몫의 소수 첫째 자리에 0이 있는 (소수)÷(자연수)

$$\begin{array}{r} 3.05 \\ 4\overline{)12.20} \\ 12 \\ \hline 20 \\ 20 \\ \hline 0 \end{array}$$

→ 나누어야 할 수가 나누는 수보다 작은 경우에는 몫에 0을 쓰고 수를 하나 더 내려 계산해요.

• (자연수)÷(자연수)

$$\begin{array}{r} 2.5 \\ 2\overline{)5.0} \\ 4 \\ \hline 10 \\ 10 \\ \hline 0 \end{array}$$

→ 5를 5.0으로 생각하여 계산해요.

4 □ 안에 알맞은 수를 써넣으시오.

$160 \div 5 = 32$

➜ $16 \div 5 =$ □

01 □ 안에 알맞은 수를 써넣으시오.

$$6.84 \div 2 = \frac{\square}{100} \div 2 = \frac{\square \div 2}{100} = \frac{\square}{100} = \square$$

02 ㉮의 몫은 ㉯의 몫의 몇 배입니까?

㉮ $39.6 \div 3$　　㉯ $396 \div 3$

(　　　　　　)

꼭 나와

03 $844 \div 4 = 211$을 이용하여 소수의 나눗셈을 바르게 계산한 것에 ○표 하시오.

$8.44 \div 4 = 21.1$	$8.44 \div 4 = 2.11$
(　　)	(　　)

04 □ 안에 알맞은 수를 써넣으시오.

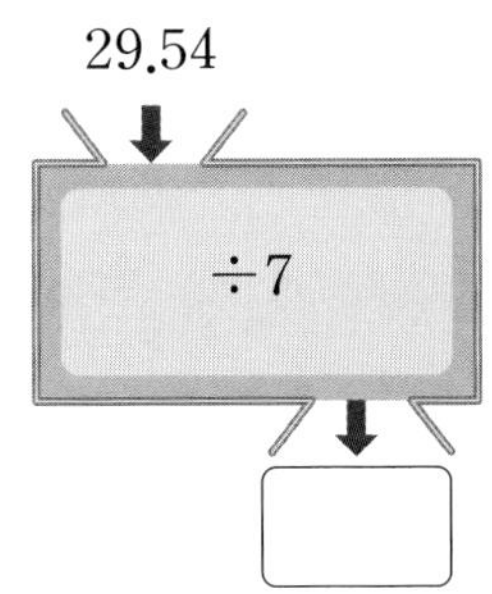

05 나눗셈의 몫이 더 작은 것의 기호를 쓰시오.

㉠ $46.5 \div 5$　　㉡ $26.1 \div 3$

(　　　　　　)

서술형

06 둘레가 7.74 cm인 정삼각형의 한 변은 몇 cm인지 풀이 과정을 쓰고, 답을 구하시오.

풀이

❶ 정삼각형의 변의 성질 쓰기

❷ 정삼각형의 한 변은 몇 cm인지 구하기

답

07 소수를 자연수로 나눈 몫을 구하시오.

9　　7.56

(　　　　　　)

08 잘못 계산한 곳을 찾아 ○표 하고, 바르게 계산해 보시오.

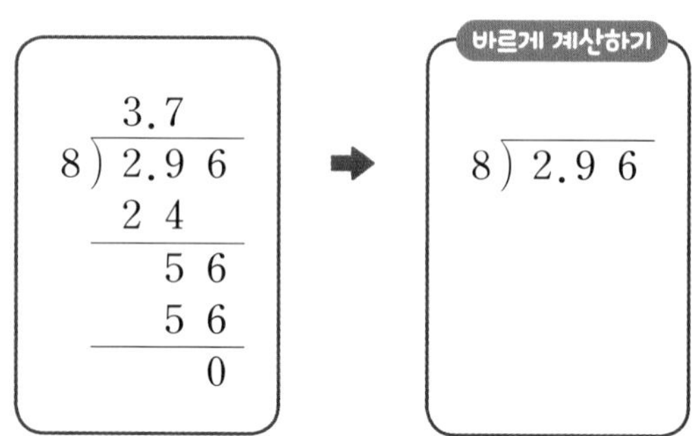

09 무게가 똑같은 고등어 통조림 8개의 무게를 재어 보니 1.84 kg이었습니다. 고등어 통조림 한 개의 무게는 몇 kg입니까?

( )

10 보기 와 같은 방법으로 계산해 보시오.

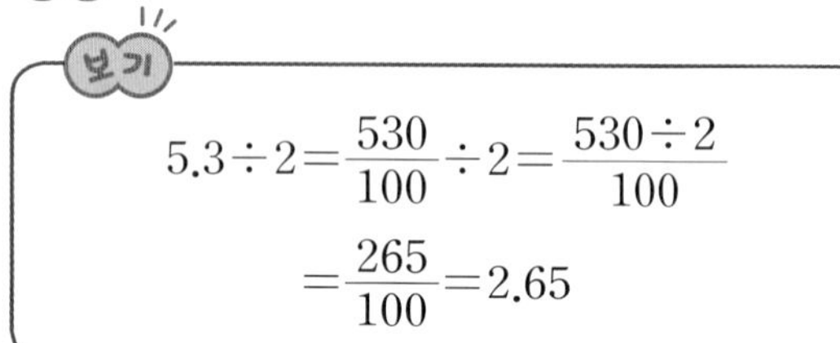

보기

$$5.3 \div 2 = \frac{530}{100} \div 2 = \frac{530 \div 2}{100}$$
$$= \frac{265}{100} = 2.65$$

$6.4 \div 5 =$

11 빈칸에 알맞은 수를 써넣으시오.

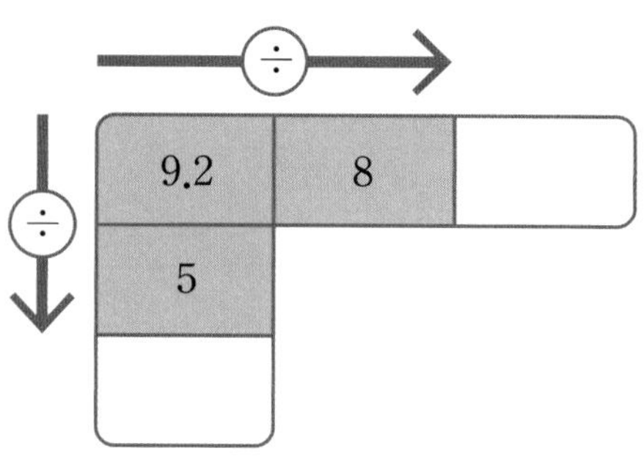

꼭 나와

12 몫의 크기를 비교하여 ○ 안에 >, =, <를 알맞게 써넣으시오.

$17.1 \div 6$ ○ $11.8 \div 4$

서술형

13 3장의 수 카드 중에서 2장을 골라 가장 큰 소수 한 자리 수를 만들었습니다. 만든 소수 한 자리 수를 남은 수 카드의 수로 나눈 몫을 구하려고 합니다. 풀이 과정을 쓰고, 답을 구하시오.

풀이

❶ 가장 큰 소수 한 자리 수를 만들기

❷ 만든 소수 한 자리 수를 남은 수 카드의 수로 나눈 몫을 구하기

답

14 $2420 \div 4$를 계산하고 $24.2 \div 4$의 몫을 찾아 색칠하시오.

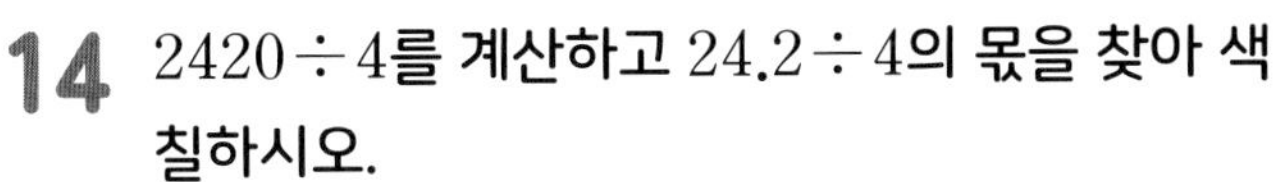

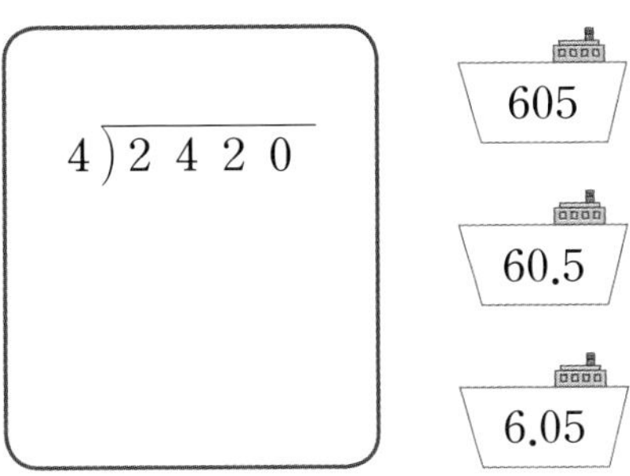

605

60.5

6.05

15 큰 수를 작은 수로 나눈 몫을 구하시오.

4	21

(　　　　　　　　)

16 몫의 소수 첫째 자리 숫자가 0인 것에 ○표 하시오.

$14.84 \div 7$　　$16.64 \div 8$

(　　)　　(　　)

17 몫이 가장 큰 나눗셈을 찾아 ○표 하시오.

$2.18 \div 2$　　$3.24 \div 3$　　$6.42 \div 6$

18 두 나눗셈의 몫 사이에 있는 소수 한 자리 수를 모두 쓰시오.

$12 \div 5$　　$22 \div 8$

(　　　　　　　　)

꼭 나와

19 색 테이프를 지후는 $30.3\,\text{cm}$, 혜미는 $5\,\text{cm}$ 가지고 있습니다. 지후가 가지고 있는 색 테이프의 길이는 혜미가 가지고 있는 색 테이프의 길이의 몇 배입니까?

(　　　　　　　　)

서술형

20 그림과 같이 길이가 $33\,\text{m}$인 길에 같은 간격으로 나무 7그루를 심으려고 합니다. 나무를 몇 m 간격으로 심어야 하는지 풀이 과정을 쓰고, 답을 구하시오. (단, 나무의 두께는 생각하지 않습니다.)

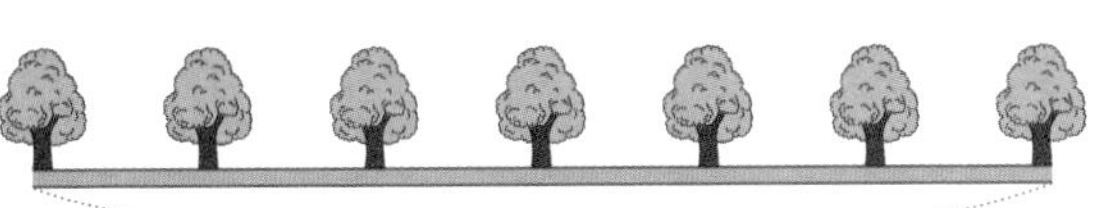

풀이

❶ 나무 사이의 간격은 몇 군데인지 구하기

❷ 나무를 몇 m 간격으로 심어야 하는지 구하기

답

수학

꼭나와

01 자연수의 나눗셈을 이용하여 □ 안에 알맞은 수를 써넣으시오.

$486 \div 2 = 243$

$48.6 \div 2 =$ □

$4.86 \div 2 =$ □

02 계산해 보시오.

$7\overline{)88.9}$

03 큰 수를 작은 수로 나눈 몫을 빈칸에 써넣으시오.

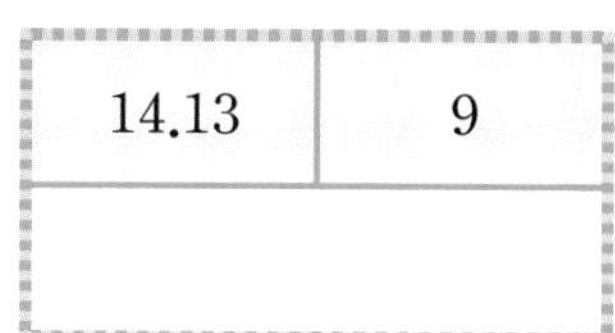

14.13	9

04 나눗셈의 몫이 더 큰 것에 ○표 하시오.

$54.6 \div 3$	$34.2 \div 2$
( )	( )

05 혜수가 말하고 있는 수를 4로 나눈 몫을 구하시오.

( )

서술형

06 넓이가 $9.84\,m^2$인 직사각형을 똑같이 6칸으로 나누었습니다. 색칠한 부분의 넓이는 몇 m^2인지 풀이 과정을 쓰고, 답을 구하시오.

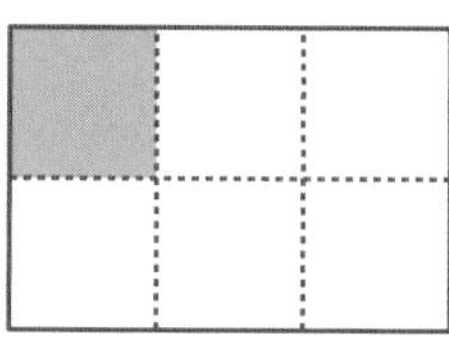

풀이

❶ 색칠한 부분의 넓이를 구하는 식 쓰기

❷ 색칠한 부분의 넓이는 몇 m^2인지 구하기

답

07 $1.4 \div 2$의 몫을 찾아 색칠하시오.

70	7	0.7

08 계산을 바르게 한 사람의 이름을 쓰시오.

- 예솔: $4.85 \div 5 = 0.98$
- 수호: $6.72 \div 7 = 0.96$

( )

서술형

09 흰쌀 2.2 kg과 보리쌀 1.3 kg을 섞은 후 봉지 5개에 똑같이 나누어 담았습니다. 봉지 한 개에 담은 쌀은 몇 kg인지 풀이 과정을 쓰고, 답을 구하시오.

풀이

❶ 전체 쌀은 몇 kg인지 구하기

❷ 봉지 한 개에 담은 쌀은 몇 kg인지 구하기

답

10 남은 수가 없도록 계산할 때 소수점 아래 0을 내려 계산해야 하는 것에 ○표 하시오.

$0.7 \div 5$	$9.6 \div 8$
( )	( )

11 ㉠, ㉡, ㉢에 알맞은 수를 각각 구하시오.

$$6.6 \div 4 = \frac{㉠}{100} \div 4 = \frac{㉠ \div 4}{100} = \frac{㉡}{100} = ㉢$$

㉠: ( )
㉡: ( )
㉢: ( )

꼭 나와요

12 사각형 안에 있는 수를 삼각형 안에 있는 수로 나눈 몫을 구하시오.

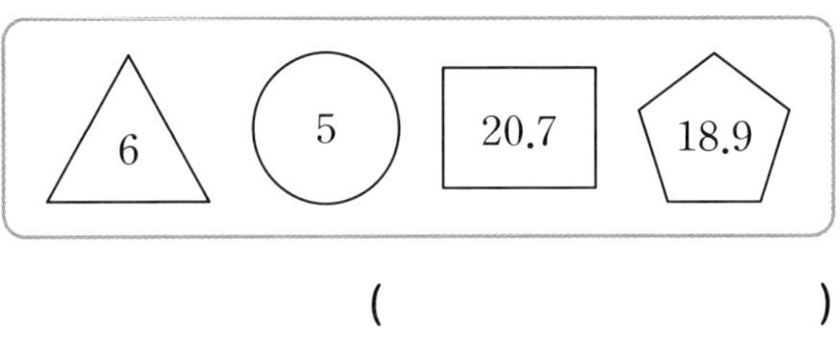

( )

13 ■에 알맞은 수를 구하시오.

$12 \times ■ = 35.4$

( )

14 $27 \div 4$의 몫을 분수로 나타낸 다음 소수로 나타내시오.

$$27 \div 4 = \frac{\square}{4} = \frac{\square}{100} = \square$$

수학

15 빈칸에 알맞은 수를 써넣으시오.

÷ →

14.28	7	
18.81	9	

16 계산 결과를 찾아 선으로 알맞게 이으시오.

21.56÷7 •	• 3.05
24.48÷8 •	• 3.06
27.45÷9 •	• 3.08

17 몫이 큰 것부터 차례대로 글자를 쓰시오.

8÷5	12÷8	7÷4
운	말	고

( )

18 나눗셈의 몫이 다른 하나를 찾아 기호를 쓰시오.

㉠ 6.24÷3 ㉡ 8.36÷4 ㉢ 4.16÷2

( )

꼭 나와요

19 □ 안에 들어갈 수 있는 자연수 중에서 가장 큰 수를 구하시오.

45.4÷5>□

( )

서술형

20 무게가 같은 오렌지가 한 봉지에 5개씩 들어 있습니다. 5봉지의 무게가 7 kg일 때 오렌지 한 개의 무게는 몇 kg인지 소수로 나타내려고 합니다. 풀이 과정을 쓰고, 답을 구하시오. (단, 봉지의 무게는 생각하지 않습니다.)

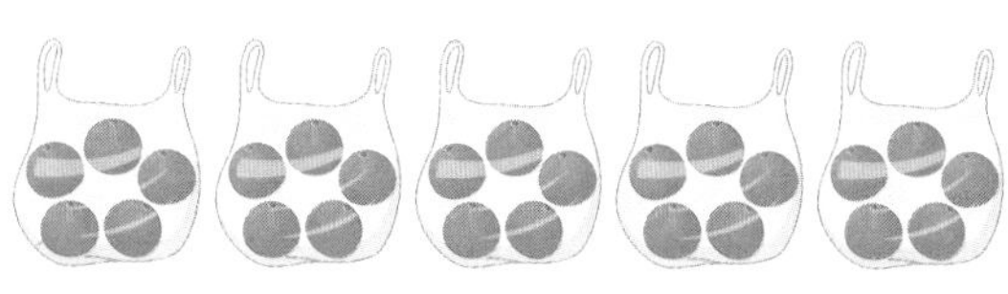

풀이

❶ 오렌지 한 봉지의 무게는 몇 kg인지 구하기

❷ 오렌지 한 개의 무게는 몇 kg인지 구하기

답

3. 소수의 나눗셈

01 484÷4=121을 이용하여 ☐ 안에 알맞은 수를 써넣으시오.

☐÷4=12.1

02 빈칸에 알맞은 수를 써넣으시오.

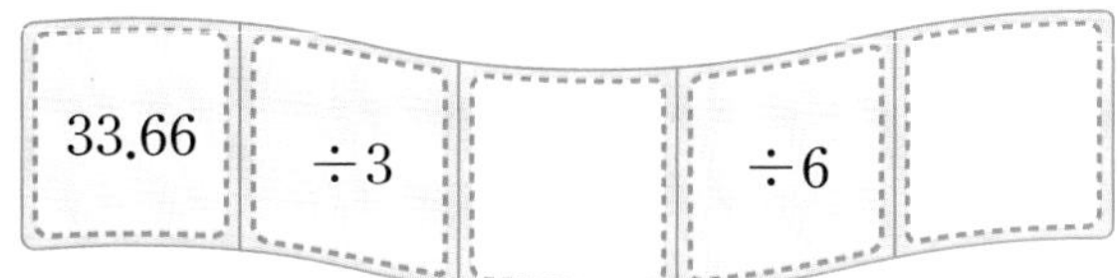

서술형

03 두 나눗셈의 몫의 합을 구하려고 합니다. 풀이 과정을 쓰고, 답을 구하시오.

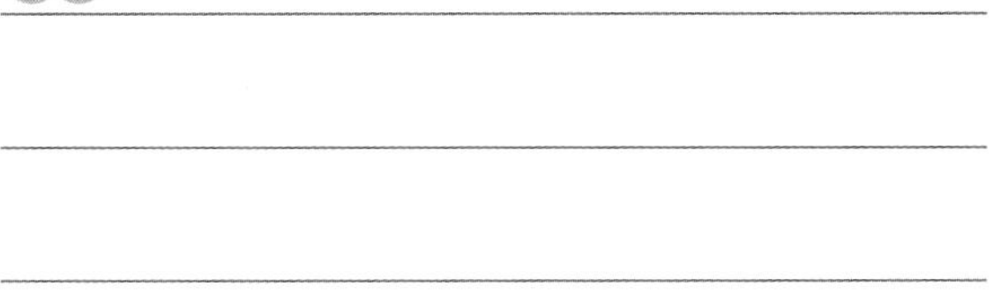

04 윤지네 모둠 친구들의 50 m 달리기 기록을 나타낸 것입니다. 윤지네 모둠 친구들의 50 m 달리기 기록의 평균은 몇 초인지 구하시오.

50 m 달리기 기록

이름	윤지	혜정	영호	윤후
기록(초)	8.8	9.2	9.5	10.1

(   )

어려워

05 어떤 수를 4로 나누어야 할 것을 잘못하여 곱했더니 36.8이 되었습니다. 바르게 계산한 몫을 구하시오.

(   )

06 가장 작은 수를 8로 나눈 몫을 구하시오.

6.16　　5.44　　4.72

(   )

07 나눗셈의 몫이 1보다 작은 것은 어느 것입니까?

(   )

① 4.56÷4　② 7.38÷6　③ 8.82÷9
④ 7.84÷7　⑤ 9.28÷8

수학

08 수직선에서 ▢ 안에 알맞은 소수를 구하시오.

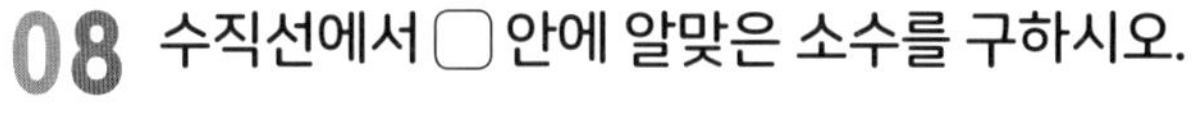

(　　　　　　　　)

어려워

09 똑같은 펭귄 인형 5개의 무게는 3.5 kg이고, 똑같은 고래 인형 4개의 무게는 3.2 kg입니다. 인형 한 개의 무게를 비교했을 때 어느 인형이 몇 kg 더 무거운지 구하시오.

(　　　　　　　　), (　　　　　　　　)

10 나눗셈의 몫이 0.55인 것의 기호를 쓰시오.

㉠ $4.5 \div 6$　　㉡ $4.4 \div 8$

(　　　　　　　　)

11 나눗셈의 몫이 같은 것끼리 선으로 알맞게 이으시오.

$2.5 \div 2$ •	• $7.5 \div 6$
$5.4 \div 4$ •	• $2.3 \div 2$
$6.9 \div 6$ •	• $10.8 \div 8$

12 수 카드 2, 3, 5, 8 을 한 번씩 모두 사용하여 몫이 가장 큰 나눗셈을 만들고, 그 몫을 구하시오.

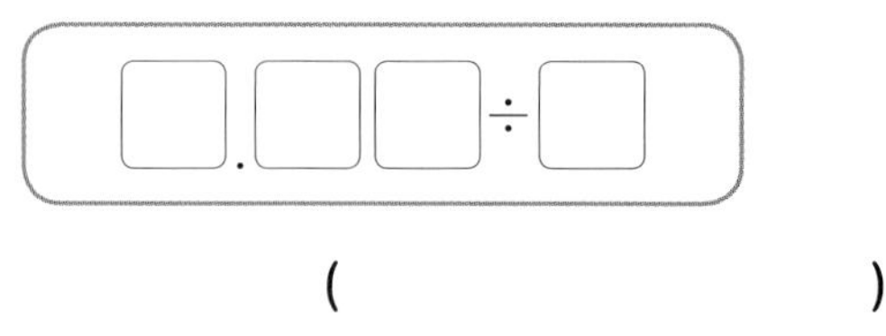

(　　　　　　　　)

서술형

13 어떤 수에 15를 곱했더니 68.7이 되었습니다. 어떤 수를 4로 나누었을 때의 몫은 얼마인지 풀이 과정을 쓰고, 답을 구하시오.

풀이

답

14 ㉠은 ㉡의 몇 배입니까?

㉠ 14.63　　㉡ 7

(　　　　　　　　)

바른답·알찬풀이 28쪽

15 나눗셈의 몫이 다른 하나를 찾아 ×표 하시오.

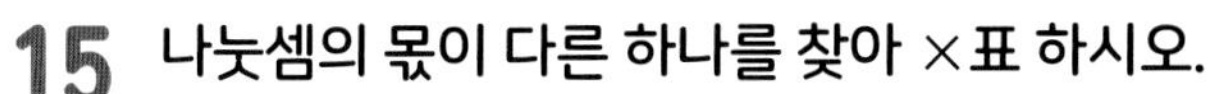

$18 \div 4$	$11 \div 2$	$27 \div 6$
(　　)	(　　)	(　　)

16 나눗셈의 몫이 가장 작은 것을 찾아 기호를 쓰시오.

㉠ $36.18 \div 9$　㉡ $24.3 \div 6$
㉢ $20.4 \div 5$　㉣ $32.48 \div 8$

(　　　　　　)

17 텃밭의 넓이는 $76\,m^2$이고 연못의 넓이는 $8\,m^2$입니다. 텃밭의 넓이는 연못의 넓이의 몇 배입니까?

(　　　　　　)

18 가▲나를 다음과 같이 약속할 때 46▲25를 구하시오.

가▲나$=$(가$-$나)$\div$나

(　　　　　　)

서술형

19 두 직사각형의 넓이가 같을 때 □ 안에 알맞은 수를 구하려고 합니다. 풀이 과정을 쓰고, 답을 구하시오.

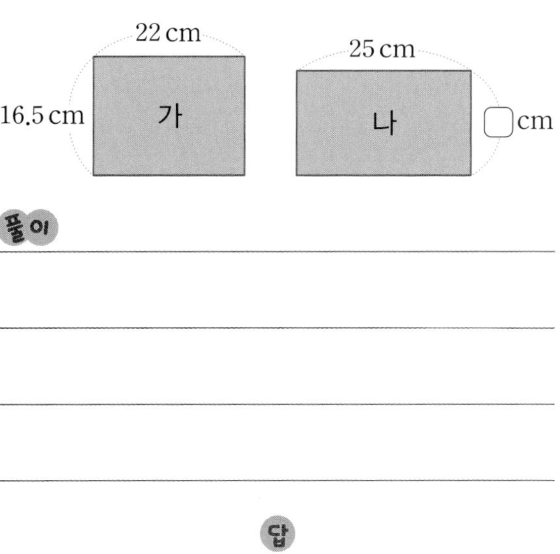

풀이

답

어려워

20 모든 모서리의 길이가 같은 사각뿔이 있습니다. 이 사각뿔의 모든 모서리의 합이 40.4 cm일 때 한 모서리는 몇 cm입니까?

(　　　　　　)

수학

4. 비와 비율

➔ 바른답·알찬풀이 29쪽

개념 1 두 수 비교하기

예 복숭아 수와 참외 수 비교하기

뺄셈으로 비교하기	나눗셈으로 비교하기
$6-3=3$ 복숭아는 참외보다 3개 더 많습니다.	$6\div3=2$ 복숭아 수는 참외 수의 2배입니다.

1 호두 8개와 밤 2개가 있을 때 나눗셈을 이용해 비교하시오.

(호두 수)÷(밤 수)

=□÷□=□

➔ 호두 수는 밤 수의 □배입니다.

개념 2 비

• 비: 두 수를 나눗셈으로 비교하기 위해 기호 :을 사용하여 나타낸 것

쓰기 3 : 2 (↑비교하는 양 ↑기준량)

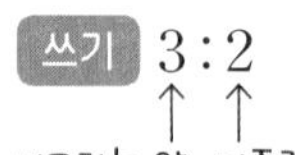

읽기 3 대 2 / 3의 2에 대한 비 / 3과 2의 비 / 2에 대한 3의 비

2 □ 안에 알맞은 수를 써넣으시오.

5와 8의 비 ➔ □ : □

개념 3 비율

• 비율: 기준량에 대한 비교하는 양의 크기

$$(\text{비율})=(\text{비교하는 양})\div(\text{기준량})=\frac{(\text{비교하는 양})}{(\text{기준량})}$$

• 비율이 사용되는 경우

속력	소금물의 농도	인구밀도
걸린 시간에 대한 간 거리의 비율 $(\text{비율})=\frac{(\text{간 거리})}{(\text{걸린 시간})}$	소금물 양에 대한 소금 양의 비율 $(\text{비율})=\frac{(\text{소금 양})}{(\text{소금물 양})}$	넓이에 대한 인구의 비율 $(\text{비율})=\frac{(\text{인구})}{(\text{넓이})}$

3 비율을 분수로 나타내시오.

7 : 10

(　　　　　)

개념 4 백분율

• 백분율: 기준량을 100으로 할 때의 비율로 기호 %를 사용하여 나타낸 것

예 비율 $\frac{3}{20}$을 백분율로 나타내기

방법 1 $\frac{3}{20}=\frac{15}{100}$ ➔ 15 %

방법 2 $\frac{3}{20}\times100=15$ ➔ 15 %

• 백분율이 사용되는 경우

할인율	득표율
원래 가격에 대한 할인 금액의 비율 $(\text{백분율})=\frac{(\text{할인 금액})}{(\text{원래 가격})}\times100$	투표수에 대한 득표수의 비율 $(\text{백분율})=\frac{(\text{득표수})}{(\text{투표수})}\times100$

4 비율 $\frac{4}{25}$를 두 가지 방법으로 백분율로 나타내시오.

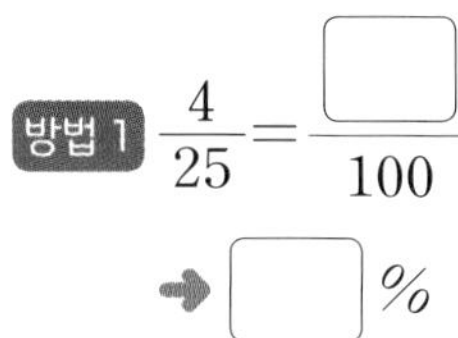

방법 1 $\frac{4}{25}=\frac{□}{100}$

➔ □ %

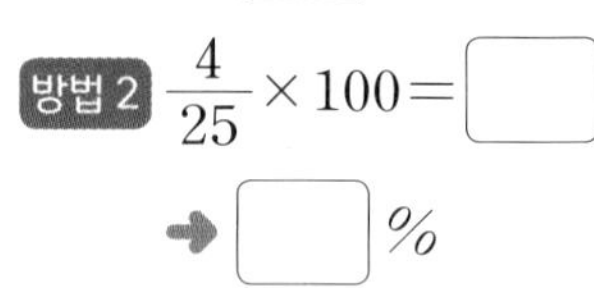

방법 2 $\frac{4}{25}\times100=□$

➔ □ %

4. 비와 비율

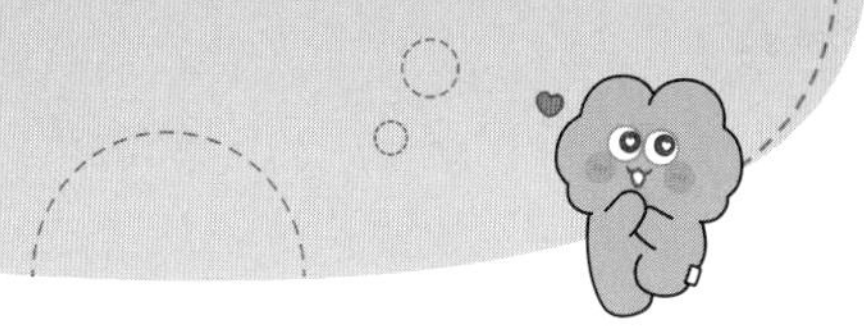

[01~03] 한 봉지에 초콜릿 1개와 사탕 4개를 담았습니다. 표를 보고 물음에 답하시오.

봉지 수(개)	1	2	3	4	…
초콜릿 수(개)	1	2	3	4	…
사탕 수(개)	4	8	12	16	…

01 봉지 수에 따른 초콜릿 수와 사탕 수를 뺄셈으로 비교하시오.

> 봉지 수에 따라 사탕은 초콜릿보다 각각 3개, 6개, □개, □개, ...가 더 많습니다.

02 봉지 수에 따른 초콜릿 수와 사탕 수를 나눗셈으로 비교하시오.

> 사탕 수는 초콜릿 수의 □배입니다.

03 봉지 수에 따른 초콜릿 수와 사탕 수를 비교한 방법이 틀린 것의 기호를 쓰시오.

> ㉠ 뺄셈으로 비교하면 초콜릿 수와 사탕 수의 관계가 변합니다.
> ㉡ 나눗셈으로 비교하면 초콜릿 수와 사탕 수의 관계가 변합니다.

(　　　　　　　　)

04 그림을 보고 □ 안에 알맞은 수를 써넣으시오.

연필 수와 지우개 수의 비 ➡ □ : □

05 □ 안에 알맞은 수를 써넣으시오.

> 9에 대한 4의 비

기준량은 □, 비교하는 양은 □입니다.

꼭 나와요

06 비가 다른 것을 찾아 기호를 쓰시오.

> ㉠ 13 : 15
> ㉡ 13과 15의 비
> ㉢ 15의 13에 대한 비

(　　　　　　　　)

서술형

07 전체에 대한 색칠한 부분의 비를 쓰려고 합니다. 풀이 과정을 쓰고, 답을 구하시오.

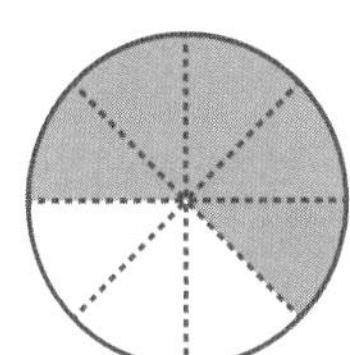

풀이

❶ 전체에서 색칠한 부분은 몇 칸인지 구하기

❷ 전체에 대한 색칠한 부분의 비를 쓰기

답

수학

꼭 나와요

08 혜정이네 반 남학생은 10명, 여학생은 12명입니다. 혜정이네 반 전체 학생 수에 대한 여학생 수의 비를 쓰시오.

( )

09 비율을 분수와 소수로 각각 나타내시오.

19 : 25

분수: ( )

소수: ( )

10 비율이 같은 것끼리 선으로 알맞게 이으시오.

9 : 10 •	• 0.85
20에 대한 17의 비 •	• 0.9

11 삼각형의 높이와 밑변의 비율을 분수로 나타내시오.

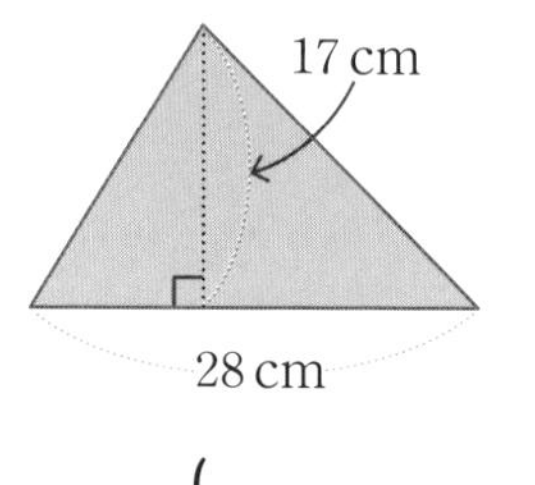

( )

12 비율을 비교하여 ○ 안에 >, =, <를 알맞게 써넣으시오.

3 : 4 ○ 4의 5에 대한 비

13 자동차로 300 km를 가는 데 4시간이 걸렸습니다. 걸린 시간에 대한 간 거리의 비율을 구하시오.

( )

서술형

14 지도에서 집과 약국 사이의 거리는 1 cm인데 실제 거리는 350 m입니다. 실제 거리에 대한 지도에서 거리의 비율을 분수로 나타내려고 합니다. 풀이 과정을 쓰고, 답을 구하시오.

풀이

❶ 350 m는 몇 cm인지 구하기

❷ 실제 거리에 대한 지도에서 거리의 비율을 분수로 나타내기

답

➔ 바른답·알찬풀이 29쪽

15 □ 안에 알맞은 수를 써넣어 백분율을 구하시오.

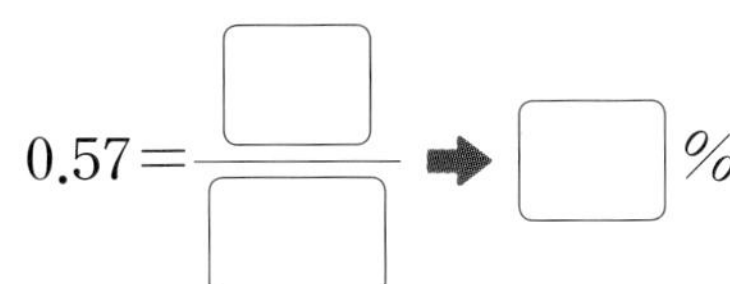

$0.57=\frac{\square}{\square}$ ➡ □ %

16 분수로 나타낸 비율을 소수와 백분율로 각각 나타내시오.

분수	소수	백분율(%)
$\frac{49}{100}$	0.49	
$\frac{17}{50}$		

꼭 나와

17 그림을 보고 전체에 대한 색칠한 부분의 비율은 몇 %인지 구하시오.

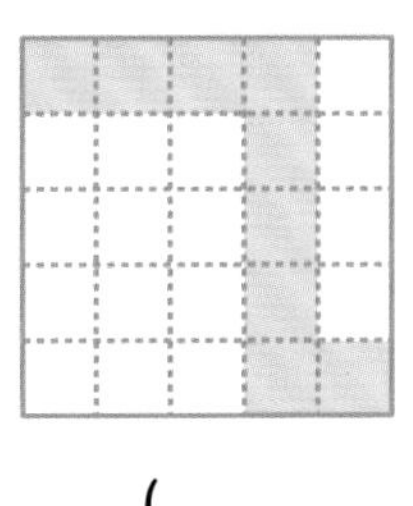

(   )

18 민준이는 농구공을 20번 던져서 11번 성공하였습니다. 던진 공 수에 대한 성공한 공 수의 비율은 몇 %인지 구하시오.

(   )

19 물 160 g에 소금 40 g을 녹여 소금물을 만들었습니다. 만든 소금물 양에 대한 소금 양의 비율은 몇 %인지 구하시오.

(   )

서술형

20 어느 가게에서 6000원인 장갑을 5100원으로 할인하여 판매하고 있습니다. 장갑의 할인율은 몇 %인지 풀이 과정을 쓰고, 답을 구하시오.

풀이

❶ 장갑의 할인 금액 구하기

❷ 장갑의 할인율은 몇 %인지 구하기

답

수학

01 사과 수와 배 수를 비교한 것입니다. □ 안에 알맞은 수를 써넣으시오.

• 배는 사과보다 □개 더 많습니다.

• 배 수는 사과 수의 □배입니다.

02 농장에 돼지 24마리와 소 8마리가 있습니다. 돼지 수와 소 수를 뺄셈과 나눗셈으로 비교하시오.

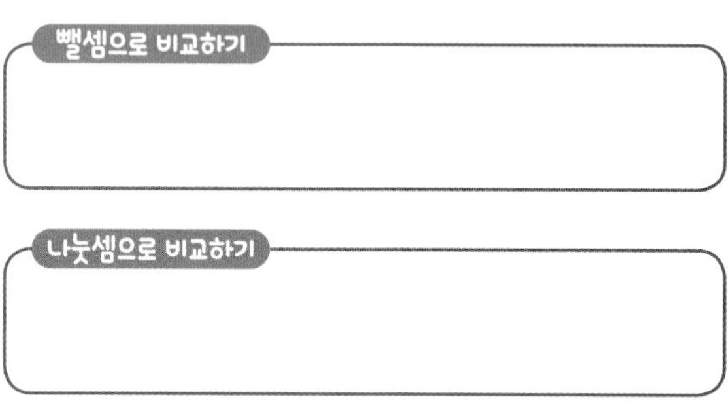

03 비를 쓰시오.

17의 21에 대한 비

(　　　　　　　)

꼭 나와

04 기준량을 나타내는 수가 다른 것을 찾아 기호를 쓰시오.

㉠ 7과 11의 비
㉡ 11에 대한 19의 비
㉢ 11의 10에 대한 비

(　　　　　　　)

05 전체에 대한 색칠한 부분의 비가 $5 : 6$이 되도록 색칠하시오.

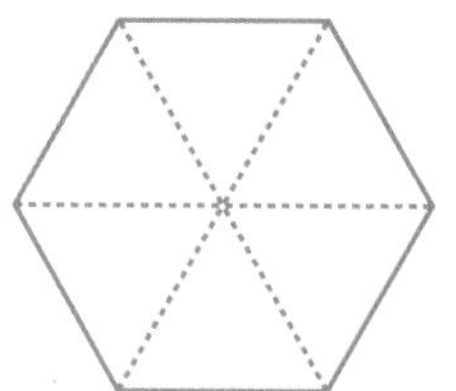

서술형

06 준섭이가 하는 말이 맞는지, 틀린지 쓰고, 그 이유를 설명하시오.

풀이

❶ 맞는지, 틀린지 쓰기

❷ 그 이유를 설명하기

07 집과 경찰서 사이의 거리와 경찰서와 지하철역 사이의 거리의 비를 쓰시오.

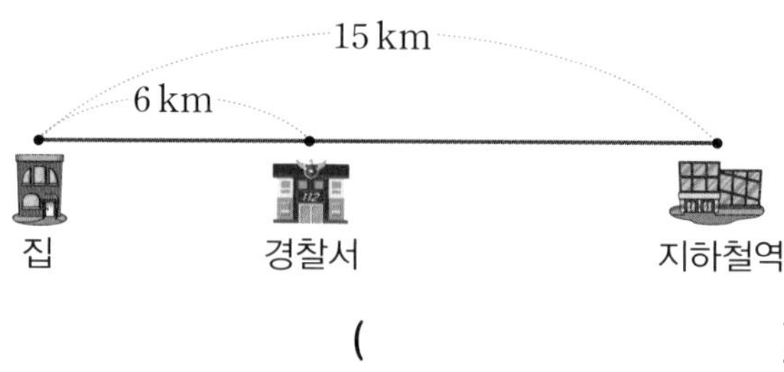

(　　　　　　　)

08 비율을 분수로 나타내시오.

4 대 7

(　　　　　　　　　　)

09 관계있는 것끼리 선으로 알맞게 이으시오.

2와 5의 비	25에 대한 6의 비

$\frac{5}{2}$	$\frac{2}{5}$	$\frac{6}{25}$
0.4	2.5	0.24

10 직사각형 모양의 액자에서 세로에 대한 가로의 비율을 분수로 나타내시오.

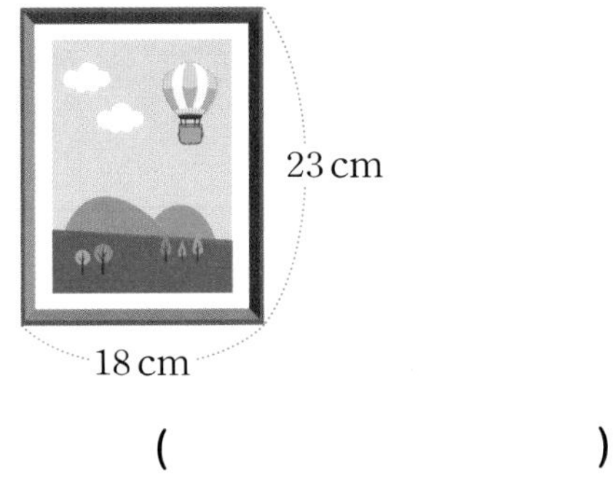

(　　　　　　　　　　)

11 같은 크기의 컵으로 쌀 3컵에 보리쌀 4컵을 섞어서 밥을 지으려고 합니다. 쌀 양과 보리쌀 양의 비율을 분수와 소수로 각각 나타내시오.

분수: (　　　　　　　　　　)

소수: (　　　　　　　　　　)

꼭 나와

12 정현이는 흰색 물감 300 mL에 빨간색 물감 135 mL를 섞어서 분홍색 물감을 만들었습니다. 만든 분홍색 물감에서 흰색 물감 양에 대한 빨간색 물감 양의 비율을 소수로 나타내시오.

(　　　　　　　　　　)

서술형

13 두 마을의 넓이에 대한 인구의 비율을 비교하여 인구가 더 밀집한 곳은 어느 마을인지 풀이 과정을 쓰고, 답을 구하시오.

마을	초록 마을	하늘 마을
인구(명)	9000	7000
넓이(km^2)	6	5

풀이

❶ 넓이에 대한 인구의 비율을 각각 구하기

❷ 인구가 더 밀집한 곳은 어느 마을인지 쓰기

답

수학

바른답·알찬풀이 30쪽

14 빈칸에 알맞은 수를 써넣으시오.

비 \ 비율	분수	소수	백분율(%)
1 대 4			
7의 10에 대한 비			

15 비율을 백분율로 잘못 나타낸 것의 기호를 쓰시오.

㉠ $\frac{4}{5}$ ➡ 80 %　　㉡ 0.6 ➡ 6 %

(　　　　　　　　)

꼭 나와요

16 비율의 크기를 비교하여 ○ 안에 >, =, <를 알맞게 써넣으시오.

$\frac{21}{25}$ ○ 85 %

17 비율이 다른 하나를 찾아 색칠하시오.

23과 25의 비	$\frac{45}{50}$	90 %

18 공장에서 장난감 200개를 만들 때 불량품이 4개 나온다고 합니다. 전체 장난감 수에 대한 불량품 수의 비율은 몇 %인지 구하시오.

(　　　　　　　　)

19 현지가 300000원을 1년 동안 은행에 정기 예금하였더니 1년 후 찾은 돈이 315000원이었습니다. 현지가 예금한 은행의 이자율은 몇 %인지 구하시오.

(　　　　　　　　)

서술형

20 태진이는 20타수 중에서 안타를 7개 쳤고, 호영이는 25타수 중에서 안타를 8개 쳤습니다. 타율이 더 높은 사람은 누구인지 풀이 과정을 쓰고, 답을 구하시오.

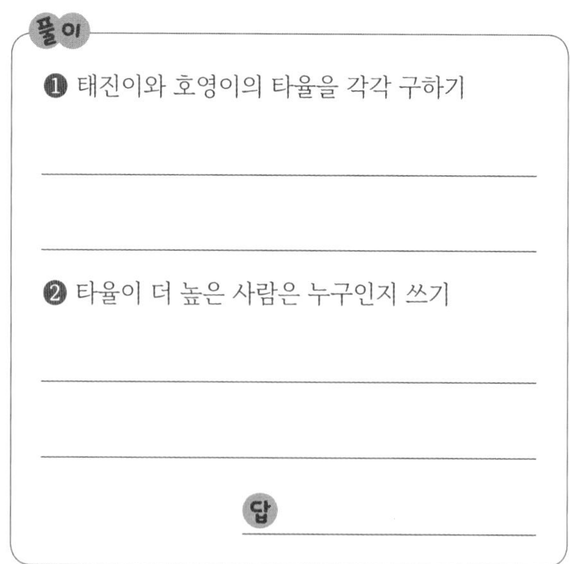

01 야구공 수와 축구공 수를 잘못 비교한 사람의 이름을 쓰시오.

• 민준: 뺄셈으로 비교하면 야구공은 축구공보다 6개 더 많아.
• 혜리: 나눗셈으로 비교하면 야구공 수는 축구공 수의 2배야.

( )

어려워

02 올해 수지는 13살, 언니는 15살입니다. 표를 완성하고, 수지가 20살일 때 언니의 나이는 몇 살인지 구하시오.

	올해	1년 후	2년 후	3년 후	…
수지의 나이(살)	13	14	15	16	…
언니의 나이(살)	15				…

( )

03 비 7 : 5를 잘못 읽은 것을 찾아 기호를 쓰시오.

㉠ 7 대 5
㉡ 7과 5의 비
㉢ 7의 5에 대한 비
㉣ 7에 대한 5의 비

( )

04 비교하는 양이 기준량보다 큰 것을 찾아 기호를 쓰시오.

㉠ 4 : 8
㉡ 6과 9의 비
㉢ 3에 대한 5의 비

( )

05 전체에 대한 색칠한 부분의 비를 찾아 선으로 알맞게 이으시오.

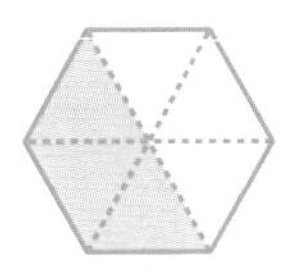
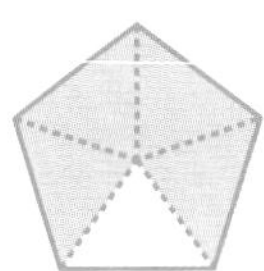
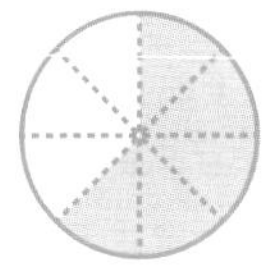

5 : 8   4 : 5   3 : 6

서술형

06 꽃병에 꽃이 21송이 꽂혀 있습니다. 그중에서 10송이는 장미이고 나머지는 백합입니다. 백합 수에 대한 장미 수의 비를 쓰려고 합니다. 풀이 과정을 쓰고, 답을 구하시오.

풀이

답

어려워

07 체험 학습별 학생 수를 조사하여 표로 나타냈습니다. 역사 체험 학습을 한 학생 수의 환경 체험 학습을 한 학생 수에 대한 비를 쓰시오.

체험 학습	환경	역사
남학생 수(명)	26	29
여학생 수(명)	30	28

(　　　　　　　　)

08 비에서 비교하는 양과 기준량을 찾아 비율을 구하시오.

비	비교하는 양	기준량	비율
4 : 25			
50에 대한 47의 비			

09 동전 8개를 던져서 나온 면입니다. 그림면 수에 대한 숫자면 수의 비율을 분수와 소수로 각각 나타내시오.

분수: (　　　　　　　　)

소수: (　　　　　　　　)

10 비율이 작은 것부터 차례대로 기호를 쓰시오.

㉠ 4의 6에 대한 비　㉡ $\frac{5}{6}$　㉢ 3 : 6

(　　　　　　　　)

11 다음 직사각형 중에서 세로에 대한 가로의 비율이 다른 것을 찾아 기호를 쓰시오.

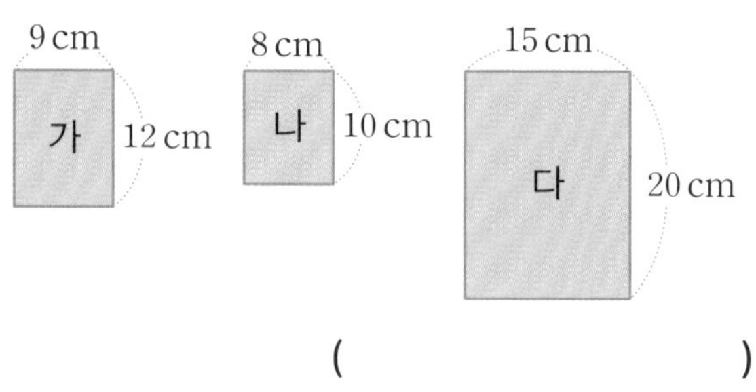

(　　　　　　　　)

12 평행사변형의 넓이는 $360\,\text{cm}^2$입니다. 이 평행사변형의 밑변에 대한 높이의 비율을 소수로 나타내시오.

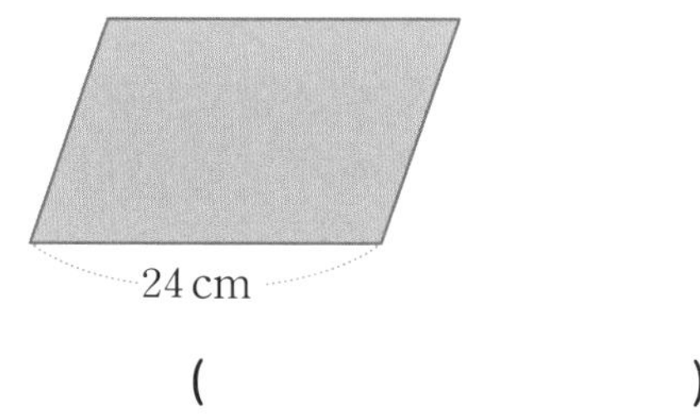

(　　　　　　　　)

서술형

13 지유는 물에 포도 원액 120 mL를 넣어 포도주스 400 mL를 만들었고, 수호는 물에 포도 원액 125 mL를 넣어 포도주스 500 mL를 만들었습니다. 두 사람이 만든 포도주스 양에 대한 포도 원액 양의 비율을 비교하여 누가 만든 포도주스가 더 진한지 풀이 과정을 쓰고, 답을 구하시오.

풀이

답

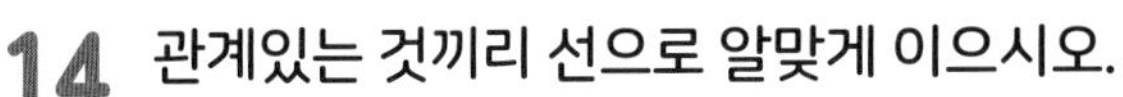

14 관계있는 것끼리 선으로 알맞게 이으시오.

$\frac{1}{5}$	0.15	28 %
$\frac{3}{20}$	0.2	20 %
$\frac{7}{25}$	0.28	15 %

15 비율이 나머지와 다른 하나는 어느 것입니까?

( )

① 4 : 5 ② 0.8 ③ $\frac{16}{20}$

④ 80 % ⑤ $\frac{8}{100}$

16 비율이 가장 큰 것을 찾아 기호를 쓰시오.

㉠ $\frac{5}{8}$ ㉡ 0.62 ㉢ 63 % ㉣ $\frac{16}{25}$

( )

17 넓이가 200 m^2인 밭의 30 %에 고구마를 심었습니다. 고구마를 심은 밭의 넓이는 몇 m^2입니까?

( )

18 전교 어린이 회장 선거 투표에 500명이 투표에 참여했습니다. 나 후보의 득표율은 몇 %입니까?

후보	가	나	무효표
득표수(표)	238		2

( )

서술형

19 태경이와 리안이가 문구점에서 각자 필요한 물건을 샀습니다. 할인율이 더 높은 물건을 산 사람은 누구인지 풀이 과정을 쓰고, 답을 구하시오.

- 태경: 원래 가격이 5000원인 필통을 4000원에 샀어.
- 리안: 원래 가격이 3000원인 공책을 2460원에 샀어.

풀이

답

어려워

20 오른쪽 정사각형의 가로를 20 %만큼 늘이고, 세로를 20 %만큼 줄여서 새로운 직사각형을 만들었습니다. 만든 직사각형의 넓이는 몇 cm^2입니까?

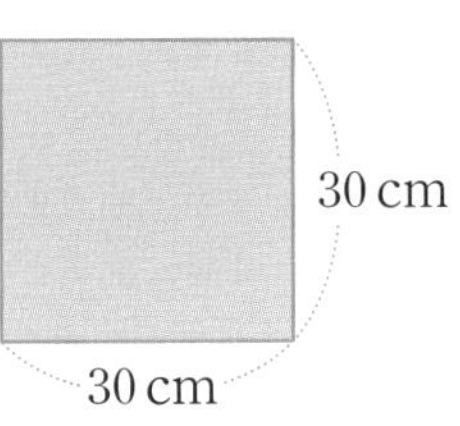

( )

5. 여러 가지 그래프

바른답·알찬풀이 32쪽

개념 1 그림그래프

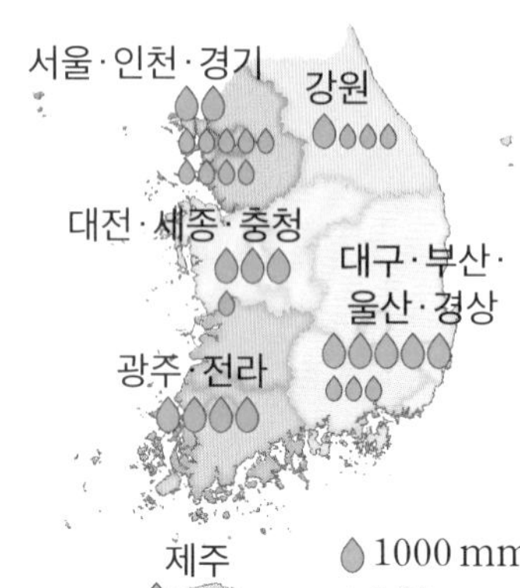

[그림그래프를 보고 알 수 있는 점]

① 은 1000 mm, 은 100 mm를 나타냅니다.

② 제주의 강수량은 1400 mm입니다.

③ 강수량이 가장 많은 권역은 대구·부산·울산·경상입니다.

④ 강수량이 가장 적은 권역은 강원입니다.

1 □ 안에 알맞은 말을 써넣으시오.

알려고 하는 수를 그림으로 나타낸 그래프를 □라고 합니다.

개념 2 띠그래프와 원그래프

- 띠그래프: 전체에 대한 각 부분의 비율을 띠 모양에 나타낸 그래프
- 원그래프: 전체에 대한 각 부분의 비율을 원 모양에 나타낸 그래프

가고 싶은 나라 (띠그래프): 0 10 20 30 40 50 60 70 80 90 100(%) — 미국(40%), 영국(30%), 일본(20%), 중국(10%)

가고 싶은 나라 (원그래프): 0, 25, 50, 75 — 미국(40%), 영국(30%), 일본(20%), 중국(10%)

[띠그래프와 원그래프를 보고 알 수 있는 점]

① 가장 많은 학생들이 가고 싶은 나라는 미국입니다.

② 미국에 가고 싶은 학생 수는 일본에 가고 싶은 학생 수의 2배입니다.

2 전체에 대한 각 부분의 비율을 원 모양에 나타낸 그래프를 무엇이라고 합니까?

(　　　　　)

개념 3 자료를 띠그래프와 원그래프로 나타내기

좋아하는 과목

① 각 항목의 백분율을 구해요.

과목	체육	영어	국어	기타	합계
학생 수(명)	70	60	40	30	200
백분율(%)	35	30	20	15	100

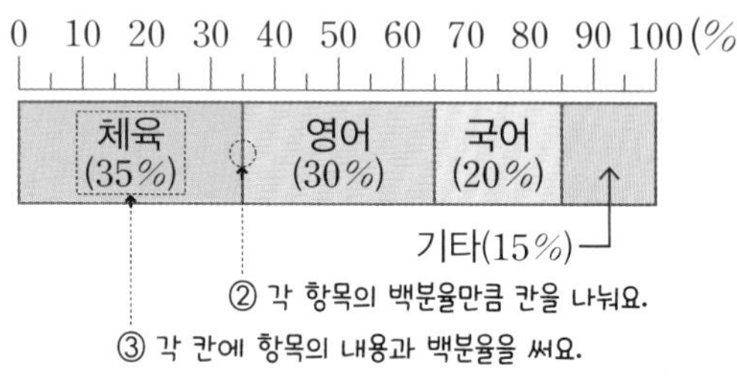

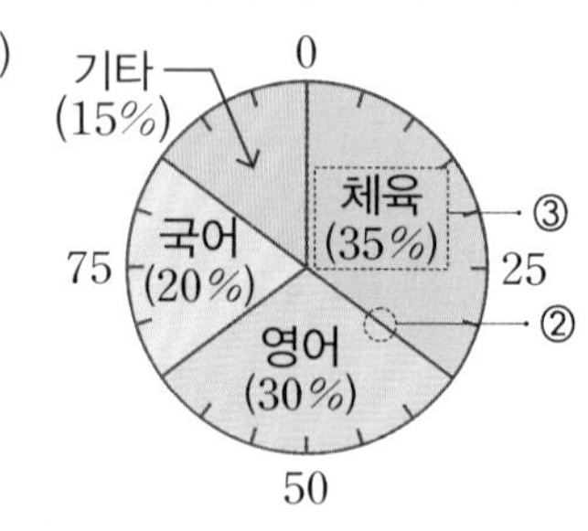

3 □ 안에 알맞은 수를 써넣으시오.

각 항목의 백분율의 합계는 □%입니다.

[01~04] 과수원별 사과 수확량을 조사하여 나타낸 그림그래프입니다. 물음에 답하시오.

과수원별 사과 수확량

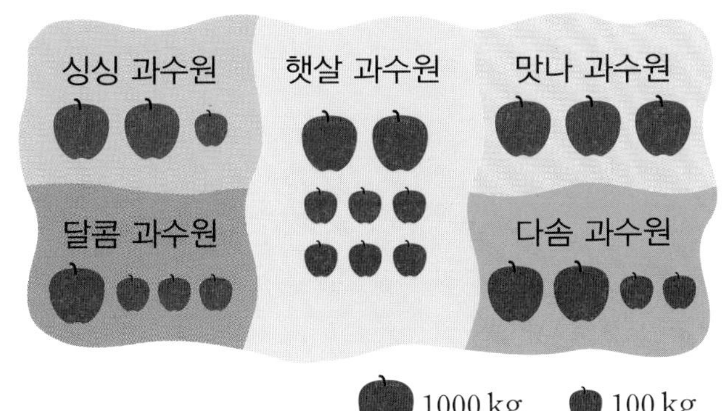

01 (큰 사과)과 (작은 사과)은 각각 몇 kg을 나타냅니까?

(큰 사과): (　　　　　　　　)
(작은 사과): (　　　　　　　　)

꼭 나와요

02 다솜 과수원의 사과 수확량은 몇 kg입니까?

(　　　　　　　　)

03 사과 수확량이 가장 많은 과수원을 찾아 쓰시오.

(　　　　　　　　)

04 사과 수확량이 가장 적은 과수원을 찾아 쓰시오.

(　　　　　　　　)

[05~08] 현아네 반 학생들이 좋아하는 색깔을 조사하여 나타낸 띠그래프입니다. 물음에 답하시오.

좋아하는 색깔

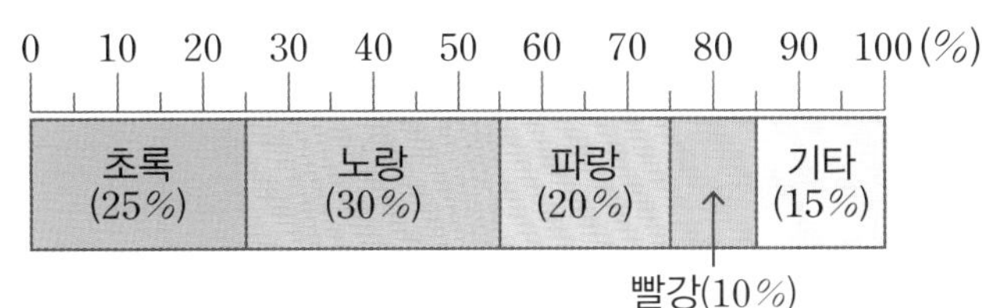

05 파랑을 좋아하는 학생은 전체의 몇 %입니까?

(　　　　　　　　)

06 전체 학생의 25 %가 좋아하는 색깔은 무엇인지 쓰시오.

(　　　　　　　　)

07 가장 많은 학생들이 좋아하는 색깔은 무엇인지 쓰시오.

(　　　　　　　　)

서술형

08 파랑을 좋아하는 학생 수는 빨강을 좋아하는 학생 수의 몇 배인지 풀이 과정을 쓰고, 답을 구하시오.

풀이

❶ 파랑과 빨강을 좋아하는 학생의 비율 각각 구하기

❷ 파랑을 좋아하는 학생 수는 빨강을 좋아하는 학생 수의 몇 배인지 구하기

답

수학

[09~12] 현진이네 학교 학생들이 생일에 받고 싶은 선물을 조사하여 나타낸 표입니다. 물음에 답하시오.

받고 싶은 선물

선물	게임기	운동화	휴대 전화	책	합계
학생 수(명)	100	80	160	60	400
백분율(%)	25			15	

꼭 나와

09 표를 완성하시오.

10 표를 보고 띠그래프로 나타내시오.

받고 싶은 선물

0 10 20 30 40 50 60 70 80 90 100(%)

11 표를 보고 원그래프로 나타내시오.

받고 싶은 선물

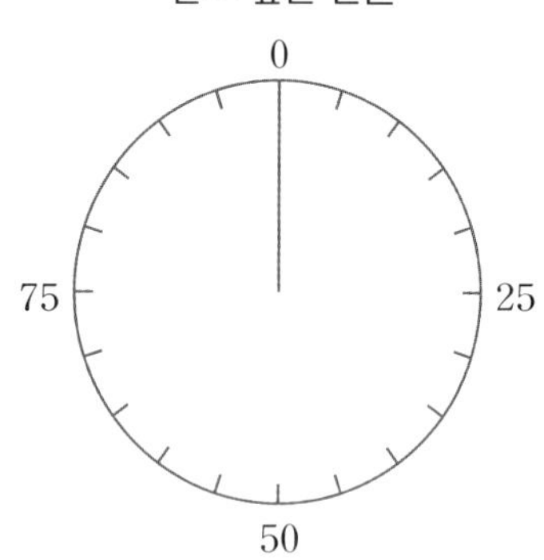

12 생일에 운동화를 받고 싶은 학생과 책을 받고 싶은 학생은 전체의 몇 %입니까?

(   )

[13~14] 권역별 화초 재배 농가 수를 조사하여 나타낸 표와 그림그래프입니다. 물음에 답하시오.

권역별 화초 재배 농가 수

권역	농가 수(가구)	어림값(가구)
서울·인천·경기	2296	2300
강원	160	
대전·세종·충청	939	
대구·부산·울산·경상	1658	
광주·전라	1892	
제주	124	

권역별 화초 재배 농가 수

서울·인천·경기
강원
대전·세종·충청
대구·부산·울산·경상
광주·전라
제주
1000가구
100가구

13 농가 수를 반올림하여 백의 자리까지 나타내어 표를 완성하고, 그림그래프로 나타내시오.

서술형

14 그림그래프를 보고 알 수 있는 내용을 두 가지 쓰시오.

①

②

➔ 바른답·알찬풀이 32쪽

[15~17] 태호네 학교 학생들이 기르는 반려동물을 조사하여 나타낸 원그래프입니다. 물음에 답하시오.

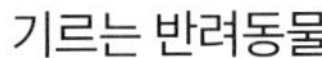

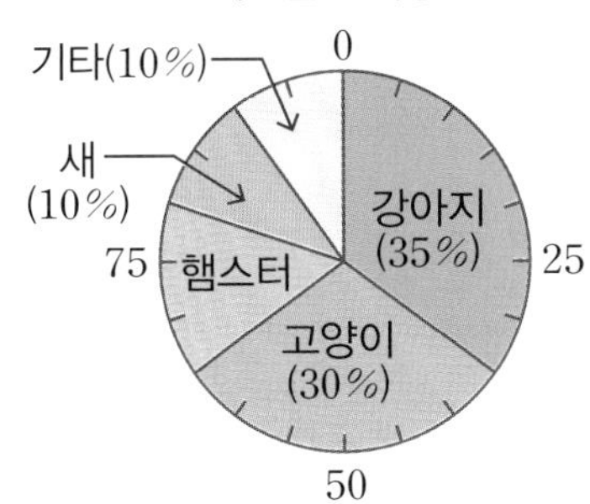

15 햄스터를 기르는 학생은 전체의 몇 %입니까?

( )

꼭 나와요

16 학생들이 기르는 비율이 30 % 이상인 반려동물을 모두 찾아 쓰시오.

( )

서술형

17 태호네 학교 학생이 300명이라면 새를 기르는 학생은 몇 명인지 풀이 과정을 쓰고, 답을 구하시오.

풀이

❶ 새를 기르는 학생은 전체의 몇 %인지 구하기

❷ 새를 기르는 학생은 몇 명인지 구하기

답

18 주어진 자료를 어떤 그래프로 나타내면 좋을지 보기에서 골라 쓰시오.

보기

그림그래프 막대그래프
꺾은선그래프 띠그래프 원그래프

(1)

자료	목적
연도별 학생 수	연도별 학생 수의 변화 알기

( )

(2)

자료	목적
반별 학생 수	반별 학생 수의 비율 비교

( )

[19~20] 어느 지역의 2010년과 2020년의 나이대별 인구수를 조사하여 그래프로 나타냈습니다. 물음에 답하시오.

나이대별 인구수

2010년	0~19세 (30%)	20~39세 (34%)	40~69세 (28%)	70세 이상(8%)
2020년	0~19세 (21%)	20~39세 (40%)	40~69세 (24%)	70세 이상 (15%)

19 2010년에 인구수가 가장 많은 나이대를 찾고, 비율은 몇 %인지 쓰시오.

( ), ( )

20 2010년에 비해 2020년에 인구수의 비율이 작아진 나이대를 모두 찾아 쓰시오.

( )

수학

[01~04] 권역별 감자 생산량을 조사하여 나타낸 그림그래프입니다. 물음에 답하시오.

권역별 감자 생산량

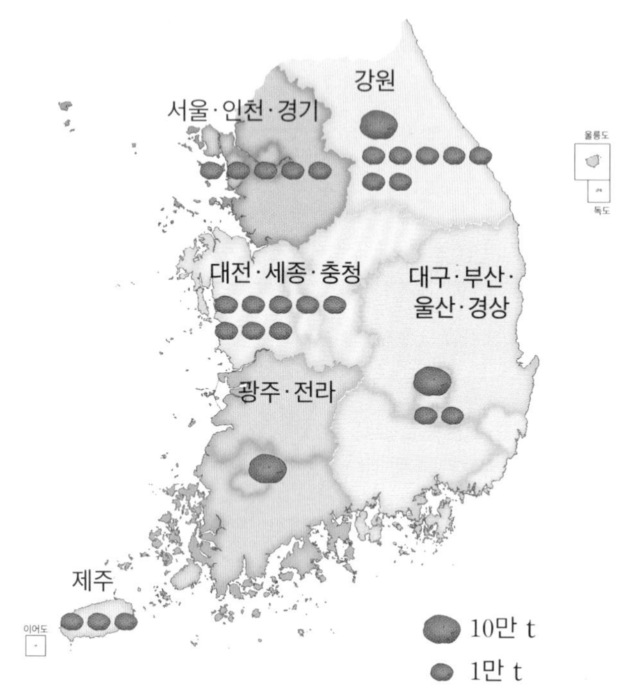

01 큰 그림과 작은 그림은 각각 몇 t을 나타냅니까?

큰 그림: (　　　　)
작은 그림: (　　　　)

02 감자 생산량이 가장 많은 권역을 찾아 쓰시오.

(　　　　)

03 감자 생산량이 가장 적은 권역을 찾아 쓰시오.

(　　　　)

꼭 나와요

04 광주·전라의 감자 생산량은 서울·인천·경기의 감자 생산량의 몇 배입니까?

(　　　　)

[05~07] 영호네 농장에서 키우는 가축 수를 조사하여 나타낸 표입니다. 물음에 답하시오.

영호네 농장에서 키우는 가축 수

가축	소	돼지	닭	염소	합계
가축 수(마리)	70	60	50	20	200
백분율(%)					100

05 표를 완성하시오.

06 표를 보고 띠그래프로 나타내시오.

영호네 농장에서 키우는 가축 수

0 10 20 30 40 50 60 70 80 90 100(%)

서술형

07 띠그래프가 표에 비해 어떤 점이 좋은지 두 가지 쓰시오.

①

②

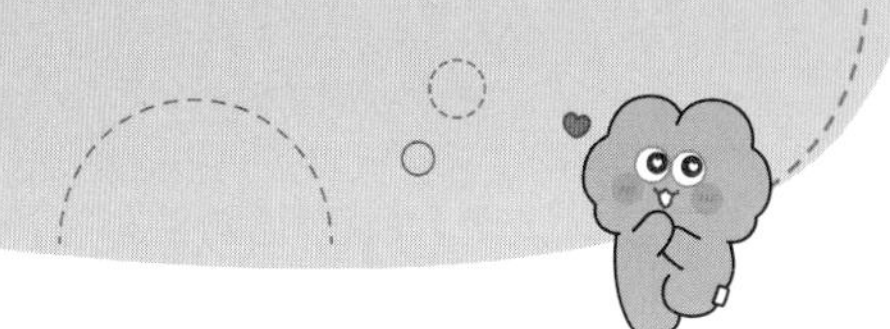

[08~11] 은수네 학교 임원 선거 결과를 조사하여 나타낸 원그래프입니다. 물음에 답하시오.

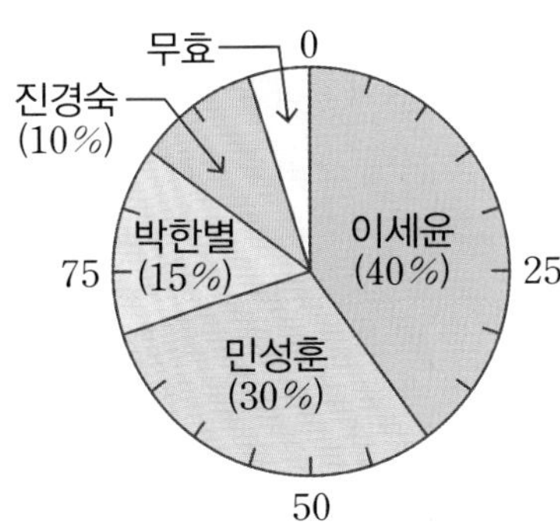

08 박한별이 얻은 표의 비율은 전체의 몇 %인지 구하시오.

(　　　　　　　　　　)

09 가장 적은 표를 얻은 학생은 누구입니까?

(　　　　　　　　　　)

10 많은 표를 얻은 학생 두 명이 임원으로 당선된다고 할 때, 당선된 학생은 누구누구입니까?

(　　　　　　　　), (　　　　　　　　)

꼭나와

11 전체 투표수에 대한 무효표의 비율은 몇 %인지 구하시오.

(　　　　　　　　　　)

[12~14] 마을별 쓰레기 배출량을 조사하여 나타낸 그림그래프입니다. 물음에 답하시오.

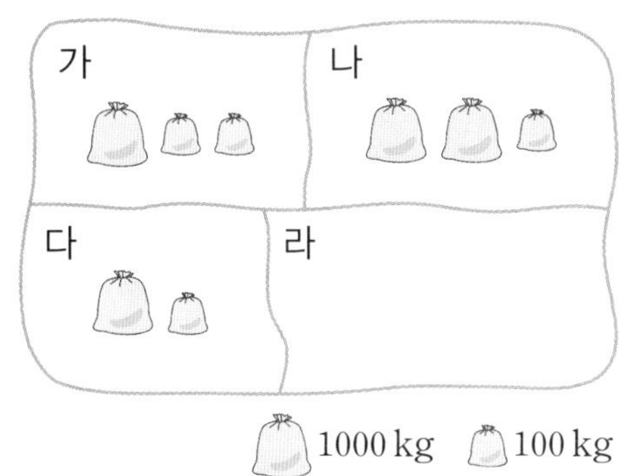

12 가 마을과 나 마을의 쓰레기 배출량의 합은 몇 kg입니까?

(　　　　　　　　　　)

13 네 마을의 쓰레기 배출량의 합이 5000 kg일 때 그림그래프를 완성하시오.

서술형

14 쓰레기 배출량이 가장 많은 마을과 가장 적은 마을의 배출량의 합은 몇 kg인지 풀이 과정을 쓰고, 답을 구하시오.

풀이

❶ 쓰레기 배출량이 가장 많은 마을과 가장 적은 마을의 배출량 각각 구하기

❷ 쓰레기 배출량이 가장 많은 마을과 가장 적은 마을의 배출량의 합은 몇 kg인지 구하기

답

➔ 바른답·알찬풀이 33쪽

[15~17] 어느 지역의 작년 전입 세대와 전출 세대를 조사하여 그래프로 나타냈습니다. 물음에 답하시오.

전입 세대의 세대별 비율

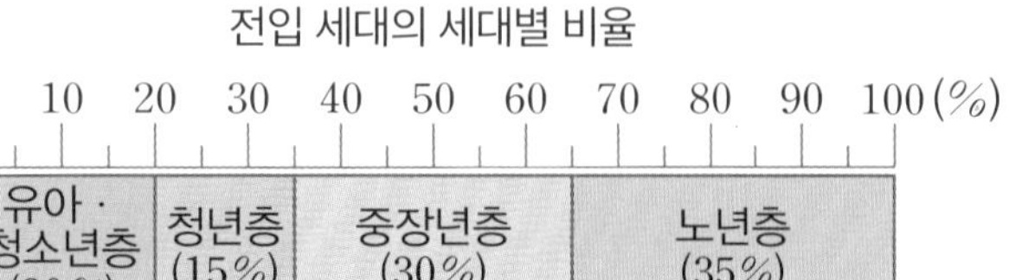

전출 세대의 세대별 비율

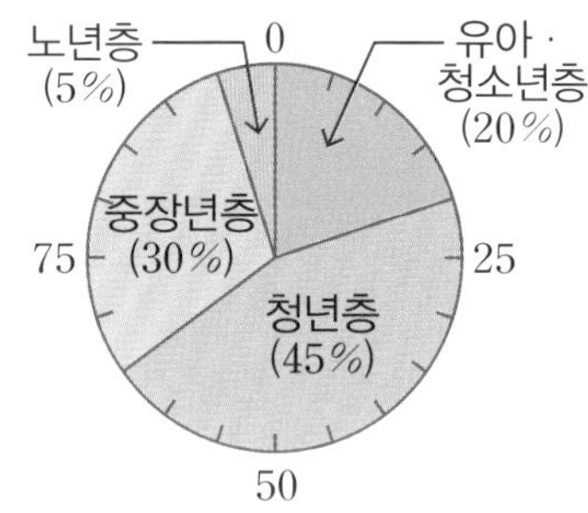

15 전입이 가장 많은 세대의 비율은 몇 %입니까?

( )

꼭 나와요

16 전입 세대의 비율보다 전출 세대의 비율이 더 높은 세대를 찾아 쓰시오.

( )

서술형

17 전출 세대의 유아·청소년층이 400명이라면 이 지역의 전체 전출 세대는 몇 명인지 풀이 과정을 쓰고, 답을 구하시오.

풀이

❶ 전체 전출 세대는 유아·청소년층의 몇 배인지 구하기

❷ 전체 전출 세대는 몇 명인지 구하기

답

18 원그래프로 나타내기에 좋은 자료를 찾아 기호를 쓰시오.

㉠ 월별 최고 기온의 변화
㉡ 좋아하는 계절별 학생 수의 비율
㉢ 도시별 지하철 이용자 수

( )

[19~20] 어느 지역 주민 500명이 한 달 동안 행정복지센터를 이용한 횟수를 조사하여 나타낸 띠그래프입니다. 물음에 답하시오.

행정복지센터 이용 횟수

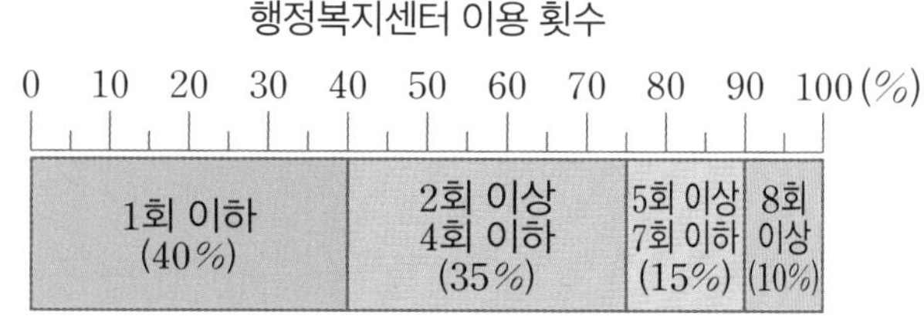

19 행정복지센터를 5회 이상 이용한 주민은 전체의 몇 %인지 구하시오.

( )

20 행정복지센터를 1회 이하 이용한 주민은 8회 이상 이용한 주민보다 몇 명 더 많은지 구하시오.

( )

단원평가 실전 5. 여러 가지 그래프

[01~03] 지역별 자동차 판매량을 조사하여 나타낸 그림그래프입니다. 물음에 답하시오.

지역별 자동차 판매량

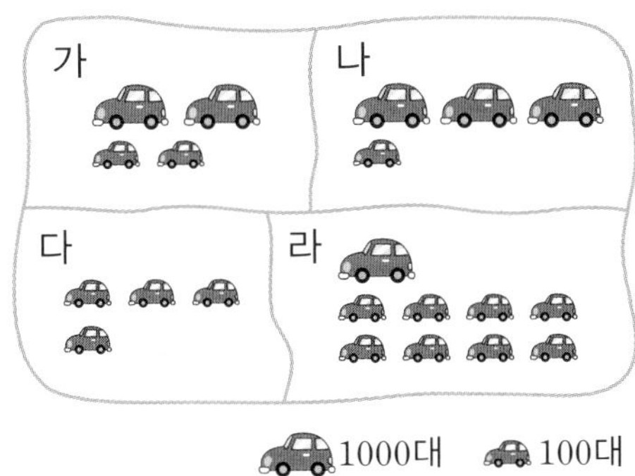

01 자동차 판매량이 2200대인 지역은 어느 지역입니까?

( )

02 자동차 판매량이 가장 많은 지역과 가장 적은 지역을 차례대로 쓰시오.

( ), ( )

서술형

03 네 지역의 자동차 판매량은 모두 몇 대인지 풀이 과정을 쓰고, 답을 구하시오.

[04~05] 희영이네 반 학생들이 좋아하는 과일을 조사하여 나타낸 띠그래프입니다. 물음에 답하시오.

좋아하는 과일

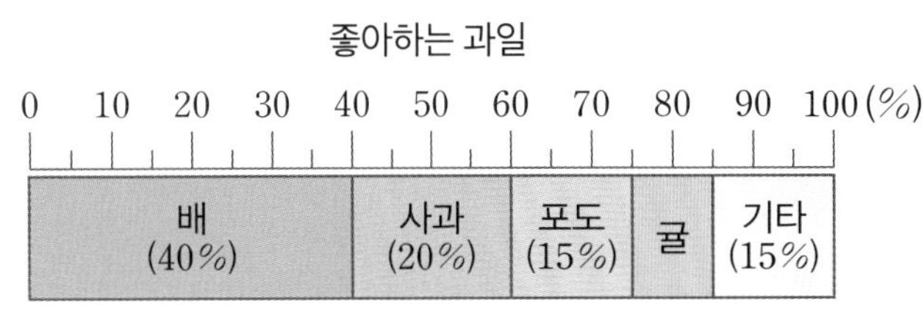

04 귤을 좋아하는 학생은 전체의 몇 %입니까?

( )

05 띠그래프를 보고 원그래프로 나타내시오.

좋아하는 과일

어려워

06 혜준이네 학교 6학년 학생들의 장래 희망을 조사하여 나타낸 원그래프입니다. 선생님과 의사의 비율이 같을 때 원그래프를 보고 띠그래프로 나타내시오.

장래 희망

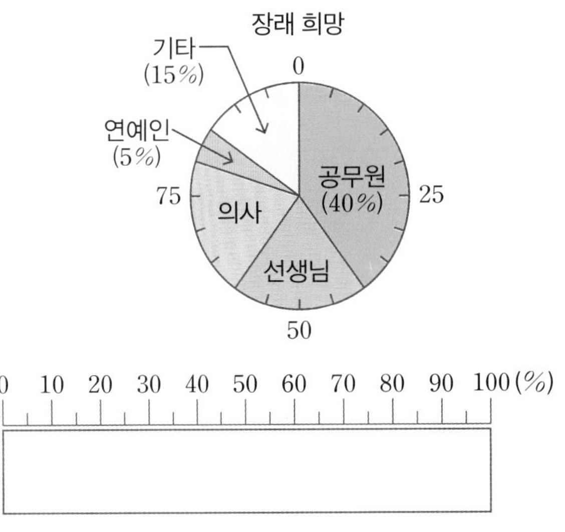

수학

[07~09] 지우네 학교 학생들의 혈액형을 조사하여 나타낸 원그래프입니다. 물음에 답하시오.

학생들의 혈액형

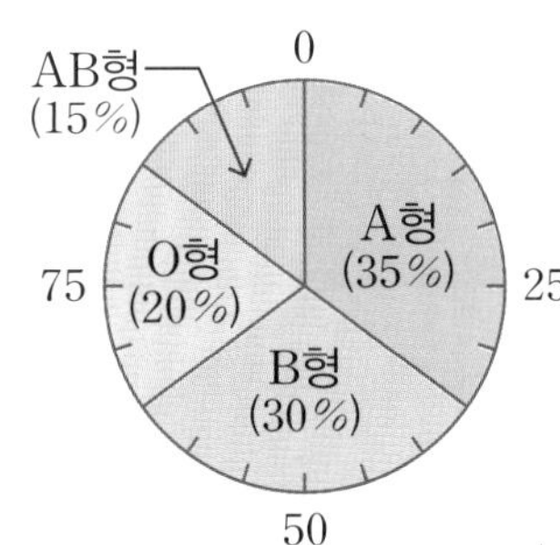

07 위의 원그래프에 대해 <u>잘못</u> 설명한 것을 찾아 기호를 쓰시오.

㉠ 혈액형이 O형인 학생 수의 비율은 20 %입니다.
㉡ 가장 많은 학생들의 혈액형은 A형입니다.
㉢ 혈액형이 B형인 학생 수는 AB형인 학생 수의 3배입니다.

( )

서술형

08 혈액형이 AB형인 학생이 45명이라면 B형인 학생은 몇 명인지 풀이 과정을 쓰고, 답을 구하시오.

풀이

답

09 전체 학생의 $\frac{3}{10}$이 가지고 있는 혈액형은 무엇입니까?

( )

10 마을별 쌀 수확량을 조사하여 나타낸 그림그래프입니다. 전체 쌀 수확량의 합이 80 t이고, 나 마을과 다 마을의 쌀 수확량이 같을 때 그림그래프를 완성하시오.

마을별 쌀 수확량

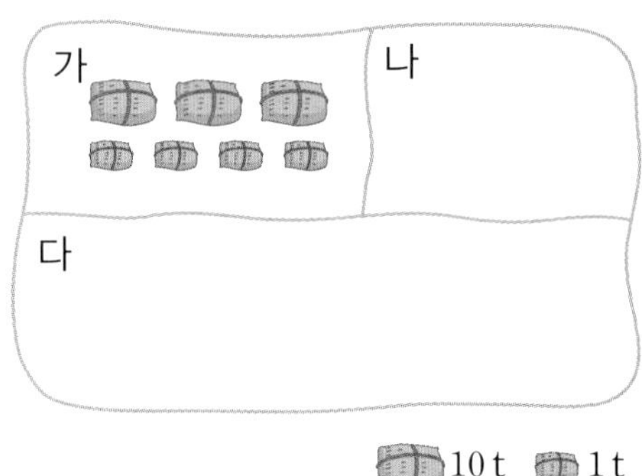

[11~13] 어느 박물관의 월별 관람객 수를 조사하여 나타낸 그림그래프입니다. 물음에 답하시오.

박물관의 월별 관람객 수

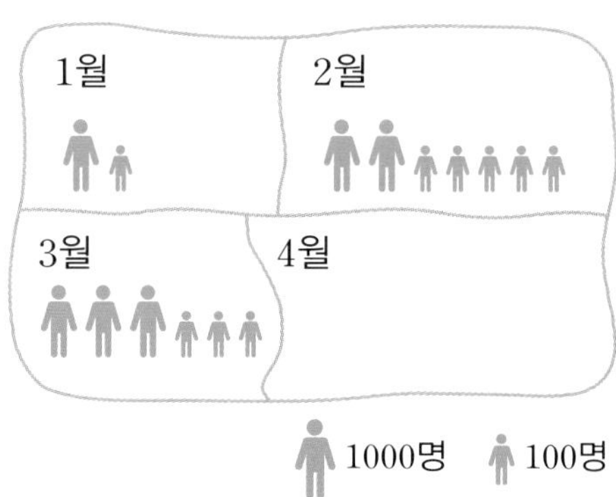

11 2월과 3월의 관람객 수는 모두 몇 명입니까?

( )

12 3월의 관람객 수는 1월의 관람객 수의 몇 배입니까?

( )

어려워

13 1월부터 4월까지의 평균 관람객이 3025명일 때 그림그래프를 완성하시오.

➔ 바른답·알찬풀이 34쪽

[14~15] 2년 간격으로 어느 도시의 세대 수를 조사하여 나타낸 띠그래프입니다. 물음에 답하시오.

세대 수

	1인 세대	2인 세대	3인 세대	4인 세대 이상
2018년	37%	22%	18%	23%
2020년	39%	24%	17%	20%
2022년	41%	24%	17%	18%

14 시간이 지날수록 비율이 점점 높아진 세대는 어느 세대입니까?

( )

15 2022년의 1인 세대는 4인 세대 이상의 약 몇 배인지 소수 첫째 자리에서 반올림하여 나타내시오.

약 ( )

[16~17] 예솔이네 학교 6학년 학생 300명이 일주일 동안 읽은 책 수를 조사하여 나타낸 원그래프입니다. 물음에 답하시오.

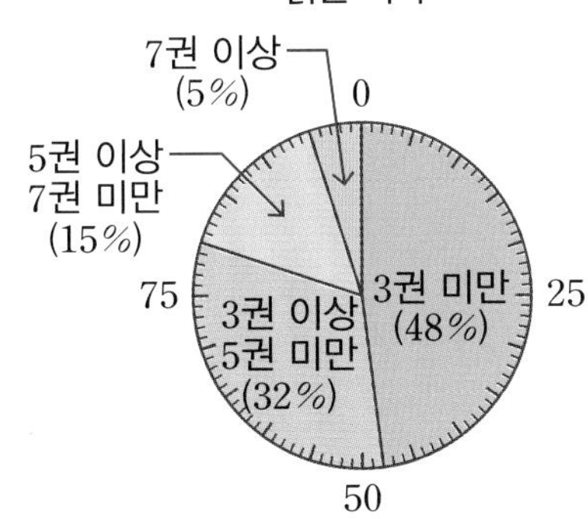

16 학생 수가 가장 많은 항목에 해당하는 학생은 몇 명입니까?

( )

17 일주일 동안 읽은 책 수가 5권 이상인 학생은 몇 명입니까?

( )

[18~20] 다인이네 학교 학생 400명이 가고 싶은 산을 조사하여 나타낸 띠그래프입니다. 물음에 답하시오.

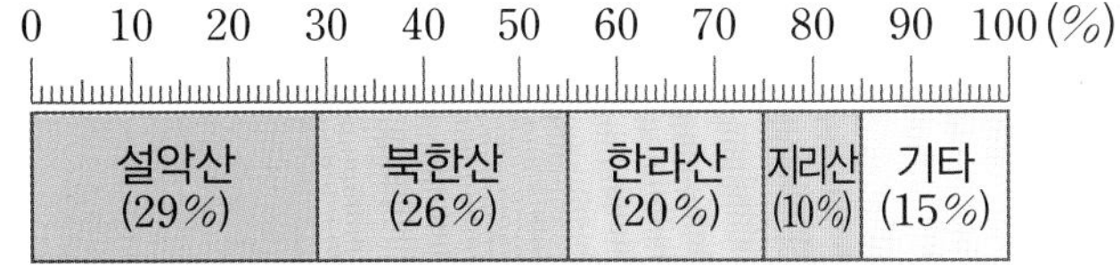

18 설악산에 가고 싶은 학생은 북한산에 가고 싶은 학생보다 몇 명 더 많습니까?

( )

서술형

19 기타에 해당하는 학생 중에서 10%는 계룡산에 가고 싶어 합니다. 계룡산에 가고 싶은 학생은 몇 명인지 풀이 과정을 쓰고, 답을 구하시오.

풀이

답

어려워

20 학생 10명의 마음이 바뀌어 지리산에 가고 싶은 학생이 10명 줄고, 한라산에 가고 싶은 학생이 10명 늘었습니다. 한라산에 가고 싶은 학생은 전체의 몇 %입니까?

( )

수학

6. 직육면체의 겉넓이와 부피

➜ 바른답·알찬풀이 35쪽

개념 1 직육면체의 겉넓이 구하기

• 직육면체의 겉넓이

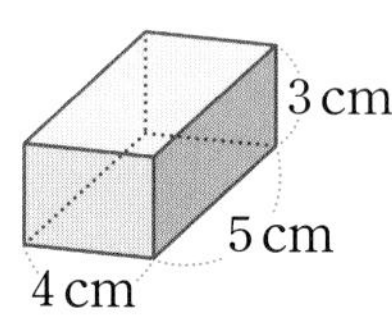

(직육면체의 겉넓이)
$=(4\times5+5\times3+4\times3)\times2$
$=47\times2=94\,(cm^2)$

• 정육면체의 겉넓이

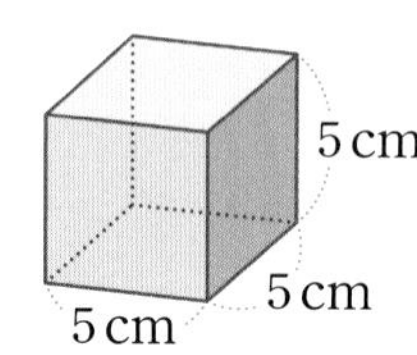

(정육면체의 겉넓이)
$=(5\times5)\times6$
$=25\times6=150\,(cm^2)$

1 정육면체의 한 면의 넓이가 $9\,cm^2$일 때 정육면체의 겉넓이를 구하시오.

(정육면체의 겉넓이)
$=\square\times6$
$=\square\,(cm^2)$

개념 2 직육면체의 부피 비교하기

방법 1 직접 맞대어 부피 비교하기

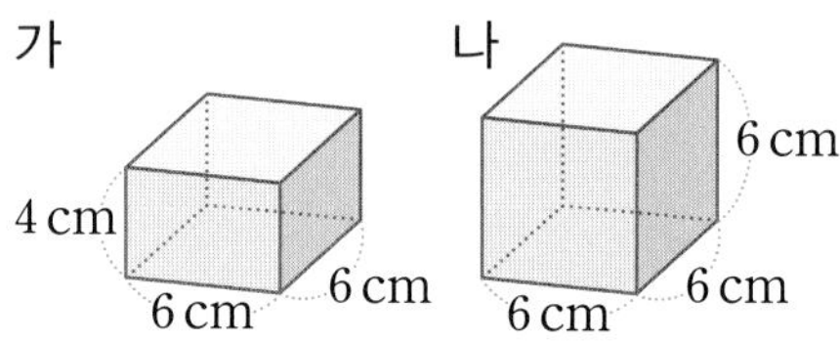

밑면의 넓이가 같으면 높이를 비교합니다. ➜ (가의 부피)<(나의 부피)

방법 2 단위를 사용하여 부피 비교하기

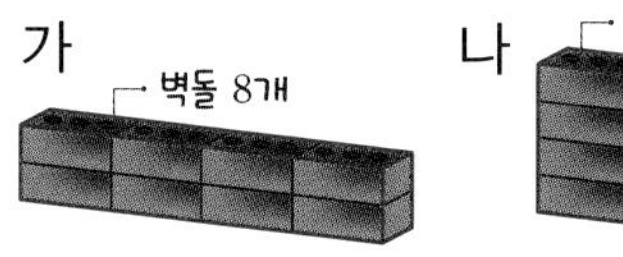

단위의 개수를 비교합니다.
➜ (가의 부피)<(나의 부피)

2 크기가 같은 쌓기나무를 사용하여 직육면체를 만들었습니다. 부피가 더 큰 것에 ○표 하시오.

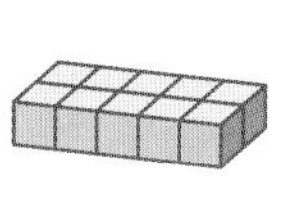 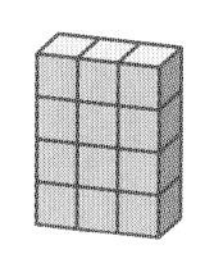

(　　　) (　　　)

개념 3 부피의 단위 cm^3, m^3 알아보기

• $1\,cm^3$(1 세제곱센티미터): 한 모서리가 $1\,cm$인 정육면체의 부피
• $1\,m^3$(1 세제곱미터): 한 모서리가 $1\,m$인 정육면체의 부피

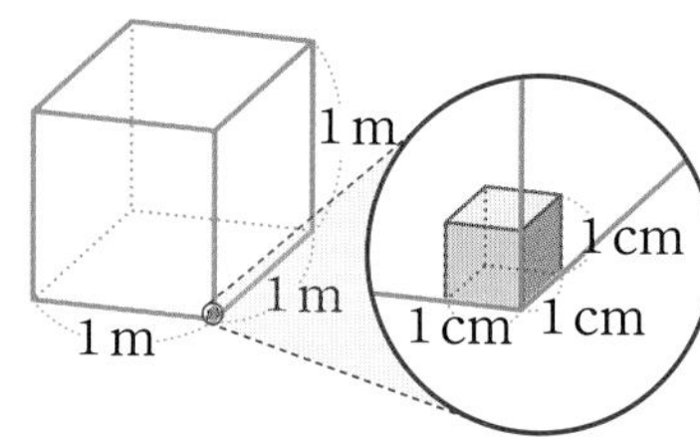

부피가 $1\,m^3$인 정육면체에는 부피가 $1\,cm^3$인 쌓기나무가 $100\times100\times100=1000000$(개) 들어갑니다. ➜ $1\,m^3=1000000\,cm^3$

3 □ 안에 알맞게 써넣으시오.

한 모서리가 1cm인 정육면체의 부피를 □라고 씁니다.

개념 4 직육면체의 부피 구하기

• 직육면체의 부피

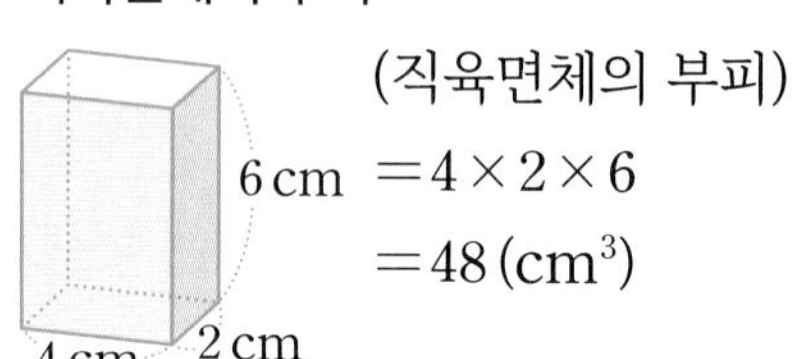

(직육면체의 부피)
$=4\times2\times6$
$=48\,(cm^3)$

• 정육면체의 부피

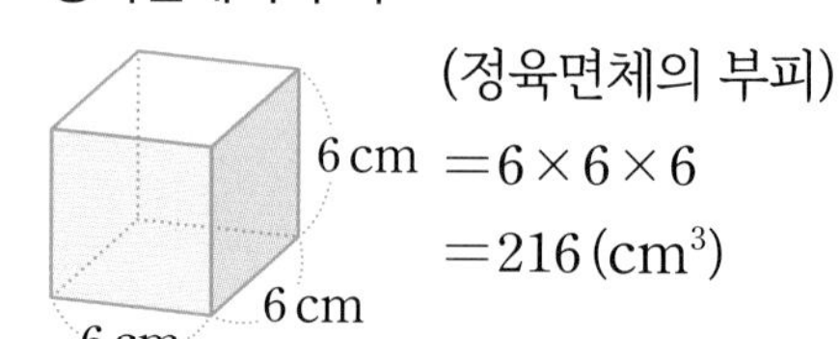

(정육면체의 부피)
$=6\times6\times6$
$=216\,(cm^3)$

4 한 모서리가 $4\,cm$인 정육면체의 부피를 구하시오.

(정육면체의 부피)
$=4\times\square\times\square$
$=\square\,(cm^3)$

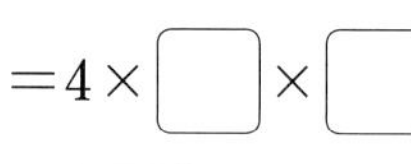

01 직육면체를 보고 ▢ 안에 알맞은 수를 써넣으시오.

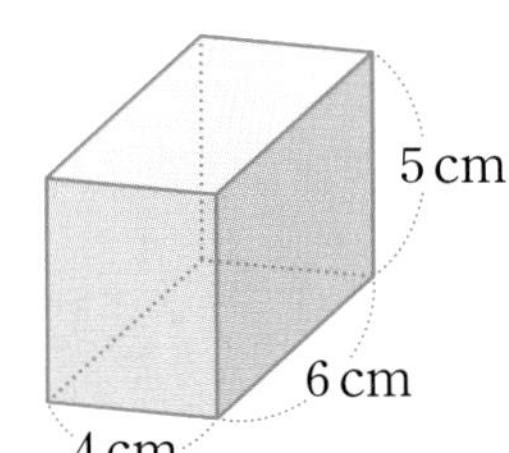

(직육면체의 겉넓이)

$=(4\times6+6\times\square+\square\times5)\times2$

$=\square\,(cm^2)$

02 오른쪽 정육면체의 겉넓이를 바르게 구한 사람의 이름을 쓰시오.

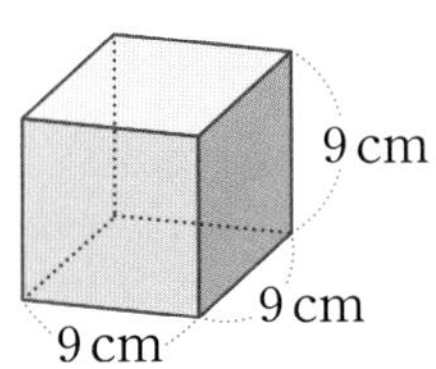

- 영진: $9\times9\times6=486\,(cm^2)$
- 혜리: $9\times9\times9=729\,(cm^2)$

(　　　　　　　　)

03 정육면체의 한 면의 넓이가 $36\,cm^2$일 때 이 정육면체의 겉넓이는 몇 cm^2입니까?

(　　　　　　　　)

04 가로가 $6\,cm$, 세로가 $7\,cm$, 높이가 $10\,cm$인 직육면체의 겉넓이는 몇 cm^2입니까?

(　　　　　　　　)

꼭 나와요

05 두 직육면체의 겉넓이를 비교하여 ○ 안에 >, =, <를 알맞게 써넣으시오.

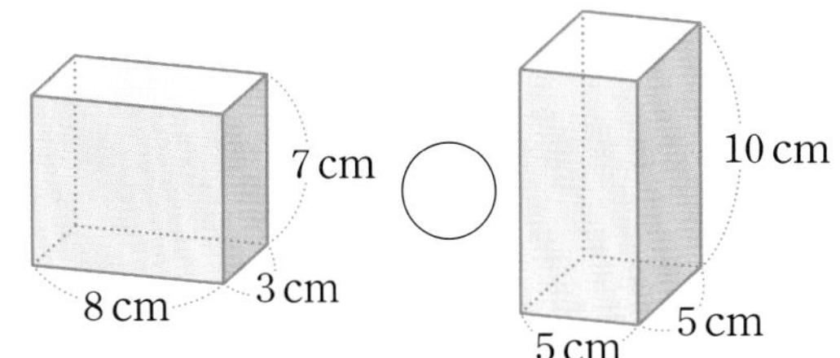

서술형

06 오른쪽 전개도에서 색칠한 직사각형의 넓이가 $24\,cm^2$입니다. 전개도를 접어서 만든 직육면체의 겉넓이는 몇 cm^2인지 풀이 과정을 쓰고, 답을 구하시오.

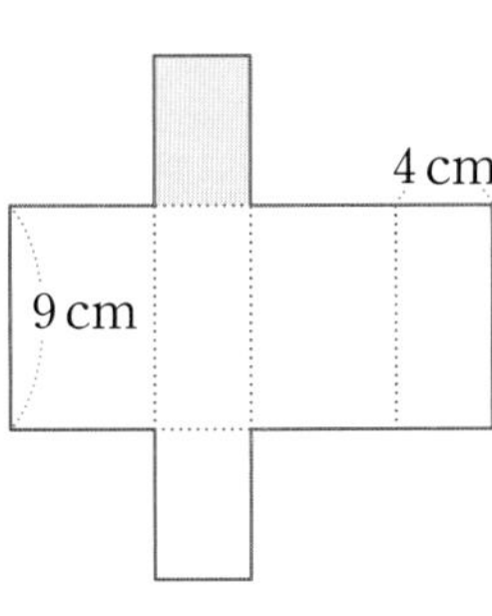

풀이

❶ 색칠한 직사각형의 세로는 몇 cm인지 구하기

❷ 직육면체의 겉넓이는 몇 cm^2인지 구하기

답

07 부피가 큰 것부터 차례대로 쓰시오.

(　　　　　　　　)

수학

꼭나와요

08 모양과 크기가 같은 상자를 쌓아서 직육면체를 만들었습니다. 부피가 더 작은 것의 기호를 쓰시오.

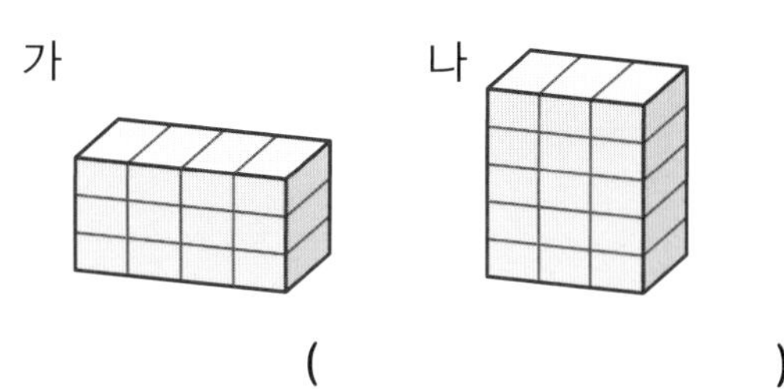

( )

09 부피가 $1\,cm^3$인 쌓기나무를 쌓아 만든 직육면체의 부피는 몇 cm^3입니까?

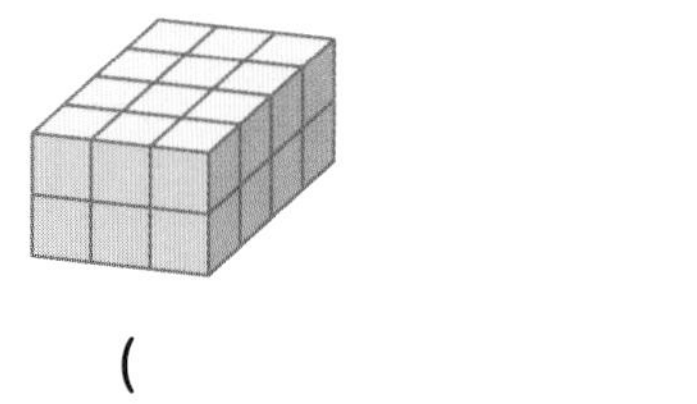

( )

10 □ 안에 알맞은 수를 써넣으시오.

(1) $15\,m^3=$ □ cm^3

(2) $800000\,cm^3=$ □ m^3

11 부피가 $1\,cm^3$인 쌓기나무를 쌓아 만든 직육면체입니다. 부피를 비교하여 빈칸에 알맞은 수나 말을 써넣으시오.

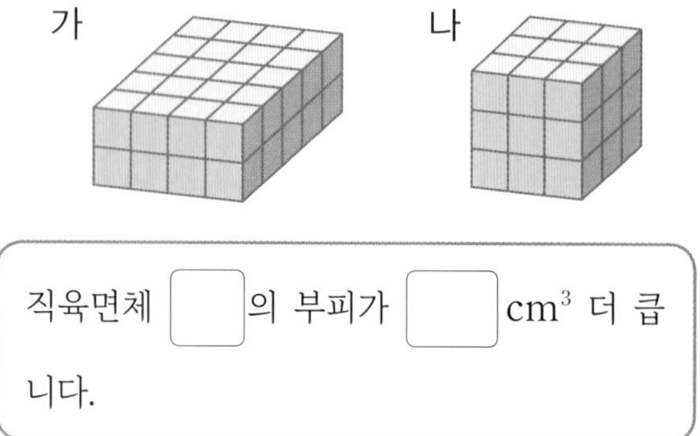

직육면체 □의 부피가 □ cm^3 더 큽니다.

12 보기에서 알맞은 것을 골라 문장을 완성하시오.

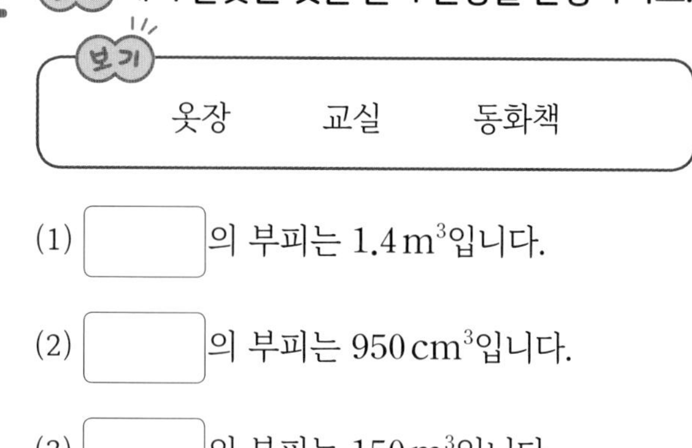

(1) □의 부피는 $1.4\,m^3$입니다.

(2) □의 부피는 $950\,cm^3$입니다.

(3) □의 부피는 $150\,m^3$입니다.

서술형

13 현주의 방에 있는 침대의 부피는 $1.2\,m^3$이고, 서랍장의 부피는 $620000\,cm^3$입니다. 침대와 서랍장의 부피의 합은 몇 m^3인지 풀이 과정을 쓰고, 답을 구하시오.

풀이

❶ $620000\,cm^3$를 m^3 단위로 나타내기

❷ 침대와 서랍장의 부피의 합은 몇 m^3인지 구하기

답

14 직육면체의 부피는 몇 cm^3입니까?

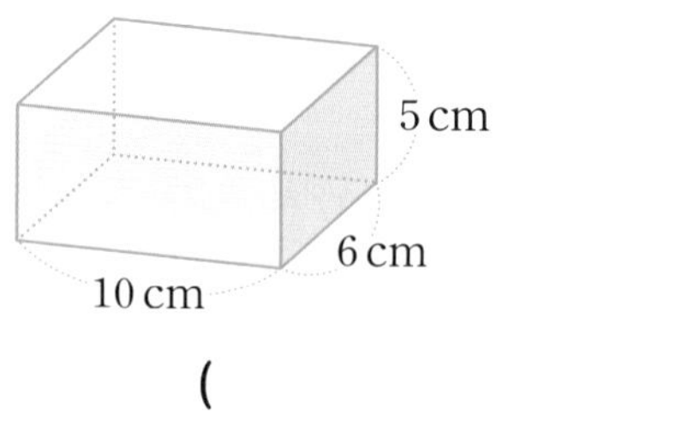

( )

➔ 바른답·알찬풀이 35쪽

15 오른쪽 전개도로 만든 정육면체의 부피는 몇 cm^3입니까?

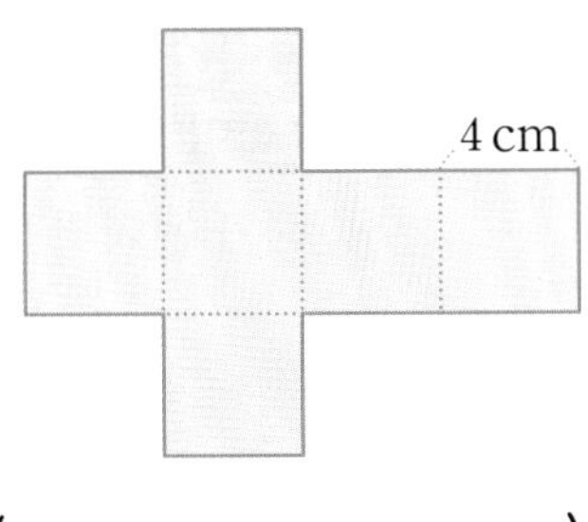

( )

16 미란이는 가로가 5 cm, 세로가 9 cm, 높이가 10 cm인 직육면체 모양의 선물 상자를 샀습니다. 미란이가 산 선물 상자의 부피는 cm^3입니까?

( )

서술형

17 정육면체 가와 직육면체 나의 부피의 차는 몇 cm^3인지 풀이 과정을 쓰고, 답을 구하시오.

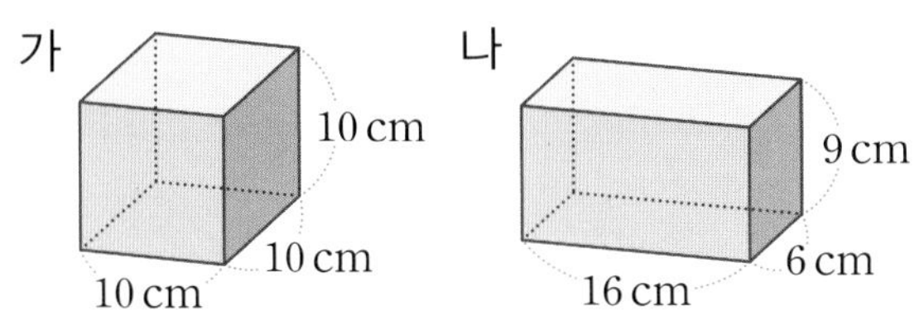

풀이

❶ 정육면체 가와 직육면체 나의 부피는 각각 몇 cm^3인지 구하기

❷ 정육면체 가와 직육면체 나의 부피의 차는 몇 cm^3인지 구하기

답

18 모든 모서리의 합이 24 cm인 정육면체가 있습니다. 이 정육면체의 부피는 몇 cm^3입니까?

( )

꼭 나와

19 직육면체 모양의 떡을 잘라서 정육면체 모양으로 만들려고 합니다. 만들 수 있는 가장 큰 정육면체의 부피는 몇 cm^3입니까?

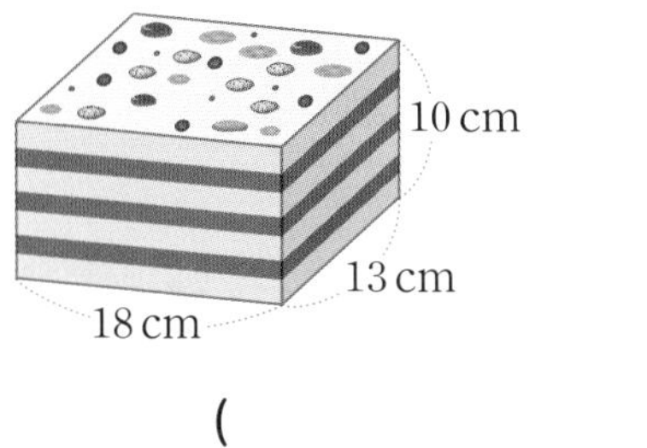

( )

20 물이 들어 있는 직육면체 모양의 수조에 왕관을 물에 완전히 잠기도록 넣었더니 물의 높이가 높아졌습니다. 왕관의 부피는 몇 cm^3입니까? (단, 수조의 두께는 생각하지 않습니다.)

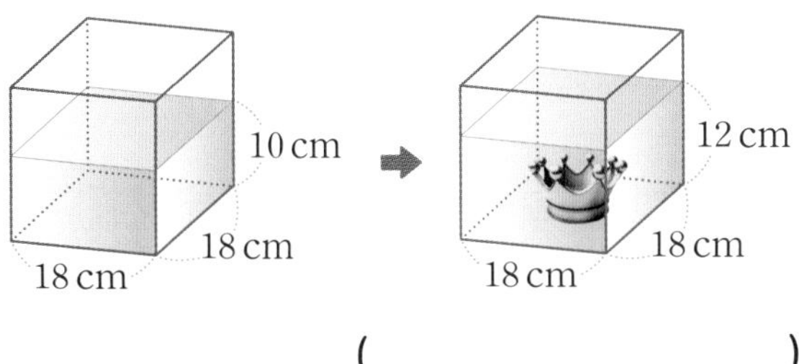

( )

수학

01 동규는 마트에서 직육면체 모양 상자에 담긴 과자를 샀습니다. 과자 상자의 겉넓이는 몇 cm^2입니까?

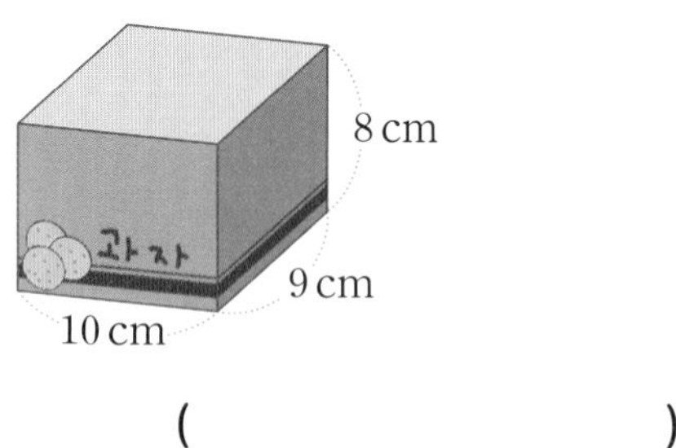

( )

02 다음 전개도로 만든 정육면체의 겉넓이는 몇 cm^2입니까?

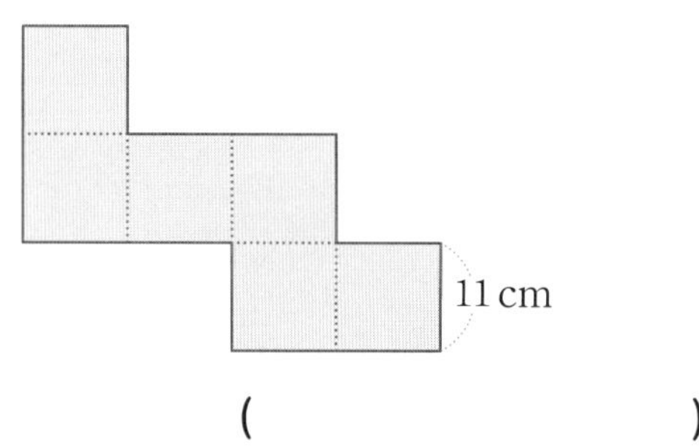

( )

03 직육면체 가와 정육면체 나의 겉넓이의 차는 몇 cm^2입니까?

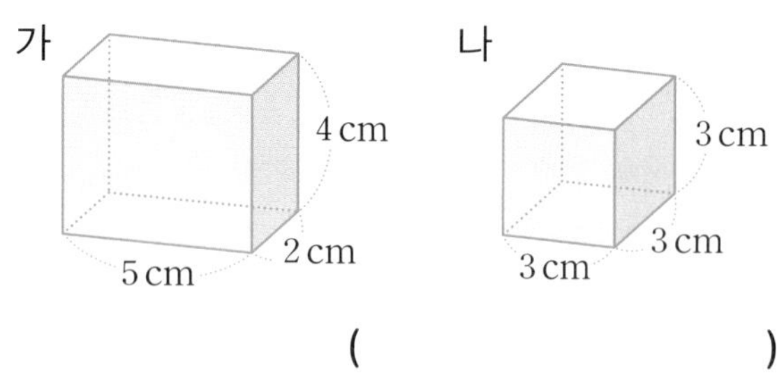

( )

꼭 나와요

04 한 면의 둘레가 16 cm인 정육면체가 있습니다. 이 정육면체의 겉넓이는 몇 cm^2입니까?

( )

05 한 모서리가 2 cm인 정육면체가 있습니다. 이 정육면체의 모든 모서리를 2배로 늘이면 겉넓이는 몇 배가 됩니까?

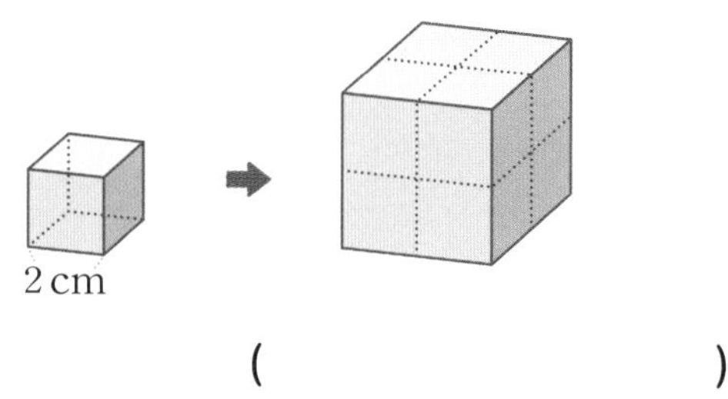

( )

서술형

06 오른쪽 직육면체의 겉넓이가 494 cm^2일 때 □ 안에 알맞은 수는 얼마인지 풀이 과정을 쓰고, 답을 구하시오.

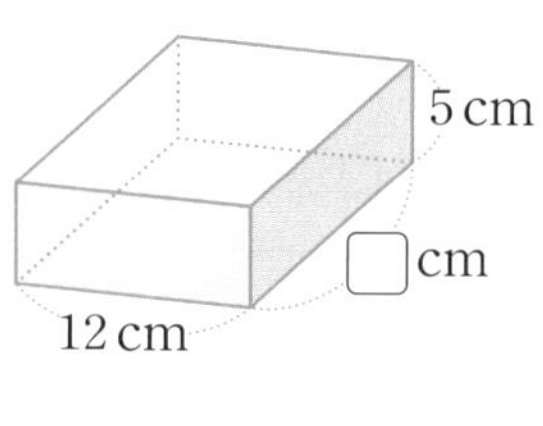

풀이

❶ 직육면체의 겉넓이를 구하는 식 쓰기

❷ □ 안에 알맞은 수는 얼마인지 구하기

답

07 빗금 친 부분의 넓이가 같을 때 부피가 더 큰 직육면체에 ○표 하시오.

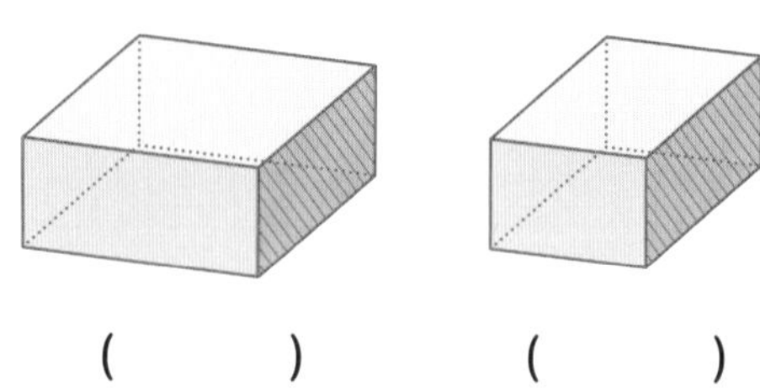

( ) ( )

08 부피가 작은 직육면체부터 차례대로 기호를 쓰시오.

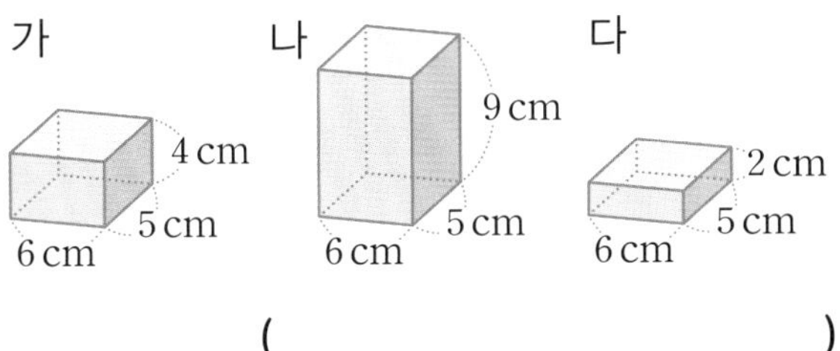

(   )

09 부피가 $1\,\mathrm{cm}^3$인 쌓기나무를 쌓아 만든 직육면체의 부피를 구하려고 합니다. 선으로 알맞게 이으시오.

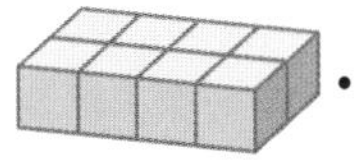 •　　　　• $12\,\mathrm{cm}^2$

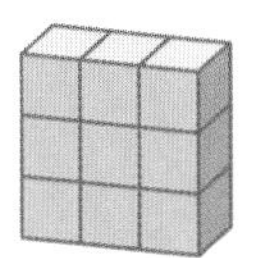 •　　　　• $9\,\mathrm{cm}^3$

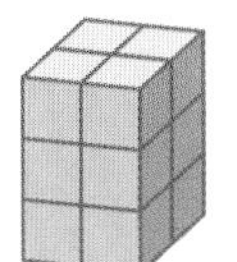 •　　　　• $8\,\mathrm{cm}^3$

꼭 나와 ☺

10 오른쪽 지우개의 실제 부피에 가장 가까운 것을 찾아 ○표 하시오.

$16\,\mathrm{cm}^3$	$1600\,\mathrm{cm}^3$	$16\,\mathrm{m}^3$

11 부피가 $1\,\mathrm{cm}^3$인 쌓기나무를 쌓아 만든 직육면체입니다. 부피가 더 큰 직육면체의 기호를 쓰시오.

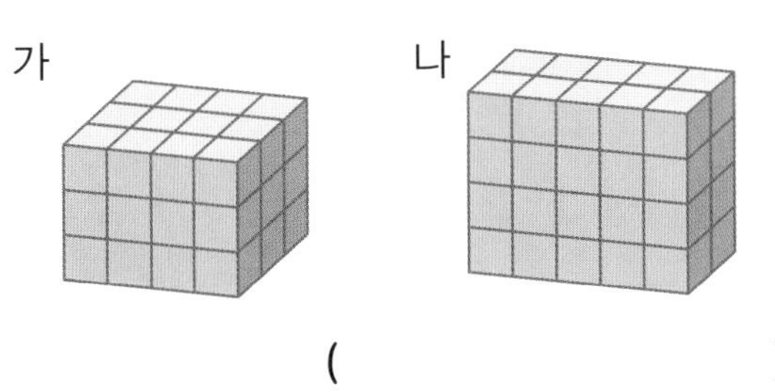

(   )

12 부피를 비교하여 ○ 안에 $>$, $=$, $<$를 알맞게 써넣으시오.

$8\,\mathrm{m}^3$ ○ $880000\,\mathrm{cm}^3$

13 직육면체의 부피는 몇 cm^3입니까?

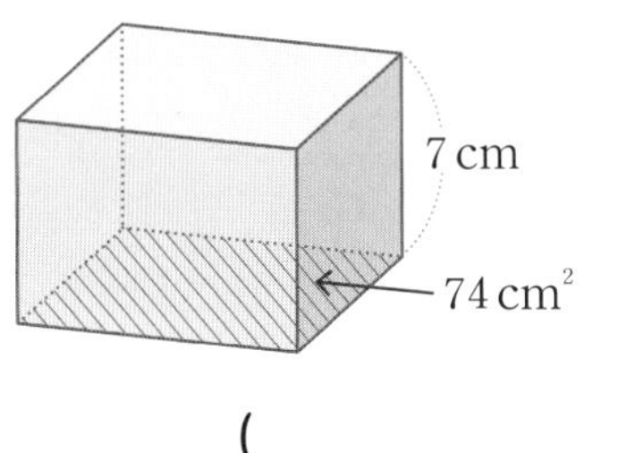

(   )

서술형

14 직육면체 모양의 물건이 있습니다. 부피가 더 큰 물건의 기호를 쓰려고 합니다. 풀이 과정을 쓰고, 답을 구하시오.

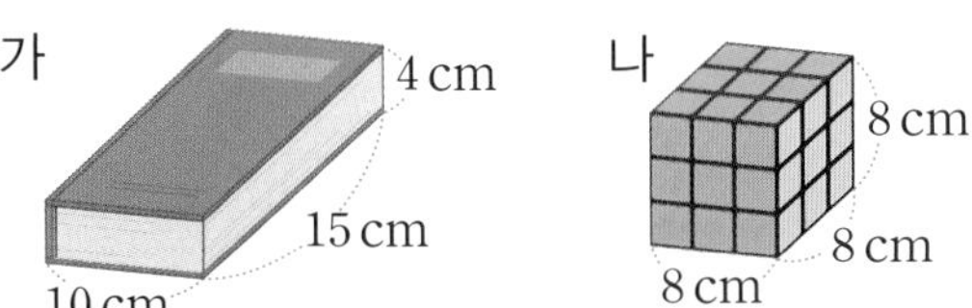

풀이

❶ 가, 나의 부피는 각각 몇 cm^3인지 구하기

❷ 부피가 더 큰 물건의 기호를 쓰기

답

수학

15 직육면체의 부피를 구하여 cm^3와 m^3로 각각 나타내시오.

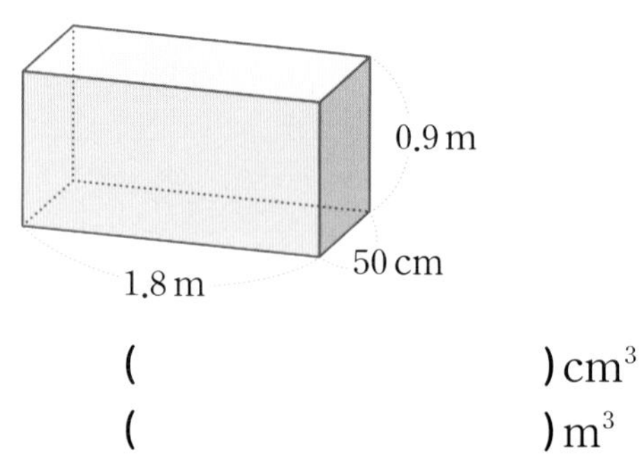

( ) cm^3
( ) m^3

꼭 나와요

16 직육면체의 부피는 $280\,m^3$입니다. □ 안에 알맞은 수를 써넣으시오.

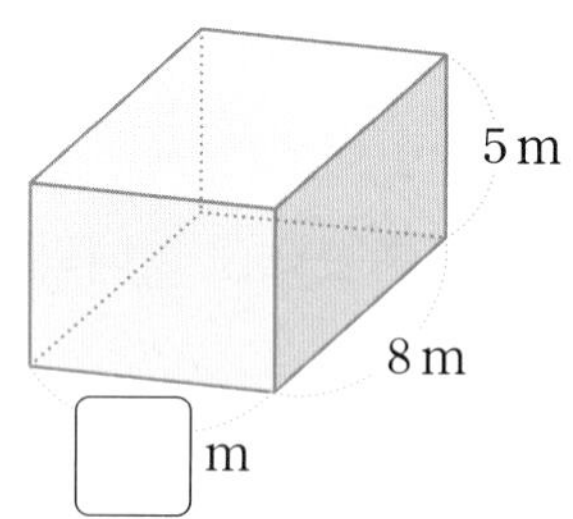

17 다음 전개도로 만든 정육면체의 부피는 몇 cm^3입니까?

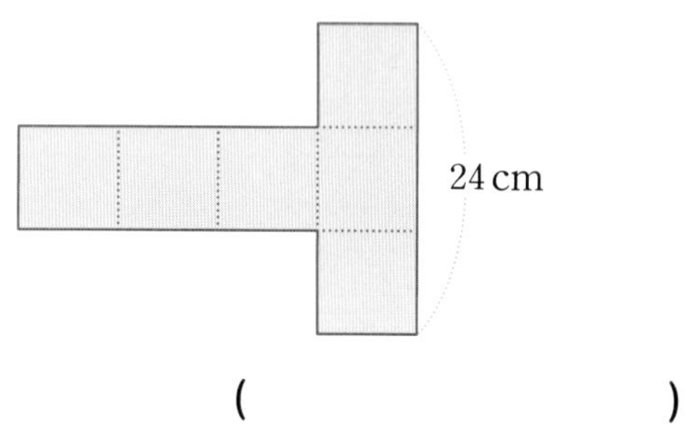

( )

18 한 모서리가 $3\,cm$인 정육면체가 있습니다. 이 정육면체의 각 모서리를 3배로 늘인 정육면체의 부피는 처음 정육면체의 부피의 몇 배가 됩니까?

( )

19 두 직육면체의 부피는 같습니다. 오른쪽 직육면체의 높이는 몇 cm입니까?

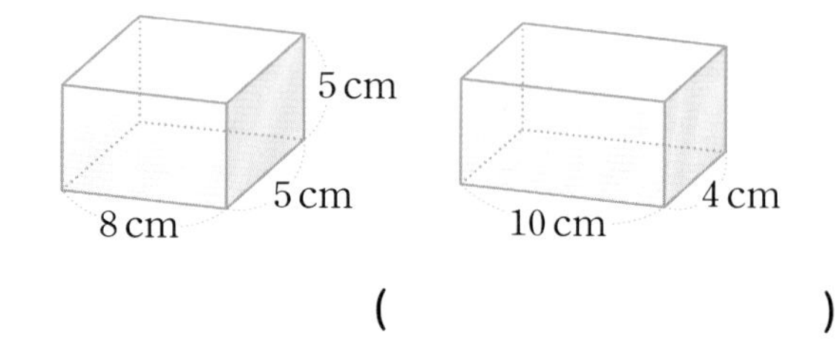

( )

서술형

20 부피가 $0.125\,m^3$인 정육면체의 한 모서리는 몇 cm인지 풀이 과정을 쓰고, 답을 구하시오.

풀이

❶ 정육면체의 부피를 cm^3 단위로 나타내기

❷ 정육면체의 한 모서리는 몇 cm인지 구하기

답

01 오른쪽 전개도로 만든 직육면체의 겉넓이는 몇 cm^2인지 구하시오.

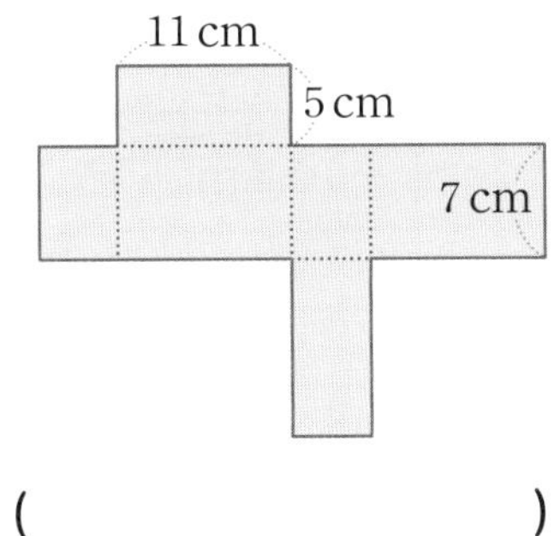

(　　　　　　　　)

02 빗금 친 면의 넓이가 $56\,cm^2$인 직육면체가 있습니다. 이 직육면체의 겉넓이는 몇 cm^2입니까?

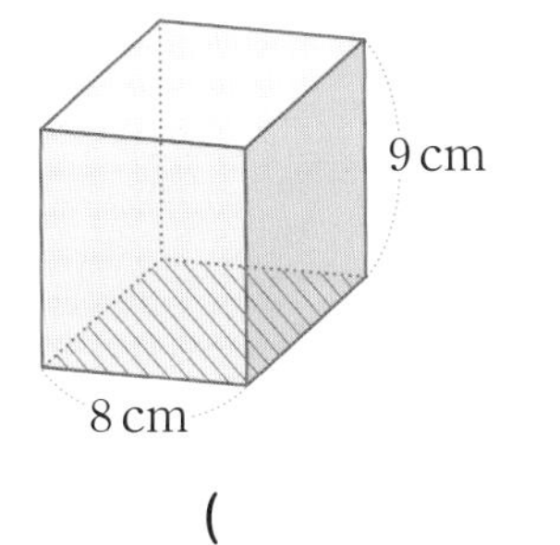

(　　　　　　　　)

03 오른쪽 정육면체의 겉넓이는 $384\,cm^2$입니다. □ 안에 알맞은 수를 써넣으시오.

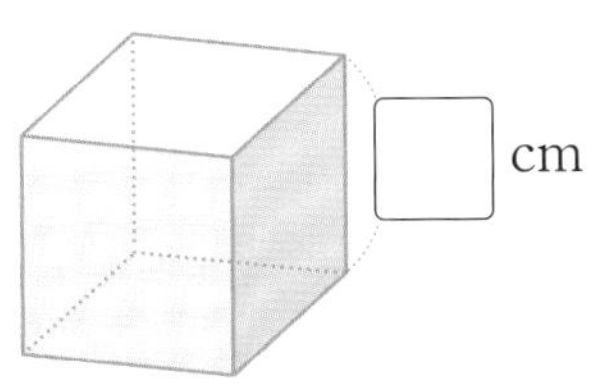

04 한 변이 30 cm인 정사각형 모양의 포장지를 사용하여 그림과 같은 직육면체 모양의 상자를 포장하려고 합니다. 포장지를 겹치는 부분 없이 사용한다면 남는 포장지의 넓이는 몇 cm^2입니까?

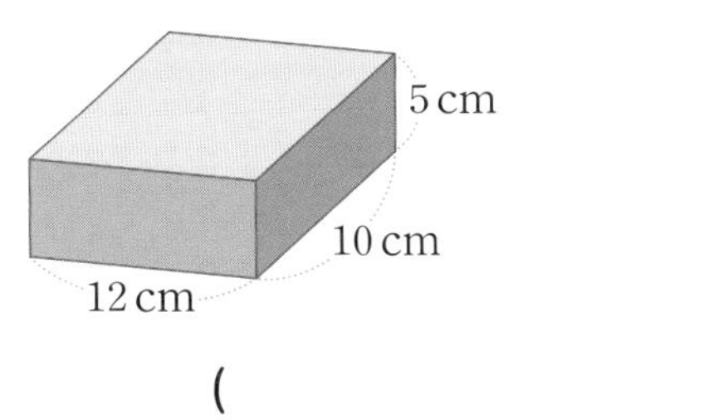

(　　　　　　　　)

서술형

05 그림과 같이 직육면체 모양의 나무토막을 똑같이 두 조각으로 잘랐습니다. 자른 두 나무토막의 겉넓이의 합은 처음 나무토막의 겉넓이보다 몇 cm^2 늘었는지 풀이 과정을 쓰고, 답을 구하시오.

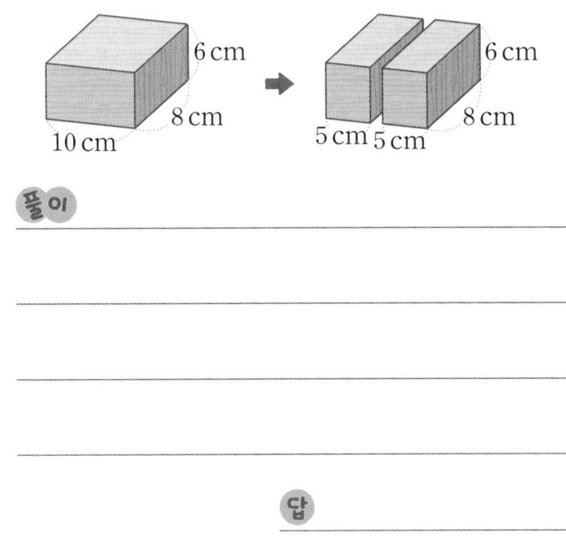

풀이

답

어려워

06 다음 직육면체와 겉넓이가 같은 정육면체의 한 모서리는 몇 cm입니까?

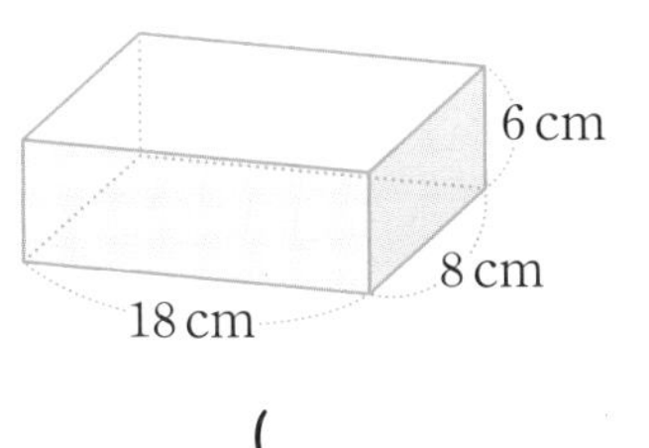

(　　　　　　　　)

07 부피가 더 큰 직육면체의 기호를 쓰시오.

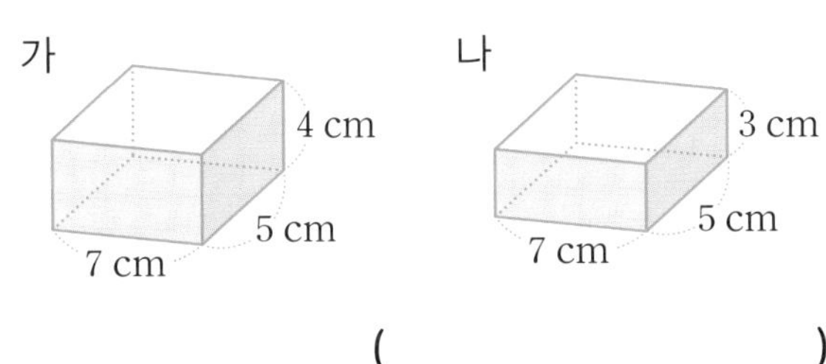

(　　　　　　　　)

수학

08 한 모서리가 2 cm인 정육면체 모양의 상자를 그림과 같이 직육면체 모양으로 쌓았습니다. 부피가 큰 것부터 차례대로 기호를 쓰시오.

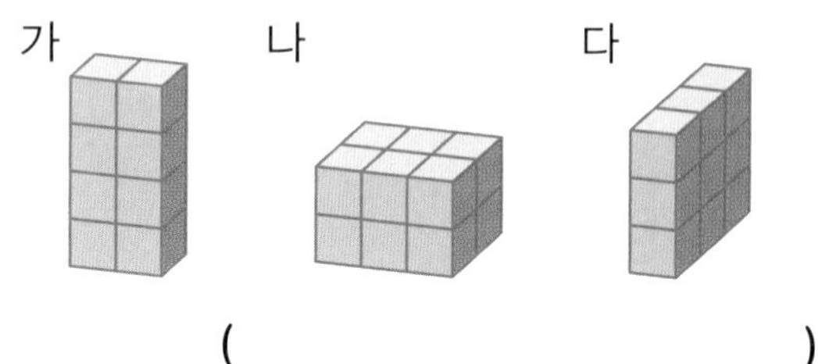

( )

09 부피를 잘못 나타낸 것의 기호를 쓰시오.

㉠ $30\,m^3 = 30000000\,cm^3$
㉡ $4500000\,cm^3 = 45\,m^3$

( )

10 부피가 $1\,cm^3$인 쌓기나무를 쌓아 다음과 같은 직육면체 모양을 만들었습니다. 만든 직육면체의 부피는 몇 cm^3입니까?

가로로 5개, 세로로 6개씩 9층으로 쌓은 모양

( )

11 부피가 $1\,cm^3$인 쌓기나무를 쌓아 만든 직육면체입니다. 나는 가보다 부피가 몇 cm^3 더 큽니까?

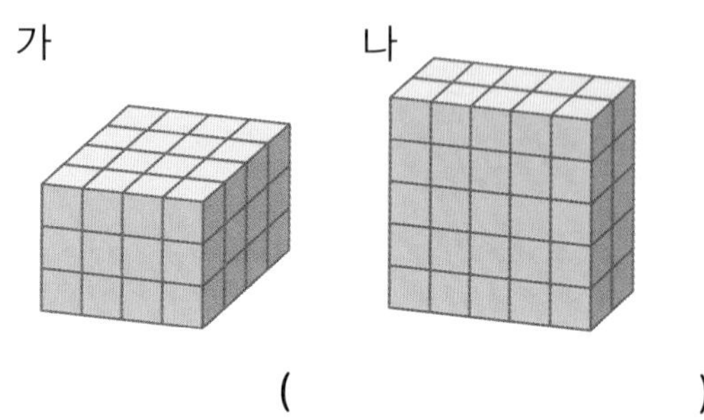

( )

어려워

12 부피가 큰 것부터 차례대로 기호를 쓰시오.

㉠ $5.3\,m^3$
㉡ $46000000\,cm^3$
㉢ 한 모서리가 400 cm인 정육면체의 부피
㉣ 가로가 0.5 m, 세로가 8 m, 높이가 40 cm인 직육면체의 부피

( )

13 현중이는 가로가 9 cm, 세로가 6 cm, 높이가 10 cm인 직육면체 모양의 상자를 샀습니다. 현중이가 산 상자의 부피는 몇 cm^3입니까?

( )

서술형

14 두 직육면체의 부피의 합은 몇 cm^3인지 풀이 과정을 쓰고, 답을 구하시오.

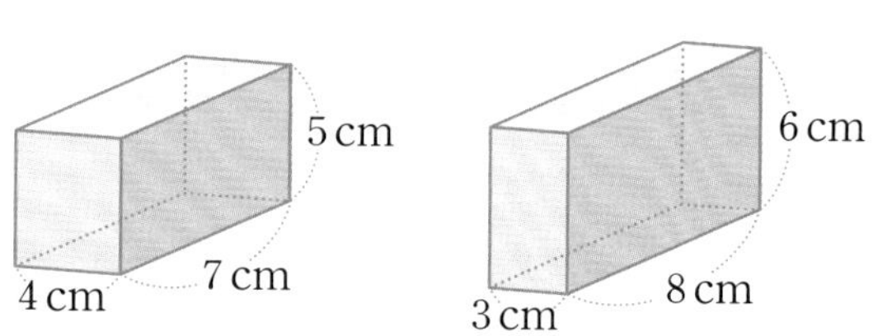

풀이

답

➜ 바른답·알찬풀이 37쪽

15 가로가 $30\,\text{cm}$, 세로가 $50\,\text{cm}$, 높이가 $60\,\text{cm}$인 직육면체의 부피는 몇 m^3입니까?

( )

16 다음 직육면체의 가로와 세로를 각각 2배로 늘이면 늘인 직육면체의 부피는 처음 직육면체의 부피의 몇 배가 됩니까?

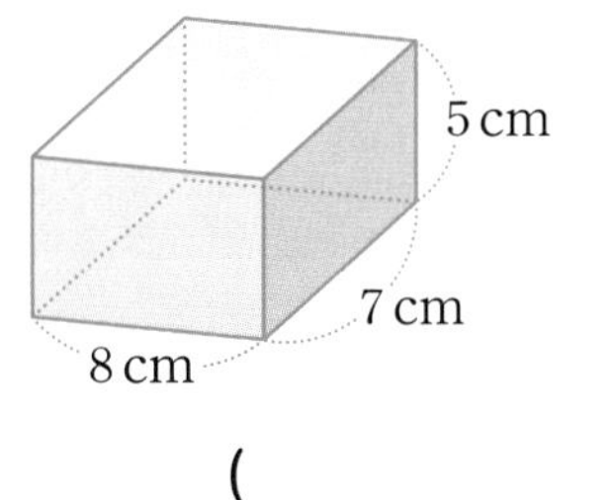

( )

17 입체도형의 부피는 몇 cm^3입니까?

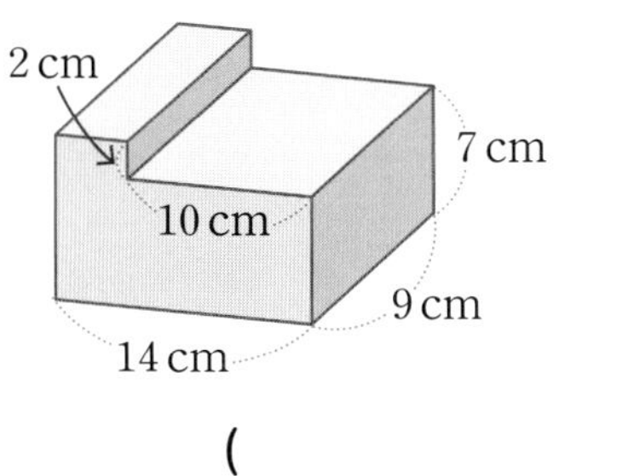

( )

18 작은 정육면체 모양의 상자를 오른쪽과 같이 정육면체 모양으로 쌓았습니다. 쌓은 정육면체 모양의 부피가 $512\,\text{cm}^3$일 때 작은 정육면체 모양 상자의 한 모서리는 몇 cm입니까?

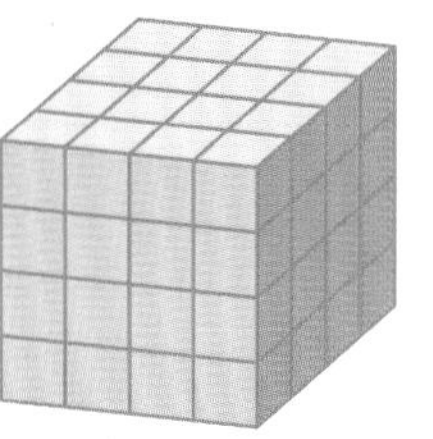

( )

서술형

19 가로가 $4\,\text{m}$, 세로가 $2\,\text{m}$, 높이가 $2\,\text{m}$인 직육면체 모양의 창고에 한 모서리가 $50\,\text{cm}$인 정육면체 모양의 상자를 빈틈없이 쌓으려고 합니다. 정육면체 모양의 상자를 몇 개까지 쌓을 수 있는지 풀이 과정을 쓰고, 답을 구하시오.

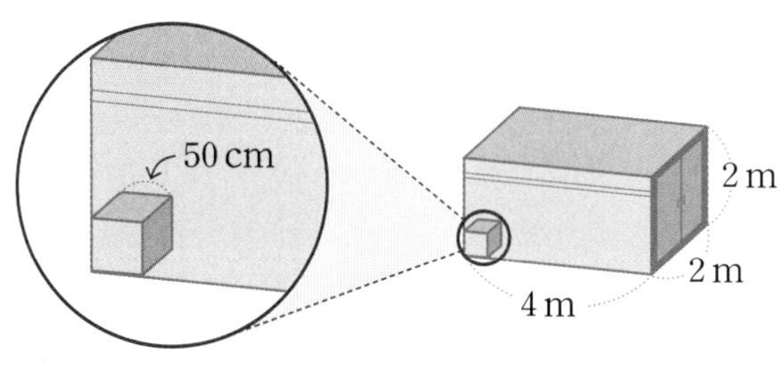

풀이

답

어려워

20 직육면체의 부피가 $600\,\text{cm}^3$일 때, 겉넓이는 몇 cm^2입니까?

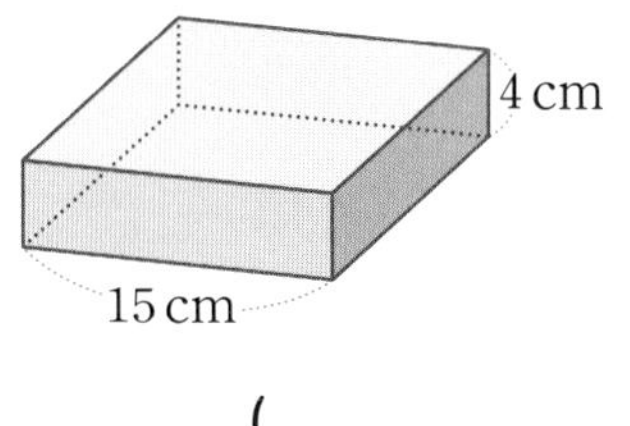

( )

수학

숨은사회찾기

학습을 시작하기 전에 숨은 그림을 찾아보세요.

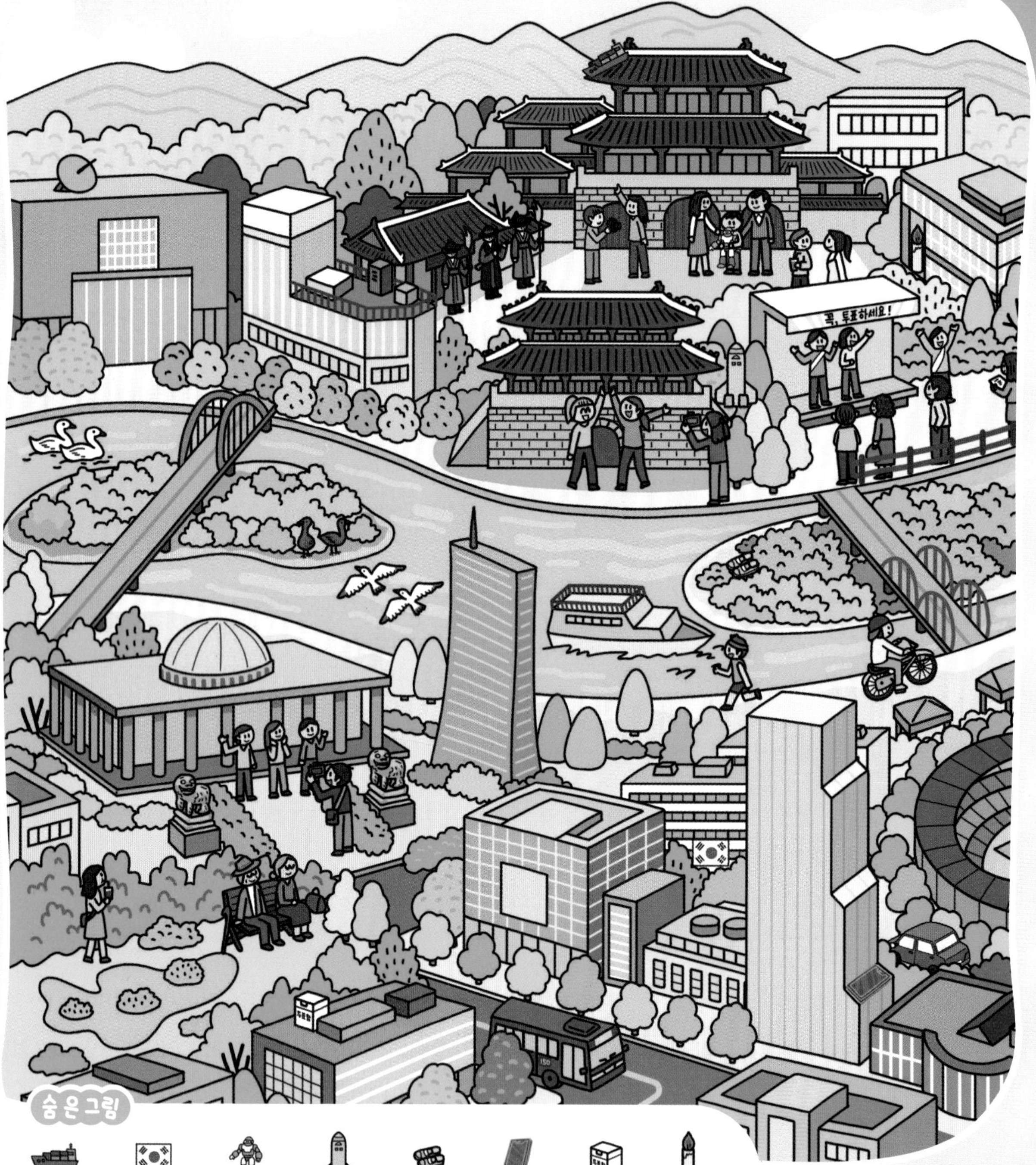

숨은그림

배 태극기 로봇 우주선 신발 휴대 전화 투표함 촛불

사회

1. 우리나라의 정치 발전

2. 우리나라의 경제 발전

사회
핵심 개념

❶ 민주주의의 발전과 시민 참여

개념 1 4·19 혁명(1960)

① 배경
- 우리나라의 첫 번째 대통령이었던 이승만은 헌법을 바꿔 가며 ❶ [ㄷㅈ] 정치를 이어 갔습니다.
- 이승만 정부는 1960년 3월 15일에 치러진 정부통령 선거에서 ❷ [ㅂㅈ] 선거를 하였습니다.

② 전개 과정

1. 마산에서 3·15 부정 선거에 항의하는 시위가 일어남.
2. 시위에 참여하였다가 실종된 ❸ [ㄱㅈㅇ] 학생의 시신이 발견되면서 시위가 전국으로 퍼짐.
3. 4월 19일, 재선거를 요구하는 대규모 시위가 일어남.

③ 결과
- 이승만이 대통령 자리에서 물러나고, 3·15 부정 선거는 무효가 되었습니다.
- 선거가 다시 실시되어 새로운 정부가 세워졌습니다.

④ 의의: 시민들이 민주주의를 지켜 낸 사건이었습니다.

개념 2 박정희 정부의 독재 정치

① 5·16 군사 정변: 4·19 혁명 이후 ❹ [ㅂㅈㅎ]가 군인들을 동원해 정권을 잡았습니다.

② 유신 헌법: 박정희 정부는 1972년에 유신 헌법을 만들어 대통령을 할 수 있는 횟수를 제한하지 않았으며, 대통령 직선제를 간선제로 바꾸었습니다.
→ 박정희는 결국 부하에게 죽임을 당하였어요.

개념 3 5·18 민주화 운동(1980)

① 배경: 전두환과 일부 군인들이 군사 정변을 일으키고 계엄령을 확대하였습니다.

② 전개 과정

1. 전라남도 광주에서 ❺ [ㄱㅇㄹ] 해제와 전두환 퇴진 등을 요구하는 시위가 일어남.
2. 전두환과 일부 군인들이 보낸 계엄군이 무력으로 시위를 진압함.
3. 시민들은 시민군을 만들어 계엄군에 대항하였으나, 이 과정에서 많은 사람이 희생됨.

③ 의의: 민주주의에 대한 의지를 보여 주었고, 세계 여러 나라의 민주화 운동에 영향을 주었습니다.

개념 4 6월 민주 항쟁(1987)

① 배경: ❻ [ㄱㅅㅈ]로 대통령이 된 전두환은 신문과 방송 등 언론을 통제하고, 민주화를 요구하는 시민들을 탄압하였습니다. → 국민의 알 권리를 막았어요.

② 전개 과정

1. 대학생 박종철이 경찰의 고문을 받다가 사망함.
2. 정부가 사건을 숨기려 한 사실이 알려지자, 시민들은 사건의 진실을 밝힐 것, 고문 금지, 대통령 직선제 등을 요구하는 시위를 벌임.
3. 전두환 정부가 국민의 요구를 받아들이지 않고, 간선제를 유지하겠다고 발표함.
4. 대학생 이한열이 경찰이 쏜 최루탄에 맞아 희생됨.
5. 독재 정치에 반대하고 대통령 직선제를 요구하는 시위가 확산됨.

③ 결과: 당시 대통령 후보였던 ❼ [ㄴㅌㅇ]가 대통령 직선제를 포함한 시민들의 민주화 요구를 받아들여 6·29 민주화 선언을 발표하였습니다.

④ 의의: 오랜 독재를 끝내고, 우리 사회의 여러 분야에서 민주적인 제도가 만들어졌습니다.

개념 5 6월 민주 항쟁 이후 사회 변화

① 대통령 직선제와 지방 자치제 시행

대통령 직선제	국민이 직접 대통령을 뽑는 선거 제도
지방 자치제	지역 주민과 이들이 선출한 지방 의회 의원과 지방 자치 단체장이 그 지역의 일을 스스로 처리하는 제도

② 오늘날 시민 참여의 확대
- ❽ [ㅊㅂ] 집회와 같은 대규모 집회, 1인 시위, 서명 운동, 해시태그 운동 등을 합니다.
- 누리 소통망 서비스(SNS)를 통해 사회 문제에 대한 의견을 제시합니다.
- 선거나 투표에 참여합니다.
- 공청회에 참석하거나, 정당 또는 시민 단체에 가입하여 활동합니다.

③ 사회 공동의 문제를 해결하는 데 참여하는 시민층이 확대되었고, 시민들의 영향력은 더욱 커졌습니다.

정답 ❶ 독재 ❷ 부정 ❸ 김주열 ❹ 박정희 ❺ 계엄령 ❻ 간선제 ❼ 노태우 ❽ 촛불

핵심 자료

바른답·알찬풀이 39쪽

자료 1 4·19 혁명의 전개 과정

3·15 부정 선거에 저항하여 시민들이 시위를 벌임. → 실종되었던 김주열의 시신이 발견되면서 시위가 확산됨.

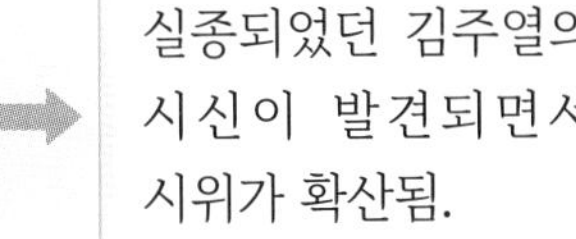

→ 재선거를 요구하는 시위가 전국적으로 일어남. → 이승만이 결국 대통령직에서 물러나게 됨.

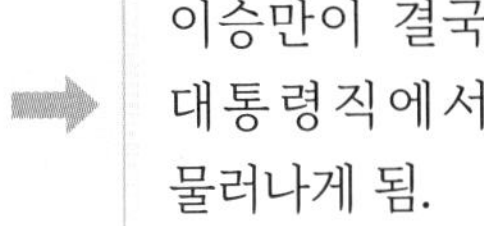

POINT
학생들과 시민들은 3·15 부정 선거에 저항하여 전국에서 시위를 벌였습니다.

1-1 우리나라의 첫 대통령이었던 (박정희 , 이승만)의 독재 정치와 3·15 부정 선거가 원인이 되어 4·19 혁명이 일어났습니다.

1-2 4·19 혁명은 (   ) 학생의 시신이 발견되면서 더욱 확산되었습니다.

자료 2 유신 헌법에 대한 저항

대학생들이 유신 헌법 폐지를 주장하는 시위에 앞장섬.

정치인·언론인·종교인 등이 개헌을 요구하는 서명 운동을 함.

POINT
학생들과 각계각층의 시민들은 유신 헌법에 반대하고 민주화를 요구하는 시위를 벌여 나갔습니다.

2-1 1972년 박정희 정부는 (   )을/를 만들었습니다.

2-2 유신 헌법에는 대통령을 할 수 있는 횟수 제한을 없애는 내용이 담겨 있었습니다. (○, ×)

2-3 유신 헌법에는 대통령 간선제를 직선제로 바꾸는 내용이 담겨 있었습니다. (○, ×)

자료 3 6·29 민주화 선언의 주요 내용

언론의 자유 보장	신문, 방송 등 언론의 자유를 최대한 보장함.
지방 자치제 시행	지역 주민들이 선출한 지방 의회 의원과 지방 자치 단체장이 그 지역의 일을 스스로 처리하도록 함.
국민의 기본권 보장	헌법과 제도를 보완하여 인간의 존엄성을 보장함.
대통령 직선제 시행	국민들이 선거로 대통령을 직접 뽑음.

POINT
노태우는 대통령 직선제를 포함한 국민의 민주화 요구를 받아들이겠다는 6·29 민주화 선언을 발표하였습니다.

3-1 (5·18 민주화 운동 , 6월 민주 항쟁)의 결과 6·29 민주화 선언이 발표되었습니다.

3-2 (   )은/는 지역 주민들이 선출한 지방 의회 의원과 지방 자치 단체장이 그 지역의 일을 스스로 처리하는 제도입니다.

3-3 6·29 민주화 선언에 따라 시행된 대통령 직선제는 오늘날까지 계속 시행되고 있습니다. (○, ×)

사회

❶ 민주주의의 발전과 시민 참여

[01~02] 다음 글을 읽고, 물음에 답하시오.

> (㉠) 정부는 1960년 3월 15일에 치러지는 정부통령 선거에서 이겨 집권을 이어 나가기 위해 ㉡ 부정 선거를 계획하였다.

01 위 글의 ㉠에 들어갈 사람은 누구인지 쓰시오.

( )

02 위 글의 밑줄 친 ㉡이 원인이 되어 일어난 사건은 어느 것입니까? ( )

① 4·19 혁명 ② 6·25 전쟁
③ 6월 민주 항쟁 ④ 5·16 군사 정변
⑤ 5·18 민주화 운동

03 4·19 혁명의 결과로 알맞지 않은 것은 어느 것입니까? ( )

① 재선거가 실시되었다.
② 새로운 정부가 세워졌다.
③ 6·29 민주화 선언이 발표되었다.
④ 3·15 부정 선거가 무효가 되었다.
⑤ 이승만이 대통령 자리에서 물러났다.

04 유신 헌법의 내용으로 알맞은 것은 어느 것입니까? ( )

① 지방 자치제를 시행한다.
② 언론의 자유를 보장한다.
③ 대통령 직선제를 시행한다.
④ 대통령제를 없애고 의원 내각제로 바꾼다.
⑤ 대통령을 할 수 있는 횟수의 제한을 없앤다.

05 5·18 민주화 운동 중 있었던 사건들을 순서에 맞게 나열한 것은 어느 것입니까? ( )

> ㉠ 전라남도 광주에서 대규모 민주화 시위가 일어났다.
> ㉡ 광주 시민들이 시민군을 조직하여 계엄군에 대항하였다.
> ㉢ 전두환과 일부 군인들이 시위를 진압하려고 광주에 계엄군을 보냈다.

① ㉠ → ㉡ → ㉢
② ㉠ → ㉢ → ㉡
③ ㉡ → ㉠ → ㉢
④ ㉢ → ㉠ → ㉡
⑤ ㉢ → ㉡ → ㉠

06 5·18 민주화 운동 당시 광주 시민들이 내세웠던 구호로 알맞은 것을 보기에서 모두 골라 기호를 쓰시오.

> 보기
> ㉠ "계엄령을 해제하라!"
> ㉡ "전두환은 물러가라!"
> ㉢ "유신 헌법을 유지하라!"
> ㉣ "정부통령 선거를 다시 실시하라!"

( )

➜ 바른답·알찬풀이 39쪽

07 **5·18 민주화 운동의 의의로 알맞지 않은 것을 두 가지 고르시오. (　　　,　　　)**

① 우리나라의 경제가 성장하였다.
② 우리나라 민주화 운동의 토대가 되었다.
③ 세계 여러 나라의 민주화 운동에 영향을 미쳤다.
④ 대통령 간선제를 대통령 직선제로 바꾸게 되었다.
⑤ 민주주의를 지키고자 하는 시민들의 의지를 보여 주었다.

08 **6월 민주 항쟁 중 가장 먼저 일어난 사건을 보기 에서 골라 기호를 쓰시오.**

보기
㉠ 대학생 박종철이 경찰의 고문으로 사망하였다.
㉡ 시위 도중 대학생 이한열이 최루탄에 맞아 희생되었다.
㉢ 당시 대통령 후보였던 노태우가 6·29 민주화 선언을 발표하였다.
㉣ 고문을 금지할 것과 대통령 직선제 등을 요구하는 시위가 일어났다.

(　　　　　　　　　)

서술형

09 **6월 민주 항쟁의 결과를 대통령 선거 제도와 관련지어 쓰시오.**

____

____

10 **다음 내용이 담긴 선언의 이름을 쓰시오.**

• 언론의 자유 보장	• 지방 자치제 시행
• 국민의 기본권 보장	• 대통령 직선제 시행

(　　　　　　　　　)

11 **다음에서 설명하는 제도로 알맞은 것은 어느 것입니까? (　　　)**

지역의 일을 각 지역에서 스스로 결정하고 처리하는 제도로, 우리나라에서는 1990년대부터 본격적으로 실시되었다.

① 내각 책임제　② 입헌 군주제
③ 지방 자치제　④ 대통령 직선제
⑤ 대통령 간선제

12 **다음 사진은 시민들이 어떤 방법으로 사회 공동의 문제를 해결하기 위해 참여하고 있는 모습입니까? (　　　)**

① 투표하기
② 서명 운동하기
③ 공청회 참석하기
④ 해시태그 운동하기
⑤ 대규모 집회 참여하기

사회

사회 **핵심 개념**

② 일상생활과 민주주의

개념 1 정치의 뜻과 사례

① ❶ [ㅈㅊ]: 사람들 사이에서 발생하는 갈등이나 문제를 조정하고 원만하게 해결해 가는 과정입니다.

② 생활 속 정치의 사례

구분	사례
가정	집안일을 나누기 위해 가족회의를 함.
학교	학생 대표를 뽑기 위해 선거를 함.
학급	학급 규칙을 정하는 학급 회의를 함.
지역	쓰레기 문제 해결 방안을 정하기 위해 주민 회의를 함.

개념 2 민주주의의 뜻과 기본 정신

① 민주주의 → 오늘날에는 모든 사회 구성원이 문제 해결 과정에 참여할 수 있어요.

- 모든 국민이 나라의 주인으로서 권리를 갖고, 그 권리를 자유롭고 평등하게 행사하는 정치 제도입니다.
- 모두의 생각을 존중하면서 대화와 타협으로 사회 공동의 문제를 해결하는 생활 방식입니다.
- 민주주의는 일상생활에서 학급 회의, 주민 회의, 지방 의회, 시민 공청회 등을 통해 다양하게 나타납니다.

② 민주주의의 기본 정신

구분	내용
인간의 존엄성	모든 사람은 태어날 때부터 인간이라는 이유만으로 존엄과 가치를 존중받아야 함.
❷ [ㅈㅇ]	국가나 다른 사람에게 구속받지 않고 자신의 의사를 스스로 결정할 수 있어야 함.
평등	성별, 종교, 재산, 인종 등에 따라 차별받지 않고 동등하게 대우받아야 함.

③ 민주주의의 목적: 개인의 자유와 평등을 보장하여 인간의 ❸ [ㅈㅇㅅ]을 실현하는 것입니다.

④ 선거 → 가장 기본적인 정치 참여 방법이에요.

- 국민이 자신들을 대표할 사람을 직접 뽑는 방법으로, '민주주의의 꽃'이라고 합니다.
- 선거 관리 위원회에서 선거와 국민 투표가 공정하게 이루어지도록 관리합니다.
- 민주 선거의 기본 원칙: ❹ [ㅂㅌ] 선거, 평등 선거, 직접 선거, 비밀 선거

개념 3 민주주의를 실천하는 바람직한 태도

태도	내용
양보와 타협	상대방과 서로 어떤 일을 배려하고 협의하는 태도
❺ [ㄱㅇ]	나와 다른 의견을 인정하고 포용하는 태도
비판적 태도	사실이나 의견의 옳고 그름을 따져 살펴보는 태도
실천	함께 결정한 일을 따르고 실천하는 태도

개념 4 민주적 의사 결정 원리

원리	내용
대화와 토론, 양보와 타협	대화와 ❻ [ㅌㄹ]을 거쳐 양보와 타협으로 문제를 해결하는 것이 가장 바람직함.
❼ [ㄷㅅㄱ]의 원칙	• 뜻: 다수의 의견이 소수의 의견보다 합리적이라고 가정하고 다수의 의견을 따르는 의사 결정 방법 • 좋은 점: 쉽고 빠르게 문제를 해결할 수 있음. • 주의할 점: 다수결의 원칙을 활용하기 전에 충분히 대화와 토론을 해야 하며, 소수의 의견도 존중해야 함.

개념 5 민주적 의사 결정 원리에 따른 문제 해결

① 문제 확인하기: 함께 해결해야 하는 문제를 찾습니다.

② 문제 발생 ❽ [ㅇㅇ] 파악하기: 문제가 발생한 원인을 파악합니다.

③ 문제 해결 방안 탐색하기: 문제 해결을 위한 다양한 방법을 탐색하고, 그 방법의 장점과 단점 등을 생각해 봅니다.

④ 문제 해결 방안 결정하기: 대화와 타협을 통해 가장 합리적인 의견을 찾고, 합의가 되지 않을 때에는 다수결의 원칙을 활용합니다.

⑤ 문제 해결 방안 실천하기: 결정된 의견을 실천하기 위해 노력합니다.

정답 ❶ 정치 ❷ 자유 ❸ 존엄성 ❹ 보통 ❺ 관용 ❻ 토론 ❼ 다수결 ❽ 원인

➔ 바른답·알찬풀이 39쪽

자료 1 일상생활 속 민주주의의 모습

학급 회의

주민 회의

지방 의회

시민 공청회

POINT
학급 회의, 주민 회의, 지방 의회, 시민 공청회 등을 통해 일상생활에서 민주주의를 실천하는 모습을 볼 수 있습니다.

1-1 모든 국민이 나라의 주인으로서 권리를 갖고, 그 권리를 자유롭고 평등하게 행사하는 제도를 (정치 , 민주주의)라고 합니다.

1-2 지역 주민이 뽑은 대표들은 (지방 의회 , 학급 회의)에서 지역의 중요한 일을 결정합니다.

1-3 가족 구성원이 가족회의를 하는 것도 민주주의의 사례입니다. (○, ×)

자료 2 민주 선거의 기본 원칙

보통 선거: 만 18세 이상의 국민이면 누구나 투표할 수 있음.

평등 선거: 모든 사람이 행사하는 표의 개수와 가치가 같아야 함.

직접 선거: 자신이 직접 투표해야 함.

비밀 선거: 누구에게 투표했는지 다른 사람이 알 수 없어야 함.

POINT
민주 선거의 기본 원칙은 보통 선거, 평등 선거, 직접 선거, 비밀 선거입니다.

2-1 국민이 자신들을 대표할 사람을 직접 뽑는 것을 무엇이라고 하는지 쓰시오.
( )

2-2 (보통 선거 , 직접 선거)는 자신이 직접 투표해야 한다는 민주 선거의 기본 원칙입니다.

2-3 모든 사람이 행사하는 표의 개수와 가치가 같아야 한다는 것은 ( ) 선거에 대한 설명입니다.

자료 3 민주적 의사 결정 원리에 따른 문제 해결 사례

문제 확인	교실이 지저분함.
문제 발생 원인 파악	교실 청소 당번이 없음.
문제 해결 방안 탐색	청소 당번 지원자 받기, 돌아가면서 청소하기
문제 해결 방안 결정	번호순대로 네 명씩 돌아가며 청소하기로 결정함.
문제 해결 방안 실천	교실이 깨끗해짐.

POINT
민주적 의사 결정 원리에 따라 공동의 문제를 해결해야 합니다.

3-1 민주적 의사 결정 원리에 따라 공동의 문제를 해결하면 공동체의 구성원이 함께 잘 살아갈 수 있습니다. (○, ×)

3-2 다양한 의견 중 가장 합리적인 의견을 선택하는 과정은 문제 해결 방안 (결정 , 실천)하기 단계입니다.

01 생활 속에서 이루어지는 정치의 사례로 알맞지 않은 것은 어느 것입니까? (　　　)

① 청소 당번을 정하기 위해 학급 회의를 하는 것
② 하루 생활 계획표를 짜고 일정을 잘 지키는 것
③ 지역의 쓰레기 문제를 해결하기 위해 공청회를 여는 것
④ 가정에서 집안일을 나누어 맡는 문제로 가족 회의를 하는 것
⑤ 지역에서 케이블카 설치에 대해 논의하기 위해 주민 회의를 하는 것

02 다음에서 설명하는 것은 무엇인지 쓰시오.

• 모든 국민이 나라의 주인으로서 권리를 갖고, 그 권리를 자유롭고 평등하게 행사하는 정치 제도를 말한다.
• 신분, 재산, 성별, 인종, 장애 등과 관계없이 모두의 생각을 존중하면서 대화와 타협으로 사회 공동의 문제를 해결하는 생활 방식이다.

(　　　　　　　　　　)

03 일상생활 속 민주주의의 사례로 알맞지 않은 것은 어느 것입니까? (　　　)

①

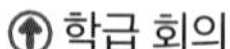
학급 회의

②

지방 의회

③

직거래 장터

④

시민 공청회

04 민주주의의 기본 정신에 대한 설명으로 알맞지 않은 것은 어느 것입니까? (　　　)

① 우리는 자신의 의사를 스스로 결정할 수 있다.
② 인간은 태어날 때부터 존중받을 권리가 있다.
③ 사람들은 성별, 인종 등에 따라 차별받지 않아야 한다.
④ 우리는 누구나 인간이라는 이유만으로 존엄과 가치를 지니고 있다.
⑤ 다른 사람의 자유를 침해하더라도 내 자유를 행사할 수 있어야 한다.

서술형

05 민주주의의 기본 정신 중 인간의 존엄성을 실현하려면 무엇이 보장되어야 하는지 쓰시오.

06 선거에 대한 설명으로 알맞지 않은 것은 어느 것입니까? (　　　)

① '민주주의의 꽃'이라고 부른다.
② 가장 기본적인 정치 참여 방법이다.
③ 재산이 많은 몇몇 사람들만 선거에 참여할 수 있다.
④ 국민이 자신들을 대표할 사람을 직접 뽑는 방법이다.
⑤ 선거 관리 위원회에서 공정하게 이루어지도록 관리한다.

바른답·알찬풀이 39쪽

07 민주 선거의 기본 원칙으로 알맞지 않은 것은 어느 것입니까? (　　　)

① 간접 선거　② 보통 선거
③ 비밀 선거　④ 직접 선거
⑤ 평등 선거

08 민주주의를 실천하는 바람직한 태도를 가지지 못한 친구는 누구입니까? (　　　)

① 비판적 태도를 가진 미연이
② 관용의 자세를 보이는 현우
③ 양보와 타협의 자세를 보이는 주호
④ 자신의 의견을 결코 굽히지 않는 유정이
⑤ 함께 결정한 사항을 지키고 실천하는 은진이

09 다음에서 설명하는 것은 무엇인지 쓰시오.

> 생활 속에서 민주주의를 실천하는 태도로, 나와 다른 의견을 인정하고 포용하는 태도를 말한다.

(　　　　　　　　　　　)

10 다수결의 원칙을 따를 수 있는 사례로 알맞지 않은 것은 어느 것입니까? (　　　)

① 대통령을 뽑기 위한 선거
② 학생 대표를 뽑기 위한 선거
③ 학교 수학 시험 문제의 정답
④ 가족 여행 장소를 결정하는 가족회의
⑤ 지역에 공원을 설치하기 위한 주민 회의

서술형

11 다수결의 원칙을 따를 때 주의할 점을 한 가지만 쓰시오.

12 다음은 민주적 의사 결정 원리에 따른 문제 해결 과정입니다. 순서에 맞게 기호를 쓰시오.

> ㉠ 문제 확인하기
> ㉡ 문제 해결 방안 결정하기
> ㉢ 문제 해결 방안 실천하기
> ㉣ 문제 해결 방안 탐색하기
> ㉤ 문제 발생 원인 파악하기

(　　)→(　　)→(　　)→(　　)→(　　)

사회

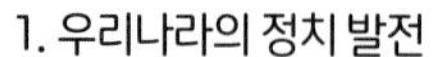

③ 민주 정치의 원리와 국가 기관의 역할

→국민이 나라의 주인이 되고, 국민의 뜻에 따라 이루어지는 정치를 말해요.

개념 1 민주 정치의 기본 원리

국민 주권의 원리	❶ ㅈㄱ 이 국민에게 있으며, 나라의 중요한 일을 국민 스스로 결정할 수 있는 것
권력 분립의 원리	국가 권력을 여러 국가 기관이 나누어 맡아 서로 견제하고 균형을 이루게 하는 것

개념 2 국회

① 국회와 국회 의원

국회	국회 의원들이 모여 나라의 중요한 일을 의논하고 결정하는 국가 기관
국회 의원	국민의 대표로, 국민이 4년마다 선거를 통해 직접 뽑음.

② 국회에서 하는 일

- ❷ ㅂ 을 만들고, 법을 고치거나 없애기도 합니다.
- 정부에서 계획한 ❸ ㅇㅅㅇ 을 심의하여 확정합니다.
- 국정 감사를 하여 정부가 법에 따라 일을 잘하고 있는지 확인하고 감시합니다.

개념 3 정부

① 정부: 법에 따라 나라의 살림을 맡아 하는 국가 기관
② 정부의 구성: ❹ ㄷㅌㄹ , 국무총리, 행정 각부 등으로 구성됩니다.
③ 대통령, 국무총리, 행정 각부가 하는 일

대통령	• 정부를 이끄는 최고 책임자로서 나라의 중요한 일을 결정함. • 외국에 대하여 우리나라를 대표함. • 국민이 5년마다 직접 뽑음.
❺ ㄱㅁㅊㄹ	• 대통령을 도와 행정 각부를 관리함. • 대통령이 외국을 방문하거나 특별한 이유로 일할 수 없을 때는 대통령의 임무를 대신함.
행정 각부	• 교육부, 국방부, 보건복지부 등 • 장관과 차관, 많은 공무원이 국민의 편의와 안전을 위해 여러 가지 일을 함.

개념 4 법원

① 법원: 법에 따라 옳고 그름을 따져 ❻ ㅈㅍ 을 하는 국가 기관
② 법원에서 하는 일

- 법을 지키지 않은 사람을 처벌하여 사회 질서를 유지합니다.
- 사람들 사이에 발생하는 다툼을 해결합니다.
- 억울하게 피해를 입은 사람을 구제합니다.

③ 공정한 재판을 위한 제도

법원의 독립	• 법원은 다른 국가 기관의 간섭을 받지 않아야 함. • 법관이 헌법과 법률에 따라 판결을 내림.
공개 재판	특별한 경우가 아니면 모든 재판의 과정과 결과를 공개함.
❼ ㅅㅅ 제도	원칙적으로 한 사건에 대해 급이 다른 법원에서 세 번까지 재판을 받을 수 있는 삼심 제도(3심 제도)를 두고 있음.

④ 헌법재판소

- ❽ ㅎㅂ 과 관련한 분쟁을 해결하는 기관입니다.
- 법률이 헌법에 어긋나지 않는지, 국가 기관이 국민의 기본권을 침해하였는지 등을 판단합니다.
- 대통령과 같이 높은 지위에 있는 공무원이 헌법이나 법을 어겼을 때 그 자리에서 물러나게 해야 하는지에 대해 심판합니다.

개념 5 우리나라의 권력 분립

① 권력 분립이 필요한 까닭

- 한 사람이나 기관에 국가 권력이 집중되면 권력을 마음대로 사용하거나 잘못된 결정을 할 수 있습니다.
- 국민의 자유와 권리가 침해받을 수 있습니다.

② 삼권 분립

의미	국회, 정부, 법원이 국가 권력을 나누어 맡는 것
목적	국가 기관이 서로 견제하고 균형을 이룸으로써 국민의 자유와 권리를 보장하기 위함.

정답 ❶ 주권 ❷ 법 ❸ 예산안 ❹ 대통령 ❺ 국무총리 ❻ 재판 ❼ 심급 ❽ 헌법

➜ 바른답·알찬풀이 40쪽

자료 1 헌법에 나타난 국민 주권의 원리

대한민국 헌법

제1조 ①
대한민국은 민주 공화국이다.
제1조 ②
대한민국의 주권은 국민에게 있고, 모든 권력은 국민으로부터 나온다.

POINT
우리나라 헌법에는 민주 정치의 기본 원리인 국민 주권의 원리에 대한 내용이 담겨 있습니다.

1-1 민주 정치는 국민이 나라의 주인이 되고, 국민의 뜻에 따라 이루어지는 정치입니다. (○ , ×)

1-2 주권이 국민에게 있으며, 나라의 중요한 일을 국민 스스로 결정할 수 있다는 민주 정치의 기본 원리는 (국민 주권 , 권력 분립)의 원리입니다.

자료 2 행정 각부에서 하는 일

⬆ 보건복지부: 빈곤, 질병으로부터 국민을 보호함.

⬆ 환경부: 깨끗한 환경을 위해 환경을 보전함.

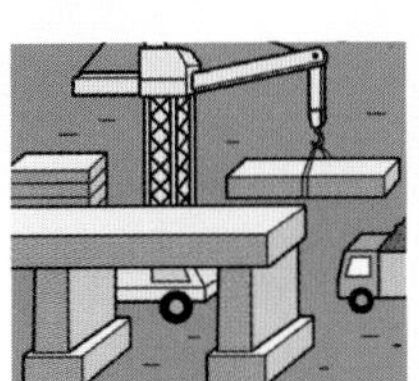
⬆ 국토교통부: 주택과 교통 정책 등을 세우고 집행함.

⬆ 문화체육관광부: 문화와 체육 발전에 힘씀.

POINT
행정 각부에는 장관과 차관이 있고, 많은 공무원이 국민의 편의와 안전을 위해 여러 가지 일을 하고 있습니다.

2-1 (국회 , 정부)는 나라의 살림을 맡아 하는 곳으로, 대통령, 국무총리, 행정 각부 등으로 구성됩니다.

2-2 (환경부 , 보건복지부)는 빈곤, 각종 질병으로부터 국민을 보호하는 일을 합니다.

2-3 국토교통부는 우리나라의 문화와 체육 발전에 힘씁니다. (○ , ×)

2-4 (   )은/는 국민이 깨끗한 환경에서 살 수 있도록 환경을 보전합니다.

자료 3 우리나라의 삼권 분립

국가를 다스리는 법을 만듦.

법에 따라 나라 살림을 함.

법에 따라 재판을 함.

POINT
우리나라는 국가 권력을 국회, 정부, 법원이 나누어 맡는 삼권 분립의 형태로 권력 분립을 실현하고 있습니다.

3-1 삼권 분립의 목적은 국가 기관이 서로 견제하고 균형을 이룸으로써 국민의 자유와 권리를 보장하기 위해서입니다. (○ , ×)

3-2 우리나라의 국가 기관 중 (국회 , 법원)은/는 국가를 다스리는 법을 만듭니다.

3-3 법에 따라 나라 살림을 하는 국가 기관은 어디인지 쓰시오. (   )

❸ 민주 정치의 원리와 국가 기관의 역할

01 다음 (   ) 안에 들어갈 알맞은 말을 쓰시오.

> (   )의 원리는 주권이 국민에게 있으며, 나라의 중요한 일을 국민 스스로 결정할 수 있다는 민주 정치의 기본 원리이다.

(   )

02 다음에서 설명하는 민주 정치의 기본 원리는 어느 것입니까? (   )

> 국가 권력을 여러 국가 기관이 나누어 맡도록 하여 서로 견제하고 균형을 이루게 하는 민주 정치의 기본 원리로, 우리나라는 국회, 정부, 법원 세 기관이 국가 권력을 나누어 맡도록 헌법으로 정하고 있다.

① 입헌주의의 원리
② 국민 자치의 원리
③ 국민 주권의 원리
④ 권력 분립의 원리
⑤ 지방 자치의 원리

03 국회에서 하는 일로 알맞지 않은 것은 어느 것입니까? (   )

① 예산안을 심의하여 확정한다.
② 국민의 뜻을 모아 법을 만든다.
③ 사회 변화에 따라 법을 고치거나 없앤다.
④ 한 해 동안 나라 살림에 쓸 예산안을 계획한다.
⑤ 정부가 법에 따라 일을 잘하고 있는지 확인한다.

04 다음에서 설명하는 사람은 누구입니까? (   )

> • 국민을 대표하는 사람이다.
> • 국민이 4년마다 선거를 통해 선출한다.
> • 국회에서 국가의 중요한 일을 의논하고 결정한다.

① 검사 ② 판사
③ 대통령 ④ 국무총리
⑤ 국회 의원

05 다음 신문 기사의 (   ) 안에 공통으로 들어갈 말을 쓰시오.

> ○○신문 20△△년 △△월 △△일
>
> **국회, (   ) 실시**
>
> 국회는 정부 각 부처를 대상으로 (   )을/를 실시한다고 밝혔다. (   )은/는 국민의 대표 기관인 국회에서 정부가 국민을 위해 나라 살림을 잘하고 있는지 감시하거나 비판하는 활동이다.

(   )

서술형

06 다음 국가 기관에서 하는 일을 한 가지만 쓰시오.

ⓘ 정부

____

____

➔ 바른답·알찬풀이 40쪽

07 **대통령에 대한 설명으로 알맞지 않은 것은 어느 것입니까? (   )**

① 정부의 최고 책임자이다.
② 나라의 중요한 일을 결정한다.
③ 외국에 대하여 우리나라를 대표한다.
④ 5년마다 국회 의원들이 투표를 하여 뽑는다.
⑤ 국무총리, 행정 각부의 장관 등을 임명하거나 물러나게 할 수 있다.

08 **우리나라의 행정 각부 중 다음과 같은 일을 하는 부서는 어디입니까? (   )**

안전한 교통과 집 걱정 없는 대한민국을 만들어 간다.

① 교육부　② 외교부
③ 환경부　④ 국토교통부
⑤ 보건복지부

09 **법원에서 하는 일을 보기에서 모두 골라 기호를 쓰시오.**

㉠ 법을 만든다.
㉡ 법을 지키지 않은 사람을 처벌한다.
㉢ 법에 따라 국가의 살림을 맡아 한다.
㉣ 법에 따라 개인과 국가, 지방 자치 단체 사이에서 생긴 갈등을 해결해 준다.

(   )

10 **다음 (   ) 안에 들어갈 알맞은 숫자를 쓰시오.**

우리나라는 국민이 공정한 재판을 받을 수 있도록 원칙적으로 한 사건에 대해 급이 다른 법원에서 (   ) 번까지 재판을 받을 수 있는 제도를 두고 있다.

(   )

11 **다음과 같은 일을 하는 기관은 어디입니까? (   )**

법률이 헌법에 어긋나지 않는지, 국가 기관이 국민의 자유와 권리를 침해하였는지 등을 심판하여 결정한다.

① 국회　② 정부
③ 대법원　④ 국가정보원
⑤ 헌법재판소

12 **우리나라의 삼권 분립에 대한 설명으로 알맞지 않은 것은 어느 것입니까? (   )**

① 법원은 법에 따라 재판을 한다.
② 국회는 국가를 다스리는 법을 만든다.
③ 정부는 법에 따라 나라의 살림을 한다.
④ 세 기관이 국가 권력을 나누어 맡고 있다.
⑤ 법원과 국회가 정부의 감시를 받으며 일하고 있다.

사회

단원 평가 기본 1. 우리나라의 정치 발전

01 다음 내용과 관련 있는 사람은 누구입니까? (　　　)

> • 우리나라의 첫 번째 대통령이다.
> • 여러 차례 헌법을 바꿔 가며 독재 정치를 이어갔다.
> • 1960년 3월 15일에 치러진 정부통령 선거에서 이기기 위해 부정 선거를 하였다.

① 김영삼　② 노태우
③ 박정희　④ 이승만
⑤ 전두환

서술형

02 다음 사진과 관련 있는 사건의 결과를 두 가지 쓰시오.

국립 4·19 민주 묘지

꼭 들어가야 할 말: 이승만, 3·15 부정 선거, 무효

03 다음에서 설명하는 사건은 어느 것입니까? (　　　)

> 4·19 혁명 이후 새로운 정부가 들어선 지 1년도 되지 않아 박정희와 일부 군인들이 혼란스러운 사회를 안정시킨다는 명분으로 군대를 동원하여 정권을 잡았다.

① 6월 민주 항쟁
② 3·15 부정 선거
③ 5·16 군사 정변
④ 5·18 민주화 운동
⑤ 6·29 민주화 선언

04 박정희 정부가 유신 헌법을 만든 까닭으로 알맞은 것은 어느 것입니까? (　　　)

① 정권을 계속 유지하기 위해서
② 군사 정변을 일으키기 위해서
③ 언론의 자유를 보장하기 위해서
④ 대통령 간선제를 직선제로 바꾸기 위해서
⑤ 국민들의 민주화 요구를 받아들이기 위해서

꼭나와

05 5·18 민주화 운동이 일어난 원인으로 알맞은 것은 어느 것입니까? (　　　)

① 3·15 부정 선거가 일어났다.
② 경찰의 고문을 받다가 박종철이 사망하였다.
③ 마산 시위 도중 죽은 김주열의 시신이 발견되었다.
④ 전두환 정부가 대통령 간선제를 유지하겠다고 발표하였다.
⑤ 군사 정변을 일으킨 전두환과 일부 군인들이 계엄령을 전국으로 확대하였다.

꼭나와

06 다음에서 설명하는 사건의 과정에서 일어난 일로 알맞은 것을 두 가지 고르시오. (,)

> 1987년 6월, 전두환 정부의 독재를 반대하고 대통령 직선제를 요구하는 6월 민주 항쟁이 일어났다.

① 5·16 군사 정변이 일어났다.
② 박정희 정부가 유신 헌법을 만들었다.
③ 대학생 박종철이 경찰의 고문을 받다가 사망하였다.
④ 마산 앞바다에서 실종된 김주열 학생의 시신이 발견되었다.
⑤ 전두환 정부가 다음 대통령을 간선제로 뽑겠다고 발표하였다.

07 6월 민주 항쟁 이후의 사회 모습에 대해 잘못 설명한 친구의 이름을 쓰시오.

( )

08 다음 ( ) 안에 들어갈 알맞은 말을 쓰시오.

> 모든 국민이 나라의 주인으로서 권리를 갖고, 그 권리를 자유롭고 평등하게 행사하는 정치 제도를 ( )(이)라고 한다.

( )

09 다음 밑줄 친 부분에 해당하는 민주주의의 기본 정신은 어느 것입니까? ( )

> 모든 인간은 인간이라는 이유만으로 존중받아야 하며, 이를 위해서는 <u>국가나 다른 사람에게 구속받지 않고 자신의 의사를 스스로 결정할 수 있어야 한다.</u>

① 대화 ② 양보
③ 자유 ④ 타협
⑤ 평등

10 다음 그림과 관련 있는 민주 선거의 기본 원칙은 어느 것입니까? ( )

① 공개 선거 ② 보통 선거
③ 비밀 선거 ④ 직접 선거
⑤ 평등 선거

사회

꼭나와

11 **민주주의를 실천하는 바람직한 태도로 알맞지 않은 것은 어느 것입니까? (　　　)**

① 함께 결정한 사항은 지키고 실천한다.
② 나와 다른 의견을 인정하고 포용한다.
③ 사실이나 의견의 옳고 그름을 따져 살펴본다.
④ 상대방과 서로 어떤 일을 배려하고 협의한다.
⑤ 갈등이 생겼을 때 자신의 입장을 끝까지 주장한다.

서술형

12 **다음 ㉠에 들어갈 알맞은 말을 쓰고, ㉠과 같은 방법으로 문제를 해결할 때의 좋은 점을 한 가지만 쓰시오.**

> (㉠)의 원칙이란 다수의 의견이 소수의 의견보다 합리적이라고 가정하고 다수의 의견을 따르는 의사 결정 방법이다.

(1) ㉠: (　　　　　　　　)

(2) 좋은 점: ______________________

____

13 **민주적 의사 결정 원리에 따른 문제 해결 과정 중 다음 단계에 해당하는 것은 어느 것입니까?**
(　　　)

> 대화와 타협으로 합리적 의견을 찾고, 합의가 되지 않을 때는 다수결의 원칙을 따른다.

① 문제 확인하기
② 문제 해결 방안 결정하기
③ 문제 해결 방안 실천하기
④ 문제 해결 방안 탐색하기
⑤ 문제 발생 원인 파악하기

14 **다음은 대한민국 헌법 조항입니다. (　　) 안에 공통으로 들어갈 말은 어느 것입니까?**
(　　　)

> 대한민국 헌법
>
> 제1조 ①
> 대한민국은 민주 공화국이다.
>
> 제1조 ②
> 대한민국의 주권은 (　　　)에게 있고, 모든 권력은 (　　　)(으)로부터 나온다.

① 국가　② 국민
③ 국회　④ 법원
⑤ 정부

15 **다음 그림에 나타난 국회에서 하는 일로 알맞은 것은 어느 것입니까? (　　　)**

① 사회 변화에 따라 법을 고친다.
② 사회 변화에 따라 법을 폐지한다.
③ 정부에서 계획한 예산안을 심의한다.
④ 국민의 요구를 반영하여 법을 만든다.
⑤ 정부가 법에 따라 나라 살림을 잘하고 있는지 확인하고 감시한다.

➔ 바른답·알찬풀이 41쪽

16 **정부에 대한 설명으로 알맞지 않은 것은 어느 것입니까? (　　　)**

① 최고 책임자는 대통령이다.
② 대통령, 국무총리, 행정 각부 등으로 구성된다.
③ 국민의 편의와 안전을 위해 여러 가지 일을 한다.
④ 나라의 살림에 필요한 예산안을 심의하여 확정한다.
⑤ 법에 따라 나라의 살림을 맡아 하는 국가 기관이다.

17 **우리나라의 행정 각부 중 다음 그림과 같은 일을 하는 부서는 어디입니까? (　　　)**

① 국방부　　② 환경부
③ 국토교통부　　④ 보건복지부
⑤ 문화체육관광부

꼭나와요

18 **법원에서 하는 일로 알맞지 않은 것은 어느 것입니까? (　　　)**

① 잘못된 법을 고치거나 폐지한다.
② 법을 지키지 않은 사람을 처벌한다.
③ 억울하게 피해를 입은 사람을 구제한다.
④ 법에 따라 옳고 그름을 따져 재판을 한다.
⑤ 사람들 사이에 발생하는 다툼을 해결한다.

19 **우리나라에서 다음과 같은 제도를 실시하고 있는 까닭으로 알맞은 것은 어느 것입니까? (　　　)**

- 법원은 다른 국가 기관의 영향이나 간섭을 받지 않는다.
- 특별한 경우가 아니면 모든 재판의 과정과 결과를 공개한다.
- 원칙적으로 한 사건에 대해 급이 다른 법원에서 세 번까지 재판을 받을 수 있다.

① 공정한 재판을 위해서
② 재판 시간을 단축하기 위해서
③ 국민에게 필요한 법을 만들기 위해서
④ 사법부가 입법부를 견제하게 하기 위해서
⑤ 법을 지키지 않은 사람들에게 서로 다른 기준을 적용하기 위해서

서술형 상

20 **다음은 우리나라 삼권 분립의 모습입니다. 국회, 정부, 법원이 국가 권력을 나누어 맡는 목적은 무엇인지 쓰시오.**

꼭 들어가야 할 말: 견제, 균형, 자유, 권리

사회

01 다음에서 설명하는 사건은 어느 것입니까? (　　　)

> 1960년 3월 15일에 치러진 정부통령 선거에서 이승만 정부가 부정한 방법으로 이기자, 학생들과 시민들은 3·15 선거가 무효라고 주장하며 시위를 벌였다. 마산 시위 도중 사망한 김주열 학생의 시신이 발견되면서 학생들과 시민들의 시위가 전국으로 확산되었다.

① 4·19 혁명 ② 6월 민주 항쟁
③ 5·16 군사 정변 ④ 6·29 민주화 선언
⑤ 5·18 민주화 운동

서술형

02 다음 밑줄 친 ㉠에 들어갈 내용을 두 가지 쓰시오.

> 박정희는 1972년에 ＿＿㉠＿＿ 등의 내용이 담긴 유신 헌법을 새로 만들었다. 이에 학생들과 각계각층의 시민들은 유신 헌법에 반대하고 민주화를 요구하는 시위를 벌여 나갔다.

____

____

03 다음 상황에 반발하여 일어난 사건은 어느 것입니까? (　　　)

> 박정희가 죽은 후 전두환과 일부 군인들이 군사 정변을 일으켜 정권을 잡았다. 군사 정변을 일으킨 군인들은 계엄령을 전국으로 확대하여 민주화 시위를 탄압하였다.

① 4·19 혁명 ② 6월 민주 항쟁
③ 5·16 군사 정변 ④ 3·15 부정 선거
⑤ 5·18 민주화 운동

04 5·18 민주화 운동의 역사적 의의로 알맞은 것은 어느 것입니까? (　　　)

① 전두환이 물러나는 계기가 되었다.
② 정부통령 선거가 다시 실시되었다.
③ 대통령 직선제로 헌법이 개정되었다.
④ 이후 민주화 운동이 일어나지 않게 되었다.
⑤ 폭력적인 정권에 맞서 민주주의를 지키고자 하는 시민들의 의지를 보여 주었다.

어려워

05 다음은 6월 민주 항쟁의 전개 과정입니다. 순서에 맞게 기호를 쓰시오.

> ㉠ 대학생 이한열이 최루탄에 맞아 희생되었다.
> ㉡ 대학생 박종철이 경찰의 고문으로 사망하였다.
> ㉢ 정부가 다음 대통령도 간선제로 뽑겠다고 발표하였다.
> ㉣ 당시 대통령 후보였던 노태우가 6·29 민주화 선언을 발표하였다.

(　　　) → (　　　) → (　　　) → (　　　)

06 6·29 민주화 선언에 담긴 내용으로 알맞은 것을 보기에서 모두 골라 기호를 쓰시오.

보기
㉠ 삼심 제도 실시
㉡ 지방 자치제 시행
㉢ 대통령 직선제 시행
㉣ 신문, 방송 등 언론의 자유 억압

( )

서술형

07 오늘날 시민들이 사회 공동의 문제 해결에 참여하는 방법을 두 가지 쓰시오.

08 생활 속에서 이루어지는 정치의 사례로 알맞지 않은 것은 어느 것입니까? ( )

① 학급이나 학교에서 규칙을 만드는 것
② 학교에서 학생들이 함께 공부하는 것
③ 전교 학생 회장을 뽑는 선거에 참여하는 것
④ 가족 여행 장소를 결정하기 위해 가족회의를 하는 것
⑤ 주차장 사용 방법을 결정하기 위해 주민 회의를 하는 것

09 민주주의에 대한 설명으로 알맞지 않은 것은 어느 것입니까? ( )

① 모든 국민이 나라의 주인으로서 권리를 갖는 것이다.
② 모든 사람이 사회 공동의 문제 해결 과정에 참여할 수 있다.
③ 대화와 타협으로 사회 공동의 문제를 해결하는 생활 방식이다.
④ 모든 국민이 권리를 자유롭고 평등하게 행사하는 정치 제도이다.
⑤ 각자 신분, 재산, 성별, 인종, 장애 등에 따라 다르게 존중받는 것이다.

10 다음 ㉠~㉢에 해당하는 민주 선거의 기본 원칙을 알맞게 짝 지은 것은 어느 것입니까?
( )

㉠ 자신이 직접 투표해야 한다.
㉡ 만 18세 이상의 국민이면 누구나 투표할 수 있다.
㉢ 어떤 후보자에게 투표하였는지 다른 사람이 알 수 없다.

	㉠	㉡	㉢
①	보통 선거	비밀 선거	평등 선거
②	비밀 선거	보통 선거	직접 선거
③	직접 선거	평등 선거	비밀 선거
④	직접 선거	보통 선거	비밀 선거
⑤	평등 선거	직접 선거	보통 선거

사회

11 민주적 의사 결정 원리로 알맞은 것을 보기 에서 모두 골라 기호를 쓰시오.

보기
㉠ 협박 ㉡ 대화와 토론
㉢ 양보와 타협 ㉣ 다수결의 원칙

( )

어려워

12 다음 신문에 나타난 문제를 민주적으로 해결하기 위한 방법을 잘못 말한 사람은 누구입니까? ( )

○○신문 20△△ 년 △△ 월 △△ 일

○○시, 쓰레기 소각장 건설 관련 공청회 개최

○○시가 쓰레기 소각장 건설 지역으로 △△ 마을을 일방적으로 선정하여 발표하자, △△ 마을 주민들이 강력하게 반대하고 있다. ○○시는 쓰레기 소각장 건설 문제를 해결하려고 마을 주민들, 시장과 시 의원, 시청 공무원, 환경 단체 대표 등이 참석하는 공청회를 열었다.

① 시장: 쓰레기 소각장은 꼭 필요하므로 마을 주민의 의견은 들을 필요가 없습니다.
② 시청 공무원: 대기 오염이 발생하지 않도록 오염 물질을 차단하는 시설을 세우겠습니다.
③ 환경 단체 대표: 오염 물질 차단이 잘 이루어지는지 저희 단체에서 주기적으로 확인하겠습니다.
④ 마을 주민: 시에서 문제가 발생하지 않도록 철저히 관리하고 감독한다면 저희도 양보할 수 있습니다.
⑤ 시 의원: 마을 이미지가 나빠지지 않도록 마을에 부족한 공원과 청소년 놀이 시설을 함께 만드는 방안을 마련하겠습니다.

13 다음 헌법 조항에 나타난 민주 정치의 기본 원리는 어느 것입니까? ( )

대한민국 헌법

제1조 ②
대한민국의 주권은 국민에게 있고, 모든 권력은 국민으로부터 나온다.

① 입헌주의의 원리
② 국민 자치의 원리
③ 국민 주권의 원리
④ 권력 분립의 원리
⑤ 지방 자치의 원리

14 다음 인터뷰 중 ㉠에 들어갈 알맞은 직업은 어느 것입니까? ( )

• 미래: 안녕하세요? 어떤 일을 하시나요?
• (㉠): 저는 4년마다 선거를 하여 국민이 직접 뽑은 국민의 대표입니다. 국민의 뜻을 모아 법을 만들고 고치거나 폐지하는 일을 하는 국가 기관에서 일을 합니다.

① 검사 ② 판사
③ 대통령 ④ 국무총리
⑤ 국회 의원

15 국회에서 하는 일로 알맞지 않은 것은 어느 것입니까? ( )

① 국민에게 필요한 법을 만든다.
② 정부의 예산안을 심의하여 확정한다.
③ 억울하게 피해를 입은 사람을 구제한다.
④ 정부가 예산을 잘 사용하였는지 심사한다.
⑤ 국정 감사를 하여 정부가 법에 따라 일을 잘 하고 있는지 확인한다.

➔ 바른답·알찬풀이 42쪽

16 국무총리에 대한 설명으로 알맞은 것을 두 가지 고르시오. (,   )

① 국민의 뜻을 모아 법을 만든다.
② 외국에 대하여 우리나라를 대표한다.
③ 대통령을 도와 행정 각부를 관리한다.
④ 재판을 진행하고 법에 따라 판결을 내린다.
⑤ 대통령이 일을 할 수 없을 때 대통령의 임무를 대신 맡아서 한다.

어려워

17 행정 각부에서 하는 일로 알맞지 않은 것은 어느 것입니까? (   )

① 환경부는 환경을 보전하는 일을 한다.
② 교육부는 교육 전반에 관한 일을 한다.
③ 기획재정부는 경제 정책을 관리하는 일을 한다.
④ 보건복지부는 국민의 건강을 책임지는 일을 한다.
⑤ 문화체육관광부는 주택 정책과 교통 정책을 세우는 일을 한다.

서술형

18 우리나라에서 공정한 재판을 위해 시행하고 있는 제도를 두 가지 쓰시오.

____

____

19 다음과 같은 일을 하는 기관은 어디입니까? (   )

- 법률이 헌법에 어긋나지 않는지, 국가 기관이 국민의 자유와 권리를 침해하였는지 등을 심판하여 결정한다.
- 대통령과 같이 높은 지위에 있는 공무원이 헌법이나 법을 어겼을 때 그 자리에서 물러나게 해야 하는지에 대해 심판하여 결정한다.

① 국회　② 법원
③ 정부　④ 감사원
⑤ 헌법재판소

20 삼권 분립에 대해 알맞게 설명한 친구의 이름을 쓰시오.

(   )

사회

① 우리나라 경제 체제의 특징

개념 1 가계와 기업이 하는 일

① 가계와 기업

가계	가정 살림을 같이하는 생활 공동체
기업	이윤을 얻으려고 생산 활동을 하는 조직

② 가계와 기업의 경제적 역할 → 가계와 기업은 경제적으로 도움을 주고받는 관계예요.

가계	• 기업의 생산 활동에 참여하고, 그 대가로 소득을 얻음. • ❶ [ㅅㄷ]으로 필요한 물건을 사거나 서비스를 이용하는 소비 활동을 함.
❷ [ㄱㅇ]	• 가계에 일자리를 제공함. • 가계의 노동력을 사용한 대가로 급여를 지급함. • 물건을 만들어 판매하거나 서비스를 제공하여 이윤을 얻음.

개념 2 가계와 기업이 만나는 시장

① ❸ [ㅅㅈ]: 물건이나 서비스를 사려고 하는 사람과 팔려고 하는 사람이 만나 거래하는 곳입니다.

② 다양한 시장의 종류

전통 시장, 대형 할인점	• 일정한 ❹ [ㅈㅅ]가 있는 시장 • 물건을 직접 보고 비교해서 살 수 있음.
인터넷 쇼핑, 홈 쇼핑	• 생산자와 소비자가 온라인에서 만나 물건을 사고파는 시장 • 시간과 공간의 제약 없이 언제 어디에서든지 물건을 살 수 있음.

개념 3 가계의 합리적 선택 알아보기

① 가계의 합리적 선택: 가계는 한정된 소득의 범위 안에서 적은 ❺ [ㅂㅇ]으로 가장 큰 만족을 얻을 수 있는 합리적 선택을 합니다.

② 가계의 합리적 소비 방법: 가격, 품질, 디자인, 상표 등 다양한 선택 기준을 고려하여 선택합니다.

> 1 어떤 물건을 살지 우선순위 정하기 → 2 원하는 상품을 사기 위한 선택 기준 세우기 → 3 다양한 상품을 비교·평가하여 선택하기

개념 4 기업의 합리적 선택 알아보기

① 기업의 합리적 선택: 기업은 적은 비용으로 많은 ❻ [ㅇㅇ]을 얻을 수 있는 합리적 선택을 합니다.

② 기업의 합리적 의사 결정 방법

> 1 소비자가 원하는 상품 분석하기 → 2 상품 개발하기 → 3 생산 방법 정하기 → 4 홍보 계획 세우기

개념 5 우리나라 경제의 특징

① 경제활동의 자유 → 개인과 기업의 자유로운 경쟁은 국가 전체의 경제 발전에 도움을 줘요.

개인	• 자신의 적성, 능력에 따라 자유롭게 직업을 선택할 수 있음. • 소득을 자신의 결정에 따라 자유롭게 사용할 수 있음.
기업	• 무엇을 얼마나 생산하여 판매할지 자유롭게 결정할 수 있음. • 판매하여 얻은 이윤을 어떻게 사용할지 자유롭게 결정할 수 있음.

② 경제활동의 경쟁

개인	자신이 원하는 일자리나 더 많은 소득을 얻기 위해 다른 사람과 경쟁함.
기업	더 많은 이윤을 얻기 위해 더 좋고 다양한 상품 개발에 힘쓰며 다른 기업과 경쟁함.

개념 6 바람직한 경제활동을 위한 노력

① 기업의 불공정한 경제활동으로 생기는 문제

- 독과점 기업끼리 ❼ [ㄷㅎ]하여 가격을 올립니다.
- 기업이 허위·과장 광고를 하여 소비자에게 잘못된 정보를 제공합니다.

② 공정한 경제활동을 위한 정부와 시민 단체의 노력

정부	• 공정한 경제활동의 기준이 되는 법과 제도를 만듦. • 공정 거래 위원회를 만들어 소비자의 이익을 보호함. • 허위·과장 광고를 하지 못하도록 규제함.
시민 단체	기업의 불공정한 경제활동을 감시함.

정답 ❶ 소득 ❷ 기업 ❸ 시장 ❹ 장소 ❺ 비용 ❻ 이윤 ❼ 담합

➔ 바른답·알찬풀이 43쪽

자료 1 가계와 기업의 관계

POINT

가계와 기업은 시장에서 물건이나 서비스를 거래하고, 경제적으로 도움을 주고받습니다.

1-1 기업은 가계에 노동력을 제공하여 그 대가로 소득을 얻습니다. (○, ×)

1-2 (가계 , 기업)은/는 일자리를 제공합니다.

1-3 기업은 물건을 판매하거나 서비스를 제공하여 ( )을/를 얻습니다.

자료 2 다양한 시장의 종류

⬆ 전통 시장

⬆ 대형 할인점

⬆ 인터넷 쇼핑

⬆ 홈 쇼핑

POINT

가계와 기업은 다양한 시장에서 만나 경제활동을 합니다.

2-1 물건이나 서비스를 사려고 하는 사람과 팔려고 하는 사람이 만나 거래하는 곳을 ( ) (이)라고 합니다.

2-2 전통 시장, 대형 할인점은 일정한 장소가 있는 시장입니다. (○, ×)

2-3 (전통 시장 , 인터넷 쇼핑)은 시간과 공간의 제약 없이 물건을 살 수 있는 시장입니다.

자료 3 가계의 합리적 선택

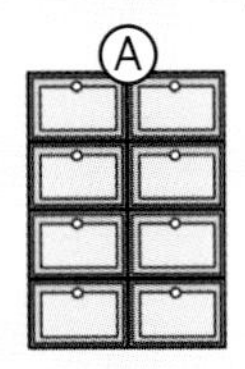

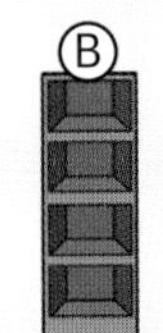

※ (   ) 안은 만족도 점수임.

선택 기준 / 물건	가격 (30점)	크기 (30점)	품질 (20점)	디자인 (20점)	만족도 총합
A	25점	25점	20점	15점	85점
B	30점	10점	5점	10점	55점
C	20점	10점	20점	10점	60점

POINT

예산 안에서 선택 기준에 따라 평가한 후, 가장 큰 만족을 얻을 수 있는 A를 선택하는 것이 합리적 선택입니다.

3-1 가계의 합리적 선택은 (많은 , 적은) 비용으로 가장 큰 만족을 얻는 것입니다.

3-2 가계의 소득은 한정되어 있기 때문에 합리적 선택이 필요합니다. (○, ×)

3-3 가계의 합리적 선택에서 가장 중요한 것은 (비용 , 만족)을 높이는 것입니다.

3-4 사람마다 선택 기준과 우선순위는 다를 수 있습니다. (○, ×)

사회

확인 평가 ❶ 우리나라 경제 체제의 특징

01 가계와 기업에 대한 설명을 선으로 알맞게 이으시오.

(1) 가계 • • ㉠ 가정 살림을 같이 하는 생활 공동체

(2) 기업 • • ㉡ 이윤을 얻으려고 생산 활동을 하는 조직

02 가계의 경제적 역할에 대한 설명으로 알맞은 것은 어느 것입니까? (　　　)

① 소득으로 소비 활동을 한다.
② 사람들에게 일자리를 제공한다.
③ 다양한 물건을 만들어 판매한다.
④ 물건을 배송하는 서비스를 제공한다.
⑤ 고용된 사람들에게 소득을 제공한다.

03 다음에서 설명하는 것은 무엇인지 쓰시오.

> 물건이나 서비스를 사려고 하는 사람과 팔려고 하는 사람이 만나 거래하는 곳이다.

(　　　　　　　　)

04 가계의 합리적 선택을 위한 선택 기준으로 알맞은 것을 보기 에서 모두 골라 기호를 쓰시오.

보기
㉠ 가격
㉡ 품질
㉢ 기업의 이윤
㉣ 상품을 생산하는 데 들어간 비용

(　　　　　　　　)

05 다음은 가계의 합리적 선택 과정입니다. 순서에 맞게 기호를 쓰시오.

> ㉠ 우선순위 정하기
> ㉡ 선택 기준 세우기
> ㉢ 비교·평가하여 선택하기

(　　　　) → (　　　　) → (　　　　)

06 다음은 기업의 합리적 선택 방법입니다. ㉠, ㉡에 들어갈 알맞은 말을 골라 ○표 하시오.

> 기업은 ㉠ (많은 , 적은) 비용으로 ㉡ (많은 , 적은) 이윤을 얻을 수 있는 합리적 선택을 한다.

바른답·알찬풀이 43쪽

07 합리적 선택을 하기 위한 기업의 노력으로 알맞지 않은 것은 어느 것입니까? (   )

① 다양한 상품의 판매량을 분석한다.
② 판매량을 늘리기 위한 홍보 계획을 세운다.
③ 생산 비용을 낮추기 위한 방법을 고민한다.
④ 생산 비용을 고려하여 상품의 가격을 결정한다.
⑤ 회사 대표가 좋아하거나 원하는 상품을 개발한다.

08 우리나라 경제의 특징으로 알맞은 것을 두 가지 고르시오. (,   )

① 간섭 ② 경쟁
③ 규제 ④ 자유
⑤ 차별

09 경제활동의 자유와 경쟁이 우리 생활에 미치는 영향으로 알맞지 않은 것은 어느 것입니까? (   )

① 기업은 더 많은 이윤을 얻을 수 있다.
② 기업은 더 좋은 상품을 개발할 수 있다.
③ 개인은 한 가지 상품만 소비할 수 있다.
④ 국가 전체의 경제 발전에도 도움이 된다.
⑤ 개인은 자신의 능력을 더 잘 발휘할 수 있다.

10 다음 사례에 나타난 기업들의 경쟁 과정에서 발생하는 문제로 알맞은 것은 어느 것입니까? (   )

> 우리나라 휴대 전화 판매량의 80 %를 차지하는 회사 네 곳이 일제히 가격을 올린 것으로 밝혀졌다. 이에 공정 거래 위원회에서는 휴대 전화 유통 과정과 요금 체제에 대한 조사에 착수하였다.

① 상품의 내용을 과장하여 광고한다.
② 기업끼리 담합하여 가격을 올린다.
③ 몸에 좋지 않은 재료로 상품을 만든다.
④ 다른 기업이 시장에 진출하는 것을 막는다.
⑤ 정해진 기준을 어기고 환경 오염 물질을 배출한다.

11 다음 (   ) 안에 공통으로 들어갈 정부 기관을 쓰시오.

> • (   )은/는 경제 질서를 바로잡고, 공정한 경제활동이 이루어지도록 하기 위해 정부에서 만든 기관이다.
> • 기업의 불공정한 경제활동으로 문제가 생겼을 때 소비자는 (   )에 도움을 요청할 수 있다.

(   )

서술형

12 공정한 경제활동을 위한 정부의 노력을 한 가지만 쓰시오.

____

____

사회

❷ 우리나라의 경제 성장

개념 1 6·25 전쟁(1950) 이후 경제 성장

① 6·25 전쟁 직후 경제 모습 → 다른 나라에서 식량과 물자를 받았어요.

파괴된 시설 복구	전쟁으로 파괴된 시설을 복구하고 경제를 발전시키는 데 힘을 모음.
❶ ㅅㅂㅈ 산업의 발전	밀가루, 설탕, 면직물 등을 만드는 소비재 산업이 발전함. → 주요 산업은 여전히 농업, 임업, 어업 등이었어요.

② 1960년대 경제 성장

정부의 노력	• 경제 개발 5개년 계획을 세움. • 제품을 수출하는 기업의 세금을 줄여 줌. • 발전소, 도로, 항만 등 수출에 도움이 되는 시설을 건설함.
❷ ㄱㄱㅇ 의 발전	값싸고 풍부한 노동력을 가지고 섬유, 신발, 의류, 가발 등과 같은 제품을 만드는 경공업이 발전함.

개념 2 1970~1980년대 경제 성장

정부의 노력	• ❸ ㅈㅎㅎ 공업 육성 계획을 발표하고, 해안 지역을 중심으로 중화학 공업 단지를 건설함. • 높은 기술력을 갖추기 위해 교육 기관과 연구소를 설립함.
중화학 공업의 발전	• 1970년대에는 철강·석유 화학, 조선 산업, 1980년대에는 자동차, 기계, 전자 산업이 크게 발전함. • 수출액과 국민 소득이 늘어나 사람들의 생활 수준이 높아짐.

개념 3 1990년대 이후 경제 성장

① 1990년대 경제 성장

정보 통신 산업의 발전	• ❹ ㅇㅌㄴ 의 발달로 다양한 산업들이 생겨남. • 전국에 초고속 정보 통신망을 설치하면서 더욱 빠르게 성장함.
반도체 산업의 발전	반도체 산업이 발전하여 세계적으로 인정받는 주요 수출품으로 자리 잡음.

② 2000년대 이후 경제 성장

첨단 산업의 발전	생명 공학, 우주 항공, 신소재, 로봇 등 첨단 산업이 발전함.
서비스업의 발전	문화 콘텐츠, ❺ ㄱㄱ, 의료 서비스, 금융 산업 등이 경쟁력을 갖춤.

개념 4 경제 성장에 따른 사회 변화

① 우리나라의 경제 성장: 우리나라의 국내 총생산과 1인당 국민 총소득이 크게 증가하였습니다.

② 경제 성장에 따른 사회 모습 → 국민의 생활이 풍요롭고 편리해졌어요.

- 가계 소득이 증가하여 해외로 여행을 가는 사람이 많아졌습니다.
- 스마트폰이 보급되어 언제 어디서든 정보를 주고받을 수 있게 되었습니다.
- 문화 콘텐츠 산업이 빠르게 발전하면서 ❻ ㅎㄹ 가 나타났습니다.

개념 5 경제 성장 과정에서 나타난 문제와 해결 노력

① 환경 문제

문제점	경제 성장을 중시하면서 환경 보호에 관심을 기울이지 못함.
해결 노력	• 정부는 ❼ ㅊㅎㄱ 자동차 보급을 지원하는 정책을 시행함. • 기업은 친환경 제품을 개발하여 생산함.

② 노사 갈등 문제

문제점	노동자와 기업 경영자가 근무 환경, 임금 등을 둘러싸고 갈등을 일으킴.
해결 노력	안정적인 일자리를 제공하고 노동자들의 ❽ ㅇㄱ 을 보호하기 위해 노력함.

③ 빈부 격차(경제적 양극화) 문제

문제점	경제적으로 풍족한 사람과 그렇지 못한 사람 사이의 소득 격차가 커짐.
해결 노력	• 저소득층에게 생계비·양육비를 지원함. • 최저 임금을 높이는 정책을 시행함. • 「국민 기초 생활 보장법」을 시행함.

정답 ❶ 소비재 ❷ 경공업 ❸ 중화학 ❹ 인터넷 ❺ 관광 ❻ 한류 ❼ 친환경 ❽ 인권

➔ 바른답·알찬풀이 43쪽

자료 1 경공업과 중화학 공업의 비중 변화

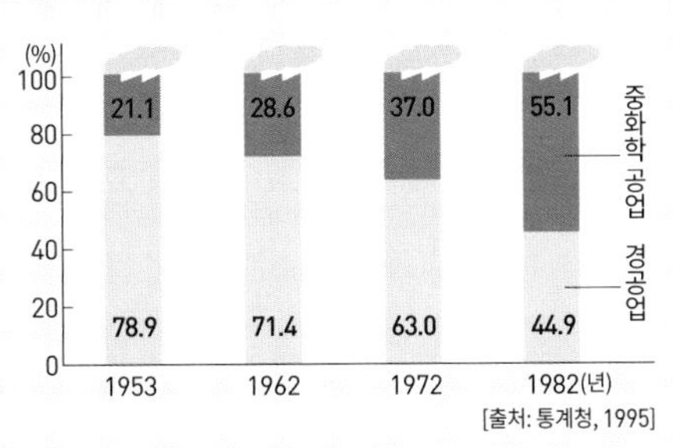

POINT
1970년대 이후 우리나라 공업에서 경공업보다 중화학 공업이 차지하는 비중이 커졌습니다.

1-1 정부는 1970년대에 중화학 공업 육성 계획을 발표하였습니다. (○, ×)

1-2 1970년대 이후에는 우리나라의 산업 구조가 (경공업 , 중화학 공업) 중심으로 바뀌었습니다.

1-3 중화학 공업은 (섬유 , 철강), 조선, 자동차 등 무겁고 큰 제품을 생산하는 공업입니다.

1-4 1970년대 이후 중화학 공업의 발전으로 수출액과 ( )이/가 급격히 늘어났습니다.

자료 2 국내 총생산의 변화

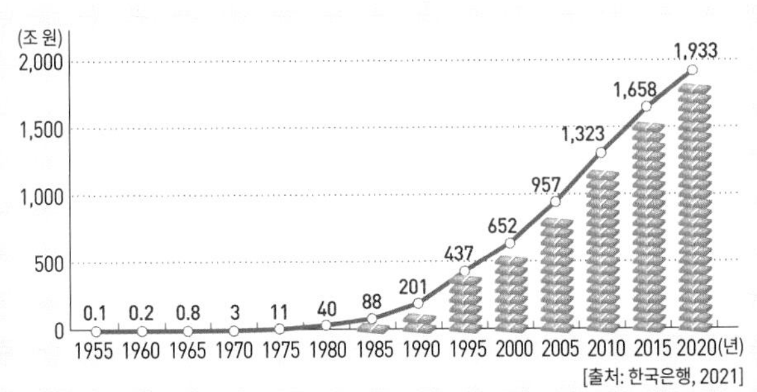

POINT
우리나라는 다양한 산업의 발달로 국내 총생산이 계속 증가하고 있습니다.

2-1 (국내 총생산 , 국민 총생산)은 일정 기간 동안 한 나라 안에서 생산된 물건과 서비스의 양을 돈으로 계산해 합한 것을 말합니다.

2-2 1955년과 비교하여 2020년의 국내 총생산은 19,000배 이상 커졌습니다. (○, ×)

2-3 우리나라의 국내 총생산은 계속 (감소 , 증가) 하고 있습니다.

2-4 우리나라의 국내 총생산은 앞으로 더 늘어날 것 같습니다. (○, ×)

자료 3 우리나라의 산업별 비중 변화

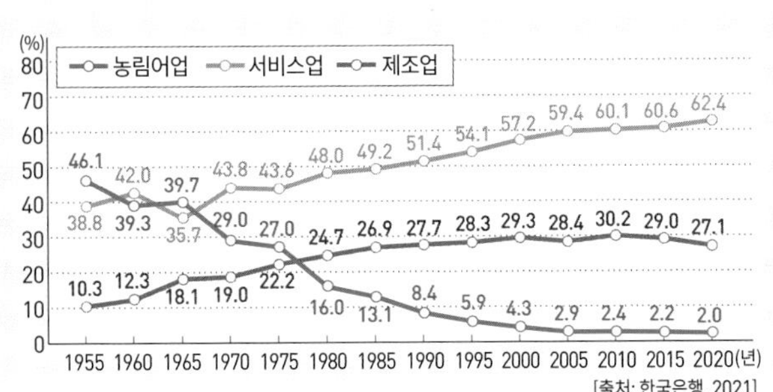

POINT
우리나라의 산업 구조는 농업·임업·어업에서 서비스업과 제조업 중심으로 변화하였습니다.

3-1 우리나라의 산업 발달 과정에서 농업·임업·어업의 비중이 매년 늘어났습니다. (○, ×)

3-2 1955년부터 2020년까지 서비스업의 비중은 줄어들었습니다. (○, ×)

3-3 (1950 , 1970)년대 후반부터 제조업의 비중이 농림어업의 비중보다 커졌습니다.

3-4 오늘날 비중이 가장 높은 산업은 ( ) 입니다.

사회

01 6·25 전쟁 직후 우리나라의 경제 모습에 대한 설명으로 알맞은 것을 보기에서 모두 골라 기호를 쓰시오.

보기
㉠ 소비재 산업이 주로 발전하였다.
㉡ 다른 나라의 도움을 받지 않고 성장하였다.
㉢ 전쟁으로 파괴된 시설들을 복구하는 데 집중하였다.
㉣ 값싸고 풍부한 노동력을 활용한 경공업이 발전하였다.

( )

02 1960년대에 발전한 산업으로 알맞지 않은 것은 어느 것입니까? ( )

① 신발 산업 ② 가발 산업
③ 섬유 산업 ④ 의류 산업
⑤ 반도체 산업

서술형

03 1960년대 경제 성장을 이루기 위한 정부의 노력을 한 가지만 쓰시오.

04 1970~1980년대 경제 성장을 이루기 위한 정부의 노력으로 알맞지 않은 것은 어느 것입니까? ( )

① 중화학 공업 단지를 건설하였다.
② 외국에서 돈을 빌려 기업에 투자하였다.
③ 전국에 초고속 정보 통신망을 만들었다.
④ 기업이 각종 산업에 진출하는 것을 적극적으로 지원하였다.
⑤ 기술력을 갖추고 인력을 늘리기 위해 교육 기관을 설립하였다.

05 1970~1980년대 우리나라의 주요 수출품으로 알맞은 것을 두 가지 고르시오. (,)

① 옷 ② 기계
③ 설탕 ④ 밀가루
⑤ 자동차

06 다음 그래프를 통해 알 수 있는 내용으로 알맞은 것을 보기에서 모두 골라 기호를 쓰시오.

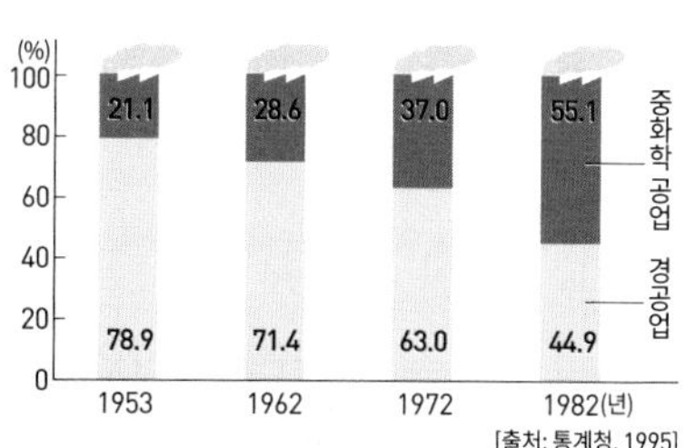

경공업과 중화학 공업의 비중 변화

보기
㉠ 1953년에는 경공업이 차지하는 비중이 매우 높았다.
㉡ 산업 구조가 경공업에서 중화학 공업 중심으로 바뀌었다.
㉢ 1982년부터 경공업이 차지하는 비중이 중화학 공업보다 더 커졌다.

( )

➜ 바른답·알찬풀이 43쪽

07 1990년대 이후 우리나라의 산업 발전에 대한 설명으로 알맞지 않은 것은 어느 것입니까? ( )

① 정보 통신 산업이 발전하였다.
② 제조업보다 농업의 비중이 커졌다.
③ 컴퓨터, 가전제품과 관련된 산업이 발전하였다.
④ 경제가 안정기에 접어들면서 서비스업이 발전하였다.
⑤ 문화 콘텐츠 산업이 다른 나라에서 인기를 끌고 있다.

08 다음 사진과 관련 있는 산업은 어느 것입니까? ( )

우주 항공 산업

로봇 산업

① 경공업
② 서비스업
③ 첨단 산업
④ 소비재 산업
⑤ 의료 서비스 산업

09 다음 ( ) 안에 들어갈 알맞은 말을 쓰시오.

( )은/는 우리나라의 문화 콘텐츠가 다른 나라에서 인기를 끄는 현상으로, 2000년대 이후 문화 콘텐츠 산업이 빠르게 발전하면서 우리나라의 경제 성장에 기여하고 있다.

( )

10 경제 성장으로 변화한 오늘날의 사회 모습으로 알맞지 않은 것은 어느 것입니까? ( )

① 다양한 산업에서 자동화가 이루어졌다.
② 국민의 생활이 더욱 풍요롭고 편리해졌다.
③ 해외로 여행을 떠나는 사람들이 줄어들었다.
④ 우리나라의 문화를 즐기는 외국인이 많아졌다.
⑤ 스마트폰이 널리 보급되면서 언제 어디서든 정보를 얻을 수 있게 되었다.

사회

11 다음에서 설명하는 경제 성장 과정에서 나타난 문제점은 어느 것입니까? ( )

오늘날에는 잘사는 사람과 그렇지 못한 사람의 소득 격차가 더욱 커지는 문제가 발생하고 있다.

① 촌락 문제
② 노동 문제
③ 빈부 격차 문제
④ 환경 오염 문제
⑤ 인터넷 중독 문제

12 경제 성장 과정에서 나타난 환경 문제를 해결하기 위한 노력을 두 가지 고르시오. (,)

① 일자리를 제공한다.
② 무료 급식소를 운영한다.
③ 기업이 친환경 제품을 판매한다.
④ 최저 임금을 높이는 정책을 펼친다.
⑤ 정부가 전기 자동차 보급을 지원하는 정책을 실시한다.

③ 세계 속의 우리나라 경제

개념 1 나라와 나라 사이의 경제 교류

① ❶ (ㅁㅇ): 나라와 나라 사이에 물건과 서비스를 사고파는 것입니다.

② 수출과 수입

수출	다른 나라에 물건과 서비스를 파는 것
수입	다른 나라에서 물건과 서비스를 사 오는 것

③ 다른 나라와 경제 교류를 하는 까닭

- 나라마다 ❷ (ㅈㅇㅎㄱ), 자원, 기술 등에 차이가 있기 때문입니다.
- 더 잘 만들 수 있는 상품을 생산하여 이를 다른 나라와 교환하면 서로 경제적 이익을 얻을 수 있기 때문입니다. → 경제 교류를 하면 더 효율적으로 상품을 생산하고 경제적 이익을 얻을 수 있어요.

개념 2 우리나라의 무역 현황

① 우리나라의 주요 수출국과 수입국: 우리나라는 중국, 미국과 무역을 가장 많이 합니다.

② 우리나라의 주요 수출품과 수입품

수출품	❸ (ㅂㄷㅊ), 자동차 등 기술력을 활용하여 만든 물건
수입품	원유나 천연가스 등의 에너지 자원

개념 3 우리나라와 다른 나라의 경제 관계

상호 의존 관계	• 우리나라는 부족하거나 없는 자원, 물건, 기술, 노동력 등을 수입하고, 발전된 기술을 바탕으로 만든 반도체, 스마트폰 등의 물건과 서비스를 수출함. • 경제 교류를 자유롭고 편리하게 하기 위해 자유 무역 협정(FTA)을 맺음.
경쟁 관계	• 같은 종류의 물건을 생산하는 나라들은 새로운 기술, 더 낮은 가격 등을 내세워 서로 경쟁함. • 경쟁 과정에서 기술 발전이 이루어져 새로운 상품이 개발되고, 상품의 품질이 좋아지기도 함.

개념 4 경제 교류가 우리 생활에 미치는 영향

① 의식주 및 여가 생활에 미친 영향

의생활	다른 나라에서 만든 옷을 입을 수 있음.
식생활	다른 나라의 음식을 먹을 수 있고, 식재료를 구할 수 있음.
주생활	다른 나라의 가구를 사용할 수 있고, 주택 구조가 다른 나라와 비슷해지고 있음.
❹ (ㅇㄱ) 생활	다른 나라에서 만든 영화를 볼 수 있고, 다른 나라에서 열리는 운동 경기 등을 쉽게 볼 수 있음.

② 개인과 기업의 경제생활에 미친 영향

개인	• 여러 나라의 다양한 상품을 선택하여 ❺ (ㅅㅂ)할 수 있음. • 외국 기업에서 일자리를 얻는 등 경제 활동을 하는 범위가 국내에서 세계로 넓어짐.
기업	• 다른 나라와의 교류로 기술 발전의 기회를 얻음. • 다른 나라에 공장을 세워 ❻ (ㄴㄷㄹ)에 드는 비용과 운반 비용을 줄임.

개념 5 경제 교류를 하며 생기는 문제와 해결 방안

① 다양한 무역 문제 → 자기 나라의 경제를 보호하려고 하기 때문에 무역 문제가 발생해요.

- 다른 나라가 우리나라 상품에 높은 관세를 부과하여 수출이 어려워집니다.
- 다른 나라가 특정 물건을 ❼ (ㅅㅇ)하지 않아 우리나라의 수출이 감소합니다.
- 우리나라가 다른 나라의 특정 물건을 수입하지 않아 갈등이 발생합니다.
- 수입에 의존해야 하는 품목을 수입할 수 없는 문제가 발생합니다.

② 무역 문제를 해결하는 방안

- 무역 문제가 발생한 나라 간에 대화와 타협을 통해 협상과 합의를 합니다.
- 합의가 어려울 때는 세계 무역 기구(WTO)와 같은 ❽ (ㄱㅈㄱㄱ)에 도움을 요청합니다. → 나라 간에 발생하는 무역 문제를 해결하기 위해 만들어졌어요.

정답 ❶ 무역 ❷ 자연환경 ❸ 반도체 ❹ 여가 ❺ 소비 ❻ 노동력 ❼ 수입 ❽ 국제기구

➔ 바른답·알찬풀이 44쪽

자료 1 우리나라의 나라별 무역액 비율

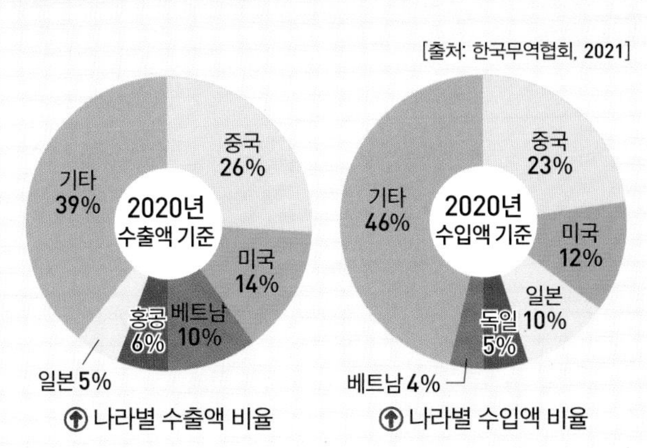

나라별 수출액 비율
나라별 수입액 비율

POINT

나라별 수출액과 수입액 비율을 통해 우리나라가 세계 여러 나라와 경제 교류를 하고 있음을 알 수 있습니다.

1-1 나라와 나라 사이에 물건과 서비스를 사고파는 것을 (　　　　　　)(이)라고 합니다.

1-2 우리나라의 주요 (수출국 , 수입국)은 중국, 미국, 베트남, 홍콩, 일본 등입니다.

1-3 우리나라가 가장 수입을 많이 하는 나라는 미국입니다. (○, ×)

자료 2 우리나라의 주요 수출품과 수입품

POINT

우리나라는 무역을 통해 다른 나라와 다양한 물건을 사고팝니다.

2-1 (수입 , 수출)은 다른 나라에서 물건과 서비스를 사 오는 것을 말합니다.

2-2 (　　　　　　)은/는 우리나라의 주요 수출품이자 수입품입니다.

2-3 우리나라는 반도체, 자동차 등 기술력을 활용해서 만든 물건을 많이 (　　　　　　)합니다.

자료 3 우리나라의 무역 규모 변화

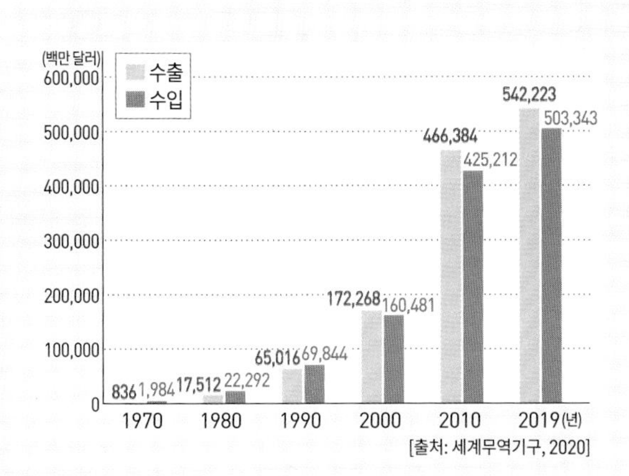

POINT

교통과 정보 통신 기술의 발달로 세계화가 진행되면서 나라 간의 경제 교류가 확대되었습니다.

3-1 무역 규모가 지속적으로 (감소 , 증가)하고 있습니다.

3-2 1990년까지 우리나라는 수출보다 수입을 많이 하였습니다. (○, ×)

3-3 2000년에서 2010년 사이에 무역 규모가 2배 이상 커졌습니다. (○, ×)

사회

01 다음 ㉠, ㉡에 들어갈 알맞은 말을 쓰시오.

> 무역을 할 때 다른 나라에 물건과 서비스를 파는 것을 (㉠)(이)라고 하고, 다른 나라에서 물건과 서비스를 사 오는 것을 (㉡)(이)라고 한다.

㉠: (   ), ㉡: (   )

02 다른 나라와 경제 교류를 하는 까닭으로 알맞은 것을 보기에서 모두 골라 기호를 쓰시오.

보기
- ㉠ 나라마다 자원이 다르기 때문이다.
- ㉡ 나라마다 기술 수준이 다르기 때문이다.
- ㉢ 모든 나라는 자연환경이 비슷하기 때문이다.
- ㉣ 한 나라 안에서 모든 물건을 만들 수 있기 때문이다.

(   )

03 다음 그래프에서 우리나라의 수출액과 수입액 비율이 가장 높은 나라는 어디입니까? (   )

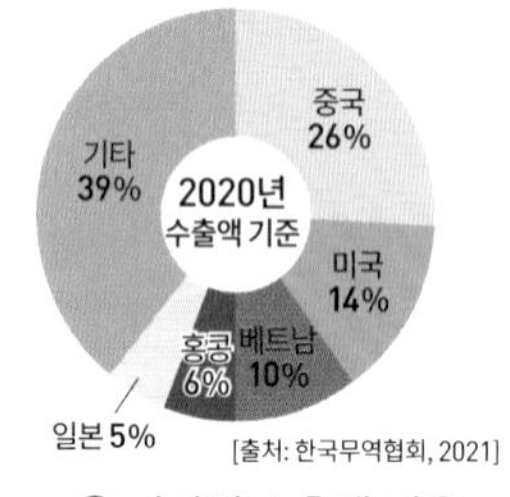

나라별 수출액 비율

중국 23%, 기타 46%, 2020년 수입액 기준, 미국 12%, 일본 10%, 독일 5%, 베트남 4%, [출처: 한국무역협회, 2021]

나라별 수입액 비율

① 독일　② 미국　③ 일본　④ 중국　⑤ 베트남

04 다음 그래프를 보고 알 수 있는 우리나라의 무역에 대한 설명으로 알맞은 것은 어느 것입니까? (   )

우리나라의 주요 수출품과 수입품

① 우리나라는 수출보다 수입을 많이 한다.
② 반도체는 생산하지 않고 대부분 수입한다.
③ 우리나라는 반도체를 만드는 기술이 부족하다.
④ 우리나라는 기술력을 활용해서 만든 물건을 주로 수입한다.
⑤ 우리나라는 원유나 천연가스 같은 에너지 자원을 많이 수입한다.

05 다음 그림을 통해 알 수 있는 우리나라와 다른 나라의 경제 관계는 무엇입니까? (   )

우리나라 회사에서 만든 자동차

① 갈등 관계　② 경쟁 관계　③ 대립 관계　④ 충돌 관계　⑤ 상호 의존 관계

06 **우리나라와 다른 나라의 경제적 상호 의존 관계의 모습으로 알맞지 않은 것은 어느 것입니까? (　　　)**

① 자유 무역 협정(FTA)을 맺는다.
② 우리나라에 없는 자원을 수입한다.
③ 우리나라의 발전된 기술로 만든 물건을 수출한다.
④ 한 가지 상품을 만들기 위해 다른 나라와 협력한다.
⑤ 같은 종류의 물건을 생산하는 다른 나라보다 더 낮은 가격을 내세운다.

07 **경제 교류가 우리 생활에 미치는 영향으로 알맞지 않은 것은 어느 것입니까? (　　　)**

① 다른 나라의 식재료를 구할 수 있다.
② 다른 나라에서 만든 옷을 입을 수 있다.
③ 다른 나라에서 만든 가구를 사용할 수 있다.
④ 다른 나라에서 만든 영화를 쉽게 볼 수 있다.
⑤ 다른 나라에 직접 가야 그 나라에서 열리는 운동 경기를 볼 수 있다.

서술형

08 **경제 교류의 증가가 기업의 경제생활에 미치는 영향을 한 가지만 쓰시오.**

____

____

____

09 **다른 나라와 무역을 하며 일어나는 문제로 알맞지 않은 것은 어느 것입니까? (　　　)**

① 수입에 의존하는 물건을 수입할 수 없게 된다.
② 다른 나라가 우리나라 상품에 높은 관세를 부과한다.
③ 관세를 낮추기 위해 자유 무역 협정(FTA)을 체결한다.
④ 우리나라가 다른 나라의 특정 물건을 수입하지 않는다.
⑤ 다른 나라가 특정 물건을 수입하지 않아 우리나라의 수출이 감소한다.

서술형

10 **무역 문제를 해결하는 방안을 두 가지 쓰시오.**

____

____

11 **다음에서 설명하는 국제기구는 무엇인지 쓰시오.**

> 나라와 나라 사이에 무역과 관련된 문제가 일어났을 때 공정하게 심판하기 위해 만들어진 국제기구이다.

(　　　　　　　　)

사회

단원 평가 기본 2. 우리나라의 경제 발전

[01~02] 다음 경제 주체의 경제활동 모습을 보고, 물음에 답하시오.

01 위 그림의 ㉠, ㉡에 들어갈 알맞은 경제 주체를 각각 쓰시오.

㉠: (   ), ㉡: (   )

꼭 나와

02 위 그림의 ㉠, ㉡에 대한 설명으로 알맞지 않은 것은 어느 것입니까? (   )

① ㉠ - 사람들에게 일자리를 제공한다.
② ㉠ - 가정 살림을 같이하는 생활 공동체이다.
③ ㉡ - 생산 활동에 필요한 사람들을 고용한다.
④ ㉡ - 이윤을 얻기 위해 생산 활동을 하는 조직이다.
⑤ ㉠, ㉡ - 경제적으로 도움을 주고받는 밀접한 관계이다.

서술형

03 다음과 같은 시장을 이용하였을 때의 좋은 점을 한 가지만 쓰시오.

▲ 인터넷 쇼핑　　▲ 홈 쇼핑

꼭 들어가야 할 말	시간, 공간

04 가계의 합리적 선택 기준에 적합한 물건이 아닌 것은 어느 것입니까? (   )

① 꼭 필요한 물건
② 품질이 좋은 물건
③ 가격이 저렴한 물건
④ 디자인이 우수한 물건
⑤ 다른 친구가 가지고 있는 물건

05 경제활동에서의 자유로운 경쟁이 개인에 미치는 영향으로 알맞은 것을 두 가지 고르시오.

(,   )

① 큰 만족을 얻을 수 있다.
② 더 많은 이윤을 얻을 수 있다.
③ 한 가지 상품만 소비할 수 있다.
④ 더 좋은 상품을 개발할 수 있다.
⑤ 질 좋은 서비스를 제공받을 수 있다.

06 공정한 경제활동을 위한 정부의 노력에 대해 알맞게 설명한 친구의 이름을 쓰시오.

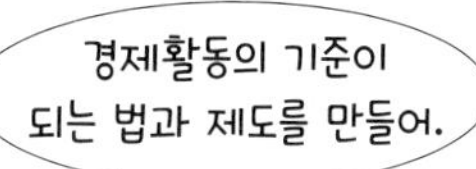

선하

새로운 기업이 시장에 들어오는 것을 막아.

지훈

특정 기업만 물건을 팔 수 있도록 지원해 줘.

상민

기업이 가격을 마음대로 올릴 수 있도록 도와줘.

현지

( )

07 우리나라에 다음과 같은 상황이 나타난 시기는 언제입니까? ( )

- 파괴된 시설을 복구하고 경제를 발전시키는 데 힘을 모았다.
- 다른 나라에서 받은 식량과 물자를 활용하여 밀가루, 설탕, 면직물 등을 만드는 소비재 산업이 발전하였다.

① 6·25 전쟁 직후 ② 1960년대
③ 1970년대 ④ 1980년대
⑤ 1990년대

꼭나와

08 1960년대 경제 성장을 이루기 위한 정부의 노력으로 알맞은 것을 두 가지 고르시오.

(,)

① 경제 개발 5개년 계획을 세웠다.
② 반도체 산업의 발전에 집중하였다.
③ 제품을 수출하는 기업의 세금을 늘렸다.
④ 전국에 초고속 정보 통신망을 설치하였다.
⑤ 경제 발전의 기초가 되는 시설을 건설하였다.

09 1970~1980년대 경제 성장으로 나타난 변화로 알맞은 것을 보기에서 모두 골라 기호를 쓰시오.

보기

㉠ 수출액이 줄어들었다.
㉡ 국민 소득이 급격히 늘어났다.
㉢ 농업, 임업, 어업을 중심으로 산업이 발전하였다.
㉣ 공업에서 중화학 공업이 차지하는 비중이 커졌다.

( )

10 다음에서 설명하는 산업으로 알맞은 것은 어느 것입니까? ( )

최근에는 정보 통신 기술과 과학 기술을 기반으로 고도의 기술이 필요한 생명 공학, 신소재, 로봇, 우주 항공 산업 등이 발전하고 있다.

① 경공업 ② 서비스업
③ 첨단 산업 ④ 중화학 공업
⑤ 소비재 산업

꼭나와요

11 다음 밑줄 친 부분에 해당하는 산업이 아닌 것은 어느 것입니까? (　　　)

> 2000년대 이후 경제 성장으로 소득이 증가하면서 사람들의 생활을 편리하게 해 주고 삶의 질을 높여 주는 다양한 서비스업이 발전하고 있다.

① 관광 산업
② 금융 산업
③ 자동차 산업
④ 의료 서비스 산업
⑤ 문화 콘텐츠 산업

12 다음 그래프를 보고 알 수 있는 사실로 알맞은 것은 어느 것입니까? (　　　)

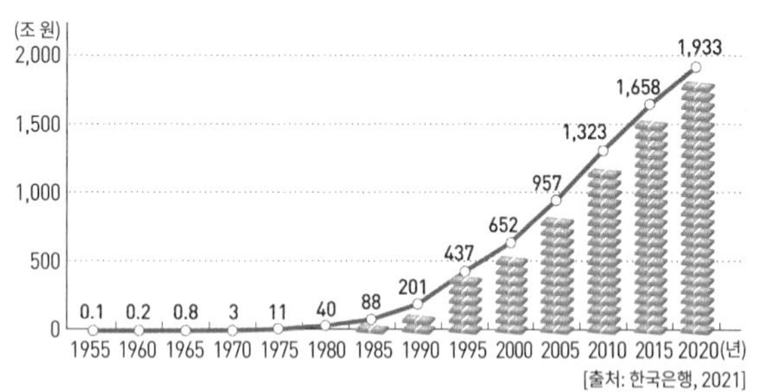

▲ 국내 총생산의 변화

① 우리나라의 인구수
② 우리나라의 자연환경
③ 우리나라의 경제 성장 모습
④ 우리나라의 산업별 비중 변화
⑤ 우리나라의 나라별 무역액 비율

서술형

13 다음에서 설명하는 경제 성장 과정에서 나타난 문제점을 쓰고, 이를 해결하기 위한 기업의 노력을 한 가지만 쓰시오.

> 급격한 경제 성장으로 대기 오염, 토양 오염, 해양 오염 등의 문제가 심각해지고 있다.

(1) 문제점: (　　　　　　　　)

(2) 기업의 노력: ______________________

____

14 다음 상황에서 대한민국이 경제적 이익을 얻기 위해 다른 나라에 수출할 수 있는 상품으로 가장 알맞은 것은 어느 것입니까? (　　　)

우리는 원유는 많지만, 전자 제품은 잘 못 만들어요.

▲ 사우디아라비아

우리는 전자 제품을 잘 만들지만, 원유가 나지 않아요.

▲ 대한민국

우리는 자원과 농산물은 풍부하지만, 공산품은 부족해요.

▲ 칠레

① 구리　② 원유　③ 농산물
④ 열대 과일　⑤ 전자 제품

15 다음에서 설명하는 것은 무엇인지 쓰시오.

> • 수출과 수입으로 이루어진다.
> • 나라와 나라 사이에 물건과 서비스를 사고파는 것을 말한다.

(　　　　　　　　)

➔ 바른답·알찬풀이 45쪽

16 다음 그래프를 보고, 우리나라의 주요 수출품과 수입품의 특징을 비교하여 쓰시오.

[출처: 한국무역협회, 2021]

(단위: 백만 달러)

⬆ 우리나라의 주요 수출품과 수입품

꼭 들어가야 할 말: 기술력, 에너지 자원

17 우리나라와 다른 나라의 경제적 상호 의존 관계를 보여 주는 모습으로 알맞은 것을 두 가지 고르시오. (　　　,　　　)

① 우리나라에 부족한 자원을 수입한다.
② 다른 나라와의 무역에서 항상 손해를 본다.
③ 한 상품을 만들기 위해 다른 나라와 협력한다.
④ 세계 시장에서 새로운 기술을 내세워 다른 나라와 경쟁한다.
⑤ 같은 종류의 물건을 생산하는 다른 나라보다 가격을 낮게 정한다.

18 경제 교류의 증가가 개인의 경제생활에 미치는 영향으로 알맞지 <u>않은</u> 것은 어느 것입니까? (　　　)

① 경제활동의 범위가 좁아졌다.
② 다른 나라에서 생산 활동에 참여할 수 있다.
③ 전 세계의 다양한 문화 상품을 즐길 수 있다.
④ 외국 기업에서 일할 수 있는 기회가 많아졌다.
⑤ 여러 나라의 질 좋고 값싼 상품을 소비할 수 있다.

19 경제 교류 과정에서 나라 간에 무역 문제가 발생하는 까닭으로 알맞은 것은 어느 것입니까? (　　　)

① 나라 간의 무역 규모가 축소되기 때문에
② 개인의 경제활동 범위가 줄어들기 때문에
③ 자기 나라의 상품을 자유롭게 수출하기 때문에
④ 다른 나라와 경제적으로 서로 의존하기 때문에
⑤ 자기 나라의 경제만을 보호하려고 하기 때문에

20 무역 문제를 해결하기 위한 방안으로 알맞은 것을 보기 에서 모두 골라 기호를 쓰시오.

보기
㉠ 자유 무역 협정(FTA)을 무시한다.
㉡ 무역 관련 국제기구에 도움을 요청한다.
㉢ 분쟁이 일어난 나라와의 교류를 끊는다.
㉣ 무역 분쟁이 일어난 나라와 협상을 한다.

(　　　　　　　)

사회

01 기업의 경제적 역할에 대한 설명으로 알맞지 않은 것은 어느 것입니까? (　　　)

① 소득으로 소비 활동을 한다.
② 다양한 물건을 만들어 판매한다.
③ 서비스를 제공하여 이윤을 얻는다.
④ 가계에 일자리와 소득을 제공한다.
⑤ 생산 활동에 필요한 사람들을 고용한다.

어려워
02 가계와 기업의 관계에 대한 설명으로 알맞은 것은 어느 것입니까? (　　　)

① 가계와 기업은 경제적으로 도움을 주고받는다.
② 기업의 소비 활동으로 가계는 이윤을 얻는다.
③ 가계와 기업은 서로 아무런 영향을 주지 않는다.
④ 기업의 생산이 늘어나면 가계의 소득은 줄어든다.
⑤ 가계는 기업의 노동력을 활용하여 생산 활동을 한다.

03 다음 중 시장의 종류가 다른 하나는 어느 것입니까? (　　　)

① 

홈 쇼핑

② 
전통 시장

③ 
주식 시장

④ 

인터넷 쇼핑

04 기업의 합리적 의사 결정 과정 중 다음 그림과 관련 있는 단계는 어느 것입니까? (　　　)

① 상품 생산하기
② 상품 개발하기
③ 소비자 분석하기
④ 생산 방법 정하기
⑤ 홍보 계획 세우기

05 다음은 우리나라 경제의 특징을 설명한 글입니다. (　　) 안에 공통으로 들어갈 말을 쓰시오.

• 우리나라 경제의 특징은 (　　　)과/와 경쟁이다.
• 기업은 이윤을 얻기 위해 생산할 물건과 판매 방법을 (　　　)롭게 결정할 수 있다.
• 개인은 자신의 적성과 능력에 따라 하고 싶은 일을 (　　　)롭게 선택할 수 있다.

(　　　　　　　　　)

06 개인이 경쟁하는 모습으로 알맞은 것을 보기 에서 모두 골라 기호를 쓰시오.

㉠ 원하는 것을 산다.
㉡ 하고 싶은 직업을 선택한다.
㉢ 더 많은 소득을 얻기 위해 노력한다.
㉣ 원하는 일자리를 얻기 위해 면접을 본다.

( )

07 바람직한 경제활동을 위한 노력으로 알맞지 않은 것은 어느 것입니까? ( )

① 기업끼리 상의해 가격을 올리지 못하게 한다.
② 중소기업의 경제활동을 지원하는 법을 만든다.
③ 기업의 자유로운 경제활동을 무한정 허용한다.
④ 기업이 허위 광고, 과장 광고를 하지 못하도록 한다.
⑤ 특정 기업만 물건을 만들어 가격을 마음대로 올리는 것을 감시한다.

서술형

08 1960년대 우리나라에서 경공업이 발전하였던 까닭을 쓰시오.

09 1970년대 정부가 다음과 같은 노력을 하여 발전시키고자 한 산업으로 알맞은 것은 어느 것입니까? ( )

- 외국에서 돈을 빌려 투자 자금을 마련하고, 이를 기업에 빌려주었다.
- 해안 지역을 중심으로 철강, 조선, 자동차 공장 등이 모인 공업 단지를 건설하였다.

① 농업 ② 임업
③ 경공업 ④ 중화학 공업
⑤ 문화 콘텐츠 산업

어려워

10 다음 그래프와 같은 산업 구조의 변화로 나타난 모습으로 알맞지 않은 것은 어느 것입니까? ( )

연도	중화학 공업 (%)	경공업 (%)
1953	21.1	78.9
1962	28.6	71.4
1972	37.0	63.0
1982	55.1	44.9

[출처: 통계청, 1995]

▲ 경공업과 중화학 공업의 비중 변화

① 수출액이 크게 증가하였다.
② 국민 소득이 급격히 감소하였다.
③ 철강, 자동차 산업이 크게 발달하였다.
④ 사람들의 생활 수준이 크게 향상되었다.
⑤ 세계적으로 우수한 제품을 생산할 수 있게 되었다.

사회

어려워요

11 다음은 우리나라의 경제 성장 과정에서 발전한 산업에 대한 설명입니다. 순서에 맞게 기호를 쓰시오.

㉠ 정보 통신 산업이 발전하였다.
㉡ 신소재, 로봇 산업 등 첨단 산업이 발전하였다.
㉢ 신발, 섬유, 가방 등을 만드는 산업이 발전하였다.
㉣ 밀가루, 설탕, 면직물 등을 만드는 산업이 발전하였다.

( )→( )→( )→( )

12 2000년대 이후 우리나라의 경제 성장 모습으로 알맞지 않은 것은 어느 것입니까? ( )

① 경제 개발 5개년 계획을 세웠다.
② 지식과 기술이 필요한 산업이 발전하였다.
③ 생명 공학, 우주 항공 산업 등이 발전하였다.
④ 사람들에게 편리한 서비스를 제공하는 산업이 발전하였다.
⑤ 사람들에게 즐거움을 주는 문화 콘텐츠 산업이 발전하였다.

13 노사 갈등 문제를 해결하기 위한 노력으로 알맞은 것은 어느 것입니까? ( )

① 최저 임금을 낮춘다.
② 기업이 친환경 제품을 판매한다.
③ 노동자들의 인권을 보호하기 위해 노력한다.
④ 정부가 청년을 채용하는 중소기업을 규제한다.
⑤ 익명성을 이용한 사이버 폭력을 처벌할 수 있는 법을 만든다.

서술형

14 다음 글을 읽고, ○○ 나라와 △△ 나라가 부족하거나 필요한 것을 어떻게 구할 수 있을지 쓰시오.

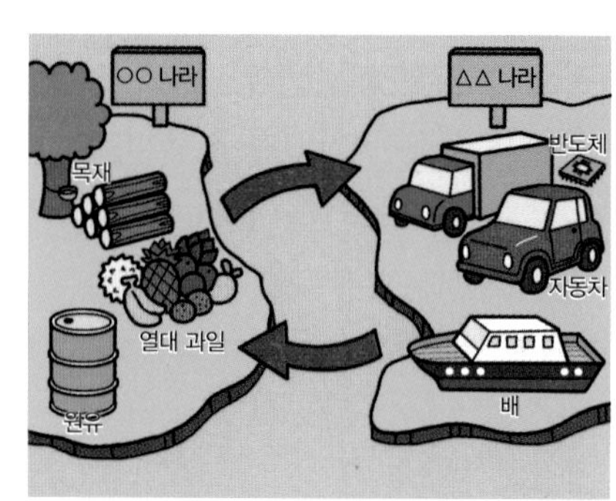

○○ 나라는 목재, 열대 과일, 원유 등 자원은 풍부하지만, 배, 자동차, 반도체 등을 만드는 기술이 부족하다. △△ 나라는 배, 자동차, 반도체 등을 만드는 기술은 뛰어나지만, 목재, 열대 과일, 원유 등 자원은 부족하다.

15 우리나라 무역의 특징에 대한 설명으로 알맞은 것을 보기에서 모두 골라 기호를 쓰시오.

보기
㉠ 반도체는 수출만 하고 수입은 하지 않는다.
㉡ 원유와 천연가스 등 에너지 자원을 주로 수입한다.
㉢ 기술력을 활용하여 만든 전자 제품을 많이 수출한다.

( )

➔ 바른답·알찬풀이 46쪽

16 **다음 사례에 나타난 우리나라와 다른 나라의 경제 관계로 알맞은 것을 (보기)에서 모두 골라 기호를 쓰시오.**

> 우리나라의 ○○ 기업은 자동차 부품을 생산하여 브라질, 미국, 이탈리아, 인도 등 세계 12개국에 수출하고 있다. ○○ 기업은 다른 나라 기업들보다 뛰어난 기술과 품질을 인정받아서 점차 많은 양을 수출하고 있다.

보기

㉠ 갈등 관계　　㉡ 경쟁 관계
㉢ 대립 관계　　㉣ 상호 의존 관계

(　　　　　　　　　)

어려워

17 **다음 그래프를 보고 알 수 있는 내용으로 알맞지 않은 것은 어느 것입니까? (　　　)**

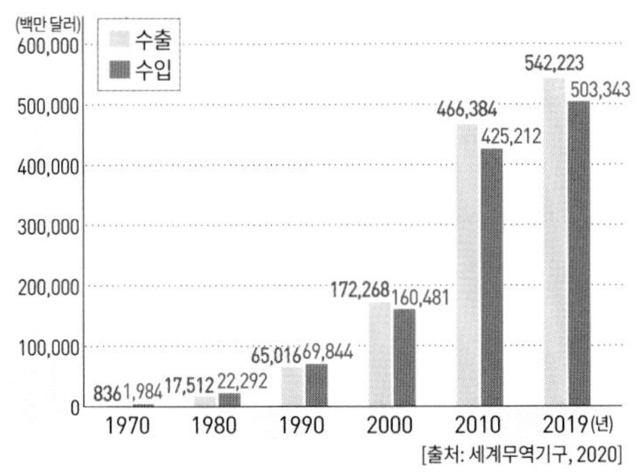

⬆ 우리나라의 무역 규모 변화

① 1990년까지는 수입이 수출보다 많았다.
② 2000년부터는 수출이 수입보다 많아졌다.
③ 1970년부터 2019년까지 무역 규모가 점차 커졌다.
④ 1970년부터 2019년까지 무역의 이익은 거의 비슷하다.
⑤ 2000년에서 2010년 사이에 무역의 규모가 2배 이상 커졌다.

18 **다른 나라와의 경제 교류가 기업에 미치는 영향으로 알맞은 것을 두 가지 고르시오.**

(　　　,　　　)

① 경제활동을 하는 범위가 좁아진다.
② 세계 여러 나라의 상품을 살 수 있다.
③ 우리나라 국민이 외국 기업에서 일자리를 얻는다.
④ 외국 기업과 교류하며 새로운 기술을 주고받는다.
⑤ 다른 나라에 공장을 세워 상품을 운반하는 비용을 줄인다.

서술형

19 **다음 상황에서 우리나라가 겪은 무역 문제를 쓰시오.**

> 미국이 자국 산업을 보호하기 위해 철강 수입을 규제하기로 하였다.

20 **다음 (　　) 안에 들어갈 알맞은 말을 쓰시오.**

> 무역 분쟁이 발생하였을 때 나라 간의 협상으로 협의를 하기 어려울 때에는 세계 무역 기구(WTO)와 같은 (　　　)에 문제 해결을 요청할 수 있다.

(　　　　　　　　　)

숨은과학찾기
학습을 시작하기 전에 숨은 그림을 찾아보세요.
숨은그림
양파
사진기
태양
주사기
사과
돋보기
초승달
열기구

정답바로보기

과학

1. 과학자처럼 탐구해 볼까요

개념 1 탐구 문제를 정하고 가설 세우기

① 문제 인식: 탐구할 문제를 찾아 명확하게 나타내는 것으로, 궁금하게 생각한 것 중 한 가지를 탐구 ❶ [ㅁㅈ]로 정합니다.

② 가설 설정 방법

→ 탐구 문제에 대해 내려 보는 잠정적인 결론을 말해요.

- 탐구 문제의 답을 예상하여 가설을 세웁니다.
- 관찰한 사실이나 경험, 책에서 알게 된 내용 등을 바탕으로 하여 가설을 세울 수 있습니다.

③ 가설을 세울 때 생각할 점

- 누구나 이해하기 쉽고 간결하게 표현해야 합니다.
- 탐구를 통해 알아보려는 내용이 분명하게 드러나야 합니다.
- 탐구를 통해 가설이 맞는지 확인할 수 있어야 합니다.

개념 2 실험 계획하기

① 실험 계획을 세우는 방법

- 가설이 맞는지 확인하려면 어떻게 실험해야 할지 생각합니다.
- 실험에서 다르게 해야 할 ❷ [ㅈㄱ]과 같게 해야 할 조건을 정합니다.
- 실험에서 관찰하거나 측정해야 할 것이 무엇인지 확인합니다.
- 준비물, 실험 과정, 모둠원의 역할 등을 정합니다.

② 변인 통제: 실험에서 다르게 해야 할 조건과 같게 해야 할 조건을 확인하고 통제하는 것입니다.

개념 3 실험하기

① 실험 방법: 변인을 통제하면서 계획한 과정에 따라 실험합니다.

② 실험할 때 주의해야 할 점

- 관찰하거나 측정한 내용을 있는 그대로 기록합니다.
- 실험 결과가 ❸ [ㅇㅅ]과 다르더라도 결과를 고치지 않습니다.
- 실험하는 동안 안전 수칙을 철저히 지킵니다.

③ 정확한 실험 결과를 얻기 위한 방법: 같은 실험을 반복하여 실험 결과를 비교합니다.

개념 4 실험 결과를 변환하고 해석하기

① 자료 변환: 실험 결과로 얻은 ❹ [ㅈㄹ]를 그림, 표, 그래프 등 한눈에 알아보기 쉬운 형태로 바꾸어 나타냅니다.

② 자료의 형태에 따른 특징

그림	사물의 모습이나 자연 현상을 이해하기 쉽게 표현할 수 있음.
표	• 자료를 행(가로줄)과 열(세로줄)로 나타내는 방법임. • 많은 양의 자료를 체계적으로 정리할 수 있음.
그래프	• 실험 조건과 실험 결과의 관계를 한눈에 알아보기 쉽게 나타낼 수 있음. • 선 그래프, 막대그래프, 원그래프 등이 있음.

③ 자료 해석 방법

- 실험에서 다르게 한 조건과 실험 결과 사이에 어떤 관계나 규칙이 있는지 살펴봅니다.
- 실험하는 동안 ❺ [ㅂㅇ]이 잘 통제되지 않았거나 문제가 있었다면 실험 방법을 고쳐 다시 실험합니다.

개념 5 결론 이끌어 내기

① 결론 도출: 실험 결과를 정리하고 해석하여 ❻ [ㄱㅅ]이 옳은지 그른지 판단하고, 이를 바탕으로 하여 결론을 내립니다.

② 실험 결과가 가설과 다를 때: 가설을 수정하고 탐구를 다시 시작합니다.

③ 탐구를 마친 뒤 더 알고 싶은 것이 있을 때: 새로운 탐구 문제를 정하고 새로운 탐구를 시작할 수 있습니다.

개념 6 과학 탐구 방법 정리하기

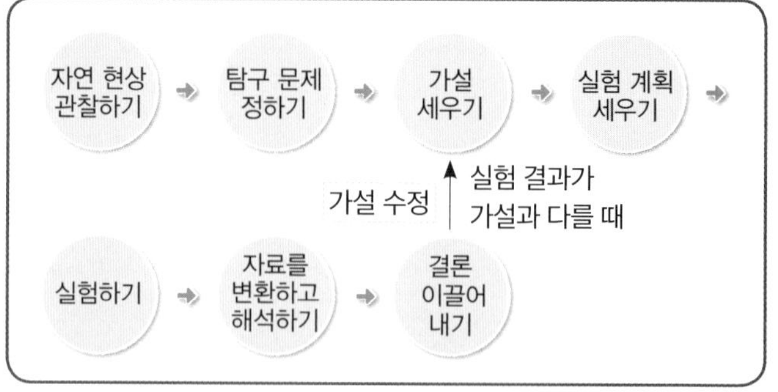

정답 ❶ 문제 ❷ 조건 ❸ 예상 ❹ 자료 ❺ 변인 ❻ 가설

➔ 바른답·알찬풀이 47쪽

자료 1 탐구 문제를 정하고 가설 세우기

단계	내용
궁금한 점 찾기	왜 양초마다 촛불의 길이가 다른 걸까?
탐구 문제 정하기	양초 심지의 굵기가 촛불의 길이에 영향을 미칠까?
가설 설정	양초 심지의 굵기가 굵을수록 촛불의 길이가 길 것이다.

POINT
궁금한 것을 탐구 문제로 정하고, 탐구 문제의 답을 예상하여 가설을 세웁니다.

1-1 궁금하게 생각한 것 중에서 (　　　　　)을/를 정하고 그 답을 예상하여 가설을 세웁니다.

1-2 왼쪽의 탐구 문제에서 촛불의 길이에 영향을 주는 조건으로 생각한 것은 양초 심지의 (길이 , 굵기) 입니다.

자료 2 실험을 계획하여 실험하기

<양초 심지의 굵기에 따른 촛불의 길이 측정하기>

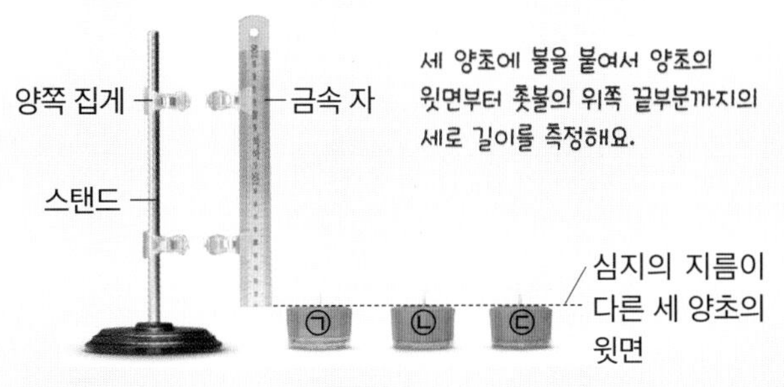

심지의 지름	㉠ 1 mm	㉡ 2 mm	㉢ 3 mm
촛불의 길이	15 mm	30 mm	45 mm

POINT
실험을 할 때에는 변인을 통제하면서 계획한 대로 실험합니다.

2-1 실험하기 전에 측정해야 할 것을 정해 놓고 실험을 해야 정확한 결과를 얻을 수 있습니다.
(○, ×)

2-2 양초 심지의 굵기에 따른 촛불의 길이를 알아보는 실험에서 다르게 해야 할 조건을 쓰시오.
(　　　　　　　　　)

2-3 실험에서 세 양초에 같게 해야 할 조건은 (심지의 지름 , 심지의 길이 , 양초의 모양과 크기)입니다.

자료 3 실험 결과를 변환하고 해석하여 결론 이끌어 내기

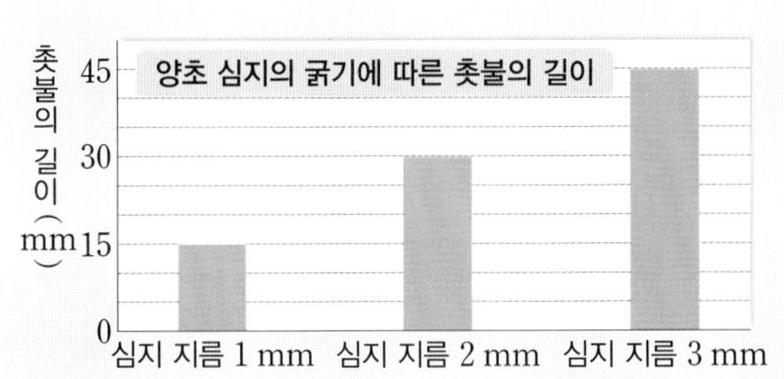

단계	내용
실험 결과 해석	양초 심지의 굵기가 굵을수록 촛불의 길이가 길기 때문에 가설이 맞다.
결론	양초 심지의 굵기가 굵을수록 촛불의 길이가 길다.

POINT
실험 결과를 변환하고 자료를 해석하여 그 의미를 파악하고, 자료 사이의 관계나 규칙을 찾아 결론을 이끌어 냅니다.

3-1 왼쪽의 그래프는 (선 그래프 , 막대그래프)입니다.

3-2 그래프 제목으로는 실험에서 다르게 한 조건에 따라 나타난 결과를 씁니다. (○, ×)

3-3 왼쪽의 그래프를 그릴 때 실험에서 측정한 값은 (세로축 , 가로축)에 나타내었습니다.

3-4 왼쪽의 그래프를 보아 양초 심지의 굵기와 양초가 오래 타는 정도가 관련이 있음을 알 수 있습니다.
(○, ×)

과학

01 탐구 문제를 정한 뒤 탐구 문제의 답을 예상하여 내려 보는 잠정적인 결론을 무엇이라고 하는지 보기 에서 골라 기호를 쓰시오.

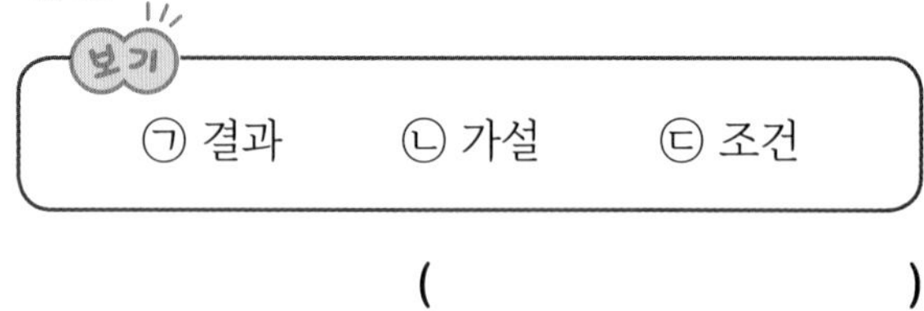

( )

꼭나와

02 가설을 세울 때 생각해야 할 점으로 옳지 않은 것은 어느 것입니까? ( )

① 간결하게 표현해야 한다.
② 누구나 이해하기 쉽도록 표현해야 한다.
③ 알아보려는 내용이 분명히 드러나야 한다.
④ 직접 탐구를 하여 맞는지 확인할 수 있어야 한다.
⑤ 여러 개의 문장으로 어렵고 복잡하게 표현해야 한다.

03 다음은 실험 계획을 세울 때 실험 조건을 정하는 방법에 대한 설명입니다. ㉠, ㉡에 들어갈 알맞은 말을 쓰시오.

> 실험 계획을 세울 때 실험을 통해 알아보고자 하는 하나의 조건을 (㉠) 해야 할 조건으로 정하고, 그것을 제외한 나머지는 모두 (㉡) 해야 할 조건으로 정한다.

㉠: ( ), ㉡: ( )

04 다음은 양초 심지의 굵기에 따른 촛불의 길이를 알아보기 위한 실험 장치입니다. 이에 대한 설명으로 옳지 않은 것은 어느 것입니까? ( )

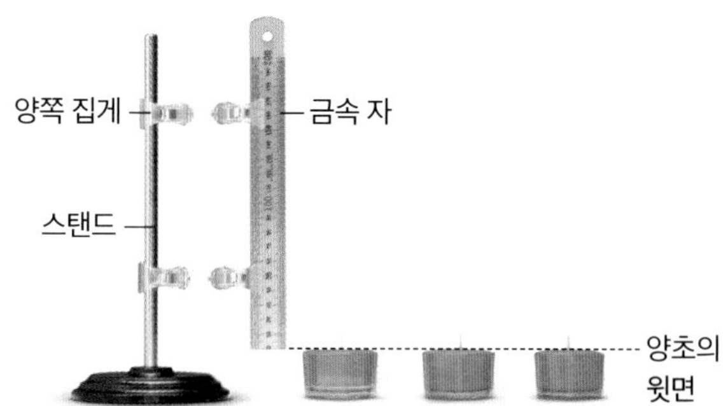

① 세 개의 양초는 모양과 크기가 같아야 한다.
② 양초 세 개의 심지는 길이가 각각 달라야 한다.
③ 양초의 윗면과 금속 자의 눈금 0이 일치하게 양초 세 개를 나란히 놓는다.
④ 촛불의 길이를 측정하기 위해 양초에 불을 붙인 뒤 사진을 찍는다.
⑤ 양초의 윗면부터 촛불의 위쪽 끝부분까지의 길이를 측정한다.

05 실험을 할 때 주의할 점으로 옳은 것은 어느 것입니까? ( )

① 변인을 통제하면서 계획한 대로 실험한다.
② 안전 수칙을 지키지 않고 빠르게 실험한다.
③ 실험 결과가 예상과 다르면 예상에 맞게 고친다.
④ 관찰하거나 측정한 내용은 나중에 한꺼번에 기록한다.
⑤ 정확한 실험 결과를 얻기 위해 실험은 되도록 한 번만 한다.

➔ 바른답·알찬풀이 47쪽

06 자료의 형태에 따른 특징을 선으로 알맞게 이으시오.

(1) 표 • • ㉠ 많은 양의 자료를 행(가로줄)과 열(세로줄)로 체계적으로 정리할 수 있다.

(2) 그래프 • • ㉡ 실험 조건과 실험 결과의 관계를 선, 막대, 원 등을 이용해 한눈에 알아보기 쉽게 나타낼 수 있다.

서술형

07 다음은 양초 심지의 굵기에 따른 촛불의 길이를 나타낸 그래프입니다.

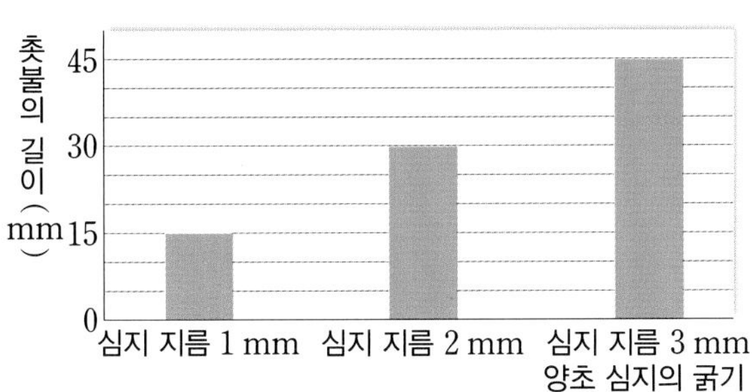

(1) 위 그래프에서 촛불에 길이가 가장 긴 경우는 양초 심지의 지름이 얼마일 때인지 쓰시오.

( ) mm

(2) 위 그래프를 해석하여 알 수 있는 점을 한 가지만 쓰시오.

______

______

08 실험하는 동안 변인이 잘 통제되지 않을 때 해야 할 일에 대한 설명으로 옳은 것을 보기에서 골라 기호를 쓰시오.

보기

㉠ 그대로 실험하여 결과를 얻는다.
㉡ 실험 방법을 고쳐 다시 실험한다.
㉢ 새로운 탐구 문제를 정해서 새로운 탐구를 시작한다.

( )

[09~10] 다음은 과학 탐구 방법을 나타낸 것입니다. 물음에 답하시오.

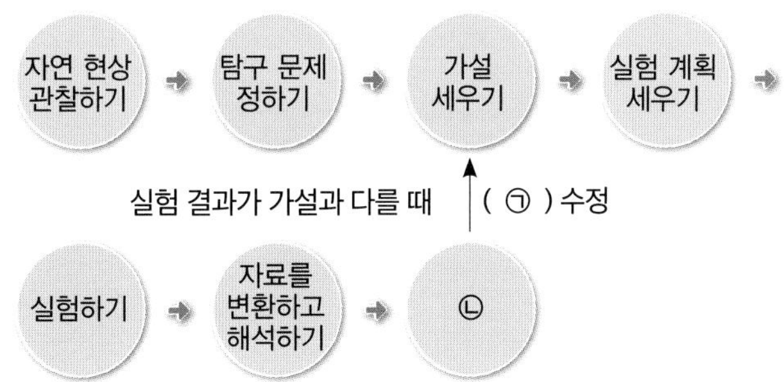

09 위 ㉠에 들어갈 알맞은 말을 쓰시오.

( )

꼭 나와

10 위 ㉡ 과정에 대한 설명으로 옳은 것에 ○표, 옳지 않은 것에 ×표 하시오.

(1) 변인을 통제하면서 계획한 과정에 따라 실험한다. ( )

(2) 실험에서 다르게 한 조건과 실험 결과 사이의 규칙을 알아본다. ( )

(3) 실험 결과를 바탕으로 하여 가설이 옳은지 판단하고, 결론을 이끌어 낸다. ( )

과학

2. 지구와 달의 운동

개념 1 하루 동안 태양과 달의 위치 변화

① 하루 동안 태양과 달의 위치 변화: 하루 동안 태양과 달은 동쪽 하늘에서 남쪽 하늘을 지나 서쪽 하늘로 위치가 달라집니다.

② 하루 동안 태양과 달의 위치가 달라지는 까닭: 지구가 서쪽에서 ❶ [ㄷㅉ]으로 자전하기 때문입니다.

개념 2 지구의 자전

① 지구의 자전: 지구가 자전축을 중심으로 하루에 한 바퀴씩 서쪽에서 동쪽(시계 반대 방향)으로 회전하는 것

→ 자전축: 지구의 북극과 남극을 이은 가상의 직선이에요.

→ 시계 반대 방향: 북극 위에서 볼 때 시계 반대 방향이에요.

② 지구의 자전으로 나타나는 현상

- 하루 동안 태양과 달의 위치가 동쪽에서 서쪽으로 달라집니다.
- 하루 동안 태양 빛을 받는 곳은 낮이 되고, 태양 빛을 받지 못하는 곳은 ❷ [ㅂ]이 됩니다.

개념 3 계절별 대표적인 별자리

① 계절별 대표적인 별자리

→ 어느 계절에 하루 동안 밤하늘을 관측했을 때 오래 보이는 별자리를 말해요.

계절	대표적인 별자리
봄	사자자리, 목동자리, 처녀자리 등
여름	백조자리, 거문고자리, 독수리자리 등
가을	물고기자리, 페가수스자리, 안드로메다자리 등
겨울	오리온자리, 큰개자리, 쌍둥이자리 등

② 밤하늘에서 보이는 별자리의 특징: 계절에 따라 보이는 대표적인 별자리가 ❸ [ㄷㄹ]집니다.

개념 4 지구의 공전

① 지구의 공전: 지구가 태양을 중심으로 1 년에 한 바퀴씩 서쪽에서 ❹ [ㄷㅉ]으로 회전하는 것

→ 지구는 자전축을 중심으로 자전하면서 동시에 태양을 중심으로 공전해요.

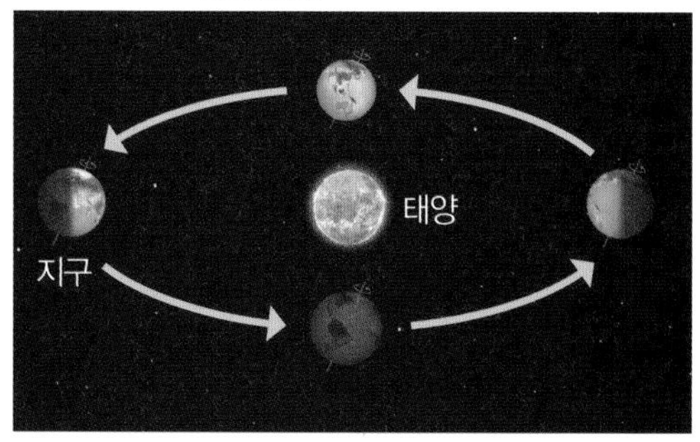

② 지구의 공전으로 나타나는 현상: 지구의 위치가 달라지면서 계절에 따라 보이는 별자리가 달라지고, 별자리들이 보이는 위치도 달라집니다.

개념 5 여러 날 동안 달의 모양과 위치 변화

① 여러 날 동안 달의 모양 변화: 달은 약 30 일 주기로 초승달, 상현달, 보름달, 하현달, ❺ [ㄱㅁㄷ]의 순서로 모양 변화를 반복합니다.

초승달	상현달	보름달
음력 2 일~3 일	음력 7 일~8 일	음력 15 일

하현달	그믐달
음력 22 일~23 일	음력 27 일~28 일

② 여러 날 동안 달의 위치 변화

- 여러 날 동안 태양이 진 직후 관측한 달은 서쪽에서 동쪽으로 날마다 ❻ [ㅇㅊ]가 달라집니다.
- 태양이 진 직후 초승달은 서쪽 하늘에서, 상현달은 남쪽 하늘에서, 보름달은 동쪽 하늘에서 보입니다.

정답 ❶ 동쪽 ❷ 밤 ❸ 달라 ❹ 동쪽 ❺ 그믐달 ❻ 위치

➔ 바른답·알찬풀이 47쪽

자료 1 지구의 낮과 밤

POINT
지구가 자전하기 때문에 하루 동안 태양과 달의 위치가 달라지고, 낮과 밤이 한 번씩 번갈아 나타납니다.

1-1 지구는 무엇을 중심으로 자전하는지 쓰시오.

( )

1-2 하루 동안 태양은 ( )쪽 하늘에서 남쪽 하늘을 지나 ( )쪽 하늘로 움직이는 것처럼 보입니다.

자료 2 계절별 대표적인 별자리

⬆ 봄철

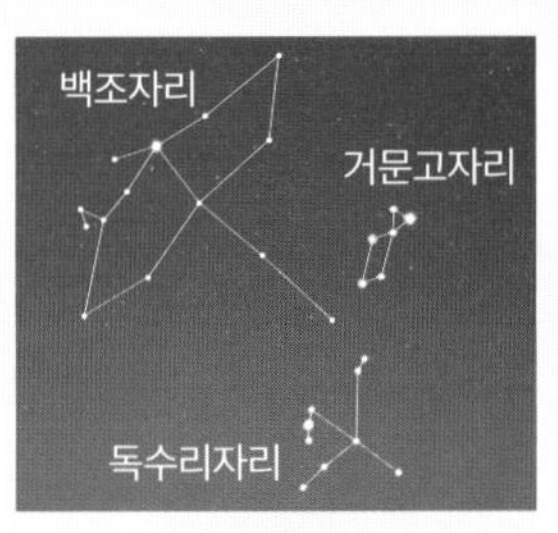

⬆ 여름철

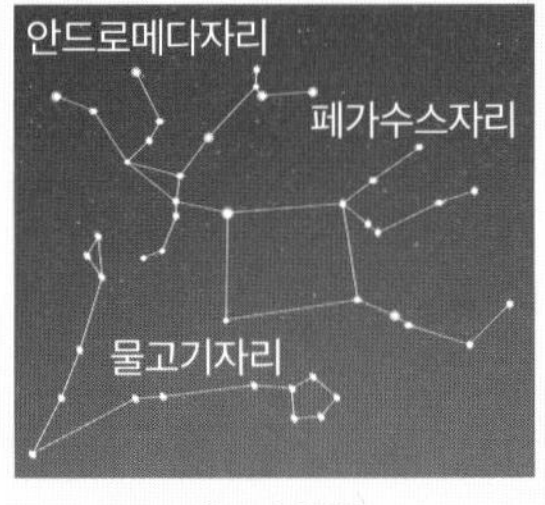

⬆ 가을철

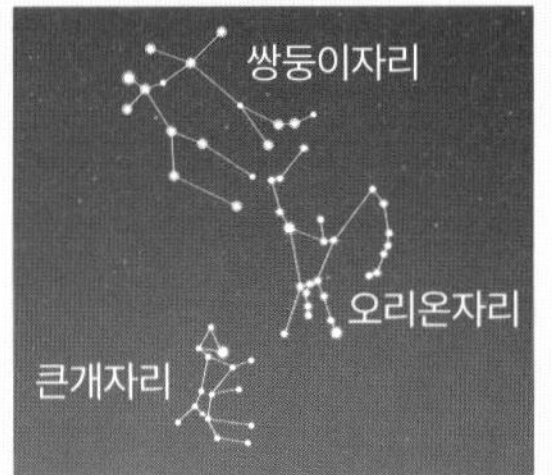

⬆ 겨울철

POINT
지구가 공전하기 때문에 계절에 따라 보이는 대표적인 별자리가 달라지고 보이는 위치도 달라집니다.

2-1 봄철, 여름철, 가을철, 겨울철에 보이는 대표적인 별자리는 서로 같은지, 다른지 쓰시오.

( )

2-2 계절별 대표적인 별자리는 하나뿐입니다.

(○, ×)

2-3 하루 동안 밤하늘을 관측했을 때 백조자리는 가을철에 오래 볼 수 있습니다. (○, ×)

2-4 쌍둥이자리, 큰개자리, 오리온자리는 (여름철 , 겨울철)의 대표적인 별자리입니다.

자료 3 여러 날 동안 달의 모양과 위치 변화

POINT
여러 날 동안 같은 시각에 달을 관측하면 달의 모양과 위치가 달라집니다.

3-1 초승달과 그믐달 중 음력 2 일~3 일에 밤하늘에서 볼 수 있는 달의 모양은 어느 것인지 쓰시오.

( )

3-2 여러 날 동안 태양이 진 직후 관측한 달은 동쪽에서 서쪽으로 날마다 위치가 달라집니다.

(○, ×)

과학

[01~02] 다음은 하루 동안 같은 장소에서 관측한 태양의 위치 변화를 나타낸 것입니다. 물음에 답하시오.

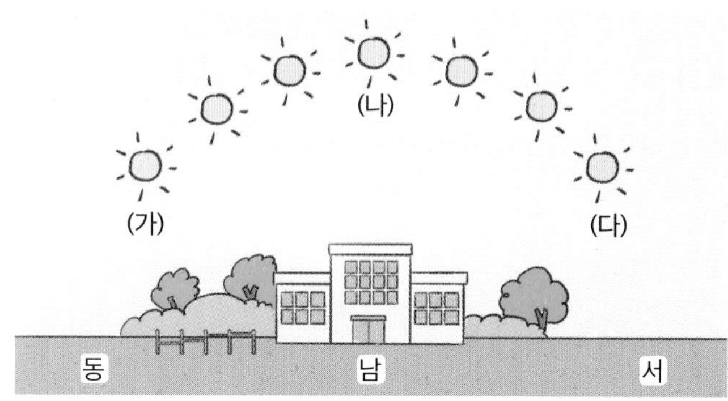

01 위에서 하루 동안 태양의 위치 변화로 옳은 것을 보기에서 골라 기호를 쓰시오.

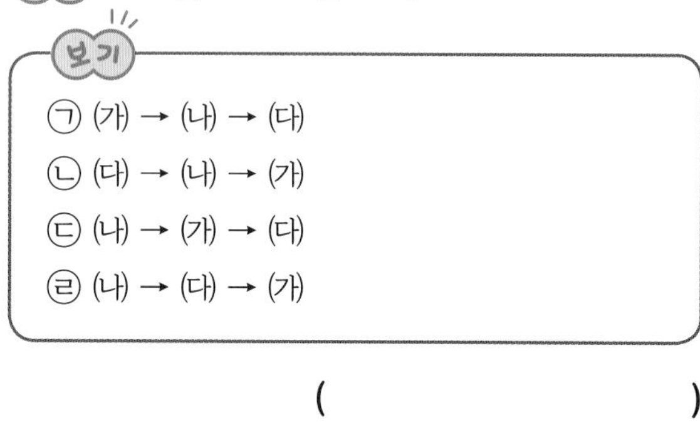
보기

㉠ (가) → (나) → (다)
㉡ (다) → (나) → (가)
㉢ (나) → (가) → (다)
㉣ (나) → (다) → (가)

( )

꼭 나와요

02 위 문제 1번 답과 같이 하루 동안 태양의 위치가 달라지는 까닭으로 옳은 것은 어느 것입니까? ( )

① 달이 자전하기 때문이다.
② 달이 공전하기 때문이다.
③ 지구가 자전하기 때문이다.
④ 지구가 공전하기 때문이다.
⑤ 태양이 스스로 움직이기 때문이다.

[03~04] 다음은 하루 동안 같은 장소에서 관측한 달의 위치 변화를 나타낸 것입니다. 물음에 답하시오.

03 위 ㉠과 ㉡ 중 자정 이후에 관측할 수 있는 달의 위치를 골라 기호를 쓰시오.

( )

서술형

04 위와 같은 하루 동안 달의 위치 변화는 태양의 위치 변화와 비교하여 어떤 공통점이 있는지 쓰시오.

꼭 들어가야 할 말	동쪽, 서쪽

05 다음은 학생이 제자리에서 회전하며 전등을 관찰하여 하루 동안 지구의 움직임을 알아보는 실험입니다. 학생은 지구, 전등은 태양이라고 할 때 학생이 제자리에서 회전하는 것은 무엇에 해당되는지 쓰시오.

지구의 ( )

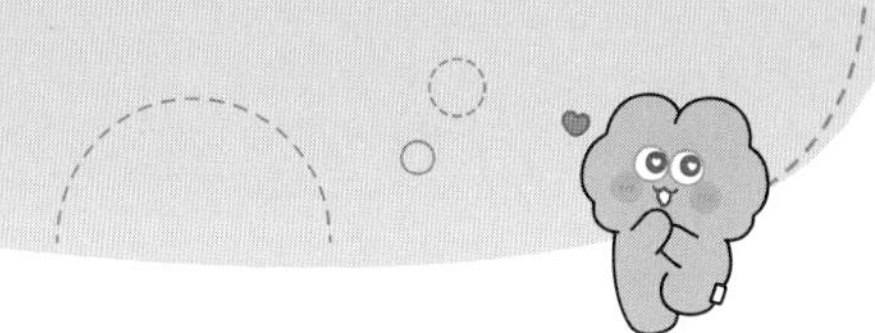

06 다음은 지구의 자전에 대한 설명입니다. 밑줄 친 ㉠~㉢ 중 옳지 않은 것을 골라 기호를 쓰시오.

> 지구가 ㉠태양을 중심으로 ㉡하루에 한 바퀴씩 ㉢회전하는 것을 지구의 자전이라고 한다.

( )

07 지구의 자전 방향으로 옳은 것은 어느 것입니까? ( )

① 동쪽 → 서쪽
② 서쪽 → 동쪽
③ 남쪽 → 북쪽
④ 북쪽 → 남쪽
⑤ 북극 위에서 볼 때 시계 방향

08 다음 낮과 밤에 대한 설명을 선으로 알맞게 이으시오.

(1) 낮 • • ㉠ 지구가 자전할 때 지구에서 태양 빛을 받는 곳

(2) 밤 • • ㉡ 지구가 자전할 때 지구에서 태양 빛을 받지 못하는 곳

09 다음은 지구와 태양의 모습입니다. 이에 대한 설명으로 옳은 것은 어느 것입니까? ( )

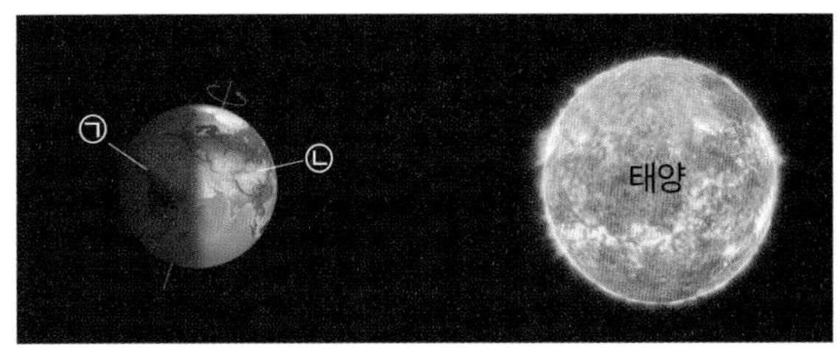

① ㉠은 현재 낮이다.
② ㉡은 현재 밤이다.
③ ㉠은 현재 태양 빛을 받는 곳이다.
④ ㉡은 현재 태양 빛을 받지 못하는 곳이다.
⑤ 1 일 뒤 같은 시각에 ㉠은 밤, ㉡은 낮이 된다.

10 계절별 대표적인 별자리에 대해 옳게 말한 친구의 이름을 쓰시오.

( )

11 다음은 오후 9 시 무렵에 남쪽 하늘에서 볼 수 있는 별자리의 모습입니다. 이 별자리를 오래 볼 수 있는 계절로 옳은 것은 어느 것입니까? ( )

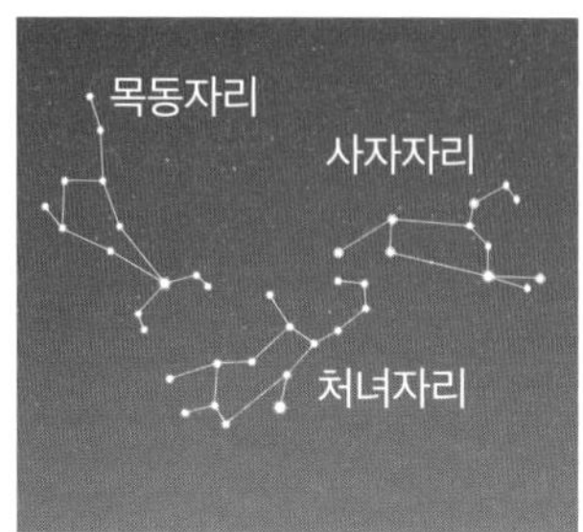

① 봄철 ② 여름철
③ 가을철 ④ 겨울철
⑤ 일 년 내내

12 겨울철 대표적인 별자리를 두 가지 고르시오. (,)

① 큰개자리 ② 백조자리
③ 오리온자리 ④ 독수리자리
⑤ 안드로메다자리

꼭나와

13 다음은 지구의 공전에 대한 설명입니다. ㉠, ㉡에 들어갈 말을 알맞게 짝 지은 것은 어느 것입니까? ( )

> 지구가 (㉠)을/를 중심으로 (㉡)에 한 바퀴씩 서쪽에서 동쪽으로 회전하는 것을 지구의 공전이라고 한다.

	㉠	㉡
①	달	하루
②	달	1 년
③	태양	하루
④	태양	1 년
⑤	자전축	1 년

서술형

14 다음은 지구 역할을 하는 학생이 전등을 등지고 전등 주위를 서쪽에서 동쪽(시계 반대 방향)으로 회전하며 계절별 대표적인 별자리를 관찰하는 모습입니다.

(1) 위에서 지구 역할을 하는 학생이 나타내는 지구의 운동은 무엇인지 쓰시오.

( )

(2) 위 실험 결과를 통해 알 수 있는 계절에 따라 보이는 별자리가 달라지는 까닭을 쓰시오.

____

____

15 겨울철 오후 9 시 무렵 동쪽에서 보이던 사자자리의 위치 변화에 대한 설명으로 옳은 것을 두 가지 고르시오. (,)

① 같은 시각 봄철에는 남쪽에서 보인다.
② 같은 시각 봄철에는 서쪽에서 보인다.
③ 같은 시각 여름철에는 남쪽에서 보인다.
④ 같은 시각 여름철에는 서쪽에서 보인다.
⑤ 같은 시각 가을철에는 남쪽에서 보인다.

➔ 바른답·알찬풀이 47쪽

16 오른쪽 달의 이름과 볼 수 있는 때를 알맞게 짝 지은 것은 어느 것입니까?

( )

이름	볼 수 있는 때
① 초승달	음력 2 일~3 일 무렵
② 초승달	음력 7 일~8 일 무렵
③ 하현달	음력 22 일~23 일 무렵
④ 그믐달	음력 22 일~23 일 무렵
⑤ 그믐달	음력 27 일~28 일 무렵

17 보름달을 본 날부터 다시 보름달을 볼 때까지 걸리는 시간으로 옳은 것은 어느 것입니까?

( )

① 약 7 일　② 약 10 일
③ 약 14 일　④ 약 30 일
⑤ 약 45 일

18 음력 2 일~3 일 무렵부터 여러 날 동안 볼 수 있는 달의 모양을 순서대로 나열한 것을 보기 에서 골라 기호를 쓰시오.

보기
㉠ 그믐달 → 상현달 → 하현달 → 보름달 → 초승달
㉡ 그믐달 → 하현달 → 보름달 →상현달 → 초승달
㉢ 초승달 → 상현달 → 보름달 → 하현달 → 그믐달
㉣ 초승달 → 하현달 → 보름달 → 상현달 → 그믐달

( )

19 태양이 진 직후 관측한 달의 모양이 오른쪽과 같을 때 이 달을 볼 수 있는 방향으로 옳은 것을 보기 에서 골라 기호를 쓰시오.

보기
㉠ 동쪽　㉡ 서쪽　㉢ 남쪽

( )

서술형

20 다음은 어느 날 태양이 진 직후 남쪽 하늘에서 관측한 달의 모습입니다.

(1) 위 달의 이름을 쓰시오.

( )

(2) 위 달을 관측하고 약 7 일 뒤 같은 시각, 같은 장소에서 달을 관측할 수 있는 방향과 달의 모양을 쓰시오.

과학

01 다음은 하루 동안 같은 장소에서 태양의 위치 변화를 관측하여 나타낸 것입니다. 이에 대한 설명으로 옳은 것을 보기에서 골라 기호를 쓰시오.

보기
㉠ 북쪽을 바라보고 관측한 것이다.
㉡ 가장 먼저 관측한 태양의 위치는 (가)이다.
㉢ 가장 나중에 관측한 태양의 위치는 (나)이다.

( )

어려워

02 다음은 하루 동안 같은 장소에서 달의 위치 변화를 관측하여 나타낸 것입니다. 이에 대한 설명으로 옳지 않은 것은 어느 것입니까? ( )

① ㉡ → ㉠ 순으로 달의 위치가 변한다.
② ㉠은 가장 먼저 관측한 달의 위치이다.
③ ㉡은 자정 이후 관측한 달의 위치이다.
④ 달의 위치가 동쪽에서 서쪽으로 달라진다.
⑤ 하루 동안 태양과 달은 같은 방향으로 위치가 달라진다.

03 하루 동안 태양과 달의 위치 변화에 대한 설명으로 옳은 것은 어느 것입니까? ( )

① 태양과 달은 서쪽에서 뜬다.
② 태양과 달은 동쪽으로 진다.
③ 하루 동안 달은 태양과 반대 방향으로 위치가 달라지는 것처럼 보인다.
④ 하루 동안 태양과 달은 동쪽에서 서쪽으로 위치가 달라지는 것처럼 보인다.
⑤ 하루 동안 태양과 달은 서쪽에서 남쪽으로 위치가 달라지는 것처럼 보인다.

[04~05] 다음은 지구 역할을 하는 학생이 제자리에서 회전하며 태양 역할을 하는 전등을 관찰하여 하루 동안 지구의 움직임을 알아보는 실험입니다. 물음에 답하시오.

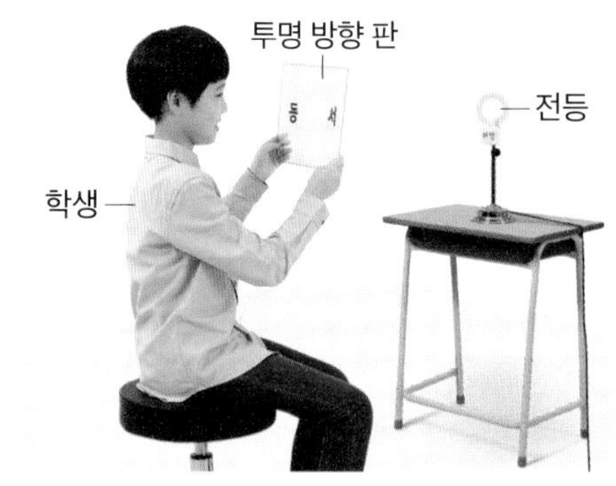

04 위 실험에 대한 설명에 맞게 ㉠, ㉡에 들어갈 알맞은 말을 쓰시오.

학생이 제자리에서 서쪽에서 동쪽으로 회전하면 전등은 (㉠)쪽에서 (㉡)쪽으로 움직이는 것처럼 보인다.

㉠: ( ), ㉡: ( )

서술형

05 위 실험 결과를 통해 알 수 있는 지구에서 태양이 움직이는 것처럼 보이는 까닭을 쓰시오.

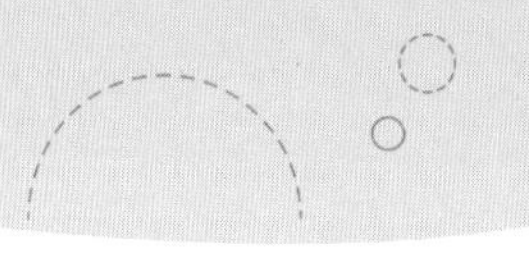

[06~08] 다음은 지구의 자전을 나타낸 모습입니다. 물음에 답하시오.

06 위에서 지구의 북극과 남극을 이은 가상의 직선을 무엇이라고 하는지 쓰시오.

( )

07 위 지구가 자전하는 방향으로 옳은 것을 보기에서 모두 골라 기호를 쓰시오.

보기
㉠ 동쪽 → 서쪽
㉡ 서쪽 → 동쪽
㉢ 북극 위에서 볼 때 시계 방향
㉣ 북극 위에서 볼 때 시계 반대 방향

( )

08 위에서 (가) 부분은 낮과 밤 중 어느 것에 해당되는지 쓰시오.

( )

09 다음은 지구의 자전으로 나타나는 현상에 대한 설명입니다. ㉠, ㉡에 들어갈 알맞은 말을 쓰시오.

지구가 자전하기 때문에 하루 동안 태양과 달의 위치가 (㉠)쪽에서 (㉡)쪽으로 달라진다.

㉠: ( ), ㉡: ( )

10 다음 별자리들을 여름철 대표적인 별자리라고 하는 까닭으로 옳은 것을 보기에서 골라 기호를 쓰시오.

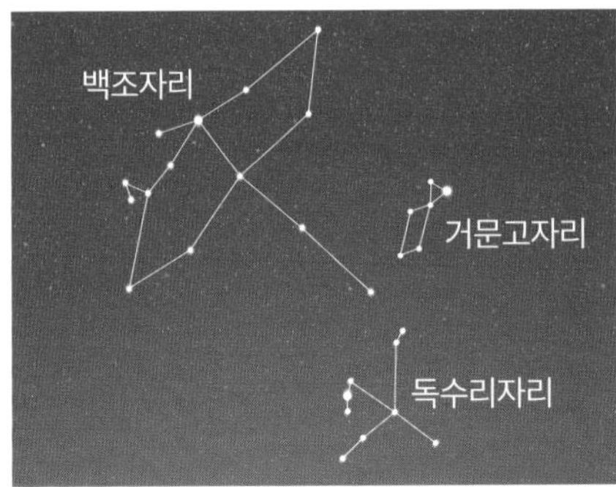

보기
㉠ 여름철 밤하늘에서 볼 수 없기 때문이다.
㉡ 여름철 밤하늘에서 오래 볼 수 있는 별자리이기 때문이다.
㉢ 여름철 밤하늘에서 가장 짧은 시간 동안 볼 수 있는 별자리이기 때문이다.

( )

과학

11 각 계절별 대표적인 별자리로 옳은 것을 보기에서 모두 골라 기호를 쓰시오.

보기
㉠ 봄철: 사자자리
㉡ 여름철: 목동자리
㉢ 가을철: 물고기자리
㉣ 겨울철: 페가수스자리

( )

[12~13] 다음은 지구 역할을 하는 학생이 전등을 등지고 전등 주위를 서쪽에서 동쪽(시계 반대 방향)으로 회전하며 계절별 대표적인 별자리를 관찰하는 모습입니다. 물음에 답하시오.

12 위 실험에서 지구 역할을 하는 학생이 ㉠ 다음으로 밤에 가장 잘 볼 수 있는 계절별 대표적인 별자리를 순서에 맞게 기호를 쓰시오.

㉠ → ( ) → ( ) → ( )

어려워

13 앞의 실험에 대한 설명으로 옳은 것을 두 가지 고르시오. (,)

① 전등은 달 역할을 한다.
② 하루 동안 태양의 위치 변화에 대해 알아보기 위한 실험이다.
③ 지구 역할을 하는 학생이 한 위치에서 밤에 볼 수 없는 별자리는 없다.
④ 지구가 태양 주위를 회전하면 계절에 따라 잘 보이는 별자리가 달라짐을 알 수 있다.
⑤ 일 년 동안 지구의 운동에 따른 계절별 대표적인 별자리의 변화를 알아보기 위한 실험이다.

서술형

14 다음과 같이 봄과 가을의 오후 9 시 무렵 같은 장소에서 볼 수 있는 별자리가 다른 까닭을 쓰시오.

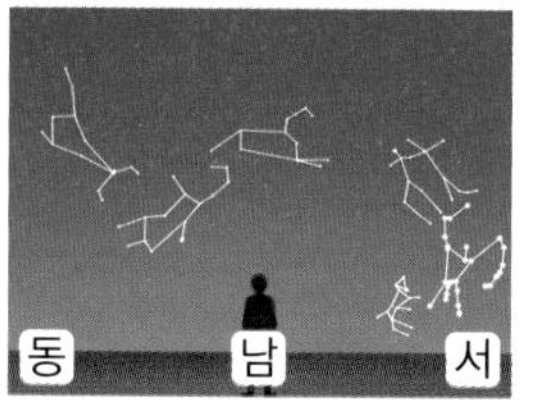

봄철 밤하늘

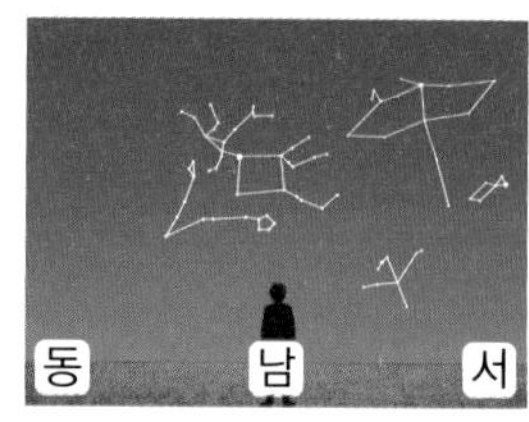

가을철 밤하늘

15 겨울철에 여름철의 대표적인 별자리를 볼 수 없는 까닭으로 옳은 것을 보기에서 골라 기호를 쓰시오.

보기
㉠ 별자리가 달에 가려지기 때문이다.
㉡ 겨울에는 태양이 일찍 지기 때문이다.
㉢ 별자리가 태양과 같은 방향에 있기 때문이다.

( )

➔ 바른답·알찬풀이 48쪽

16 지구의 자전과 지구의 공전의 공통점으로 옳은 것은 어느 것입니까? (   )

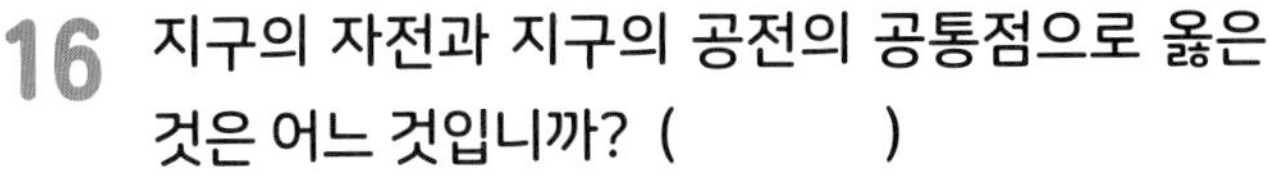

① 회전하는 중심
② 회전하는 방향
③ 회전 중심까지의 거리
④ 일 년 동안 회전하는 횟수
⑤ 한 바퀴 회전하는 데 걸리는 시간

어려워

17 여러 날 동안 관측한 달의 모양에 대한 설명으로 옳은 것은 어느 것입니까? (   )

① 음력 2 일~3 일 무렵에는 하현달이 보인다.
② 음력 7 일~8 일 무렵에는 보름달이 보인다.
③ 음력 15 일 무렵에는 초승달이 보인다.
④ 음력 22 일~23 일 무렵에는 상현달이 보인다.
⑤ 음력 27 일~28 일 무렵에는 그믐달이 보인다.

18 다음은 어느 날 태양이 진 직후 관측한 달의 모양입니다. 약 30 일 뒤에 관측할 수 있는 달은 어느 것입니까? (   )

① 초승달　　② 상현달
③ 보름달　　④ 하현달
⑤ 그믐달

[19~20] 다음은 음력 2 일부터 여러 날 동안 태양이 진 후 같은 장소에서 관측한 달의 모양과 위치 변화를 나타낸 것입니다. 물음에 답하시오.

19 위에 대한 설명으로 옳지 않은 것은 어느 것입니까? (   )

① ㉠은 보름달이다.
② ㉢은 상현달이다.
③ 가장 먼저 관측한 달은 ㉤이다.
④ ㉣은 ㉡보다 먼저 관측한 것이다.
⑤ ㉠을 관측한 날짜와 ㉢을 관측한 날짜는 약 15 일 차이가 난다.

서술형

20 위와 같이 여러 날 동안 같은 시각, 같은 장소에서 달을 관측하면 달의 위치가 어떻게 달라지는지 쓰시오.

과학

3. 여러 가지 기체

개념 1 기체 발생 장치를 꾸며 산소와 이산화 탄소를 발생시키기

① 기체 발생 장치 꾸미기

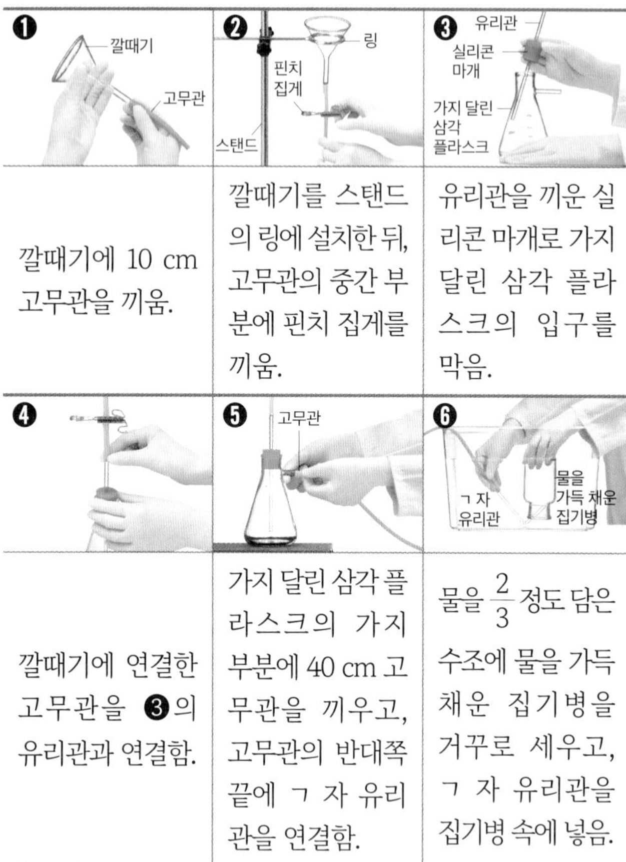

❶	❷	❸
깔때기에 10 cm 고무관을 끼움.	깔때기를 스탠드의 링에 설치한 뒤, 고무관의 중간 부분에 핀치 집게를 끼움.	유리관을 끼운 실리콘 마개로 가지 달린 삼각 플라스크의 입구를 막음.
❹	❺	❻
깔때기에 연결한 고무관을 ❸의 유리관과 연결함.	가지 달린 삼각 플라스크의 가지 부분에 40 cm 고무관을 끼우고, 고무관의 반대쪽 끝에 ㄱ 자 유리관을 연결함.	물을 $\frac{2}{3}$ 정도 담은 수조에 물을 가득 채운 집기병을 거꾸로 세우고, ㄱ 자 유리관을 집기병 속에 넣음.

② 산소와 이산화 탄소 발생시키기

구분	가지 달린 삼각 플라스크에 넣는 물질	깔때기에 넣는 물질
산소의 발생	물, ❶ ㅇㅅㅎ ㅁㄱㄴㅈ	묽은 과산화 수소수
이산화 탄소의 발생	물, 탄산수소 나트륨	진한 ❷ ㅅㅊ

③ 기체의 발생

- 핀치 집게를 조절해 깔때기 속 액체를 조금씩 흘려보내면 가지 달린 삼각 플라스크 내부에서 거품(기체)이 발생하고, ㄱ 자 유리관 끝부분에서 거품(기체)이 나옵니다.
- 집기병 안에 기체가 모이면서 집기병 내부의 물의 높이가 ❸ ㄴㅇ 집니다.

개념 2 산소와 이산화 탄소의 성질

① 산소의 성질

- 색깔과 냄새가 없습니다.
- 다른 물질이 타는 것을 돕습니다.
- 구리, 철과 같은 ❹ ㄱㅅ 을 녹슬게 합니다.

② 이산화 탄소의 성질

- 색깔과 냄새가 없습니다.
- 다른 물질이 타는 것을 막습니다.
- ❺ ㅅㅎㅅ 를 뿌옇게 흐리게 합니다.

개념 3 온도에 따른 기체의 부피 변화

→ 삼각 플라스크 속 공기의 부피에 변화가 생겨요.

뜨거운 물에 넣었을 때	얼음물에 넣었을 때
고무풍선이 부풀어 오름. / 고무풍선을 씌운 삼각 플라스크 / 공기 / 뜨거운 물	고무풍선이 오그라듦. / 공기 / 얼음물

→ 일정한 압력에서 기체의 온도가 높아지면 기체의 부피는 커지고, 기체의 온도가 낮아지면 기체의 부피는 ❻ ㅈㅇ 집니다.

개념 4 압력에 따른 기체의 부피 변화

→ 주사기 속 공기의 부피에 변화가 생겨요.

약하게 누를 때	강하게 누를 때
피스톤이 조금 들어감. / 공기	피스톤이 많이 들어감. / 공기

공기 대신 물을 넣으면 피스톤을 강하게 눌러도 피스톤이 거의 들어가지 않아요.

→ 일정한 온도에서 기체에 가하는 압력이 약할 때에는 기체의 부피가 조금 작아지고, 기체에 가하는 압력이 셀 때에는 기체의 부피가 ❼ ㅁㅇ 작아집니다.

개념 5 공기를 이루는 여러 가지 기체

공기는 산소, 이산화 탄소, 질소, 헬륨 등의 기체가 섞여 있는 ❽ ㅎㅎㅁ 입니다. → 공기의 대부분은 질소와 산소로 이루어져 있어요.

정답 ❶ 이산화 망가니즈 ❷ 식초 ❸ 낮아 ❹ 금속 ❺ 석회수 ❻ 작아 ❼ 많이 ❽ 혼합물

바르답·알찬풀이 49쪽

자료 1 기체 발생 장치를 꾸며 산소와 이산화 탄소 발생시키기

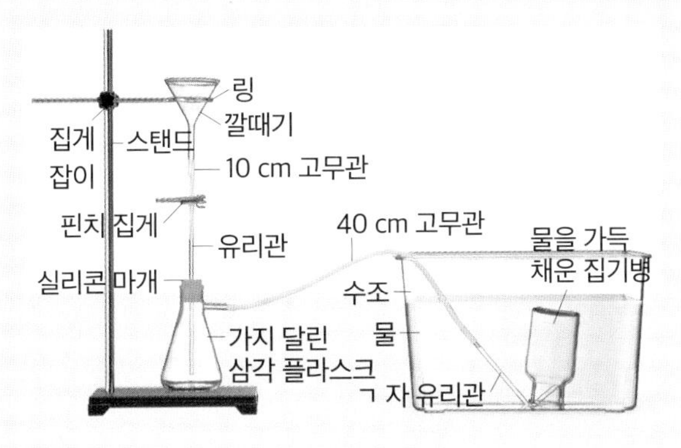

POINT
기체 발생 장치를 이용해 산소와 이산화 탄소를 발생시킬 수 있습니다.

1-1 기체 발생 장치에서 산소를 발생시킬 때 물을 넣은 가지 달린 삼각 플라스크에 (탄산수소 나트륨 , 이산화 망가니즈)을/를 넣고 깔때기에 (진한 식초 , 묽은 과산화 수소수)를 넣습니다.

1-2 집기병 안에 기체가 모이면서 집기병 내부의 물의 높이는 (낮아 , 높아)집니다.

자료 2 온도와 압력에 따라 기체의 부피가 변하는 예

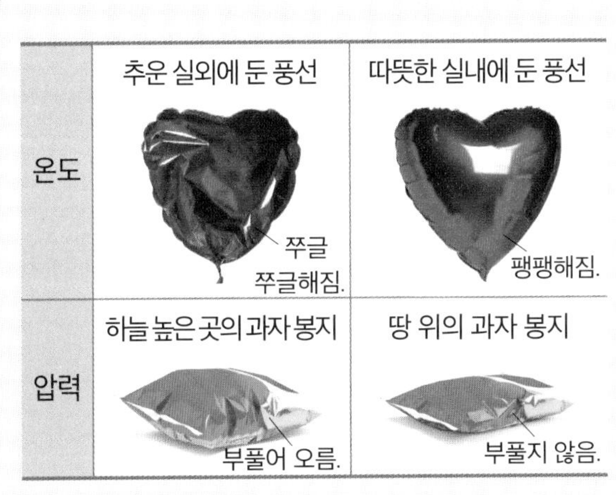

POINT
온도와 압력에 따라 기체의 부피가 변합니다.

2-1 겨울철에 공기를 가득 채운 풍선을 추운 실외에 두면 쭈글쭈글해지는 까닭은 온도와 압력 중 어느 것의 영향을 받은 것인지 쓰시오.

(　　　　　　　　)

2-2 비행기가 하늘 높이 올라갔을 때 비행기 안 과자 봉지가 부풀어 오르는 까닭은 (온도 , 압력)이/가 (세져서 , 약해져서) 과자 봉지 속 기체의 부피가 커지기 때문입니다.

자료 3 공기를 이루는 여러 가지 기체의 이용

↑ 산소 - 압축 공기통, 호흡 장치 등

↑ 이산화 탄소 - 탄산음료, 드라이 아이스, 소화기 등

↑ 질소 - 식품 보존, 비행기의 타이어 채우기 등

↑ 헬륨 - 풍선이나 비행선 띄우기, 냉각제 등

POINT
공기는 산소, 이산화 탄소, 질소, 헬륨 등의 기체가 섞여 있는 혼합물입니다.

3-1 공기의 대부분을 이루고 있는 기체 두 가지를 쓰시오.

(　　　　　　,　　　　　　)

3-2 공기를 이루는 여러 가지 기체 중 비행선이나 풍선을 띄울 때 주로 이용되는 기체를 쓰시오.

(　　　　　　　　)

3-3 공기를 이루는 여러 가지 기체 중 과자 봉지에 넣어 과자가 상하거나 부서지는 것을 예방하는 데 이용되는 기체를 쓰시오.

(　　　　　　　　)

[01~05] 다음 기체 발생 장치를 보고, 물음에 답하시오.

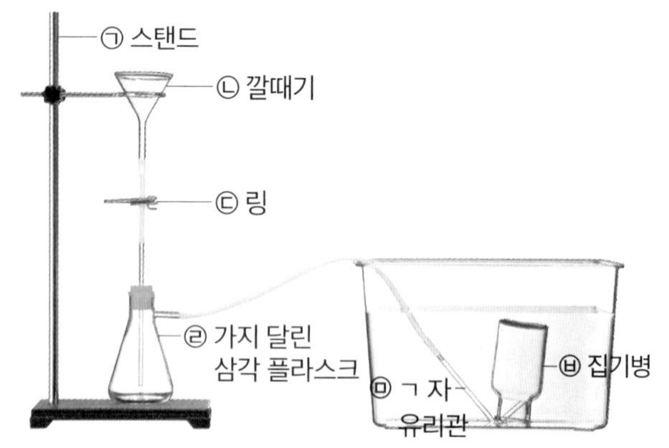

꼭 나와요

01 위 기체 발생 장치에서 실험 기구 ㉠~㉥의 이름을 잘못 나타낸 것의 기호를 쓰시오.

( )

02 다음은 위 기체 발생 장치를 꾸미는 과정을 순서 없이 나타낸 것입니다. 기체 발생 장치를 꾸미는 순서에 맞게 기호를 쓰시오.

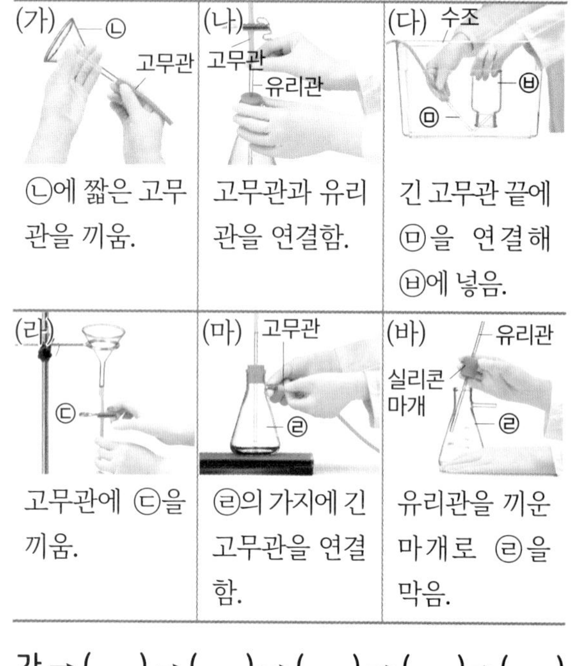

(가)	(나)	(다)
㉡에 짧은 고무관을 끼움.	고무관과 유리관을 연결함.	긴 고무관 끝에 ㉤을 연결해 ㉥에 넣음.
(라)	(마)	(바)
고무관에 ㉢을 끼움.	㉣의 가지에 긴 고무관을 연결함.	유리관을 끼운 마개로 ㉣을 막음.

가 → ( ) → ( ) → ( ) → ( ) → ( )

03 앞의 기체 발생 장치의 ㉠~㉥ 중 발생한 기체가 모이는 실험 기구의 기호와 이름을 쓰시오.

( )

04 앞의 기체 발생 장치에 대해 옳게 설명한 친구는 누구입니까? ( )

- 가람: ㉢은 항상 열어 두어야 해.
- 나윤: ㉤을 ㉥ 속에 가능한 깊이 넣어야 해.
- 다정: 기체가 발생할 때 ㉣ 내부에서 거품이 발생해.

① 가람 ② 나윤 ③ 다정
④ 가람, 나윤 ⑤ 나윤, 다정

서술형

05 앞의 기체 발생 장치의 ㉡에 묽은 과산화 수소수, ㉣에 물과 이산화 망가니즈를 넣고 기체를 발생시켰습니다.

(1) 이때 발생하는 기체의 이름을 쓰시오.

( )

(2) 위 문제 (1)번에서 답한 기체의 성질을 한 가지만 쓰시오.

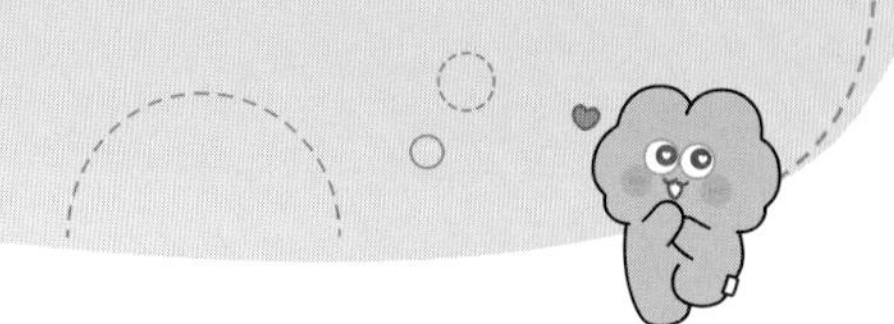

[06~07] 다음은 기체의 성질을 확인하는 방법입니다. 물음에 답하시오.

(가)	(나)	(다)
흰색 종이	유리판	석회수
기체가 들어 있는 집기병 뒤에 흰색 종이를 대고 색깔을 관찰함.	기체가 들어 있는 집기병을 들어 코 가까이에 대고 냄새를 맡음.	기체가 들어 있는 집기병에 석회수를 넣고 흔들어 봄.

06 위 (가)~(다) 중 옳지 않은 방법을 골라 기호를 쓰시오.

( )

서술형

07 위 (가)~(다) 중 집기병에 들어 있는 기체가 산소인지, 이산화 탄소인지 확인할 수 있는 방법을 골라 기호를 쓰고, 그렇게 생각한 까닭을 쓰시오.

꼭 들어가야 할 말 | 산소, 이산화 탄소, 석회수

꼭나와

08 산소의 성질로 옳은 것은 어느 것입니까? ( )

① 색깔이 있다.
② 특유의 냄새가 있다.
③ 석회수를 뿌옇게 흐리게 한다.
④ 다른 물질이 타는 것을 막는다.
⑤ 구리, 철과 같은 금속을 녹슬게 한다.

09 이산화 탄소를 이용하는 예로 옳은 것을 두 가지 고르시오. (,)

① 탄산음료를 만드는 데 이용한다.
② 비행선을 공중에 띄울 때 이용한다.
③ 드라이아이스를 만드는 데 이용한다.
④ 식품의 내용물을 보존하는 데 이용한다.
⑤ 압축 공기통이나 호흡 장치에 들어 있다.

10 다음은 우리 주변에서 산소와 이산화 탄소의 성질을 알 수 있는 예에 대한 설명입니다. 옳게 말한 친구를 모두 고른 것은 어느 것입니까? ( )

- 지민: 박물관이나 미술관에서 이산화 탄소 소화기를 볼 수 있어.
- 태영: 자전거 체인이 붉게 녹슨 것은 산소가 다른 물질이 타는 것을 돕기 때문이야.
- 남준: 국회 의사당 지붕이 녹청색으로 녹슨 것은 산소가 구리, 철과 같은 금속을 녹슬게 하기 때문이지.

① 지민 ② 태영 ③ 지민, 태영
④ 태영, 남준 ⑤ 지민, 남준

과학

[11~12] 오른쪽과 같이 고무풍선을 씌운 삼각 플라스크를 뜨거운 물이 들어 있는 비커에 넣었다가 얼음물이 들어 있는 비커에 옮겨 넣었습니다. 물음에 답하시오.

11 위 실험에서 고무풍선을 씌운 삼각 플라스크를 뜨거운 물과 얼음물에 넣었을 때 고무풍선의 변화를 알맞게 짝 지은 것은 어느 것입니까?
( )

	뜨거운 물에 넣었을 때	얼음물에 넣었을 때
①	오그라든다.	오그라든다.
②	오그라든다.	부풀어 오른다.
③	오그라든다.	변하지 않는다.
④	부풀어 오른다.	부풀어 오른다.
⑤	부풀어 오른다.	오그라든다.

꼭나와

12 위 실험을 통해 알 수 있는 사실로 옳은 것을 에서 모두 골라 기호를 쓰시오.

보기
㉠ 온도가 높아지면 기체의 부피는 작아진다.
㉡ 온도가 낮아지면 기체의 부피는 작아진다.
㉢ 일정한 압력에서 기체의 부피는 온도에 따라 변한다.

( )

서술형

13 찌그러진 탁구공을 뜨거운 물에 넣으면 펴지는 까닭을 온도와 관련지어 쓰시오.

꼭 들어가야 할 말 | 탁구공 안 기체 온도, 기체의 부피

[14~15] 오른쪽과 같이 공기 40 mL가 들어 있는 주사기 입구를 손가락으로 막고, 피스톤을 누르면서 주사기 안에 있는 공기의 부피 변화를 관찰하였습니다. 물음에 답하시오.

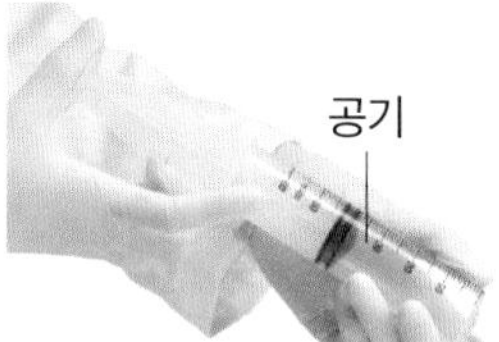

14 위 실험에서 피스톤을 약하게 눌렀을 때에 비해 세게 눌렀을 때의 변화에 대한 설명으로 옳은 것은 어느 것입니까? ( )

① 피스톤이 많이 들어간다.
② 피스톤이 조금 들어간다.
③ 피스톤이 거의 들어가지 않는다.
④ 주사기 안에 들어 있는 공기의 부피가 커진다.
⑤ 주사기 안에 들어 있는 공기의 부피가 변하지 않는다.

15 위 실험에서 주사기 안에 공기 대신 물 40 mL를 넣고 피스톤을 세게 눌렀을 때 주사기 안에 들어 있는 물의 부피 변화에 대한 설명으로 옳은 것은 어느 것입니까? ( )

① 물의 부피가 조금 커진다.
② 물의 부피가 많이 커진다.
③ 물의 부피가 많이 작아진다.
④ 물의 부피가 커졌다가 작아진다.
⑤ 물의 부피가 거의 변하지 않는다.

➔ 바른답·알찬풀이 49쪽

16 다음은 기체의 부피 변화에 대한 설명입니다. ㉠, ㉡에 들어갈 알맞은 말을 쓰시오.

> 일정한 압력에서 기체의 부피는 (㉠)에 따라 변하고, 일정한 온도에서 기체의 부피는 (㉡)에 따라 변한다.

㉠: ( ), ㉡: ( )

17 기체의 부피 변화에 영향을 준 것이 나머지와 다른 하나는 어느 것입니까? ( )

① 

추운 실외로 가져온 풍선

② 

운동화 밑창의 공기 주머니

③ 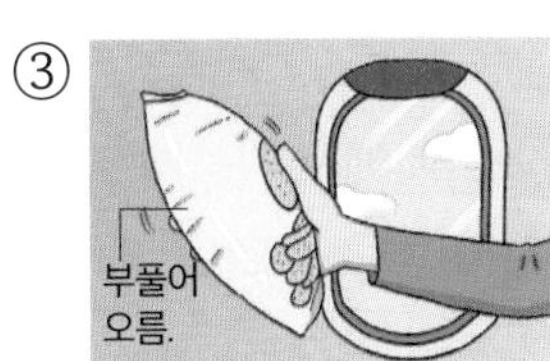

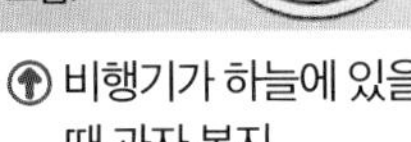
비행기가 하늘에 있을 때 과자 봉지

④ 

잠수부가 내뿜은 공기 방울

18 부풀린 풍선은 하늘 높이 올라갈수록 더 부풀어 커집니다. 이러한 현상에 영향을 주는 것으로 옳은 것을 보기 에서 골라 기호를 쓰시오.

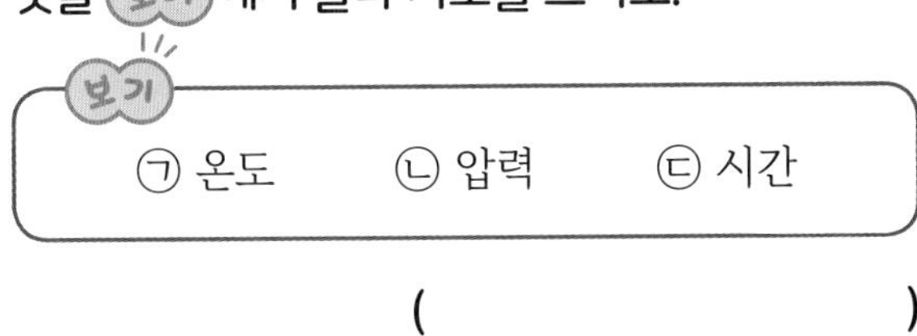
보기
㉠ 온도 ㉡ 압력 ㉢ 시간

( )

19 공기를 이루는 기체와 그 기체를 이용하는 예를 잘못 짝 지은 것은 어느 것입니까? ( )

① 

산소 - 압축 공기통

② 
이산화 탄소 - 탄산음료

③ 
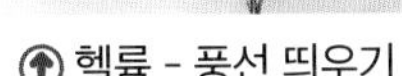
헬륨 - 풍선 띄우기

④ 

수소 - 식품 보존

20 다음 비행기의 타이어를 채우는 데 이용하는 기체는 어느 것입니까? ( )

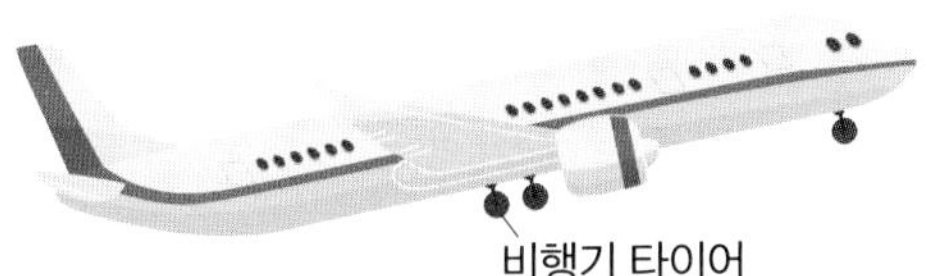

① 수소 ② 헬륨 ③ 산소
④ 질소 ⑤ 이산화 탄소

과학

01 다음은 기체 발생 장치를 꾸미는 과정의 일부입니다. ( ) 안에 들어갈 실험 기구의 이름을 쓰시오.

(가) 깔때기에 10 cm 고무관을 끼운다.
(나) 깔때기를 스탠드의 링에 설치한 뒤, 고무관의 중간 부분에 (   )을/를 끼운다.
(다) 유리관을 끼운 실리콘 마개로 가지 달린 삼각 플라스크의 입구를 막고, (나)의 고무관과 유리관을 연결한다.

(   )

[02~05] 다음은 기체 발생 장치를 꾸민 것입니다. 물음에 답하시오.

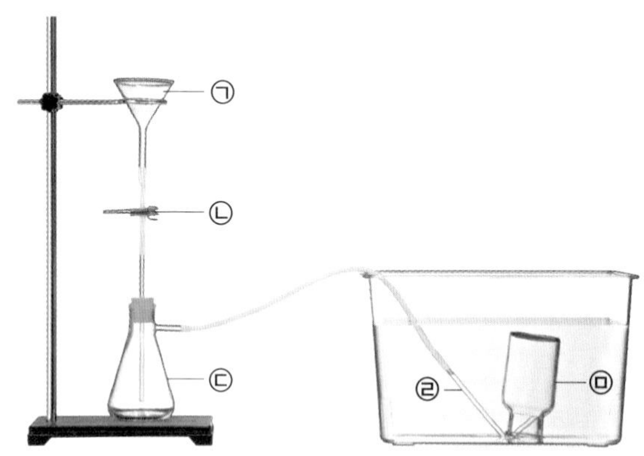

02 위 기체 발생 장치에서 실험 기구 ㉠~㉤의 이름을 알맞게 짝 지은 것은 어느 것입니까? (   )

① ㉠-깔때기
② ㉡-링
③ ㉢-집기병
④ ㉣-유리 막대
⑤ ㉤-수조

03 다음은 앞의 기체 발생 장치에서 산소를 발생시키는 과정입니다. (가)~(다) 중 옳지 않은 것을 골라 기호를 쓰시오.

(가) ㉢에 물을 조금 넣은 뒤, 이산화 망가니즈를 한 숟가락 넣는다.
(나) ㉠에 진한 식초를 $\frac{1}{3}$ 정도 넣는다.
(다) ㉡을 조절해 ㉠에 넣은 물질을 ㉢으로 조금씩 흘려보낸다.

(   )

서술형

04 앞의 기체 발생 장치에서 기체가 발생할 때 ㉢의 내부, ㉣의 끝부분, ㉤의 내부를 관찰한 결과를 각각 쓰시오.

어려워

05 다음은 앞의 기체 발생 장치에서 이산화 탄소를 발생시키기 위해 물질을 넣는 모습입니다. ㉮와 ㉯에 해당하는 물질을 알맞게 짝 지은 것은 어느 것입니까? (   )

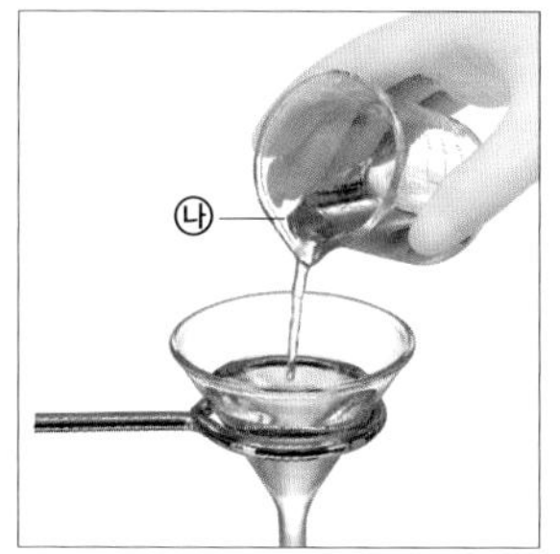

㉮	㉯
① 이산화 망가니즈	석회수
② 이산화 망가니즈	진한 식초
③ 이산화 망가니즈	묽은 과산화 수소수
④ 탄산수소 나트륨	석회수
⑤ 탄산수소 나트륨	진한 식초

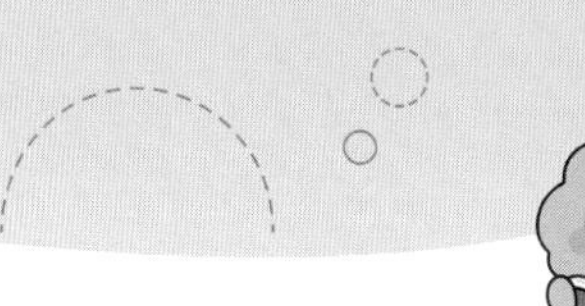

06 다음은 산소의 색깔과 냄새를 확인하는 방법입니다. 산소의 색깔과 냄새로 옳은 것은 어느 것입니까? (　　　　)

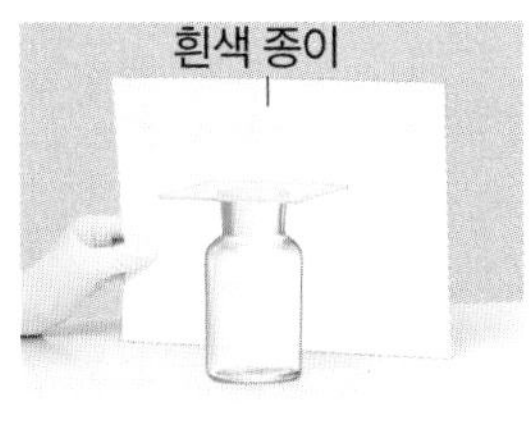

▲ 색깔 확인　　▲ 냄새 확인

① 흰색, 냄새가 없음.
② 흰색, 달콤한 냄새가 남.
③ 색깔이 없음, 냄새가 없음.
④ 색깔이 없음, 매콤한 냄새가 남.
⑤ 색깔이 없음, 달콤한 냄새가 남.

서술형

07 다음은 붉게 녹슨 체인의 모습입니다. 이를 보고 알 수 있는 산소의 성질을 쓰시오.

____

____

08 산소와 이산화 탄소의 공통된 성질을 에서 골라 기호를 쓰시오.

보기
㉠ 색깔이 없다.
㉡ 특유의 냄새가 있다.
㉢ 다른 물질이 타는 것을 돕는다.

(　　　　　　　　　　)

09 다음과 같이 이산화 탄소를 가득 채운 집기병에 향불을 넣었습니다. 이 실험의 결과로 옳은 것은 어느 것입니까? (　　　　)

① 향불이 꺼진다.
② 향불이 잘 탄다.
③ 아무런 변화가 없다.
④ 향불이 꺼졌다가 다시 켜진다.
⑤ 향불의 불꽃이 커졌다가 작아지기를 반복한다.

10 오른쪽과 같이 기체를 가득 채운 집기병에 석회수를 넣고 흔들었더니 석회수가 뿌옇게 흐려졌습니다. 집기병에 들어 있는 기체로 알맞은 것은 어느 것입니까? (　　　　)

① 수소　　② 헬륨
③ 질소　　④ 산소
⑤ 이산화 탄소

과학

11 다음과 같이 고무풍선을 씌운 삼각 플라스크를 뜨거운 물과 얼음물이 들어 있는 비커에 차례로 넣었습니다. 이 실험을 통해 알 수 있는 사실로 옳은 것을 두 가지 고르시오. (　　　,　　　)

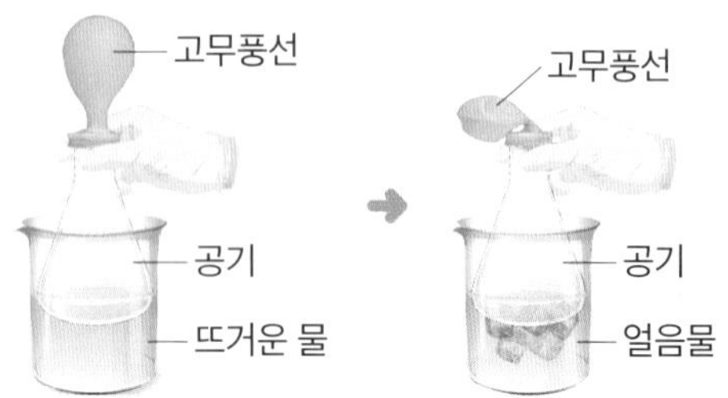

① 온도에 따라 기체의 부피가 변한다.
② 온도가 낮아지면 기체의 부피가 커진다.
③ 온도가 높아지면 기체의 부피가 커진다.
④ 온도가 높아지면 기체의 부피가 작아진다.
⑤ 온도에 따라 기체의 부피가 변하지 않는다.

어려워

12 오른쪽과 같이 색소 방울이 들어 있는 플라스틱 스포이트의 끝을 막고 머리 부분을 뜨거운 물에 넣었을 때, 색소 방울은 ㉠과 ㉡ 중 어느 방향으로 이동하는지 기호를 쓰시오.

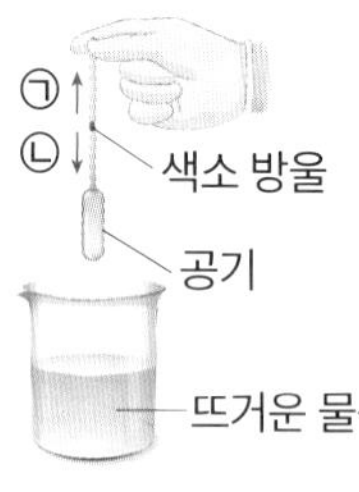

(　　　　　　　　)

서술형

13 오른쪽과 같이 차가운 유리병의 입구에 물을 묻힌 동전을 올려놓았습니다. 이 유리병을 두 손으로 감싸면 동전이 어떻게 되는지 쓰고, 그 까닭을 쓰시오.

____

____

____

[14~15] 오른쪽과 같이 공기 40 mL가 들어 있는 주사기 입구를 손가락으로 막고, 피스톤을 누르면서 주사기 안에 있는 공기의 부피 변화를 관찰하였습니다. 물음에 답하시오.

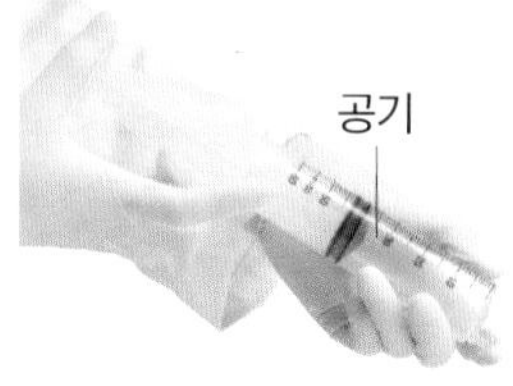

14 위 실험에 대한 설명으로 옳지 않은 것은 어느 것입니까? (　　　)

① 압력에 따른 공기의 부피 변화에 관한 실험이다.
② 일정한 온도에서 기체는 압력에 따라 부피가 변한다.
③ 피스톤을 누르면 주사기 안에 들어 있는 공기의 부피가 변한다.
④ 기체에 가하는 압력이 약할 때에는 기체의 부피가 많이 작아진다.
⑤ 피스톤을 약하게 누르면 주사기 안에 들어 있는 공기의 부피는 조금 작아진다.

15 물 40 mL가 들어 있는 주사기로 위와 같은 실험을 하면서 피스톤을 세게 눌렀을 때 주사기의 모습으로 옳은 것을 골라 기호를 쓰시오.

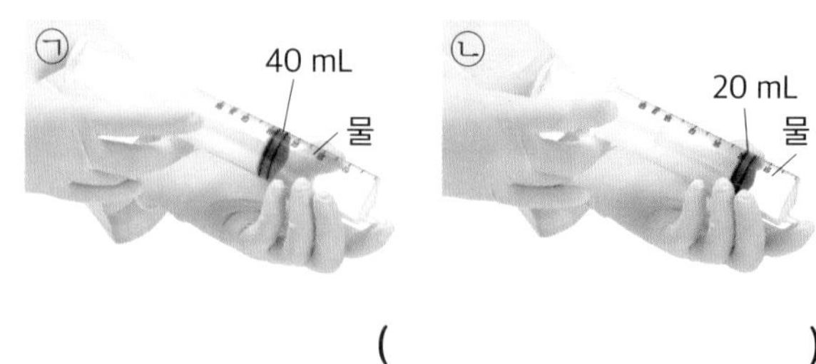

(　　　　　　　　)

➔ 바른답·알찬풀이 50쪽

[16~17] 다음 친구들의 대화를 읽고, 물음에 답하시오.

> • 정은: 찌그러진 탁구공을 뜨거운 물에 넣으면 펴지는 까닭은 탁구공 안에 들어 있는 기체의 온도가 높아지기 때문이야.
> • 민지: 햇빛이 비치는 곳에 둔 과자 봉지가 부풀어 오르는 까닭은 과자 봉지 안에 들어 있는 기체에 가하는 압력이 약해지기 때문이야.
> • 혜경: 잠수부가 물속에서 내뿜은 공기 방울이 수면으로 올라갈수록 커지는 까닭은 공기 방울 안에 들어 있는 기체에 가하는 압력이 약해지기 때문이야.

어려워

16 위에서 밑줄 친 부분을 잘못 말한 친구와 바르게 고쳐 쓴 내용을 알맞게 짝 지은 것은 어느 것입니까? (　　　)

① 정은, 기체의 온도가 낮아지기 때문이야.
② 민지, 기체의 온도가 높아지기 때문이야.
③ 민지, 기체에 가하는 압력이 같기 때문이야.
④ 혜경, 기체의 온도가 변하지 않기 때문이야.
⑤ 혜경, 기체에 가하는 압력이 세지기 때문이야.

17 위 친구들의 대화는 온도 또는 압력에 따라 무엇이 변하는 예에 대한 설명인지 쓰시오.

(　　　　　　　　　　)

18 공기에 대한 설명으로 옳지 않은 것은 어느 것입니까? (　　　)

① 공기는 혼합물이다.
② 산소는 공기를 이루는 기체이다.
③ 헬륨은 공기를 이루는 기체이다.
④ 공기는 한 가지 기체로만 이루어져 있다.
⑤ 공기의 대부분은 질소와 산소로 이루어져 있다.

19 다음은 공기를 이루는 기체를 이용하는 예입니다. (가)와 (나)에서 이용하는 기체를 알맞게 짝 지은 것은 어느 것입니까? (　　　)

(가)

▲ 과자 봉지

(나)

▲ 풍선

	(가)	(나)
①	질소	산소
②	산소	질소
③	질소	헬륨
④	산소	헬륨
⑤	헬륨	산소

20 다음 (　　) 안에 공통으로 들어갈 알맞은 기체는 어느 것입니까? (　　　)

> • (　　　)은/는 압축 공기통과 호흡 장치에 들어 있다.
> • 공기가 (　　　)(으)로만 이루어져 있다면 지금보다 화재가 더 잘 나고, 구리, 철과 같은 금속이 더 빨리 녹슬 것이다.

① 수소　② 산소
③ 헬륨　④ 질소
⑤ 이산화 탄소

과학

4. 식물의 구조와 기능 (1)

개념 1 생물을 이루고 있는 세포

① 세포: 생물을 이루는 기본 단위로, 모든 생물은 ❶ (ㅅㅍ) 로 이루어져 있습니다.
(→ 종류에 따라 하는 일이 달라요.)

② 식물 세포와 동물 세포

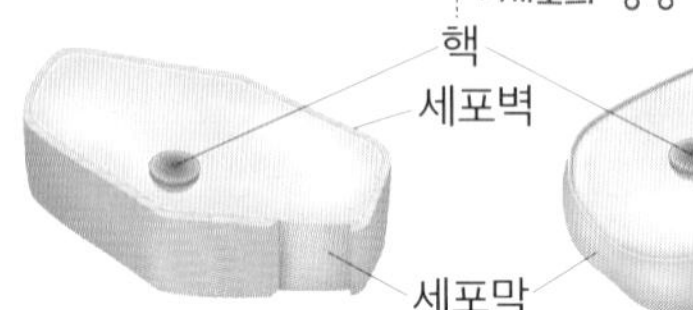

⬆ 식물 세포 ⬆ 동물 세포

구분	식물 세포	동물 세포
공통점	• 핵과 세포막이 있음. • 대부분 크기가 매우 작아 맨눈으로는 볼 수 없음.	
차이점	세포벽이 있음.	세포벽이 없음.

개념 2 뿌리의 생김새와 하는 일

① 뿌리의 생김새

⬆ 토마토 뿌리 ⬆ 뿌리털 ⬆ 양파 뿌리

생김새	토마토, 감나무 등은 굵고 곧은 뿌리에 가는 뿌리들이 나 있음.	양파, 파 등은 굵기가 비슷한 뿌리들이 수염처럼 나 있음.
공통점	뿌리에는 물을 더 잘 흡수할 수 있도록 솜털처럼 작고 가는 ❷ (ㅃㄹㅌ) 이 나 있음.	

② 뿌리가 하는 일

지지	뿌리는 땅속으로 깊고 넓게 뻗어 식물 전체를 받쳐 주어 식물을 지지함.
흡수	뿌리는 땅속의 물을 ❸ (ㅎㅅ) 함.
저장	뿌리에 ❹ (ㅇㅂ) 을 저장함. 예 고구마, 당근, 무 등

개념 3 줄기의 생김새와 하는 일

① 줄기의 생김새

• 줄기는 뿌리와 잎, 꽃, 열매 등 식물의 각 부분을 이어 줍니다.

• 줄기는 소나무처럼 꺼칠꺼칠한 껍질로 싸여 있거나 고구마처럼 매끈한 껍질로 싸여 있습니다.
(줄기의 껍질은 해충이나 세균의 침입을 막고, 추위와 더위로부터 식물을 보호해요.)

• 식물의 종류에 따라 줄기의 생김새가 ❺ (ㄷㅇ) 합니다.

곧은 줄기	소나무, 느티나무 등은 줄기가 굵고 곧음.
감는 줄기	나팔꽃, 완두 등은 줄기가 가늘고 길며, 다른 물체를 감고 올라감.
기는 줄기	고구마, 양딸기 등은 줄기가 가늘고 길며, 땅 위를 기는 듯이 뻗음.

② 줄기가 하는 일

운반	뿌리에서 흡수한 ❻ (ㅁ) 과 잎에서 만든 양분이 이동하는 통로 역할을 함.
지지	잎과 꽃을 받쳐 주어 식물을 지지함.
저장	줄기에 ❼ (ㅇㅂ) 을 저장함. 예 감자, 토란, 연꽃 등

개념 4 잎의 생김새

⬆ 잎의 생김새

• 식물의 잎은 잎몸, 잎맥, 잎자루로 이루어져 있습니다.

• 잎몸에 ❽ (ㅇㅁ) 이 뻗어 있고, 대부분 잎몸과 연결된 잎자루가 줄기에 달려 있습니다.

정답 ❶ 세포 ❷ 뿌리털 ❸ 흡수 ❹ 양분 ❺ 다양 ❻ 물 ❼ 양분 ❽ 잎맥

➔ 바른답·알찬풀이 51쪽

자료 1 생물을 이루고 있는 세포

<식물 세포와 동물 세포 관찰하기>

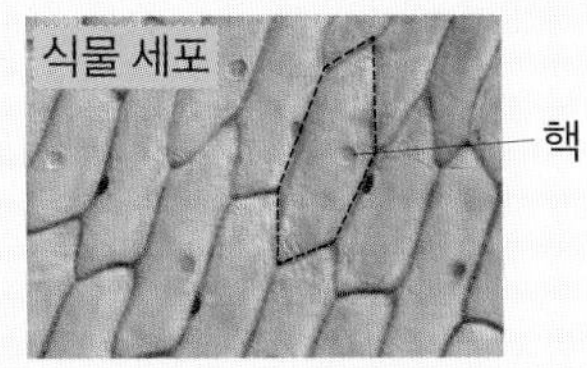

양파 표피 세포(50 배): 동그란 핵이 있고, 블록처럼 세포가 쌓여 있음.

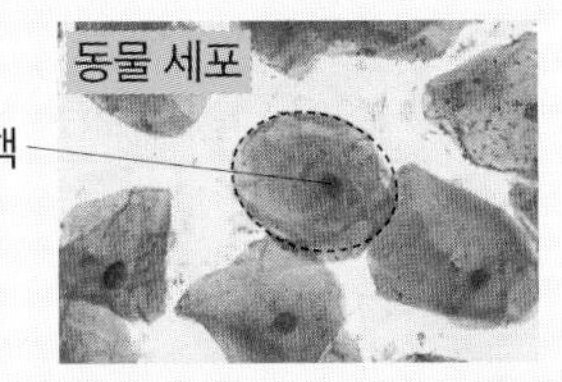

입안 상피 세포(100 배): 동그란 핵이 있고, 세포의 모양이 일정하지 않음.

POINT

세포는 매우 작아 맨눈으로 관찰하기 어렵고, 식물 세포와 동물 세포에는 모두 핵과 세포막이 있습니다.

1-1 양파 표피 세포는 세포 안에 핵이 여러 개 있고, 입안 상피 세포는 세포 안에 핵이 한 개 있습니다. (○ , ×)

1-2 식물 세포에는 있지만 동물 세포에는 없는 것은 (세포막 , 세포벽)입니다.

자료 2 뿌리가 하는 일

<뿌리의 흡수 기능 알아보기>

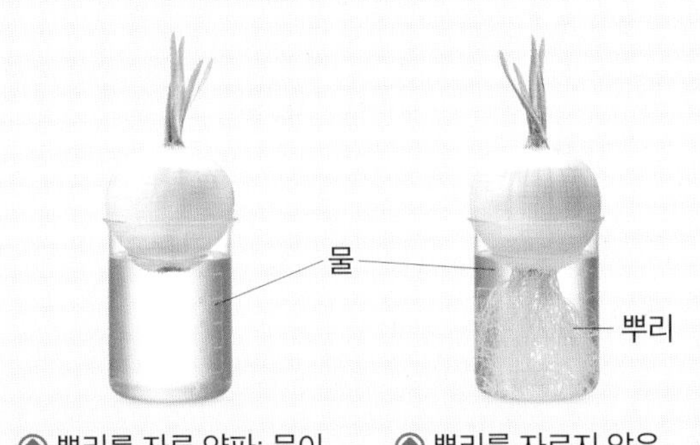

뿌리를 자른 양파: 물이 거의 줄어들지 않음.

뿌리를 자르지 않은 양파: 물이 줄어듦.

POINT

뿌리는 물을 흡수하는 일을 합니다.

2-1 왼쪽의 실험에서 뿌리가 하는 일을 알아보기 위해 다르게 한 조건은 (물의 양 , 뿌리의 유무)입니다.

2-2 왼쪽의 실험에서 시간이 지난 뒤 비커의 물의 양이 더 많이 줄어드는 것은 뿌리를 (자른 , 자르지 않은) 양파입니다.

2-3 왼쪽의 실험 결과를 통해 알 수 있는 뿌리가 하는 일은 지지, 흡수, 저장 중 어느 것인지 쓰시오.

( )

자료 3 줄기가 하는 일

<줄기를 통한 물의 이동 알아보기>

붉은 색소 물에 넣어 둔 백합 줄기

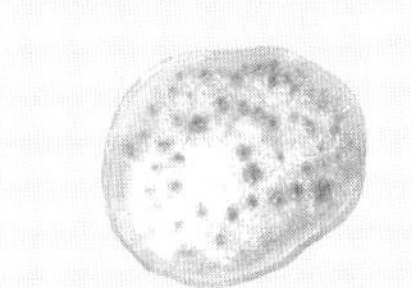

백합 줄기의 가로 단면

백합 줄기의 세로 단면

POINT

줄기는 뿌리에서 흡수한 물과 잎에서 만든 양분이 이동하는 통로 역할을 합니다.

3-1 왼쪽의 백합 줄기를 자른 단면에서 붉게 물든 부분은 무엇이 이동하는 통로인지 쓰시오.

( )

3-2 백합 줄기에서 물이 이동하는 통로는 한 개 있습니다. (○ , ×)

3-3 왼쪽과 같이 백합 줄기를 자른 단면을 관찰하면 줄기의 (저장 , 운반) 기능을 알 수 있습니다.

과학

4. 식물의 구조와 기능 (2)

개념 1 잎이 하는 일

→ 잎의 표면에 있는 작은 구멍으로, 잎의 뒷면에 많이 있어요.

① 증산 작용: 잎으로 이동한 ❶ ㅁ 이 수증기 형태로 기공을 통해 식물 밖으로 빠져나가는 현상

증산 작용의 역할	• 뿌리에서 흡수한 물을 식물의 꼭대기까지 끌어 올릴 수 있도록 도움. • 식물의 ❷ ㅇㄷ 를 조절함.
증산 작용이 잘 일어나는 조건	햇빛이 강할 때, 온도가 높을 때, 습도가 낮을 때, 바람이 잘 불 때, 식물 안에 물의 양이 많을 때 등

② 광합성: 식물이 빛과 이산화 탄소, ❸ ㅁ 을 이용하여 스스로 양분을 만드는 것 → 뿌리에서 흡수해요.

- 뿌리에서 잎으로 이동한 물의 일부는 광합성에 이용되고, 일부는 잎의 기공을 통해 식물 밖으로 빠져나갑니다.
- 잎에서 만들어진 녹말과 같은 ❹ ㅇㅂ 은 줄기를 통해 뿌리, 줄기, 꽃과 열매 등의 식물 각 부분으로 운반되어 사용되거나 저장됩니다.

개념 2 꽃의 생김새와 하는 일

① 꽃의 생김새

사과꽃

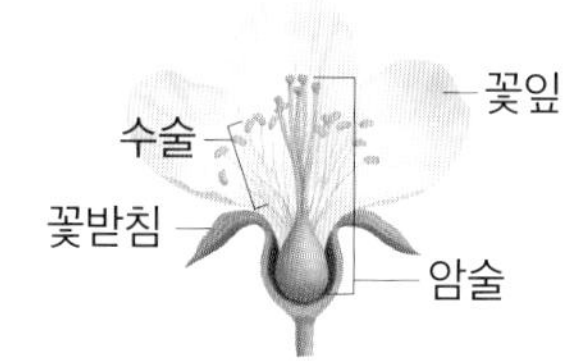

호박꽃 → 호박꽃의 암꽃은 수술이 없고, 수꽃은 암술이 없어요.

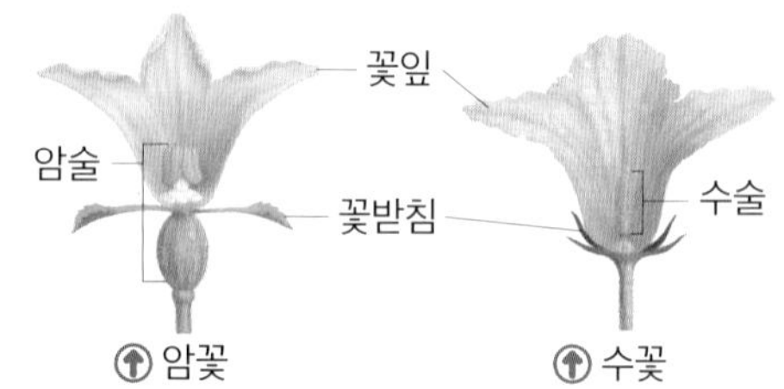

- 꽃은 사과꽃처럼 암술, 수술, 꽃잎, 꽃받침으로 이루어져 있는 꽃도 있고, 호박꽃처럼 일부가 없는 꽃도 있습니다.
- 암술은 ❺ ㅆ 를 만들고, 수술은 꽃가루를 만듭니다.
- 꽃잎은 암술과 수술을 보호하고, 꽃받침은 꽃잎을 보호합니다.

② 꽃이 하는 일

- 꽃가루받이(수분): 수술에서 만들어진 꽃가루가 ❻ ㅇㅅ 로 옮겨지는 것
- 꽃가루받이는 곤충, 새, 바람, 물 등의 도움으로 이루어집니다.

꽃가루받이 방법	식물
곤충의 도움	사과나무, 코스모스, 봉선화 등
새의 도움	동백나무, 바나나 등
바람의 도움	옥수수, 소나무, 부들, 벼 등
물의 도움	검정말, 나사말, 물수세미 등

- 꽃가루받이가 이루어지면 씨가 만들어져 자랍니다.

개념 3 씨가 퍼지는 방법

① 열매의 생김새와 하는 일

- 열매는 씨와 씨를 둘러싼 껍질 부분으로 되어 있습니다.
- 열매의 생김새는 식물의 종류에 따라 다양합니다.
- 열매는 ❼ ㅆ 를 보호하고, 씨를 멀리 퍼뜨리는 일을 합니다.

② 씨가 퍼지는 방법 → 식물은 씨를 퍼뜨려서 자손을 남겨 생명을 이어 나가요.

열매가 동물의 털이나 사람의 옷에 붙어 씨가 퍼지는 식물	도꼬마리, 우엉 등 → 열매의 특징을 활용해 찍찍이 테이프를 만들어요.
열매에 날개가 있어 돌면서 멀리 날아가 씨가 퍼지는 식물	단풍나무, 가죽나무 등
열매껍질이 터지면서 씨가 튕겨 나가 퍼지는 식물	봉선화, 제비꽃, 괭이밥, 콩 등
열매가 동물에게 먹힌 뒤 동물의 배설물을 통해 씨가 퍼지는 식물	산수유, 벚나무, 겨우살이, 머루, 다래 등
가벼운 솜털이 있어 바람에 날려 씨가 퍼지는 식물	민들레, 박주가리, 버드나무 등
물에 떠서 이동하여 씨가 퍼지는 식물	연꽃, 수련, 코코야자 등

정답 ❶ 물 ❷ 온도 ❸ 물 ❹ 양분 ❺ 씨 ❻ 암술 ❼ 씨

바른답·알찬풀이 51쪽

자료 1 잎이 하는 일 - 증산 작용

<잎에서 물의 이동 알아보기>

잎을 모두 떼어 낸 고추 모종: 비닐봉지 안에 물이 생기지 않음.

잎을 그대로 둔 고추 모종: 비닐봉지 안에 물이 생김.

POINT
증산 작용은 잎으로 이동한 물이 수증기 형태로 기공을 통해 식물 밖으로 빠져나가는 현상입니다.

1-1 왼쪽의 실험에서 잎의 유무는 같게 한 조건과 다르게 한 조건 중 어느 것인지 쓰시오.

( )

1-2 왼쪽의 실험에서 1 일~2 일이 지난 뒤 관찰했을 때 ㉠ 잎을 모두 떼어 낸 고추 모종과 ㉡ 잎을 그대로 둔 고추 모종 중 증산 작용이 일어나는 것은 어느 것인지 기호를 쓰시오.

( )

자료 2 잎이 하는 일 - 광합성

<광합성을 통해 만들어지는 양분 알아보기>

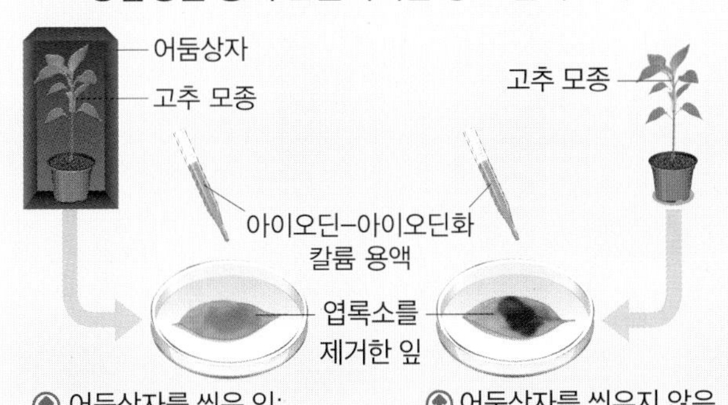

어둠상자를 씌운 잎: 색깔이 변하지 않음.

어둠상자를 씌우지 않은 잎: 청람색으로 변함.

POINT
빛을 받은 잎에서만 양분이 만들어집니다.

2-1 광합성으로 녹말이 만들어진 잎에 아이오딘-아이오딘화 칼륨 용액을 떨어뜨리면 (빨간색 , 청람색)으로 변합니다.

2-2 왼쪽의 실험에서 ㉠ 어둠상자를 씌운 잎과 ㉡ 어둠상자를 씌우지 않은 잎 중 양분이 만들어진 잎은 어느 것인지 기호를 쓰시오.

( )

자료 3 꽃이 하는 일

<씨가 만들어지고 자라는 과정>

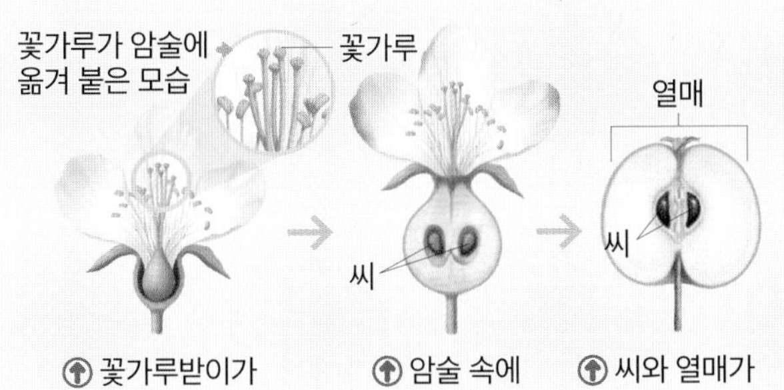

꽃가루받이가 이루어짐.

암술 속에 씨가 생김.

씨와 열매가 자람.

POINT
꽃가루받이가 이루어지면 씨가 만들어지고 씨와 열매가 자랍니다.

3-1 암술, 수술, 꽃잎, 꽃받침 중 꽃가루를 만드는 것은 어느 것인지 쓰시오.

( )

3-2 꽃가루받이가 이루어지고 나면 암술에서 씨가 만들어져 자랍니다. (○ , ×)

01 다음은 세포에 대한 친구들의 대화입니다. 옳게 말한 친구의 이름을 쓰시오.

- 창민: 모든 세포는 하는 일이 같아.
- 수연: 모든 생물은 세포로 이루어져 있어.
- 지은: 모든 동물 세포는 맨눈으로 관찰할 수 있어.

( )

서술형

02 다음은 식물 세포와 동물 세포를 나타낸 것입니다.

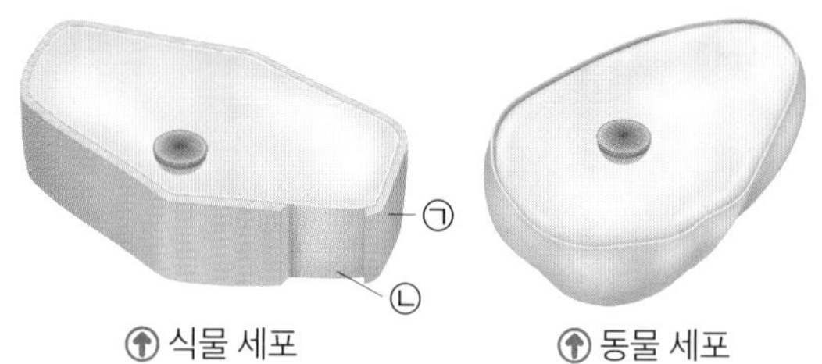

(1) 위 ㉠과 ㉡ 중 식물 세포에만 있는 것의 기호와 이름을 쓰시오.

( )

(2) 위 식물 세포와 동물 세포를 비교하여 공통점을 한 가지만 쓰시오.

[03~05] 뿌리가 자란 양파 두 개를 준비하여 다음과 같이 장치한 후 빛이 잘 드는 곳에 3 일~4 일 동안 놓아두었습니다. 물음에 답하시오.

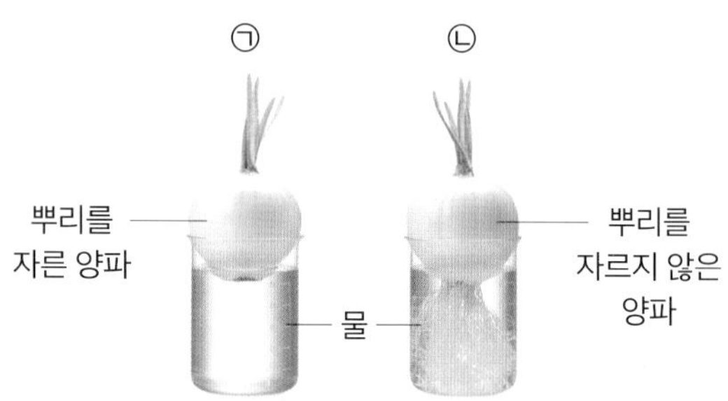

03 위에서 3 일~4 일 뒤 두 비커에 담긴 물의 양을 비교하였을 때 >, =, < 중 ( ) 안에 들어갈 알맞은 기호를 쓰시오.

㉠의 비커에 담긴 물의 양	( )	㉡의 비커에 담긴 물의 양

꼭 나와

04 위 실험을 통해 알 수 있는 뿌리가 하는 일로 옳은 것은 어느 것입니까? ( )

① 물을 흡수한다.
② 양분을 만든다.
③ 양분을 저장한다.
④ 식물을 지지한다.
⑤ 물을 식물 밖으로 내보낸다.

05 위 실험의 ㉡ 양파와 뿌리 모양이 비슷한 식물은 어느 것입니까? ( )

① 무 ② 파 ③ 고구마
④ 감나무 ⑤ 사과나무

서술형

06 다음은 소나무와 고구마의 줄기 모습입니다.

소나무

고구마

(1) 위 소나무 줄기와 고구마 줄기 중 굵기가 더 굵은 것을 쓰시오.

( )

(2) 위 소나무 줄기와 고구마 줄기의 생김새에서 차이점을 한 가지만 쓰시오.

---

07 다음은 붉은 색소 물에 네다섯 시간 정도 넣어 둔 백합 줄기를 세로로 자른 단면입니다. 붉게 물든 부분에 대한 설명으로 옳은 것은 어느 것입니까? ( )

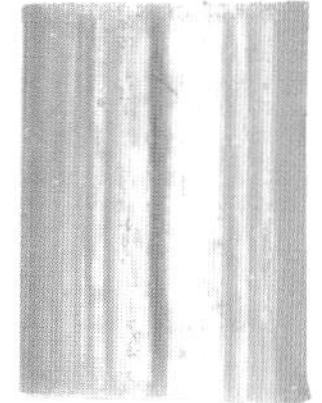

① 물이 이동한 통로이다.
② 물이 저장된 부분이다.
③ 양분이 이동한 통로이다.
④ 양분이 저장된 부분이다.
⑤ 공기가 이동하기 위해 비어 있는 공간이다.

08 식물의 줄기가 하는 일에 대한 설명으로 옳은 것을 세 가지 고르시오. (, ,)

① 양분을 저장하기도 한다.
② 땅속의 물과 양분을 흡수한다.
③ 물이 이동하는 통로 역할을 한다.
④ 저장한 양분을 식물 밖으로 내보낸다.
⑤ 잎과 꽃을 받쳐 주어 식물을 지지한다.

09 다음 ㉠~㉢의 이름을 알맞게 짝 지은 것은 어느 것입니까? ( )

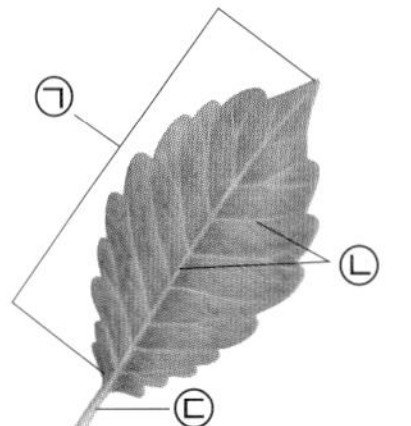

	㉠	㉡	㉢
①	잎맥	꽃받침	잎몸
②	잎맥	잎몸	꽃받침
③	잎몸	잎맥	잎자루
④	잎몸	잎맥	꽃받침
⑤	잎몸	잎자루	잎맥

꼭 나와

10 오른쪽은 현미경으로 관찰한 식물 잎의 뒷면입니다. 잎으로 이동한 물의 일부가 식물 밖으로 빠져나가는 부분인 ㉠의 이름을 쓰시오.

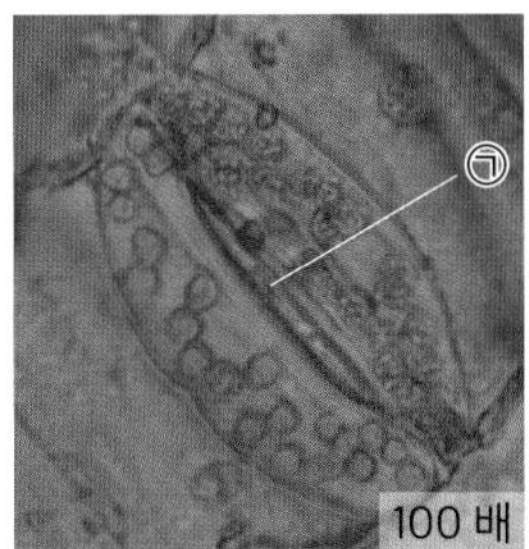

( )

과학

11 증산 작용에 대한 설명으로 옳은 것을 두 가지 고르시오. (,)

① 열매에서 일어난다.
② 식물의 온도를 조절한다.
③ 식물이 양분을 흡수하는 과정이다.
④ 잎이 없어야 증산 작용이 일어날 수 있다.
⑤ 물을 식물의 꼭대기까지 끌어 올릴 수 있도록 돕는다.

꼭나와

12 다음 친구들의 대화에서 광합성에 대해 옳게 말한 친구를 모두 고른 것은 어느 것입니까? ( )

- 성연: 광합성은 주로 식물의 잎에서 일어나.
- 민수: 식물이 흡수한 물은 모두 광합성에 이용되지.
- 재희: 식물은 광합성을 통해 녹말과 같은 양분을 만들어.

① 성연 ② 민수 ③ 성연, 민수
④ 민수, 재희 ⑤ 성연, 재희

13 여러 날 동안 빛을 받지 못한 잎과 빛을 받은 잎을 알코올을 이용해 색깔을 연하게 만든 뒤 잎에 아이오딘-아이오딘화 칼륨 용액을 떨어뜨렸습니다. 이에 대한 설명으로 옳은 것은 어느 것입니까? ( )

① 식물은 빛이 없을 때 광합성을 한다.
② 빛을 받은 잎은 색깔이 변하지 않는다.
③ 빛을 받은 잎에서는 양분이 만들어진다.
④ 빛을 받지 못한 잎은 청람색으로 변한다.
⑤ 이 실험에서 다르게 한 조건은 물의 유무이다.

서술형

14 다음 사과꽃과 호박꽃의 암꽃의 생김새를 비교하여 ㉠의 이름을 쓰고, 두 꽃의 생김새에서 차이점을 한 가지만 쓰시오.

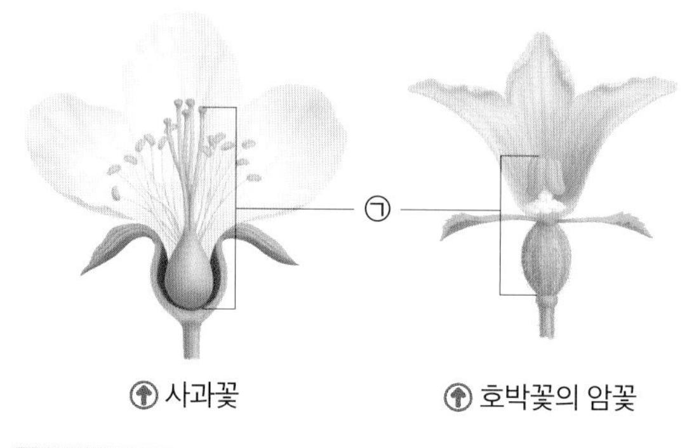

사과꽃 호박꽃의 암꽃

꼭 들어가야 할 말: 암술, 수술, 꽃잎, 꽃받침

15 다음은 사과 열매가 자라는 과정입니다. 이에 대한 설명으로 옳지 않은 것은 어느 것입니까? ( )

① ㉠은 꽃가루받이 모습이다.
② ㉡은 씨이다.
③ ㉢은 열매이다.
④ 암술에서 꽃가루가 만들어진다.
⑤ 열매는 씨와 씨를 둘러싼 껍질로 되어 있다.

➜ 바른답·알찬풀이 51쪽

16 식물에 따른 꽃가루받이 방법을 알맞게 짝 지은 것은 어느 것입니까? (　　　　)

① 옥수수 - 새에 의한 꽃가루받이
② 동백나무 - 물에 의한 꽃가루받이
③ 검정말 - 바람에 의한 꽃가루받이
④ 사과나무 - 바람에 의한 꽃가루받이
⑤ 코스모스 - 곤충에 의한 꽃가루받이

[17~18] 오른쪽은 단풍나무 열매의 모습입니다. 물음에 답하시오.

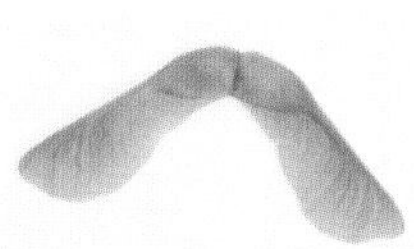

17 위 단풍나무 열매가 씨를 퍼뜨리는 방법으로 옳은 것은 어느 것입니까? (　　　　)

① 열매가 물에 떠서 멀리 이동하여 씨가 퍼진다.
② 열매껍질이 터지면서 씨가 튕겨 나가 퍼진다.
③ 열매가 동물의 털이나 사람의 옷에 붙어 씨가 퍼진다.
④ 열매에 날개가 있어서 돌면서 멀리 날아가 씨가 퍼진다.
⑤ 열매가 동물에게 먹힌 뒤 씨가 열매의 배설물을 통해 퍼진다.

18 위 단풍나무 열매와 같은 방법으로 씨를 퍼뜨리는 식물은 어느 것입니까? (　　　　)

①
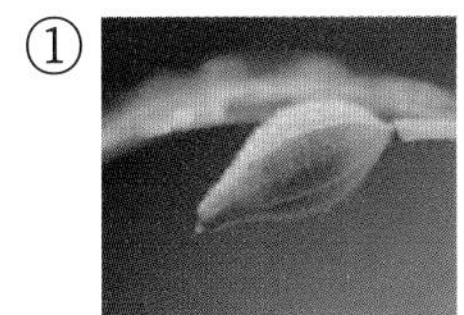
봉선화

②

도꼬마리

③

가죽나무

④
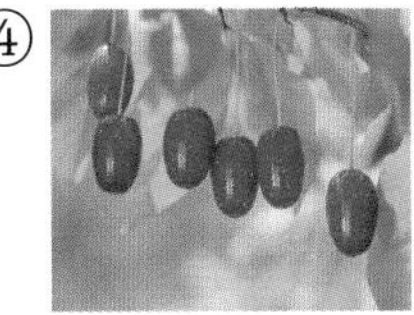
산수유

꼭나와

19 다음 (　　) 안에 공통으로 들어갈 말을 쓰시오.

> (　　　　)은/는 씨를 보호하고 씨를 멀리 퍼뜨리는 일을 하며, (　　　　)의 생김새는 식물의 종류에 따라 다양하다.

(　　　　　　　　　　)

20 다음은 식물의 각 부분이 어떻게 영향을 주고받으며 살아가는지 표현하기 위한 식물 역할놀이 대본의 일부입니다. 열매의 역할을 생각하며 (　　) 안에 들어갈 내용으로 옳은 것을 보기 에서 골라 기호를 쓰시오.

[상황] 맑은 날
- 뿌리: 날씨가 맑으니까 물을 많이 흡수해야지!
- 줄기: 뿌리에서 흡수한 물이 위로 이동하고 있어.
- 잎: 물이 많으니까 양분을 만드는 데 사용하고 남은 물은 밖으로 내보내야겠다.
- 줄기: 바쁘다, 바빠! 그렇다면 잎에서 만든 (　　　　　).
- 꽃: 씨를 만들어야 하니까 꽃가루받이를 도와줄 곤충이 필요해.
- 열매: 나는 그동안 보호하고 있던 씨를 멀리 퍼뜨려야겠다.

보기

㉠ 물은 뿌리로 이동해야겠네.
㉡ 양분도 물처럼 밖으로 내보내야겠네.
㉢ 양분도 식물의 각 부분으로 이동시켜야겠네.

(　　　　　　　　　　)

과학

[01~02] 다음은 광학 현미경으로 양파 표피 세포와 입안 상피 세포를 관찰한 결과입니다. 물음에 답하시오.

(가)
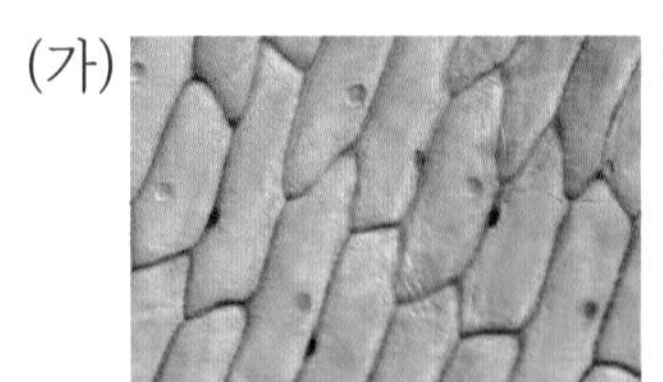

양파 표피 세포(50 배)

(나)
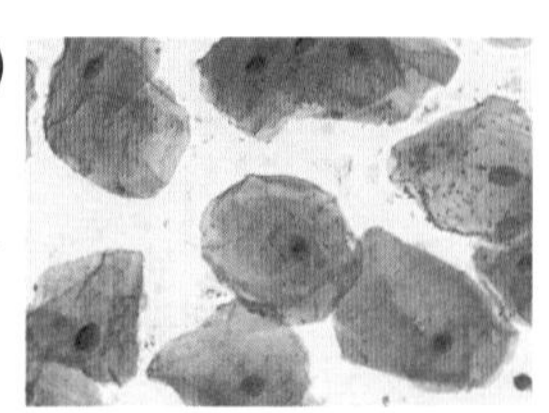
입안 상피 세포(100 배)

01 위 (가)와 (나) 세포의 공통점으로 옳은 것을 두 가지 고르시오. (,)

① 핵이 있다.
② 세포막이 있다.
③ 타원 모양이다.
④ 크기가 달걀과 비슷하다.
⑤ 세포의 모양이 일정하다.

서술형

02 위 (가)와 (나) 세포를 이루고 있는 부분에서 차이점을 한 가지만 쓰시오.

03 다음 토마토 뿌리에 대한 설명으로 옳은 것을 보기에서 골라 기호를 쓰시오.

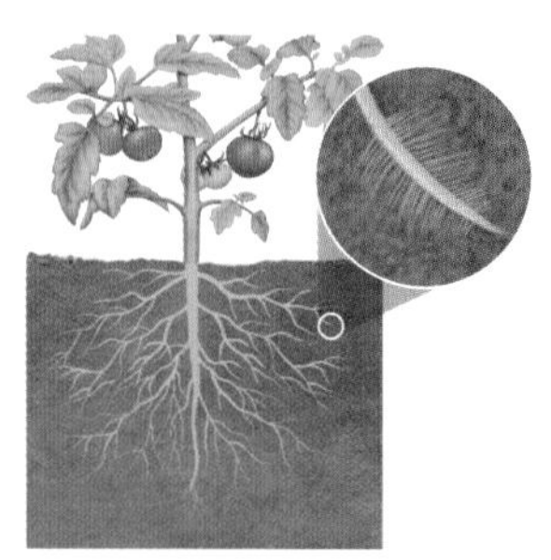

보기
㉠ 굵기가 비슷한 뿌리들이 수염처럼 나 있다.
㉡ 가운데 굵고 곧은 뿌리에 가는 뿌리들이 나 있다.
㉢ 당근처럼 뿌리에 양분이 많이 저장되어 있다.

( )

어려워

04 식물의 뿌리에 대한 설명으로 옳지 않은 것은 어느 것입니까? ( )

① 대부분 땅속의 물을 흡수한다.
② 주로 뿌리에서 증산 작용이 일어난다.
③ 뿌리털은 물을 더 잘 흡수하도록 한다.
④ 대부분 땅속으로 뻗어 식물을 지지한다.
⑤ 무 같은 식물은 뿌리에 양분을 저장한다.

05 주로 뿌리에 양분을 저장하는 식물은 어느 것입니까? ( )

① 토란 ② 연꽃
③ 사과 ④ 고구마
⑤ 토마토

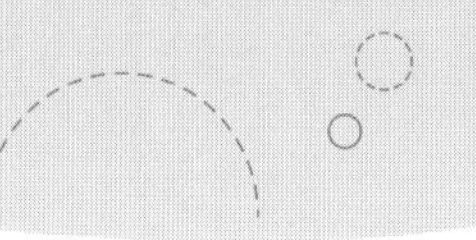

[06~07] 다음은 붉은 색소 물에 네다섯 시간 정도 넣어 둔 백합 줄기를 가로와 세로로 자른 단면입니다. 물음에 답하시오.

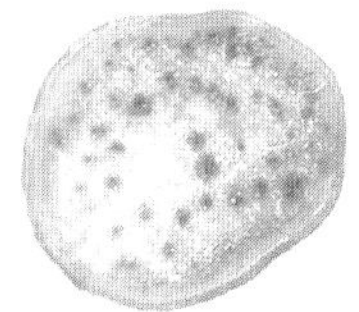
가로 단면

세로 단면

서술형

06 위 단면을 관찰한 결과를 각각 한 가지씩 쓰시오.

____

____

07 위 백합 줄기를 자른 단면에서 붉게 물든 부분은 무엇이 이동한 통로입니까? (　　　)

① 빛　　② 물
③ 공기　　④ 양분
⑤ 꽃가루

어려워

08 식물의 줄기에 대한 설명으로 옳지 않은 것은 어느 것입니까? (　　　)

① 소나무 줄기는 표면이 매끈하다.
② 감자는 줄기에 양분을 저장한다.
③ 고구마 줄기는 땅 위를 기는 듯이 뻗는다.
④ 나팔꽃 줄기는 다른 물체를 감고 올라간다.
⑤ 줄기는 뿌리와 잎, 꽃 등 식물의 각 부분을 이어 준다.

09 다음은 잎의 생김새에 대한 친구들의 대화입니다. 잘못 말한 친구의 이름을 쓰시오.

(　　　　　　　　)

10 식물의 잎으로 이동한 물은 주로 어떻게 되는지 옳은 것을 두 가지 고르시오. (　　　,　　　)

① 광합성에 이용된다.
② 다시 뿌리로 내려간다.
③ 꽃가루받이에 이용된다.
④ 씨를 보호하고 멀리 퍼뜨린다.
⑤ 기공을 통해 식물 밖으로 빠져나간다.

과학

[11~12] 다음은 광합성으로 생기는 물질을 확인하기 위한 실험 과정입니다. 물음에 답하시오.

(가) 크기가 비슷한 고추 모종 두 개를 빛이 잘 드는 곳에 두고, 고추 모종 한 개에만 어둠상자를 씌운다.
(나) 다음 날 오후 각 고추 모종에서 잎을 따서 알코올이 든 작은 비커에 넣은 뒤, 작은 비커를 뜨거운 물이 든 큰 비커에 넣고 유리판으로 덮는다.
(다) 잎을 꺼내 따뜻한 물로 헹군 뒤 페트리 접시에 각각 놓고 아이오딘-아이오딘화 칼륨 용액을 떨어뜨린다.

서술형

11 위 (가)에서 고추 모종 한 개에만 어둠상자를 씌운 까닭을 쓰시오.

____

____

12 위 실험에 대한 설명으로 옳은 것을  에서 골라 기호를 쓰시오.

보기
㉠ 다르게 한 조건은 두 고추 모종에 준 물의 양이다.
㉡ 실험 결과 어둠상자를 씌운 잎에서 아이오딘-아이오딘화 칼륨 용액이 청람색으로 변한다.
㉢ 실험을 통해 빛을 받은 잎에서만 녹말이 만들어진다는 것을 알 수 있다.

( )

어려워

13 식물에서 증산 작용이 잘 일어나는 조건으로 옳은 것은 어느 것입니까? ( )

① 온도가 낮을 때
② 햇빛이 강할 때
③ 습도가 높을 때
④ 바람이 안 불 때
⑤ 식물 안에 물의 양이 적을 때

14 다음은 사과꽃의 생김새를 나타낸 것입니다. (가)~(라)의 명칭은 알맞게 짝 지은 것은 어느 것입니까? ( )

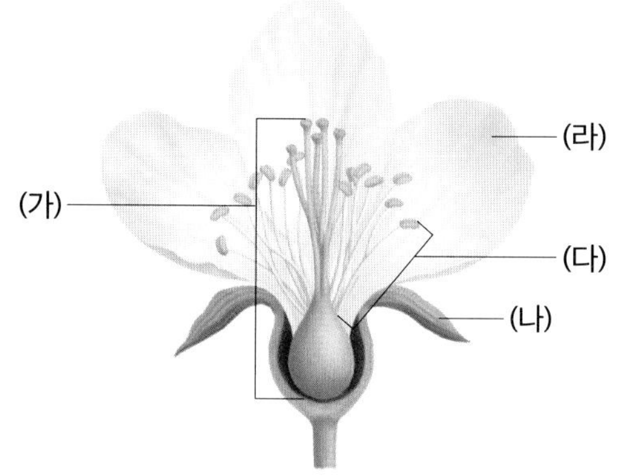

	(가)	(나)	(다)	(라)
①	수술	꽃받침	꽃잎	암술
②	수술	꽃받침	암술	꽃잎
③	암술	꽃받침	꽃잎	수술
④	암술	꽃받침	수술	꽃잎
⑤	암술	수술	꽃받침	꽃잎

15 꽃의 생김새와 하는 일에 대한 설명으로 옳은 것은 어느 것입니까? ( )

① 암술에서 꽃가루를 만든다.
② 암술은 수술을 둘러싸서 보호한다.
③ 꽃잎은 암술과 수술을 만드는 곳이다.
④ 모든 꽃은 암술, 수술, 꽃잎, 꽃받침이 있다.
⑤ 수술에서 만들어진 꽃가루가 암술로 옮겨지는 것을 꽃가루받이라고 한다.

➔ 바른답·알찬풀이 52쪽

16 **꽃가루받이가 이루어진 후에 생기는 변화로 옳은 것은 어느 것입니까? (　　　)**

① 암술과 수술이 생긴다.
② 열매가 맺히고 씨가 자란다.
③ 꽃봉오리가 열리며 꽃이 핀다.
④ 뿌리에서 녹말과 같은 양분을 만든다.
⑤ 수술이 떨어진 자리에 암술이 새롭게 자란다.

어려워 ㅎ

17 **물에 의해 꽃가루받이가 이루어지는 식물은 어느 것입니까? (　　　)**

① 
소나무

② 
코스모스

③ 
검정말

④ 
동백나무

18 **다음은 열매와 씨에 대한 친구들의 대화입니다. 잘못 말한 친구의 이름을 쓰시오.**

- **예현**: 열매는 씨와 씨를 둘러싼 껍질 부분으로 되어 있어.
- **창민**: 열매는 씨를 보호하고, 씨를 멀리 퍼뜨리는 일을 해.
- **소연**: 열매의 생김새는 씨가 퍼지는 방법과 관련이 없어.

(　　　　　　)

19 **식물의 열매 또는 씨와 그 특징을 활용한 발명품을 알맞게 짝 지은 것은 어느 것입니까?**

(　　　)

① 봉선화 - 폭죽
② 단풍나무 - 바람개비
③ 가죽나무 - 가죽 신발
④ 서양민들레 - 먼지떨이
⑤ 도꼬마리 - 찍찍이 테이프

20 **다음은 식물의 각 부분이 어떻게 영향을 주고받으며 살아가는지 표현하기 위한 식물 역할놀이 대본의 일부입니다. 잎의 역할을 생각하며 (　　) 안에 들어갈 알맞은 말을 쓰시오.**

[상황] 가뭄이 계속되는 날
- **열매**: 너무 목마르다. 며칠째 비가 내리지 않으니 큰일이야.
- **꽃**: 내 꽃잎도 점점 시들고 있어.
- **뿌리**: 땅속에도 물이 점점 말라가고 있는데, 어떡하지?
- **줄기**: 뿌리에서 흡수하는 물의 양이 점점 줄어들고 있어서 나를 거쳐서 이동하는 물의 양도 줄어들고 있어.
- **잎**: 물이 부족해? 그렇다면 내가 (　　　) 을/를 닫아서 물이 밖으로 빠져나가는 것을 막을게!
- **꽃**: 그럼 나는 물이 충분해질 때까지 새로운 꽃을 피우는 걸 미룰게!
- **열매**: 나도 새로운 열매가 자라는 걸 멈출게.
- **뿌리**: 그래, 얘들아! 우리 서로 도와 가며 조금 더 참아보자!

(　　　　　　)

과학

과학 핵심 개념

5. 빛과 렌즈

개념 1 프리즘을 통과한 햇빛

→ 유리나 플라스틱 등으로 만든 투명한 삼각기둥 모양의 기구예요.

① 프리즘을 통과한 햇빛: 여러 가지 색의 빛으로 나타납니다.

② 햇빛은 ❶ (ㅇㄹ ㄱㅈ) 색의 빛으로 이루어져 있습니다.

▲ 프리즘을 통과한 햇빛

개념 2 물과 유리를 통과하는 빛

① 서로 다른 물질을 통과하는 빛의 나아감

- 빛을 서로 다른 물질의 경계에 비스듬하게 비출 때: 경계에서 꺾여 나아갑니다.
- 빛을 서로 다른 물질의 경계에 수직으로 비출 때: 경계에서 꺾이지 않고 그대로 나아갑니다.

② 물과 유리를 통과하는 빛

→ 수조의 물에 우유를 몇 방울 떨어뜨리고, 수조를 향 연기로 채우면 빛의 진행 방향을 잘 관찰할 수 있어요.

빛을 수면에 비스듬하게 비출 때	빛을 유리 면에 비스듬하게 비출 때
공기 / 물	공기 / 유리
빛이 공기와 물의 경계에서 꺾여 나아감.	빛이 공기와 유리의 경계에서 꺾여 나아감.

③ 빛의 굴절: 서로 다른 물질의 경계에서 빛이 ❷ (ㄲㅇ) 나아가는 현상

④ 빛의 굴절 현상의 예: 빛이 공기와 물의 경계에서 굴절하기 때문에 물속에 있는 물체의 모습이 실제와 다르게 보입니다.

물을 붓지 않았을 때	물을 부었을 때
컵 안쪽 바닥에 동전이 있어요.	동전이 실제 위치보다 떠 보여요.

물을 부으면 물에서 공기 중으로 나오는 빛이 ❸ (ㄱㅈ) 되어 눈으로 들어와 물을 붓기 전에는 보이지 않던 동전이 보이게 됨.

개념 3 볼록 렌즈를 통과하는 빛

→ 유리와 같이 투명한 물질로 만들어졌으며, 가운데 부분이 가장자리보다 두꺼운 렌즈예요.

① 볼록 렌즈를 통과하는 빛: 곧게 나아가던 빛이 볼록 렌즈를 통과하면 볼록 렌즈의 ❹ (ㄷㄲㅇ) 쪽으로 굴절하여 한곳으로 모일 수 있습니다.

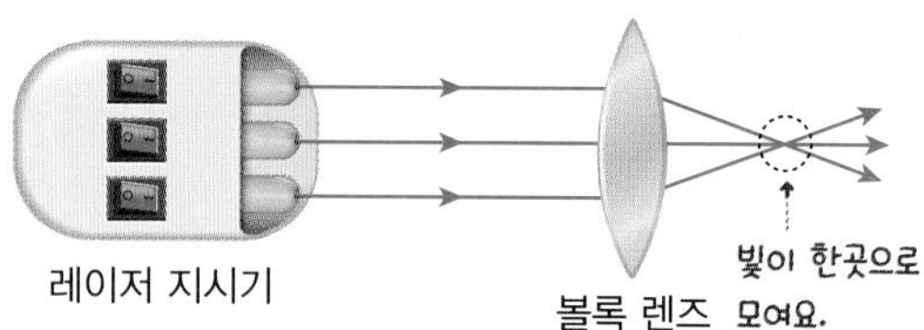

② 볼록 렌즈로 관찰한 물체의 모습: 가까이 있는 물체를 관찰하면 실제보다 크게 보이고, 멀리 있는 물체를 관찰하면 실제보다 작고 ❺ (ㅅㅎㅈㅇ)가 바뀌어 보이기도 합니다.

③ 볼록 렌즈 구실을 하는 물체: 풀잎에 매달린 물방울, 유리 막대, 유리구슬, 물이 담긴 둥근 유리컵 등

개념 4 볼록 렌즈의 이용

① 볼록 렌즈를 이용하는 예 → 확대경, 돋보기안경, 시계 확대경 등도 있어요.

사진기	빛을 모아 사진을 촬영할 때 쓰임.
망원경	멀리 있는 물체를 확대해서 관찰할 때 쓰임.
현미경	작은 물체를 ❻ (ㅎㄷ)해서 관찰할 때 쓰임.

② 볼록 렌즈를 이용해 간이 사진기 만들기

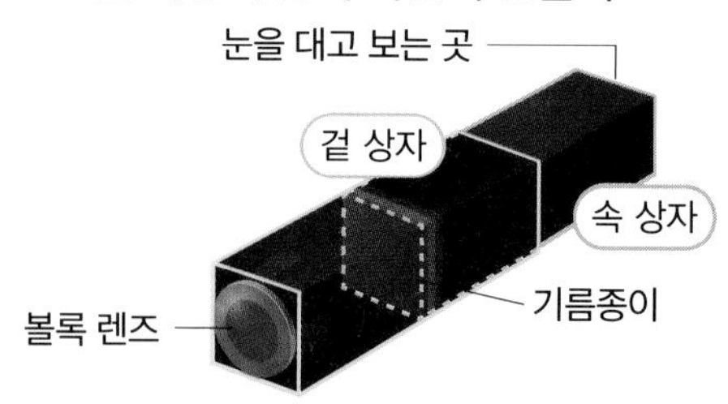

- 만드는 방법: 겉 상자의 동그란 구멍이 뚫린 부분에 볼록 렌즈를 붙이고, 속 상자의 네모난 구멍이 뚫린 부분에 ❼ (ㄱㄹㅈㅇ)를 붙입니다.
- 간이 사진기의 원리: 물체에서 반사된 빛을 볼록 렌즈로 모아 기름종이에 물체의 모습이 나타나게 합니다.
- 간이 사진기로 본 물체의 모습: 실제 물체의 모습과 상하좌우가 바뀌어 보입니다.

→ 볼록 렌즈에서 빛이 굴절하기 때문이에요.

정답 ❶ 여러 가지 ❷ 꺾여 ❸ 굴절 ❹ 두꺼운 ❺ 상하좌우 ❻ 확대 ❼ 기름종이

➔ 바른답·알찬풀이 53쪽

자료 1 프리즘을 통과한 햇빛

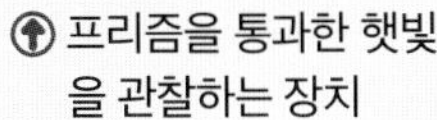

⊕ 프리즘을 통과한 햇빛을 관찰하는 장치

⊕ 프리즘을 통과한 햇빛이 흰색 종이에 나타난 모습

POINT
햇빛은 여러 가지 색의 빛으로 이루어져 있습니다.

1-1 유리나 플라스틱 등으로 만든 투명한 삼각기둥 모양의 기구는 (프리즘 , 확대경) 입니다.

1-2 프리즘을 통과한 햇빛은 흰색 종이에 (여러 가지 , 한 가지) 색의 빛으로 나타납니다.

자료 2 물과 유리를 통과하는 빛

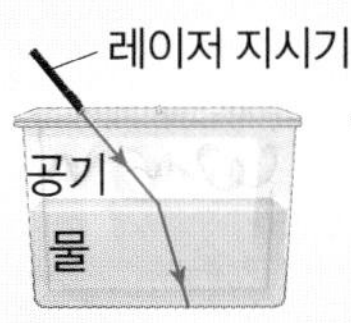

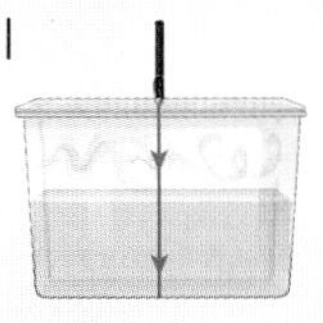

⊕ 물을 통과하는 빛 관찰하기: 빛을 수면에 비스듬하게 비추면 빛이 수면에서 꺾여 나아가고, 빛을 수면에 수직으로 비추면 빛이 수면에서 꺾이지 않고 그대로 나아감.

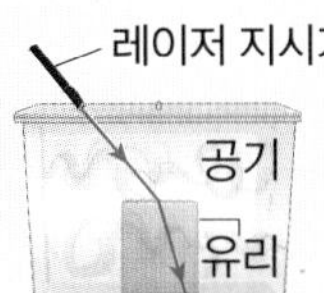

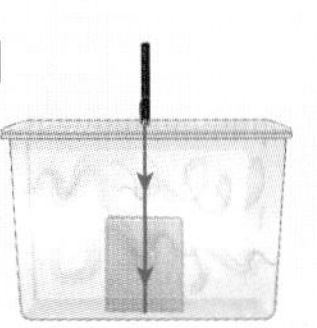
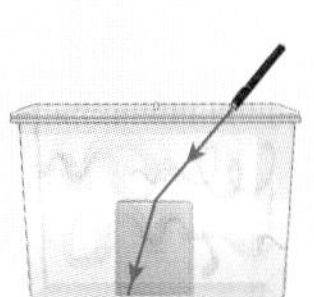

⊕ 유리를 통과하는 빛 관찰하기: 빛을 유리 면에 비스듬하게 비추면 빛이 유리 면에서 꺾여 나아가고, 빛을 유리 면에 수직으로 비추면 빛이 유리 면에서 꺾이지 않고 그대로 나아감.

POINT
빛은 서로 다른 물질의 경계에서 굴절합니다.

2-1 빛을 수면 혹은 유리 면에 비스듬하게 비추면 서로 다른 물질의 경계에서 빛이 (꺾여 나아갑니다 , 꺾이지 않고 그대로 나아갑니다).

2-2 빛을 수면 혹은 유리 면에 수직으로 비추면 서로 다른 물질의 경계에서 빛이 (꺾여 나아갑니다 , 꺾이지 않고 그대로 나아갑니다).

2-3 서로 다른 물질의 경계에서 빛이 꺾여 나아가는 현상을 무엇이라고 하는지 쓰시오.

( )

2-4 빛은 공기 중에서 물로 비스듬히 나아갈 때 공기와 물의 경계에서 꺾이지 않고 그대로 나아갑니다.

(○ , ×)

자료 3 볼록 렌즈의 쓰임새

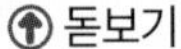

⊕ 돋보기

⊕ 시계 확대경

⊕ 돋보기안경

⊕ 사진기

POINT
볼록 렌즈를 사용하면 물체를 확대해서 볼 수 있습니다.

3-1 볼록 렌즈를 이용한 예에는 (거울 , 프리즘 , 돋보기) 이/가 있습니다.

3-2 우리 생활에서 볼록 렌즈를 이용하면 가까이 있는 것이 잘 보이지 않는 사람에게 도움이 됩니다.

(○ , ×)

3-3 시계의 날짜를 확대하거나 사진을 촬영할 때 ( ) 렌즈를 이용합니다.

과학

[01~02] 다음과 같이 장치하고 검은색 종이 사이를 통과한 햇빛을 프리즘에 통과시켜 햇빛의 특징을 알아보는 실험을 했습니다. 물음에 답하시오.

01 위 실험에 대한 설명으로 옳은 것은 어느 것입니까? (　　　)

① 태양이 있는 맑은 날에 실험한다.
② 프리즘 대신 거울을 사용할 수 있다.
③ 흰색 종이에 프리즘을 통과한 햇빛의 그림자가 생긴다.
④ 햇빛이 너무 강한 날에는 실내에서 햇빛을 가리고 실험한다.
⑤ 검은색 종이에 프리즘을 통과한 햇빛의 하얀색 빛이 나타난다.

02 위 실험을 통해 알 수 있는 햇빛의 특징에 대한 설명으로 옳은 것을 에서 골라 기호를 쓰시오.

보기
㉠ 그림자가 생기는 현상을 설명할 수 있다.
㉡ 햇빛은 여러 가지 색의 빛으로 이루어져 있다.
㉢ 프리즘을 통과한 햇빛은 하얀색 빛으로 나타난다.

(　　　　　　　　　　)

서술형 상

03 다음은 비가 내린 뒤 볼 수 있는 무지개의 모습입니다. 이를 통해 알 수 있는 햇빛의 특징을 쓰시오.

꼭나와 상

04 오른쪽은 컵에 물을 붓기 전에는 보이지 않던 컵 바닥의 동전이 물을 부었더니 보이는 모습입니다. 동전이 보이는 까닭으로 옳은 것은 어느 것입니까? (　　　)

① 빛이 물속에 머물러 있기 때문이다.
② 빛이 물과 공기의 경계에서 굴절하기 때문이다.
③ 빛이 물과 공기의 경계에서 직진하기 때문이다.
④ 빛이 물과 공기의 경계에서 반사되기 때문이다.
⑤ 빛이 물과 공기의 경계에서 수직으로 나아가기 때문이다.

05 빛의 굴절 현상으로 옳은 것에 ○표, 옳지 않은 것에 ×표 하시오.

(1) 물에 잠긴 다리가 짧아 보이는 현상 (　　)
(2) 물이 든 컵에 담긴 젓가락이 꺾여 보이는 현상 (　　)
(3) 거울에 비친 내 모습의 좌우가 바뀌어 보이는 현상 (　　)

[06~07] 다음은 두 물질의 경계에서 빛이 나아가는 모습을 관찰하기 위한 실험 장치입니다. 물음에 답하시오.

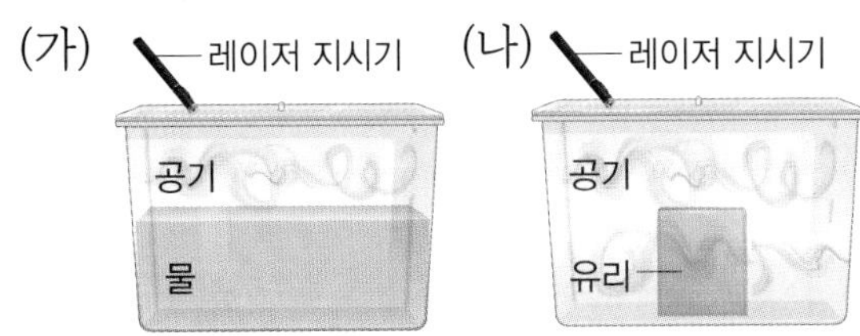

06 위 (가) 실험 장치에서 빛이 나아가는 모습을 잘 관찰하기 위해 수조의 물과 공기에 넣어 주는 것을 두 가지 고르시오. (,   )

① 소금 ② 우유
③ 설탕 ④ 산소
⑤ 향 연기

꼭나와

07 위 실험 결과 빛이 나아가는 모습으로 옳은 것을 두 가지 고르시오. (,   )

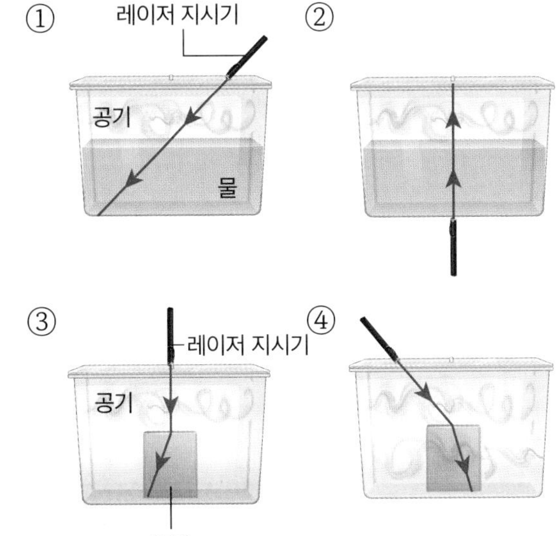

08 빛이 서로 다른 물질의 경계에서 꺾여 나아가는 경우를 에서 모두 골라 기호를 쓰시오.

보기
㉠ 공기 중에서 물로 비스듬히 나아갈 때
㉡ 물에서 공기 중으로 수직으로 나아갈 때
㉢ 공기 중에서 유리로 비스듬히 나아갈 때

(   )

09 다음 (   ) 안에 들어갈 알맞은 말은 어느 것입니까? (   )

볼록 렌즈는 가운데 부분이 가장자리 부분보다 (   ) 렌즈이다.

① 얇은 ② 딱딱한 ③ 뾰족한
④ 평평한 ⑤ 두꺼운

서술형

10 다음은 곧게 나아가던 빛이 볼록 렌즈를 통과했을 때에 대한 친구들의 대화입니다.

- 석진: 볼록 렌즈를 통과한 빛은 한곳으로 모일 수 있어.
- 유라: 곧게 나아가던 빛이 볼록 렌즈의 가운데 부분을 통과하면 빛은 렌즈의 얇은 부분으로 꺾여 나아가.
- 찬석: 곧게 나아가던 빛이 볼록 렌즈의 가장자리를 통과하면 빛은 렌즈의 두꺼운 부분으로 꺾여 나아가.

(1) 위 대화에서 잘못 말한 친구의 이름을 쓰시오.

(   )

(2) 위 대화에서 잘못 말한 친구의 말을 바르게 고쳐 쓰시오.

과학

꼭나와

11 볼록 렌즈로 물체를 보았을 때의 모습으로 옳은 것을 보기에서 모두 골라 기호를 쓰시오.

㉠ 실제 모습보다 크게 보이기도 한다.
㉡ 실제 모습과 좌우만 바뀌어 보이기도 한다.
㉢ 실제 모습보다 작게 상하좌우가 바뀌어 보이기도 한다.

( )

12 우리 생활에서 볼록 렌즈 구실을 하는 물체로 옳지 않은 것은 어느 것입니까? ( )

① 
유리창

② 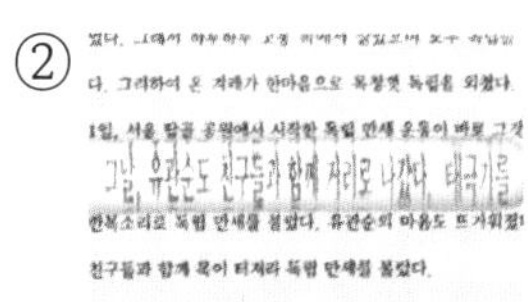
유리 막대

③ 
유리구슬

④ 
풀잎에 매달린 물방울

13 우리 생활에서 볼록 렌즈를 이용하는 예에 대한 설명으로 옳은 것은 어느 것입니까? ( )

① 사진기는 빛을 모아 사진을 촬영하는 기구이다.
② 망원경은 가까이 있는 물체를 관찰하는 기구이다.
③ 현미경은 커다란 물체를 축소하여 관찰하는 기구이다.
④ 돋보기안경은 물체의 모습을 축소해서 촬영하는 기구이다.
⑤ 시계 확대경은 시계의 날짜를 축소해서 보여 주는 기구이다.

14 가까이 있는 작은 곤충을 관찰하려고 할 때 사용하기에 가장 알맞은 기구는 어느 것입니까?

( )

① 시계 확대경
② 망원경
③ 돋보기
④ 사진기

서술형

15 다음은 볼록 렌즈를 이용해 만든 돋보기안경입니다. 가까운 것이 잘 보이지 않는 사람이 돋보기안경을 사용했을 때 좋은 점을 한 가지만 쓰시오.

꼭 들어가야 할 말: 확대, 시력, 교정

바른답·알찬풀이 53쪽

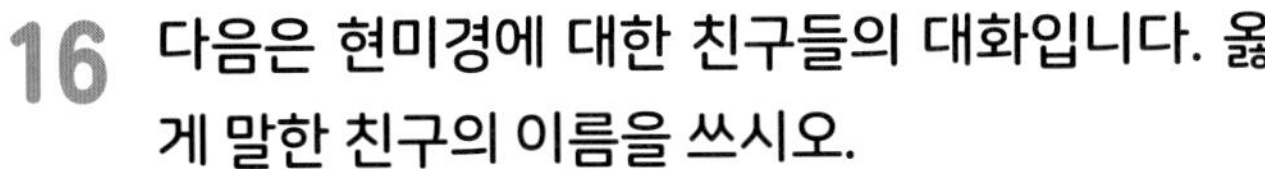

16 다음은 현미경에 대한 친구들의 대화입니다. 옳게 말한 친구의 이름을 쓰시오.

- 승우: 프리즘을 이용한 기구야.
- 인영: 작은 물체의 모습을 확대해서 자세히 관찰할 수 있어.
- 찬희: 멀리 있는 물체의 모습을 확대해서 자세히 관찰할 수 있어.

(　　　　　　　　)

꼭 나와요

17 우리 생활에서 볼록 렌즈를 사용했을 때 좋은 점으로 옳은 것을 보기 에서 모두 골라 기호를 쓰시오.

㉠ 섬세한 작업을 할 수 있다.
㉡ 사진이나 영상을 촬영할 수 있다.
㉢ 물체를 축소해서 전체 모습을 확인할 수 있다.

(　　　　　　　　)

18 다음은 간이 사진기를 만드는 과정입니다. (　　) 안에 들어갈 알맞은 재료는 어느 것입니까? (　　　)

㉠ 간이 사진기 전개도로 겉 상자를 만들고, 겉 상자의 동그란 구멍이 뚫린 부분에 볼록 렌즈를 붙인다.
㉡ 간이 사진기 전개도로 속 상자를 만들고, 속 상자의 네모난 구멍 뚫린 부분에 (　　) 을/를 붙인다.
㉢ 겉 상자 속에 속 상자를 넣어 간이 사진기를 완성하고, 겉 상자를 움직이면서 물체를 관찰한다.

① 유리　② 프리즘
③ 접착제　④ 기름종이
⑤ 셀로판테이프

19 다음 간이 사진기에 대한 설명으로 옳은 것은 어느 것입니까? (　　　)

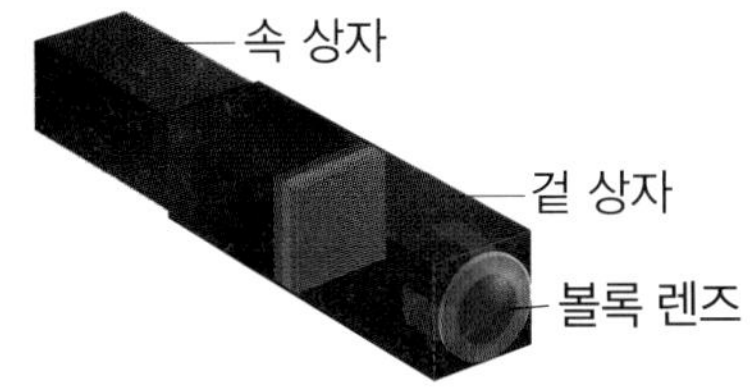

① 사진을 찍어서 출력할 수 있다.
② 볼록 렌즈와 거울로 만들 수 있다.
③ 볼록 렌즈 안쪽 표면에 물체의 모습이 나타난다.
④ 겉 상자와 속 상자를 바꿔 끼워도 똑같이 볼 수 있다.
⑤ 볼록 렌즈 대신 유리판을 붙이면 간이 사진기로 보는 물체의 모습이 다르게 보인다.

20 다음은 숫자 '6'을 간이 사진기로 관찰한 결과입니다. (　　) 안에 들어갈 알맞은 말을 쓰시오.

▲ 실제 모습

▲ 간이 사진기로 관찰한 모습

간이 사진기로 관찰했을 때 숫자 '6'이 '9'처럼 보이는 까닭은 겉 상자의 (　　　)에서 빛이 굴절했기 때문이다.

(　　　　　　　　)

과학

[01~02] 다음과 같이 장치하고 검은색 종이 사이를 통과한 햇빛을 프리즘에 통과시켜 햇빛의 특징을 알아보는 실험을 했습니다. 물음에 답하시오.

01 위 실험에 대한 설명으로 옳은 것을 에서 골라 기호를 쓰시오.

보기
- ㉠ 태양이 있는 맑은 날에 운동장에서 실험한다.
- ㉡ 프리즘 대신 거울을 사용해도 같은 결과를 얻을 수 있다.
- ㉢ 햇빛이 프리즘을 통과해서 반사되는 현상을 관찰할 수 있다.

( )

02 위 실험을 통해 알 수 있는 점으로 옳은 것은 어느 것입니까? ( )

① 햇빛은 프리즘을 통과하지 못한다.
② 햇빛은 프리즘을 통과하면 더 밝아진다.
③ 햇빛은 한 가지 색의 빛으로 이루어져 있다.
④ 햇빛은 여러 가지 색의 빛으로 이루어져 있다.
⑤ 햇빛이 한 개의 프리즘을 통과하면 한 점으로 모인다.

03 오른쪽은 물이 담긴 컵 속의 젓가락이 꺾여 보이는 모습입니다. 이 현상과 관련 있는 빛의 성질은 어느 것입니까? ( )

① 빛의 직진 ② 빛의 굴절
③ 빛의 반사 ④ 빛의 흡수
⑤ 빛의 세기

04 다음은 물속의 물고기가 실제 위치보다 떠올라 보이는 현상에 대한 친구들의 대화입니다. 옳게 말한 친구의 이름을 쓰시오.

- 혜미: 물고기가 빛의 일부를 흡수하기 때문이야.
- 기현: 물과 공기의 경계에서 빛이 굴절하기 때문이야.
- 성연: 물에서 공기로 빛이 진행할 때는 꺾이지 않고 그대로 나아가기 때문이야.

( )

어려워

05 빛이 서로 다른 물질의 경계에서 꺾여 나아가는 경우는 어느 것입니까? ( )

① 빛이 물에서 유리로 수직으로 나아갈 때
② 빛이 물에서 공기로 수직으로 나아갈 때
③ 빛이 공기에서 물로 수직으로 나아갈 때
④ 빛이 공기에서 유리로 비스듬히 나아갈 때
⑤ 빛이 공기에서 기름으로 수직으로 나아갈 때

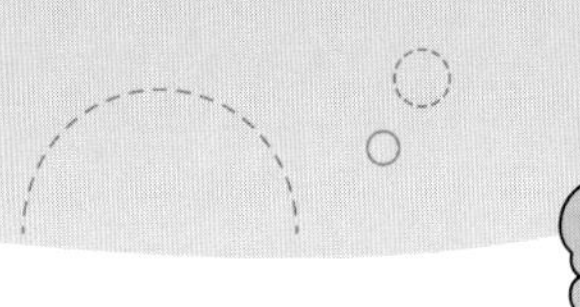

서술형

06 다음은 두 물질의 경계에서 빛이 나아가는 모습을 관찰하기 위한 실험 장치입니다. 수조의 물에 우유를 두세 방울 정도 넣어 섞고, 수조에 향 연기를 채우는 까닭을 쓰시오.

07 공기와 물의 경계에서 레이저 지시기의 빛이 나아가는 모습으로 옳지 않은 것은 어느 것입니까? (　　　)

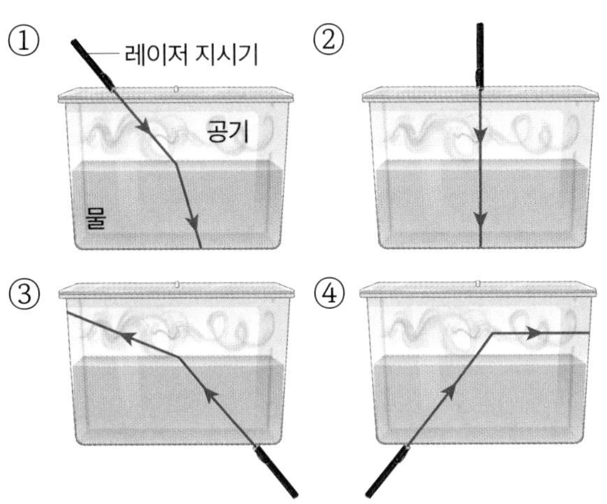

08 오른쪽과 같이 레이저 지시기의 빛을 유리 면에 수직으로 비출 때 공기와 유리의 경계에서 빛이 나아가는 방향으로 옳은 것을 골라 기호를 쓰시오.

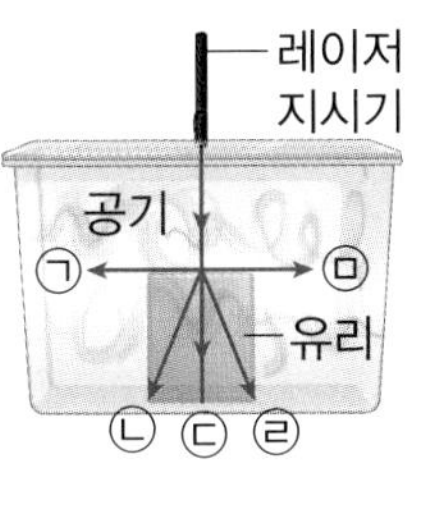

(　　　　　　　　　　)

09 볼록 렌즈에 대한 설명으로 옳지 않은 것은 어느 것입니까? (　　　)

① 볼록 렌즈는 불투명한 물질로 만든다.
② 볼록 렌즈를 통과한 빛은 한곳으로 모일 수 있다.
③ 볼록 렌즈는 가운데 부분이 가장자리보다 두꺼운 렌즈이다.
④ 곧게 나아가던 빛이 볼록 렌즈의 가운데 부분을 통과하면 빛은 굴절하지 않는다.
⑤ 곧게 나아가던 빛이 볼록 렌즈의 가장자리를 통과하면 빛은 두꺼운 쪽으로 굴절한다.

어려워

10 다음은 볼록 렌즈를 통과한 햇빛이 만드는 원의 크기를 작게 하는 모습입니다. 이에 대한 설명으로 옳지 않은 것은 어느 것입니까? (　　　)

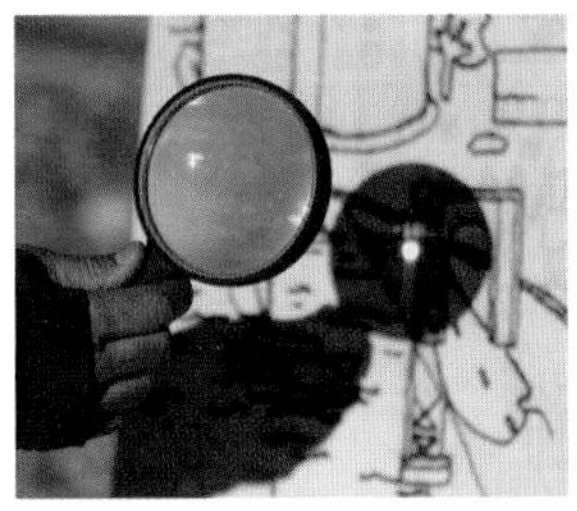

① 볼록 렌즈를 통과한 빛은 한 점으로 모인다.
② 볼록 렌즈에서 빛의 반사로 일어나는 현상이다.
③ 볼록 렌즈로 햇빛을 모은 지점은 주변보다 밝다.
④ 볼록 렌즈 대신 오목 렌즈를 사용하면 다른 결과가 나온다.
⑤ 볼록 렌즈로 햇빛을 한 점에 모은 상태로 계속 있으면 그 부분의 온도가 높아진다.

과학

[11~12] 다음은 볼록 렌즈 관찰 판 위로 물체를 움직이며, 볼록 렌즈를 통해 물체를 관찰하는 모습입니다. 물음에 답하시오.

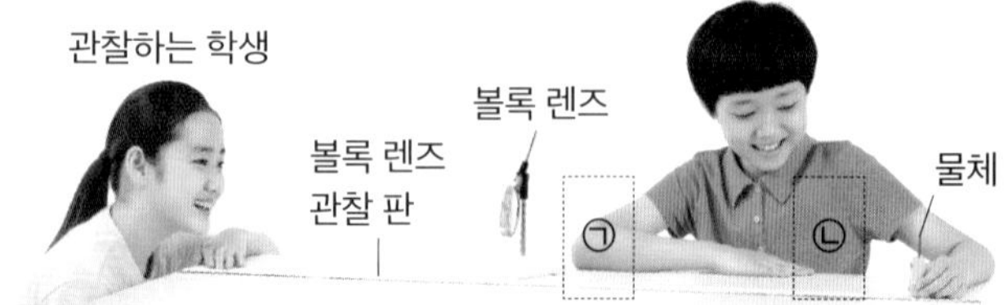

어려워

11 위에서 실제 물체와 비교할 때 물체를 ㉠ 위치와 ㉡ 위치에서 관찰한 모습으로 알맞게 짝 지은 것은 어느 것입니까? (　　　)

	㉠	㉡
①	작게 보임.	작게 보임.
②	작게 보임.	크게 보임.
③	크게 보임.	작게 거꾸로 보임.
④	크게 보임.	크게 거꾸로 보임.
⑤	크게 보임.	같게 보임.

서술형

12 다음은 위 실험의 결과에 대한 친구들의 대화입니다. 잘못 말한 친구의 이름을 쓰고, 바르게 고쳐 쓰시오.

- 재영: 볼록 렌즈로 물체를 관찰하면 빛의 굴절 때문에 실제 물체의 모습과 다르게 보여.
- 은서: ㉠ 위치에 있던 물체를 ㉡ 위치로 옮겨도 볼록 렌즈 너머로 보이는 물체의 크기는 변하지 않아.
- 승원: ㉡ 위치에서 실제 물체의 상하좌우가 바뀌어 보이기도 해.

____

____

____

13 볼록 렌즈로 관찰한 물체의 모습에 대한 설명으로 옳은 것은 어느 것입니까? (　　　)

① 물체의 상하좌우가 바뀌어 보이기도 한다.
② 물체의 모습이 울퉁불퉁하게 보이기도 한다.
③ 물체의 색이 모두 검은색으로 바뀌어 보인다.
④ 물체의 모습은 실제보다 항상 큰 모습으로 보인다.
⑤ 물체의 모습은 실제보다 항상 작은 모습으로 보인다.

14 볼록 렌즈를 통과하는 빛이 나아가는 모습으로 옳은 것은 어느 것입니까? (　　　)

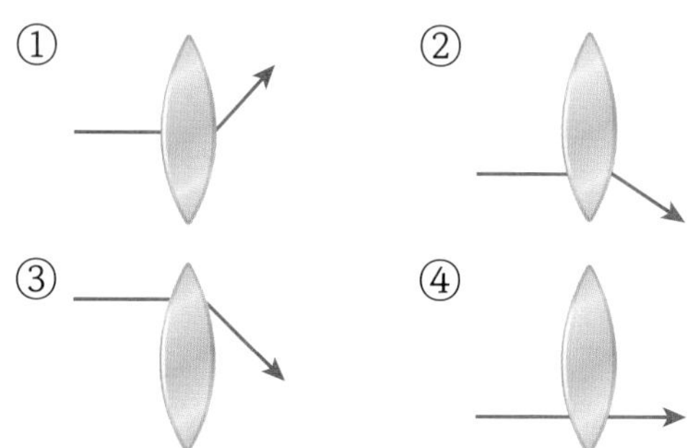

15 다음은 우리 생활에서 볼록 렌즈의 구실을 하는 물체입니다. 볼록 렌즈의 구실을 하는 물체의 특징으로 옳지 않은 것은 어느 것입니까? (　　　)

유리 구슬

풀잎에 매달린 물방울

① 투명하다.
② 빛의 굴절이 일어난다.
③ 빛을 통과시킬 수 있다.
④ 빛을 한곳에 모을 수 있다.
⑤ 가운데 부분이 가장자리보다 얇다.

➔ 바른답·알찬풀이 54쪽

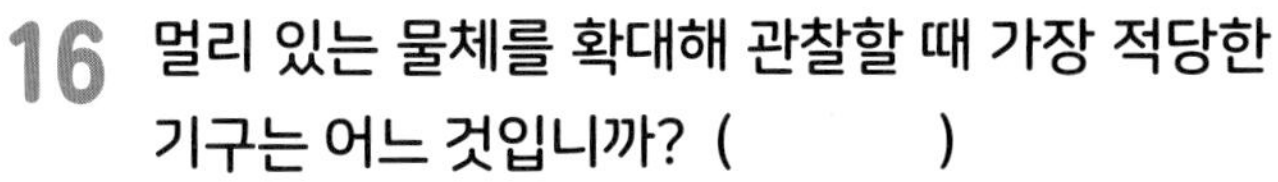

16 멀리 있는 물체를 확대해 관찰할 때 가장 적당한 기구는 어느 것입니까? (   )

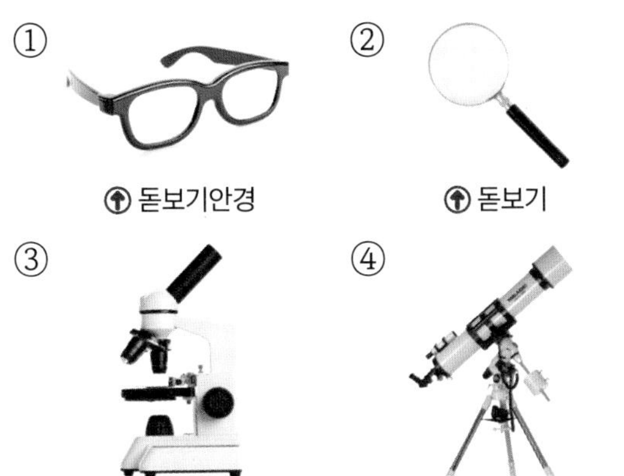

① 돋보기안경 ② 돋보기 ③ 현미경 ④ 망원경

17 돋보기를 사용해 글자를 확대해서 보는 방법으로 옳은 것을 보기에서 골라 기호를 쓰시오.

보기
㉠ 글자를 멀리서 본다.
㉡ 글자를 가까이에서 본다.
㉢ 글자를 보는 거리와 관계없이 항상 확대되어 보인다.

(   )

[18~20] 다음과 같은 간이 사진기를 만들어 물체를 관찰하는 실험을 했습니다. 물음에 답하시오.

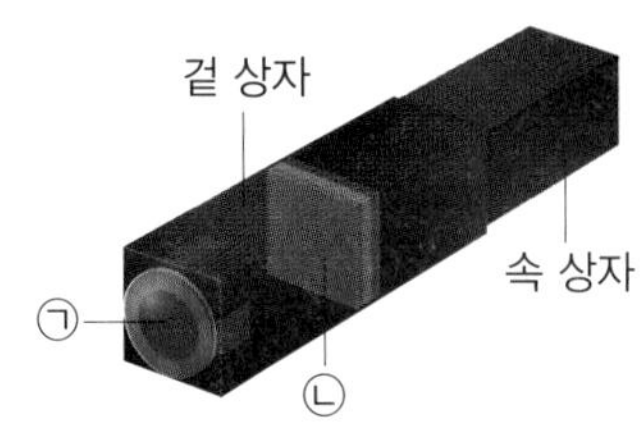

어려워
18 위의 간이 사진기에서 ㉠과 ㉡의 이름을 알맞게 짝 지은 것은 어느 것입니까? (   )

	㉠	㉡
①	볼록 렌즈	거울
②	볼록 렌즈	기름종이
③	평면 렌즈	거울
④	평면 렌즈	기름종이
⑤	기름종이	볼록 렌즈

19 오른쪽과 같은 글자를 위 간이 사진기로 관찰했을 때의 모습으로 옳은 것은 어느 것입니까? (   )

①
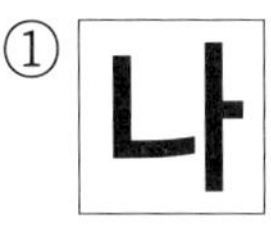
②
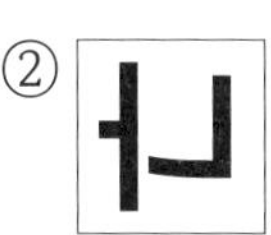
③
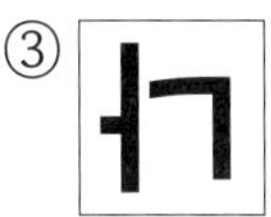
④
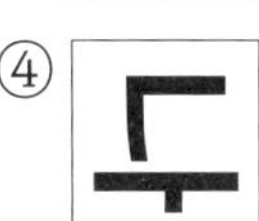

서술형
20 간이 사진기로 본 물체의 모습이 실제 모습과 다른 까닭을 쓰시오.

____

____

____

과학

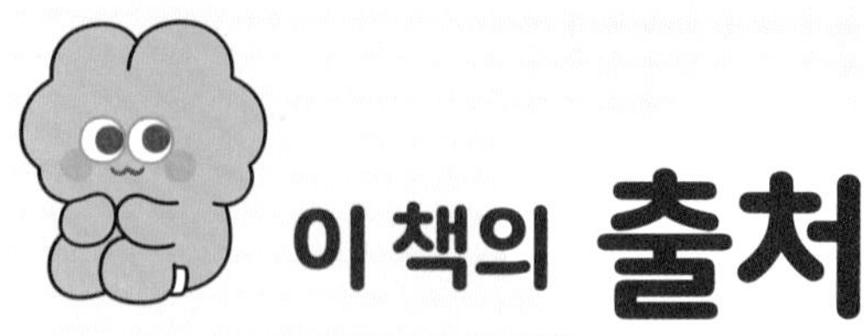

이 책의 출처

제재 출처

제재명	지은이	출처	쪽수
「뻥튀기」	고일	『뻥튀기』, ㈜주니어이서원, 2014.	8쪽
「봄비」	심후섭	『내 마음의 동시 6학년』, ㈜계림북스, 2011.	8쪽
「풀잎과 바람」	정완영	『가랑비 가랑가랑 가랑파 가랑가랑』, ㈜사계절출판사, 2015.	11쪽
「황금 사과」	송희진 글, 이경혜 옮김	『황금 사과』, 뜨인돌어린이, 2011.	16쪽
「우주 호텔」	유순희	『우주 호텔』, 해와나무, 2012.	19쪽
'2022년 서울 강수량 분석' 도표 자료		기상 자료 개방 포털 누리집(https://data.kma.go.kr)	26쪽
100대 기업의 인재상 변화		대한상공회의소, 2018.	27쪽
「속담 하나 이야기 하나: 까마귀 고기를 먹었나」	임덕연	『믿거나 말거나 속담 이야기』, 도서출판 산하, 2014.	40쪽
「속담 하나 이야기 하나: 독장수구구」	임덕연	『속담 하나 이야기 하나』, 도서출판 산하, 2016.	43쪽
「수원 화성을 어떻게 만들었을까」	유지현	『조선 왕실의 보물 의궤』, 토토북, 2009.	48쪽
그림(「야묘도추」)	김득신	간송미술문화재단	52쪽
그림(「씨름」)	김홍도	국립중앙박물관	52쪽
사례 1(「욕해도 될까요?」)	한국교육방송공사	「EBS 다큐 프라임」, 한국교육방송공사, 2011.	57쪽
'초등학생이 가장 많이 사용하는 신조어와 줄임 말' 표		「MBC 경남 뉴스데스크: 초등학생 줄임 말, 신조어 '심각'」, ㈜문화방송, 2015. 10. 9.	58쪽
사례 3(「카드 뉴스 - 우리말로 바꾼 반려 문화 외래어·외국어」)	김보아	『한국일보』, 2017. 10. 9.	61쪽
「제게 12척의 배가 있으니」	이강엽	『불패의 신화가 된 명장 이순신』, ㈜웅진씽크빅, 2005.	66쪽
「버들이를 사랑한 죄」	황선미	『샘마을 몽당깨비』, ㈜창비, 2013.	66쪽
주어라, 또 주어라」(원제목: 「남을 도울 줄 아는 사람이 되거라」)	정약용 글, 한문희 엮음	『아버지의 편지』, 함께읽는 책, 2004.	72쪽

사진 출처

셔터스톡, 연합뉴스, 이미지투데이, 클립아트코리아, 한국관광공사-사진제공(이윤미)

미래엔 초등 도서 목록

교과서 달달 쓰기 · 교과서 달달 풀기

1~2학년 국어 • 수학 교과 학습력을 향상시키고
초등 코어를 탄탄하게 세우는 기본 학습서
[4책] 국어 1~2학년 학기별
[4책] 수학 1~2학년 학기별

미래엔 교과서 길잡이, 초코

초등 공부의 핵심[CORE]를 탄탄하게 해 주는
슬림 & 심플한 교과 필수 학습서
[8책] 국어 3~6학년 학기별, [12책] 수학 1~6학년 학기별
[8책] 사회 3~6학년 학기별, [8책] 과학 3~6학년 학기별

전과목 단원평가

빠르게 단원 핵심을 정리하고, 수준별 문제로 실전력을 키우는
교과 평가 대비 학습서
[8책] 3~6학년 학기별

문제 해결의 길잡이

원리 8가지 문제 해결 전략으로 문장제와 서술형 문제 정복
[12책] 1~6학년 학기별

심화 문장제 유형 정복으로 초등 수학 최고 수준에 도전
[6책] 1~6학년 학년별

초등 필수 어휘를 퍼즐로 재미있게 키우는 학습서
[3책] 사자성어, 속담, 맞춤법

하루한장 예비 초등

한글완성

초등학교 입학 전 한글 읽기·쓰기 동시에 끝내기
[3책] 기본 자모음, 받침, 복잡한 자모음

예비초등

기본 학습 능력을 향상하며 초등학교 입학을 준비하기
[4책] 국어, 수학, 통합교과, 학교생활

하루한장 독해

독해 시작편

초등학교 입학 전 기본 문해력 익히기 30일 완성
[2책] 문장으로 시작하기, 짧은 글 독해하기

어휘

문해력의 기초를 다지는 초등 필수 어휘 학습서
[6책] 1~6단계

독해

국어 교과서와 연계하여 문해력의 기초를 다지는 독해 기본서
[6책] 1~6단계

독해+플러스

본격적인 독해 훈련으로 문해력을 향상시키는 독해 실전서
[6책] 1~6단계

비문학 독해 (사회편·과학편)

비문학 독해로 배경지식을 확장하고 문해력을 완성시키는
독해 심화서
[사회편 6책, 과학편 6책] 1~6단계

초코 전과목 단원평가

국어 · 수학 · 사회 · 과학

바른답 · 알찬풀이

6·1

Mirae N 에듀

초코 전과목

단원평가 6·1

바른답 · 알찬풀이

이렇게 활용해요!

꼼꼼하고 자세한 해설로 문제의 답을 바로 확인할 수 있어요.
부족한 부분을 확인하고, 왜 틀렸는지 다시 한 번 문제를 살펴봐요.

초등 공부의 핵심 코어를 탄탄하게!

바른답 · 알찬풀이

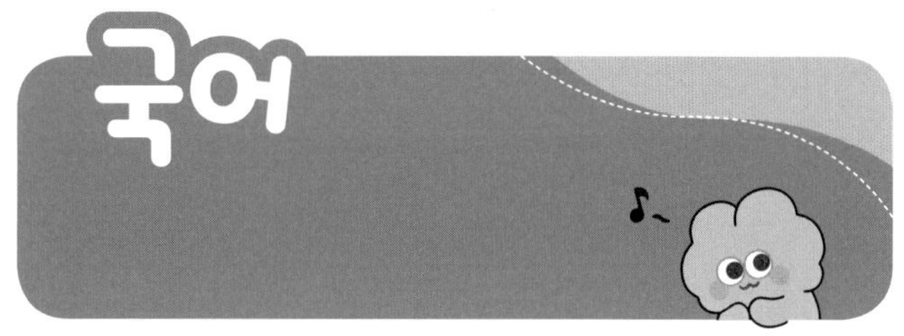

1 비유하는 표현

핵심 개념 8쪽

1 뻥튀기 2 (1) ○ 3 (1) 예 친구 (2) 예 호수 (3) 예 깊고 넓습니다. (4) 예 밝은 햇살 (5) 예 잘 웃습니다.

1 뻥튀기가 봄날 꽃잎처럼 하늘에 흩날려 그 모양을 '봄날 꽃잎'이라고 했습니다.

2 봄비 내리는 소리와 교향악의 공통점은 여러 가지 소리가 섞여 있다는 것입니다.

3 사람, 새 교실, 꽃, 날씨 등 봄이 되면 새롭게 만날 수 있는 것들을 다양하게 떠올려 씁니다.

단원평가 기본 9~11쪽

01 ③ 02 비유하는 03 (1) ㉯ (2) ㉯ (3) ㉮
04 승민 05 ⑤ 06 ⑤ 07 ②
08 (1) 예 이 세상 모든 것 (2) 예 소리가 나는 것이 비슷하기 때문입니다. 09 ⑤ 10 왈츠
11 ⑤ 12 유진 13 ① 14 ㉯, ㉰
15 (1) 예 햇볕 (2) 예 친구가 햇볕처럼 따뜻한 느낌을 주기 때문입니다.

01 이 글은 뻥튀기가 튀겨질 때 사방으로 흩날리는 모습과 냄새를 비유적으로 표현한 작품입니다.

02 어떤 현상이나 사물을 비슷한 현상이나 사물에 빗대어 표현하는 것을 '비유하는 표현'이라고 합니다.

03 '나비'와 '폭죽'은 뻥튀기가 튀겨질 때 사방으로 날리는 모양을, '새우 냄새'는 뻥튀기 냄새를 비유하여 표현하고 있습니다.

04 뻥튀기가 봄날 꽃잎처럼 사방으로 흩날리기 때문에 뻥튀기를 '봄날 꽃잎'에 비유하여 표현한 것입니다.

05 뻥튀기와 옥수수의 냄새가 고소하고 달콤하다는 공통점이 있어서 뻥튀기 냄새를 '옥수수 냄새'에 비유한 것입니다.

06 '엄마 치마 주름'은 소리가 아니라 봄비가 내리는 모습을 비유한 것입니다.

07 봄비가 내리는 소리를 '교향악'에 비유하였습니다.

08 '이 세상 모든 것'은 봄비가 내릴 때 소리가 나기 때문에 '악기'에 비유하여 표현한 것입니다.

채점 기준	
상	(1)에 '이 세상 모든 것'을 쓰고, (2)에 그렇게 비유한 까닭을 봄비의 소리와 관련지어 알맞게 짐작하여 쓴 경우
중	(1)과 (2)의 답을 모두 썼으나 (2)에서 든 까닭이 (1)과 어울리지 않는 경우
하	(1)에만 '이 세상 모든 것'을 쓴 경우

09 3연의 '두둑 두드둑', 5연의 '도당도당 도당당', 6연의 '퐁퐁 포옹 퐁', '풍풍 푸웅 풍', 7연의 '댕그랑댕그랑'에서 운율이 잘 느껴집니다.

10 봄비가 나부끼며 내리는 모습을 '왈츠'에 비유하고 있습니다.

11 이 시에서는 '~ 같은', '~처럼'을 사용하여 친구를 풀잎과 바람에 직접 견주어 표현하고 있습니다. 그런데 ⑤는 친구의 모습을 있는 그대로 표현한 것으로, 비유하는 표현은 아닙니다.

12 바람하고 엉켰다가 풀 줄 아는 풀잎의 모습이 헤어질 때 또 만나자고 손 흔드는 친구의 모습과 닮아 친구를 풀잎에 비유한 것입니다.

13 풀잎하고 헤졌다가 되찾아 온 바람의 모습이 만나면 얼싸안는 친구의 모습과 닮아 친구를 바람에 비유한 것입니다.

14 익숙한 대상을 비유하여 표현하면, 익숙한 대상도 새롭게 느껴지고 대상의 특징을 더 잘 알 수 있어 대상을 실감 나게 느낄 수 있습니다. 그러나 비유하는 표현은 운율이 느껴지게 하는 요소는 아닙니다.

15 친구에게 따뜻한 느낌을 받을 때 친구를 무엇에 비유하면 좋을지 떠올려 보고, 친구와 비유하는 대상과의 공통점을 생각하여 씁니다.

채점 기준	
상	(1)에 '햇볕', '해', '햇살' 등을 쓰고, (2)에 그런 표현을 사용한 까닭을 알맞게 쓴 경우
중	(1)과 (2)의 답을 모두 썼으나 (2)에서 든 까닭이 (1)과 어울리지 않는 경우
하	(1)에만 '햇볕', '해', '햇살' 등을 쓴 경우

단원평가 실전 12~15쪽

01 ③ 02 ⑤ 03 ㉯ 04 민우, 태준
05 (1) 예 뻥튀기는 솜사탕 같습니다. (2) 예 작은 것이 커다랗게 변하는 성질이 비슷하기 때문입니다.
06 ④ 07 (1) ㉮ (2) ㉯ 08 ①
09 ㉮, ㉰ 10 경우 11 ①, ②, ④ 12 ③
13 (2) ○ 14 ④ 15 (1) 예 바다 같은 친구 좋아 (2) 예 친구의 모습이 바다가 세상에 있는 모든 물을 넉넉하게 보듬어 주는 모습과 닮았기 때문입니다. 16 (1) 선생님 (2) 새 교실 (3) 날씨
17 (1) 예 새 교실 (2) 예 낯설지만 새로운 교실에서 일 년 동안 친구들과 함께 지낼 생각에 설레었던 마음을 표현하고 싶습니다. 18 ③ 19 ㉮, ㉱
20 ⑤

01 '하얀 연기'는 '뻥이요, 뻥!' 하고 뻥 소리가 난 후에 나오는 하얀 연기를 사실적으로 나타낸 것입니다.

02 뻥튀기가 사방으로 날리는 모양이 다양한 방향으로 움직이는 '나비'와 닮아 '나비'에 비유한 것입니다.

03 메밀꽃 냄새, 새우 냄새, 멍멍이 냄새, 옥수수 냄새는 뻥튀기 냄새를 나타낸 것입니다.

04 "뻥이요. 뻥!"을 크게 하여 뻥튀기를 튀기는 상황을 시각적으로 보여 주고 있으며, '아니야', '맞아요', '냄새가 납니다'와 같은 표현을 반복하여 뻥튀기를 튀길 때의 모습과 냄새를 강조하고 있습니다.

05 뻥튀기가 날리는 모양, 냄새 외에도 뻥튀기를 무엇에 비유할 수 있을지 생각하여 써 봅니다.

채점 기준	
상	(1)에 글에 나오지 않은 다른 사물에 비유한 표현을 쓰고, (2)에 그렇게 비유한 까닭을 알맞게 쓴 경우
중	(1)과 (2)의 답을 모두 썼으나 (2)에서 든 까닭이 (1)과 어울리지 않는 경우
하	(1)에만 다른 사물에 비유하는 표현을 쓴 경우

06 봄비 내리는 소리와 교향악은 여러 가지 소리가 섞여 있는 것이 비슷합니다.

07 '큰북'과 '지붕'은 큰 소리가 나거나 크기가 크다는 점에서, '작은북'과 '세숫대야 바닥'은 작은 소리가 나거나 크기가 작다는 점에서 비슷합니다.

08 ㉡은 앞마을 냇가에 봄비가 경쾌하게 내리는 장면을 악기가 연주되는 것처럼 표현한 것입니다.

09 이 시는 소리를 흉내 내는 말을 사용하여 경쾌한 분위기를 나타내었습니다.

10 새싹은 작고 가벼운 느낌을 주므로 묵직한 소리를 내는 첼로에 비유하는 것은 알맞지 않습니다.

11 친구를 풀잎과 바람에 비유하고 '나는 ~이 좋아', '~ 같은 친구 좋아'와 같이 비슷한 구절을 반복하여 운율이 느껴지게 하고 있습니다.

12 이 시의 말하는 이는 바람에 흔들리는 풀잎의 모습이 헤어질 때 또 만나자고 손 흔드는 친구의 모습과 닮아 친구를 '풀잎'에 비유한 것입니다.

13 풀잎하고 헤어졌다가 되찾아 온 바람의 모습과 만나면 얼싸안는 친구의 모습에 공통점이 있습니다.

14 ①, ②, ③, ⑤는 모두 직유법이 사용되었으며, ④는 '~은/는 ~이다.'의 은유법을 사용하였습니다.

15 말하는 이가 표현하고 싶은 친구의 모습과 비슷한 점이 있는 대상을 떠올려 봅니다.

채점 기준	
상	(1)에 ㉡과 같은 비유하는 표현으로 바꾸어 쓰고, (2)에 그 표현을 사용한 까닭을 알맞게 쓴 경우
중	(1)과 (2)의 답을 모두 썼으나 (2)에서 든 까닭이 (1)과 어울리지 않는 경우
하	(1)에만 ㉡과 같은 비유하는 표현을 쓴 경우

16 봄이 되면 새롭게 만나는 사람에는 누가 있는지, 칠판, 책상, 의자는 어디에서 볼 수 있는지, 따뜻한 햇살과 오락가락하는 기온을 아우르는 말은 무엇인지를 생각해 봅니다.

17 봄이 되면 새롭게 만나는 것 중에서 표현하고 싶은 생각이나 마음이 드는 대상을 정해 씁니다.

채점 기준	
상	(1)에 '새 교실, 친구들, 선생님' 등을 쓰고, (2)에 그와 관련한 생각이나 마음을 알맞게 쓴 경우
중	(1)과 (2)의 답을 모두 썼으나 (2)에 쓴 내용이 (1)과 어울리지 않는 경우
하	(1)에만 봄이 되어 새롭게 만난 대상을 쓴 경우

18 잘 웃는다는 것은 '쇠붙이'의 특징으로 볼 수 없습니다.

19 비유하는 표현을 사용하면 익숙한 대상도 새로운 느낌을 줄 수 있습니다.

20 배경 음악은 시의 분위기에 어울리는 것을 사용해야 합니다.

2 이야기를 간추려요

핵심 개념 16쪽

1 황금 사과 2 ①
3 (1) 발단 (2) 전개 (3) 절정 (4) 결말

1 두 동네의 한가운데에 있는 사과나무에 황금 사과가 열렸는데, 두 동네 사람들은 황금 사과를 서로 가지겠다고 했습니다.

2 이야기의 사건이 시작되는 부분은 '발단'입니다.

3 이야기는 '발단', '전개', '절정', '결말' 순서대로 사건이 전개됩니다.

단원평가 기본 17~19쪽

01 ② 02 ㉯ 03 ② 04 ⑤
05 (1) (꼬마) 아이 (2) 예 꼬마 아이가 공을 주우려고 담 쪽으로 갔다가 그곳에서 즐겁게 노는 아이들을 보았습니다. 06 ③ 07 ③
08 (1) 저승사자 (2) 수고비 09 ④, ⑤
10 ④ 11 가 12 (1) 예 감동적이다. (2) 예 아이의 우주 그림을 보고 잊고 있었던 자신의 꿈이 떠올랐기 때문입니다. 13 결말 14 정우
15 ⑤

01 두 동네 사람들은 황금 사과를 서로 갖겠다고 툭하면 싸웠습니다.

02 이 이야기에서 두 동네 사람들에게 ㉮, ㉰, ㉯의 순서대로 사건이 일어났습니다.

03 두 동네 사람들은 서로를 의심하는 마음이 쌓여 갔고, 나중에는 서로 미워하게 되었습니다.

04 엄마는 담 너머에는 심술궂고 못된, 아주 나쁜 사람들, 끔찍한 괴물들이 산다고 말했습니다.

05 꼬마 아이가 어디에서 무엇을 하거나 보았는지를 중심으로 일어난 일을 정리해 봅니다.

채점 기준	
상	(1)에 '꼬마 아이'를 쓰고, (2)에 꼬마 아이에게 일어난 일을 알맞게 간추려 쓴 경우
중	(1)에 '꼬마 아이'를 쓰지 않고, (2)에 일어난 일만 알맞게 쓴 경우
하	(1)에만 '꼬마 아이'를 쓴 경우

06 저승사자의 곳간이 아니라, 원님의 곳간에 볏짚이 한 단만 있었습니다.

07 일어난 사실에 대한 질문은 '사건이 언제, 어디에서 일어났나요?'와 같이 사실을 묻는 질문을 말합니다. 저승사자가 원님에게 제안한 것은 라에서 일어난 사건과 관련된 사실을 묻는 질문입니다.

08 원님의 간청에 염라대왕은 저승사자에게 원님을 돌려보내는데, 저승사자는 헛걸음을 했으니 수고비를 내놓으라고 하였습니다.

09 원님은 이승에서 덕을 베풀지 않아 저승의 곳간이 비어 있는 것을 보고 쥐구멍이라도 숨고 싶을 만큼 부끄러워했고, 따라서 이승으로 돌아갈 방법이 없어 걱정할 것입니다.

10 글 다와 라는 원님이 자기 곳간을 확인하는 내용으로, 사건이 본격적으로 발생하는 전개 부분에 해당합니다.

11 글 가에서는 종이 할머니와 눈에 혹이 난 할머니가 상자를 가지려고 싸움이 일어났습니다.

12 아이의 그림을 보고 종이 할머니가 보인 반응은 무엇이고, 종이 할머니는 그림을 본 다음 무엇을 떠올렸는지 확인해 봅니다.

채점 기준	
상	(1)에 '감동적이다.', '감격하다.', '감명 깊다.' 등과 같은 할머니가 느낄 만한 감정을 쓰고, (2)에 (1)에서 그렇게 답한 까닭을 알맞게 쓴 경우
중	(1)과 (2)의 답을 모두 썼으나 (2)에 쓴 까닭이 그림의 내용 설명에만 해당하는 경우
하	(1)에만 종이 할머니의 감정을 간단히 쓴 경우

13 이야기 구조에는 발단, 전개, 절정, 결말이 있습니다. 이야기의 사건이 시작되는 부분은 '발단'이고, 사건이 본격적으로 발생하고 갈등이 일어나는 부분은 '전개'이고, 사건 속의 갈등이 커지면서 긴장감이 가장 높아지는 부분은 '절정'이고, 사건이 해결되는 부분은 '결말'입니다.

14 이야기의 내용으로 보아, 종이 할머니는 눈에 혹이 난 할머니와 사이좋게 지내며 행복감을 느꼈을 것입니다.

15 종이 할머니는 자신이 사는 곳이 우주 호텔이라고 생각하는데, 그곳이 인생을 살면서 잠시 쉬어 가는 곳이라고 여겼기 때문입니다.

단원평가 실전 20~23쪽

01 황금 사과 02 ①, ②, ⑤
03 ㈏, ㈐ 04 윤주 05 예 사과는 먹는 사과가 아니라 화해하는 의미의 사과로, 두 동네가 서로 대화하고 소통하자는 주제를 나타내고 있습니다.
06 ① 07 ④ 08 (1) 절정 (2) 예 원님이 허름한 모습으로 변장해 덕진을 만나러 가는 부분에서 긴장감이 가장 높아지기 때문입니다.
09 (1) ㉮ (2) ㈏ 10 덕진 11 ⑤
12 ② 13 우주 호텔 14 ②
15 예 종이 할머니는 쉽게 허리를 구부리면 우주 호텔을 보지 못할 것 같아서 쉽게 허리를 구부리지 않기로 결심했습니다. 16 ③ 17 ㈏
18 ④ 19 소년, 소녀 20 ④

01 이 글에서 윗동네와 아랫동네 사람들은 서로 황금 사과를 갖겠다고 싸웠습니다.

02 두 동네 사이의 다툼을 해결하기 위해 금을 그었고, 나무 울타리를 세웠으며, 담을 쌓았습니다.

03 윗동네와 아랫동네가 평화를 유지하려면 서로 정보를 주고받고 도와야 하며 소통해야 합니다.

04 담 옆에 가면 안 된다는 어른들과 달리 아이는 담의 문을 열고 옆 동네 친구들에게 인사를 건넵니다.

05 두 동네 사람들이 갈등하고 있는 상황에서 아이가 친구들에게 다가가 소통하고 있는 점을 바탕으로 아이의 이름인 '사과'의 의미와 주제를 생각해 봅니다.

채점 기준	
상	'화해'라는 낱말을 포함해 이름을 지은 까닭을 쓰고, '대화', '소통'이라는 낱말을 포함해 주제를 쓴 경우
하	'화해', '대화', '소통' 중 하나만 쓴 경우

06 사건의 흐름대로 중심 내용을 정리해야 합니다.

07 저승 곳간은 이승에서 좋은 일을 한 만큼 재물이 쌓이는 곳입니다.

08 글 다는 긴장감이 가장 높아지는 절정에 해당합니다.

채점 기준	
상	(1)에 '절정'을 쓰고, (2)에 그렇게 답한 까닭을 원님의 행동과 관련지어 쓴 경우
중	(1)과 (2)의 답을 모두 썼으나 (2)에서 긴장감이 높아지는 부분이라는 내용만 쓴 경우
하	(1)에만 '절정'을 쓴 경우

09 추론 질문은 사실을 바탕으로 드러나지 않는 내용을 짐작하도록 하며 평가 질문은 사실에 대한 가치 판단을 묻습니다.

10 원님은 이승으로 돌아와 덕진을 만나고 덕진의 말과 행동에 크게 감명받아 덕진에게 쌀 삼백 석을 갚았습니다.

11 종이 상자를 한번 양보하면 다른 곳에서도 눈에 혹이 난 할머니에게 빼앗길 수 있다고 생각해서 종이 할머니가 빈 상자를 포기하지 않은 것입니다.

12 종이 할머니는 자신이 폐지를 줍는 곳에서 빈 상자를 가져가는 눈에 혹이 난 할머니에게 화가 났는데, 눈에 혹이 난 할머니가 넘어졌다가 간신히 일어나는 것을 보고 미안한 마음과 안심하는 마음이 들었습니다.

13 글 가에서 종이 할머니는 하늘을 보면서 하늘 밖의 우주에 있는 우주 호텔을 떠올리고 있습니다.

14 종이 할머니는 하늘을 보며 아주 멀리 있는 것도 볼 수 있어 눈은 아직 늙지 않았다고 말했습니다.

15 종이 할머니가 결심한 것은 허리를 구부리지 않는 것입니다. 왜 허리를 구부리지 않으려고 결심했는지 그 까닭과 함께 씁니다.

채점 기준	
상	종이 할머니의 결심과 그 까닭을 알맞게 간추려서 글 나의 중심 내용을 쓴 경우
중	종이 할머니의 결심과 그 까닭을 썼으나, 글 나의 중심 내용을 간추린 것이 아닌 경우
하	종이 할머니의 결심만 쓴 경우

16 이 글은 두 할머니의 관계를 통해 이웃과 더불어 사는 삶에 대해 이야기하고 있습니다.

17 ㉮는 친구들 생각을 알고 싶은 질문이고, ㈐는 이야기 내용을 추론하는 질문입니다.

18 종이 할머니는 혼자가 아니라 눈에 혹이 난 할머니와 같이 종이도 줍고 밥과 생강차도 먹으며 함께 지내면서 행복했을 것이라고 짐작할 수 있습니다.

19 소년과 소녀가 만나 산으로 놀러 갔고, 산에서 함께 소나기를 피하는 등의 일을 겪었습니다.

20 이야기 매체의 특성을 묻는 질문을 할 때 인물의 표정, 사건의 배경, 들리는 소리, 인물의 말과 행동, 배경 음악과 같이 다양한 점을 물어볼 수 있습니다.

3 짜임새 있게 구성해요

핵심 개념 24쪽

1 예 설명하는 내용을 쉽게 전달할 수 있습니다.
2 나 3 (1) ㉮ (2) ㉯, ㉰ (3) ㉱

1 자료를 활용하지 않고 발표했을 때 듣는 사람은 친구가 어떤 음식을 소개하는지 잘 몰랐습니다.

2 가는 표를 활용해 사라진 직업의 종류를 발표하고 있는 모습입니다.

3 이외에 시작하는 말에 듣는 사람의 주의를 집중시킬 수 있는 내용을 쓰고, 끝맺는 말에 발표한 내용을 간단하게 정리하여 쓸 수 있습니다.

단원평가 기본 25~27쪽

01 ⑤ 02 ③ 03 예서, 승민
04 (1) ㉯ (2) ㉮ 05 ㉮, ㉰ 06 (1) 표
(2) 사진 (3) 도표 (4) 동영상 07 다
08 (1) ○ 09 (1) 동영상 (2) 예 보부상의 모습을 생생하게 보여 주기에 동영상이 알맞기 때문입니다.
10 한성, 민국 11 ③ 12 (1) 표 (2) 예 '미래에는 어떤 인재가 필요할까'입니다.
13 ㉮, ㉯, ㉰ 14 ⑤ 15 ⑤

01 고민과 같은 개인적인 일로 친구와 이야기를 나누는 상황은 다른 사람 앞에서 말하는 공식적인 상황이 아닙니다.

02 학교에 바라는 점을 조사한 설문 조사 결과 도표와 책을 활용하여 자신의 공약을 말하고 있습니다.

03 발표나 연설을 할 때에는 여러 사람 앞에서 말하므로 높임 표현을 쓰고 큰 소리로 또박또박 말해야 하며, 듣는 사람의 특성에 맞게 알기 쉽게 말하고, 연설 시간도 생각해야 합니다.

04 그림 가는 교실 밖에서 친구들과 개인적으로 말하는 상황이며, 그림 나는 수업 시간에 교실에서 발표하는 상황입니다.

05 그림 가는 교실 밖에서 친구들과 자유롭게 말하는 상황이며, 그림 나는 발표하는 상황으로 높임 표현을 사용합니다. 둘은 모두 말하는 사람과 듣는 사람이 있고 듣는 사람이 친구들이라는 점이 비슷합니다.

06 가는 우리 반 친구들이 좋아하는 운동을 조사한 내용을 정리한 표, 나는 자연 풍경이 담긴 사진, 다는 2022년 서울 강수량을 분석한 도표, 라는 옛사람의 생활 모습을 담은 동영상입니다.

07 도표는 수량의 변화 정도를 알 수 있고 정확한 수치를 나타낼 수 있는 자료입니다.

08 그림 가에서는 사라진 직업의 종류에 대한 표를, 그림 나에서는 사라진 직업인 보부상에 대한 동영상을 활용하고 있으므로 과거의 직업에 대해 발표하고 있음을 알 수 있습니다.

09 그림 나에서 사라진 직업인 보부상의 모습을 생생하게 보여 주기 위해 동영상을 활용하고 있습니다.

채점 기준	
상	(1)에 '동영상'을 쓰고, (2)에 동영상을 활용한 까닭을 알맞게 쓴 경우
중	(1)과 (2)의 답을 모두 썼으나 (2)에서 든 까닭이 (1)과 어울리지 않는 경우
하	(1)에만 '동영상'을 쓴 경우

10 자료는 발표할 내용과 관련성이 있어야 합니다.

11 ①, ②는 설명하는 말에, ④, ⑤는 끝맺는 말에 들어가야 합니다.

12 자료 1은 기업이 추구하는 인재상의 변화를 '표'로 정리한 것입니다.

채점 기준	
상	(1)에 '표'를 쓰고, (2)에 표를 활용하여 발표하려는 주제를 알맞게 쓴 경우
중	(1)과 (2)의 답을 모두 썼으나 (2)에 '시작하는 말'에 나온 주제에 벗어난 내용을 포함해 쓴 경우
하	(1)에만 '표'를 쓴 경우

13 자료를 설명할 때는 자료에 맞는 설명 방법을 선택하여 자료에 담긴 핵심 내용을 설명해야 합니다. 자료의 출처는 꼭 밝혀야 하지만, 자료를 가져온 과정을 설명할 필요는 없습니다.

14 설명하는 말에서 미래의 인재에게 가장 중요한 것은 계속 배우려는 의지라고 하였습니다.

15 발표하는 내용은 하나의 주제에 맞는 내용이어야 합니다. 따라서 듣는 사람이 지루하지 않도록 주제를 바꾸는지가 아니라, 발표하는 내용이 주제에 맞는 내용인지를 확인하며 들어야 합니다.

단원평가 실전 28~31쪽

01 ⑤ 02 ①, ② 03 ⑤ 04 ⑤
05 (1) 예 자료(그림 자료) (2) 예 설명하는 내용을 한눈에 알아보기 쉽게 전달할 수 있습니다.
06 ⑤ 07 ㉮, ㉯ 08 준호 09 ②
10 (1) 예 지도 (2) 예 여행지까지 가는 길을 한눈에 보여 줄 수 있어서입니다. 11 (1) ㉰ (2) ㉯ (3) ㉮
12 ④ 13 혜주 14 ㉮, ㉯, ㉰
15 ⑤ 16 ② 17 ③ 18 (1) 예 「일자리의 미래」에 대한 동영상입니다. (2) 예 한국교육방송공사에서 자료를 가져왔습니다. 19 ㉮, ㉯
20 ②

01 그림 가는 교실에서 친구들과 학급 토의를 하는 상황이며, 그림 나는 방송에서 아나운서가 뉴스를 하는 상황입니다. 둘 다 공식적인 말하기 상황입니다.

02 그림 가와 같은 공식적인 말하기 상황에서는 말하는 사람은 또박또박 바르게 말합니다.

03 ㉮는 여러 친구 앞에서 발표하는 상황이므로 친구들과 자유롭게 말하는 ㉯보다 큰 소리로 말합니다.

04 꿈이 없는 남학생과 여학생을 수로 나타낸 것은 책에 나온 조사 결과를 말한 것으로, 학생들의 꿈을 도표로 정리한 내용은 나와 있지 않습니다.

05 듣는 사람의 반응을 참고하여 생각해 봅니다.

채점 기준	
상	(1)에 '자료'나 '그림 자료'를 쓰고, (2)에 발표할 때 자료를 활용하면 좋은 점을 알맞게 쓴 경우
중	(1)과 (2)의 답을 모두 썼으나 (2)에 자료를 활용할 때의 좋은 점으로 알맞지 않은 내용을 포함해 쓴 경우
하	(1)에만 '자료'나 '그림 자료'를 쓴 경우

06 자료 나는 설명하는 대상의 정확한 모습을 보여 줄 수 있는 반면, 자료 라는 동영상으로, 대상의 움직임을 생생하게 보여 줄 수 있고 음악이나 자막을 넣어 분위기를 잘 전달할 수 있습니다.

07 자료를 활용하여 발표하면 정보를 알아보기 쉽게 보여 주므로, 설명하는 내용을 쉽게 전달할 수 있으며 듣는 사람의 흥미를 유발할 수 있습니다.

08 가는 사라진 직업의 종류와 그 까닭을 표로 보여 주었으며, 나는 과거의 직업인 보부상의 모습을 동영상으로 보여 준 것입니다.

09 ①은 사진, ③은 도표, ④는 지도, ⑤는 표가 알맞습니다.

10 여행지까지 가는 길을 듣는 사람이 쉽게 알게 전달하려면 어떤 자료를 활용해야 할지 생각해 봅니다.

채점 기준	
상	(1)에 '지도'를 쓰고, (2)에 그렇게 생각한 까닭을 알맞게 쓴 경우
중	(1)과 (2)의 답을 모두 썼으나 (2)에서 든 까닭이 (1)과 어울리지 않는 경우
하	(1)에만 '지도'를 쓴 경우

11 발표 내용은 발표 주제에 맞는 것이어야 합니다.

12 옛사람의 생활 모습은 국어사전보다는 백과사전이나 인터넷 검색을 통해 찾는 것이 알맞습니다.

13 자료가 많다고 좋은 것이 아니라 발표하는 내용에 필요한 자료만 활용하는 것이 좋습니다.

14 가는 자료가 너무 길어서 보는 사람이 지루해하며, 나는 자료가 너무 복잡해서 이해하기 힘들어합니다. 다에서는 자료 출처를 밝히지 않았습니다.

15 자료를 가져온 곳은 그 자료를 설명하는 '설명하는 말'에 들어가는 것이 알맞습니다.

16 '미래에는 어떤 인재가 필요할까'라는 주제로 발표를 하고 있습니다.

17 글 가에서는 발표자를 소개하고 발표 주제를 밝히고 있습니다. 글 다에서는 발표한 주제를 다시 한번 말하고 발표를 준비하며 느낀 점을 말하였습니다.

18 글 나의 처음 부분에서 자료의 출처를 밝히면서 자료의 종류와 제목을 말하였습니다.

채점 기준	
상	(1)에 '「일자리의 미래」에 대한 동영상'을 쓰고, (2)에 출처를 알맞게 쓴 경우
중	(1)에 활용한 자료의 종류와 제목 중 하나만 쓰고, (2)에 출처를 알맞게 쓴 경우
하	(1)에만 자료의 종류와 제목을 제대로 쓴 경우

19 듣는 사람이 발표 내용에 끝까지 집중하도록 하려면 발표의 앞부분뿐만 아니라 뒷부분에도 자료를 제시하는 것이 좋습니다.

20 발표에 사용된 자료가 발표 내용과 어울리며 듣는 사람이 발표 내용을 이해하는 데 도움이 되었는지를 점검해야 합니다.

4 주장과 근거를 판단해요

핵심 개념 32쪽

1 ④ 2 (1) ㉯ (2) ㉮
3 (1) 예 스마트폰 사용 시간을 제한합시다. (2) 예 지나친 스마트폰 사용은 공부를 하거나 일상생활을 하는 데 지장을 줍니다.

1 논설문의 서론 부분으로, 글을 쓴 문제 상황과 글쓴이의 주장이 드러나 있습니다.

2 '적당히'와 같은 모호한 표현을 사용하면 자신이 말하려는 내용을 다른 사람에게 명확하게 전달할 수 없습니다. 또 '나는 ~을/를 좋아한다.'와 같은 주관적인 표현도 논설문에 쓰면 안 됩니다.

3 주장과 주장을 뒷받침하는 근거를 정리해 씁니다.

단원평가 기본 33~35쪽

01 ④ 02 소희 03 ① 04 ①, ④
05 (1) 반대 (2) 예 동물원을 없애야 합니다. / 동물원은 필요하지 않습니다. 06 ④ 07 나
08 ④ 09 ⑤ 10 ② 11 ㉮, ㉯
12 (2) ○ 13 (1) 마 (2) 이제 우리 모두 자연 보호를 실천해야 한다. 14 ㉯ 15 ③

01 시은이는 동물들이 좁은 우리에 갇혀 스트레스를 많이 받는다고 하며 '동물원은 필요한가'에 대한 의견을 묻고 있습니다.

02 근거가 타당하다면 자신의 생각과 다른 주장이라고 해도 존중할 줄 아는 태도를 지녀야 합니다.

03 동물원의 장점을 근거로 말했으므로, '동물원은 있어야 한다.'라는 주장이 어울립니다.

04 지훈이는 동물원은 큰 즐거움을 주고, 동물을 보호해 준다는 점을 근거로 주장하고 있습니다.

05 미진이는 동물들이 극심한 스트레스를 받는다는 것을 근거로 주장을 펼치고 있습니다.

채점 기준	
상	(1)에 '반대'를 쓰고, (2)에 미진이의 주장을 알맞게 쓴 경우
중	(1)과 (2)의 답을 모두 썼으나 (2)에서 근거를 쓴 경우
하	(1)에만 '반대'를 쓴 경우

06 문단 가는 서론 부분입니다. 서론에서는 보통 글을 쓴 문제 상황이나 글쓴이가 글 전체에서 내세우는 주장을 분명하게 나타냅니다.

07 청국장이 항암 효과, 해독 작용 등이 있다는 것은 건강에 좋은 점을 말하는 것이므로, 우리 전통 음식이 건강에 이롭다는 내용이 담긴 문단 나에 들어가는 것이 알맞습니다.

08 ㉣은 '우리 전통 음식을 가까이하면 계절과 지역에 따라 다양한 맛을 즐길 수 있습니다.'의 중심 문장을 뒷받침하는 문장입니다.

09 논설문의 결론에서는 글 내용을 요약하거나 글쓴이의 주장을 다시 한번 강조할 수 있습니다. 문제 상황을 제시하는 것은 서론입니다.

10 이 글에서 글쓴이의 주장은 직접 드러나 있습니다. 글의 마지막 문장인 '우리는 우리 전통 음식의 과학성과 우수성을 알고 우리 전통 음식에 관심을 가지고 우리 전통 음식을 사랑해야겠습니다.'에 들어 있습니다.

11 ㉮는 가에서, ㉯는 다에서 답을 찾을 수 있습니다. 자연 보호를 위해 우리가 할 수 있는 일은 이 글에서 다루지 않았습니다.

12 자연을 보호해야 한다는 주장은 이상 기후 현상이 점점 심각해지고 있는 상황에서 가치 있고 중요한 주장입니다.

13 문단 가는 서론, 문단 나~라는 본론, 문단 마는 결론입니다. 마의 중심 문장은 맨 마지막에 제시되어 있습니다.

채점 기준	
상	(1)에 '마'를 쓰고, (2)에 글쓴이의 주장이 담긴 문장을 마에서 찾아 바르게 쓴 경우
중	(1)과 (2)의 답을 모두 썼으나 (2)에서 글쓴이의 주장이 담긴 문장이 아닌 다른 내용의 문장을 마에서 찾아 쓴 경우
하	(1)에만 '마'를 쓴 경우

14 제시된 글은 논설문입니다. 논설문은 주장하는 글이므로, 사실을 있는 그대로 드러내는 객관적인 표현을 사용하는 것이 알맞습니다.

15 ③ → ④ → ② → ① → ⑤의 순서로 논설문을 씁니다.

단원평가 실전 36~39쪽

01 (1) 예 동물원은 필요한가 (2) 예 동물원은 필요합니다. / 동물원은 있어야 합니다. (3) 예 동물원은 필요하지 않습니다. / 동물원은 없애야 합니다.
02 미미 03 ①, ④ 04 ⑤ 05 근거
06 (1) 가 (2) 예 우리 전통 음식보다 외국에서 유래한 햄버거나 피자와 같은 음식을 더 좋아하는 어린이를 쉽게 볼 수 있습니다. 07 ㉡, ㉢
08 ①, ② 09 민정 10 (1) 건강 (2) 지역
11 ④ 12 문제 상황, 서론 13 예 오염된 환경을 되살리는 데는 많은 시간과 노력이 들기 때문입니다. 14 ⑤ 15 강영, 정아
16 ①, ② 17 (1) ㉮, ㉯ (2) ㉰, ㉱ 18 ②
19 ② 20 (1) ㉯ (2) ㉰ (3) ㉮

01 두 사람은 '동물원은 필요한가'라는 주제에 대해 이야기를 나누고 있음을 알 수 있습니다.

채점 기준	
상	(1)에 주제를 쓰고, (2)에 지훈이의 주장을, (3)에 미진이의 주장을 알맞게 쓴 경우
중	(1)에 주제를 알맞게 썼으나, (2)와 (3)에서 지훈이나 미진이의 주장 중 하나만 알맞게 쓴 경우
하	(1)에만 주제를 쓴 경우

02 영지와 은지는 동물원을 긍정적으로 생각하고, 미미는 동물원을 부정적으로 생각하고 있습니다.

03 나에서 동물원에서 동물들이 제한된 공간에 갇혀 있어 자유롭지 못하고, 관람객의 눈요깃거리가 되어 스트레스를 받는다는 근거를 제시하고 있습니다.

04 미진이는 친환경 동물원이 생기고 있지만 동물이 원래 살던 환경을 그대로 동물원으로 옮기는 것은 불가능하다고 하였습니다.

05 자신과 다른 주장을 하는 친구들도 그 주장에 대한 타당한 근거가 있을 수 있으므로 존중해야 합니다.

06 문제 상황은 서론에 제시되는데, 이 글에서는 문단 가가 서론에 해당합니다.

채점 기준	
상	(1)에 '가'를 쓰고, (2)에 가의 문제 상황을 쓴 경우
중	(1)과 (2)의 답을 모두 썼으나 (2)에서 가에서 알 수 있는 문제 상황과 다른 문제 상황을 함께 쓴 경우
하	(1)에만 '가'를 쓴 경우

07 ㉡은 문단 나의 중심 문장이고, ㉢은 문단 다의 중심 문장입니다.

08 문단 나와 다는 본론으로, 본론에는 서론에서 내세운 주장에 대한 근거와 그 근거를 뒷받침하는 내용이 제시됩니다.

09 민정이 말한 예는 전통 음식을 가까이하면 지역에 따라 다양한 맛을 즐길 수 있다는 다에 알맞습니다.

10 ㉮는 나에서 '건강'을, ㉯는 다에서 '지역'을 찾아서 쓸 수 있습니다.

11 이 글에서는 개발로 자연이 파괴되는 문제 상황을 제시하고 왜 자연을 보호해야 하는지 설명하고 있으나, 이를 해결할 방법을 제시하지는 않았습니다.

12 글 가는 곳곳에서 벌어지는 자연 개발은 우리 삶을 위협한다는 문제 상황과 '우리는 자연의 목소리에 귀를 기울이고 자연을 보호해야 한다.'라는 주장을 제시하고 있는 서론 부분입니다.

13 자연은 파괴되면 복원하기가 어렵다고 하였습니다.

채점 기준	
상	'오염된 환경을 되살리다', '많은 시간과 노력'이라는 말을 모두 포함하여 쓴 경우
하	'많은 시간과 노력'이라는 말만 쓴 경우

14 다에서 '예를 들어'로 시작되는 부분이 ㉡을 뒷받침하는 근거에 해당합니다.

15 이 글에는 주장에 대한 근거가 나와 다에 제시되어 있는데, 이 둘 모두 주장과 연결될 수 있습니다.

16 논설문에서 주장과 근거의 타당성을 판단할 때에는 주장이 가치 있고 중요한지, 근거가 주장과 관련 있고 주장을 뒷받침하는지 살펴보아야 합니다.

17 가는 본론이고, 나는 결론입니다.

18 이 글의 끝부분에서 '이제 우리 모두 자연 보호를 실천해야 한다.'라고 하면서 주장을 다시 한번 강조하였습니다.

19 논설문에서는 있는 사실 그대로를 쓴 객관적 표현을 사용해야 합니다. ①은 단정하는 표현, ③과 ⑤는 주관적 표현, ④는 모호한 표현을 사용했습니다.

20 서론에서는 문제 상황을 밝히고, 본론에서는 주장의 근거와 그 예를 제시하고, 결론에서는 글의 내용을 요약하고 주장을 다시 강조하며 마무리합니다.

5 속담을 활용해요

핵심 개념 40쪽

1 (1) ○ 2 ⑤ 3 ⑤

1 우진이는 윤정이와 함께 청소하려는 마음을 속담을 이용하여 말하여 윤정이의 관심을 이끌어 내고 있습니다.

2 '콩 심은 데 콩 나고 팥 심은 데 팥 난다.'는 모든 일은 근본에 따라 거기에 걸맞은 결과가 나타난다는 뜻으로, 자신이 뿌리고 노력한 만큼 거두게 된다는 말입니다.

3 말고기를 먹느라 중요한 편지를 잃어버린 까마귀는 걱정하는 마음이 생길 것입니다.

단원평가 기본 41~43쪽

01 ③ 02 ②, ④ 03 (1) ㉮ (2) ㉯
04 ① 05 동희, 나진 06 ①
07 (1) 티끌 (2) 예 용돈을 모아서 부모님께 선물을 사 드린 상황입니다. 08 ⑤ 09 ①
10 (1) ㉮ (2) ㉯ 11 ㉮, ㉰ 12 (1) 팔 (2) 지게 13 ① 14 (1) 편지 (2) 예 까마귀가 말고기를 먹으려고 입을 벌리는 순간, 입에 문 편지가 바람에 날려 사라졌습니다. 15 예솔

01 백지장은 하얀 종이 한 장을 말합니다. ㉠은 이러한 종이도 같이 들면 낫다는 말로, 쉬운 일이라도 협력해서 하면 훨씬 쉽다는 뜻입니다.

02 '손이 많으면 일도 쉽다.'는 것은 일을 돕는 손이 많으면 일하기 쉽다는 뜻이고, '두 손뼉이 맞아야 소리가 난다.'는 무슨 일이든지 뜻을 함께해야 일이 이루어진다는 뜻입니다. 두 속담 모두 협동을 말한 것입니다.

03 '누워서 떡 먹기'와 '땅 짚고 헤엄치기'는 하기 매우 쉬운 것을 이르는 말이고, '아는 길도 물어 가랬다.'와 '돌다리도 두들겨 보고 건너라.'는 잘 아는 일이라도 세심하게 주의를 하라는 말입니다.

04 '구름 갈 제 비가 간다.'는 구름이 가는 곳에 비가 뒤따른다는 것으로, '바늘 가는 데 실 간다.'와 뜻이 같은 속담입니다.

05 소현이가 말하고 있는 친구의 상황은 하나에 집중하지 않고 이것저것 하는 상황이므로, '우물을 파도 한 우물을 파라.'가 알맞습니다.

06 '소 잃고 외양간 고친다.'는 어떤 일이 잘못된 뒤에 후회하지 말고 미리 준비해야 한다는 가르침이 담겨 있는 속담입니다.

07 그림 ㉯는 일 년 동안 동전이라는 티끌을 모아 20만 원이라는 큰돈(태산)을 만든 상황입니다.

채점 기준	
상	(1)에 '티끌'을 쓰고, (2)에 속담에 맞는 상황을 알맞게 쓴 경우
하	(1)과 (2)의 답을 모두 썼으나 (2)에 쓴 상황이 속담과 어울리지 않은 경우

08 어린아이들이 축구 선수에게 축구 시합을 하자고 덤비는 것은 축구 선수보다 실력이 부족한 아이들이 철없이 함부로 덤비는 상황입니다.

09 실제는 '배꼽'보다 '배'가 더 커야 합니다. 그런데 '배보다 배꼽이 크다.'는 작아야 할 '배꼽'이 '배'보다 더 크다고 한 것이므로, 상황에 맞는 속담입니다.

10 천 리 길의 시작이 한 걸음부터라는 점을 참고하고, 지렁이는 순하고 좋은 사람을 빗댄 표현이라는 점을 참고하여 속담과 그에 맞는 뜻을 연결해 봅니다.

11 독장수의 말을 보면 독장수는 독을 판 돈으로 논과 밭을 사고 기와집을 짓고 싶어 하였습니다.

12 독장수가 독을 팔아 돈을 많이 버는 즐거운 생각을 하다가 너무 기쁜 나머지 팔을 듭니다. 그러다 그 팔로 지겟작대기를 건드려서 지게가 쓰러지고, 지게에 있던 독들이 깨지게 됩니다.

13 독장수는 자신의 실수로 독이 깨져서 속상한 마음이 들었을 것입니다.

14 까마귀가 한 행동을 살펴봅니다.

채점 기준	
상	(1)에 '편지'를 쓰고, (2)에 까마귀가 편지를 잃어버린 상황을 알맞게 쓴 경우
중	(1)과 (2)의 답을 모두 썼으나 (2)에서 '입을 벌렸다.'와 '편지가 바람에 날려 사라졌다.' 중 하나만 쓴 경우
하	(1)에만 '편지'를 쓴 경우

15 까마귀의 모습에서 중요한 일을 잊어버리지 않도록 노력하자는 주제를 끌어낼 수 있습니다.

단원평가 실전 44~47쪽

01 희아, 이든　02 (1) ㉯ (2) ㉮
03 ①　04 ㉯　05 예 배보다 배꼽이 크다 / 얼굴보다 코가 더 크다 / 바늘보다 실이 굵다
06 ⑤　07 ③　08 예 이 글의 주제는 실현성이 없는 허황된 계산은 도리어 손해만 가져온다는 것입니다.　09 기영, 준용
10 ⑤　11 (1) 강 도령 (2) 편지　12 ④
13 ③　14 ②　15 ③　16 예 사람들이 나이에 상관없이 죽지 않았을 것입니다. / 사람들이 나이 많은 순서대로 저승에 보내졌을 것입니다.　17 ⑤　18 (1) ㉮, ㉱ (2) ㉯, ㉰
19 (1) ㉮ (2) ㉯　20 ①, ②, ④

01 글은 하나의 주제로 내용이 연결되어야 하므로, 속담도 주제에 맞게 사용해야 합니다.

02 ㉠은 주관하는 사람 없이 여러 사람이 자기주장만 내세우고 있는 상황을 나타내는 '사공이 많으면 배가 산으로 간다.'가 알맞습니다. ㉡은 행동 하나가 그 사람의 많은 것을 드러낸다는 것을 강조하는 '하나를 보면 열을 안다.'는 속담이 알맞습니다.

03 '하룻강아지 범 무서운 줄 모른다.'는 철없이 함부로 덤빈다는 말입니다.

04 '쥐구멍에도 볕 들 날 있다.'는 어려운 일이 계속되어 고생이 심해도 언젠가는 좋은 날이 올 수 있다는 뜻으로, 희망을 가지라는 말로 사용할 수 있습니다.

05 수리비가 장난감 가격보다 더 비싼 것이므로, 마땅히 작아야 할 것이 크고 커야 할 것이 작다는 의미의 속담이 알맞습니다.

채점 기준	
상	'배보다 배꼽이 크다, 얼굴보다 코가 더 크다, 바늘보다 실이 굵다' 중 하나를 쓴 경우
하	상황에 어울리지 않는 속담을 쓴 경우

06 '가는 말이 고와야 오는 말이 곱다.'는 '내가 남에게 말이나 행동을 좋게 해야 남도 나에게 좋게 한다.'는 뜻입니다.

07 독장수는 지게 옆에 누워 독을 팔아서 빚을 갚고 논과 밭을 사고, 기와집을 짓는 즐거운 상상을 합니다.

08 '독장수구구는 독만 깨뜨린다.'는 '실현성이 없는 허황된 계산은 도리어 손해만 가져온다.'는 뜻입니다.

채점 기준	
상	'독장수구구는 독만 깨뜨린다.'의 뜻을 포함하여 주제를 쓴 경우
중	주제를 썼으나 '독장수구구는 독만 깨뜨린다.'의 뜻이 포함되지 않은 경우
하	'독장수구구는 독만 깨뜨린다.'의 뜻만 쓴 경우

09 독장수가 실수로 독을 깨기는 하였지만, 독장수가 나쁜 일을 하여 벌을 받은 것은 아닙니다.

10 실현성이 없는 허황된 계산이 손해만 가져온 상황에 있는 친구는 민지입니다.

11 염라대왕은 까마귀를 불러서 강 도령에게 편지를 주고 오라고 시켰습니다.

12 염라대왕은 불안하여 까마귀에게 몇 번씩 다짐을 받은 것입니다.

13 미지도 친구들과 노는 데 정신이 팔려서 엄마의 심부름을 잊었으므로, 까마귀와 비슷한 상황입니다.

14 까마귀는 강 도령에게 "편지는 안 주시고 그냥 아무나 빨리 끌어 올리라고 하셨습니다."라고 했습니다.

15 까마귀는 고기를 먹느라 편지를 전하는 중요한 일을 해야 한다는 것을 잊어버렸습니다. '까마귀 고기를 먹었나.'는 이러한 상황을 나타낸 속담으로 무엇인가를 잘 잊어버리는 사람을 가리킵니다.

16 까마귀가 염라대왕의 뜻을 잘못 전한 뒤부터 어떤 일이 벌어졌는지를 생각하여 씁니다.

채점 기준	
상	'사람들이 나이에 상관없이 죽지 않았을 것이다.'나 '사람들이 나이 많은 순서대로 저승에 보내졌을 것이다.'와 같이 쓴 경우
하	'나이 많은 순서가 상관없다.'는 내용을 포함하여 쓴 경우

17 까마귀가 한 실수를 통해 주제를 파악합니다.

18 ㉮는 소, ㉱는 원숭이가 나오는 속담으로 동물과 관련되고, ㉯, ㉰는 모두 우리가 평소에 사용하는 언어, 즉 말에 관련된 속담입니다.

19 동물의 행동이나 특징에 빗대어 그것과 비슷한 사람의 성격이나 태도를 표현할 수 있어서 동물과 관련된 속담이 많고, 말을 통해 상대의 마음을 알 수 있기 때문에 말과 관련된 속담도 많습니다.

20 상황에 어울리는 속담을 활용하면 됩니다.

6 내용을 추론해요

핵심 개념 48쪽

1 (1) ㉯ (2) ㉮ 2 (2) ○ 3 (1) ㉡ (2) ㉠

1 추론을 하기 위해서 자신의 경험을 떠올릴 수도 있고, 말이나 행동에서 단서를 확인할 수도 있습니다.

2 밑줄 친 '쌓다'와 같이 여러 가지 뜻이 있는 낱말을 다의어라고 합니다.

3 글에서 알 수 있는 내용과 그 내용을 바탕으로 하여 추론할 수 있습니다.

단원평가 기본 49~51쪽

01 ③ 02 (2) ○ 03 순조 (임금) 때
04 ㉰ 05 (1) 융건릉, 용주사 (2) 예 융건릉과 용주사에 볼거리가 많기 때문입니다. 06 즉위식
07 (1) ㉯ (2) ㉮ (3) ㉰ 08 (1) 세계 문화유산
(2) 예 건물과 후원이 잘 어우러져 아름답기 때문입니다. 09 ①, ④, ⑤ 10 ㉮
11 ①, ② 12 ② 13 왕실 14 ⑤
15 ⑤

01 『화성성역의궤』는 수원 화성을 쌓는 과정을 기록한 책이므로, 성곽의 훼손 정도는 기록된 내용으로 알맞지 않습니다.

02 '성곽 훼손'과 '파괴'라는 단서를 통해 수원 화성이 원래의 모습을 잃었다는 것을 추론할 수 있습니다.

03 수원 화성 공사는 정조 임금 때 시작되었고, 『화성성역의궤』는 순조 임금 때 만들어졌습니다.

04 ㉰는 자신이 경주에 여행 갔을 때의 경험을 바탕으로 하여 수원 화성을 돌아보려면 운동화를 신는 것이 좋겠다고 추론한 것입니다.

05 글쓴이는 수원 화성이 볼거리가 많다고 하면서 더 둘러볼 곳을 추천했습니다.

채점 기준	
상	(1)에 '융건릉, 용주사'를 쓰고, (2)에 이 두 곳을 추천한 까닭을 알맞게 추론하여 쓴 경우
중	(1)과 (2)의 답을 모두 썼으나 (2)에 추천한 까닭이 잘 드러나지 않는 경우
하	(1)에만 '융건릉, 용주사'를 쓴 경우

06 앞에 나온 '왕의'와 뒤의 '왕실의 혼례식, 외국 사신과의 만남과 같은 나라의 중요한 행사'라는 내용으로 보아, 여학생이 뜻을 추론한 낱말은 '즉위식'임을 알 수 있습니다.

07 근정전, 교태전, 경회루는 경복궁의 각 건물입니다. 근정전은 왕의 즉위식이나 혼례식과 같은 중요한 행사를 치르던 곳이고, 교태전은 왕비가 생활하던 곳이며, 경회루는 왕이 외국 사신을 접대하거나 신하들에게 연회를 베풀던 곳입니다.

08 창덕궁이 지닌 가치가 무엇인지 글에서 찾아보고, 정리하여 씁니다.

채점 기준	
상	(1)에 '세계 문화유산'이라고 정확하게 쓰고, (2)에 창덕궁이 세계 문화유산으로 기록될 수 있었던 까닭을 글에서 찾아 쓴 경우
중	(1)과 (2)의 답을 모두 썼으나 (2)에 첫 번째 문단의 내용을 모두 포함하여 쓴 경우
하	(1)에만 '세계 문화유산'이라고 쓴 경우

09 창덕궁의 부용지에는 하늘은 둥글고 땅은 네모나다는 전통적 사상이 반영되어 있는데, 네모난 연못은 땅을, 둥근 섬은 하늘을 나타냅니다.

10 ㉠은 궁궐 안에 있는 것이므로 ㉮의 뜻으로 쓰였음을 알 수 있습니다.

11 창경궁은 성종이 할머니들을 모시려고 지은 궁궐로, 효자로 유명한 정조가 태어난 곳이기도 하여 효와 인연이 깊다고 한 것입니다.

12 이 글에는 문정전 뒤쪽에 대한 설명은 나타나 있지 않습니다. 그리고 동물원과 식물원은 일제 강점기에 만들어졌습니다.

13 궁궐은 우리나라의 왕들이 지내던 곳입니다. 그런데 이곳을 동물원과 식물원으로 만들었다는 것은 일제 강점기에 왕실의 힘이 약했다는 것을 보여 줍니다.

14 글의 내용을 자세히 살펴보면, 인조 이후 철종에 이르기까지 10대에 걸쳐 왕들이 머물렀던 곳은 경운궁이 아니라 경희궁입니다.

15 낱말의 뜻은 앞뒤 내용을 통하여 짐작해 볼 수 있습니다. '소용돌이'는 '서로 엉켜 혼란스러운 상태.'를 뜻하는 말로, '휘말리면서'를 바탕으로 하여 뜻을 짐작해 볼 수 있습니다.

단원평가 실전 52~55쪽

01 추론 02 어미 닭 03 새연 04 ⑤
05 예 갓을 벗은 사람도 있고 부채를 든 사람도 있는 것으로 보아, 날씨가 더울 것입니다. / 사람들의 표정을 보니, 흥미진진한 씨름 경기를 하는 것으로 보입니다. 06 ④ 07 ⑤ 08 ⑤
09 민이 10 예 『화성성역의궤』에 수원 화성 공사에 사용된 물품, 설계 등의 기록이 실려 있기 때문입니다. 11 ④ 12 신분 13 (1) ㉮ (2) ㉰ (3) ㉯ 14 ④ 15 이수, 태경
16 ⑤ 17 창덕궁, 창경궁 18 ⑤
19 예 경운궁 안에는 전통적 건물과 서양식 건물이 함께 들어서 있습니다. 20 ㉰, ㉮, ㉯, ㉱, ㉲

01 추론하며 글을 읽으면 내용이나 상황을 좀 더 깊고 넓게 이해할 수 있습니다.

02 어미 닭이 왜 병아리를 물고 달아나는 고양이를 기를 쓰고 쫓아갔는지 생각해 보면 알 수 있습니다.

03 새연이 고양이가 자신의 신발을 물고 달아났던 경험을 떠올리고 있습니다.

04 그림은 씨름을 하는 상황을 그린 것으로, 씨름에서 이긴 사람이 상을 받는 것은 나타나 있지 않습니다.

05 그림에서 알 수 있는 사실을 바탕으로 추론합니다.

채점 기준	
상	그림에서 알 수 있는 사실과 그에 알맞게 추론한 내용을 모두 쓴 경우
중	그림에서 알 수 있는 사실과 추론한 내용을 모두 썼으나, 추론한 내용이 알맞지 않은 경우
하	그림에서 알 수 있는 사실만 쓴 경우

06 수원 화성은 규모가 커서 다 돌아보려면 다리가 아플 수 있으므로, 화성 열차를 타는 것도 좋다고 하였습니다.

07 『화성성역의궤』는 정조 임금이 죽은 후 순조 임금 때 만들어진 것이므로, 정조 임금에게 공사 상황을 알릴 목적으로 만든 것이라고 볼 수 없습니다.

08 수원 화성을 다 돌아보려면 시간이 걸리는 이유는 수원 화성의 규모가 크기 때문이라고 하였습니다.

09 ㉡은 문화재인 수원 화성을 감상한다는 문장에 사용된 것으로, '주로 예술 작품을 이해하여 즐기고 평가하다.'라는 뜻입니다.

10 수원 화성을 원래 모습대로 만들려면 수원 화성 공사와 관련해 무엇이 필요할지 추론해 봅니다.

채점 기준	
상	수원 화성을 원래 모습대로 기록할 수 있었던 까닭을 『화성성역의궤』의 기록과 연결지어 쓴 경우
중	『화성성역의궤』에 수원 화성을 쌓은 과정이 기록되었다는 내용을 쓴 경우
하	『화성성역의궤』의 특징 중 하나만 쓴 경우

11 서울에 남아 있는 조선 시대의 궁궐에 대해 알려 주면서, 궁궐의 건물을 중심으로 설명하고 있습니다.

12 조선 시대에 신분에 따라 사는 곳이 달랐고, 건물의 명칭도 달랐습니다. 이를 통하여 조선 시대에는 신분에 따른 차이가 명확했음을 추론할 수 있습니다.

13 조선 시대에는 궁궐 건물의 명칭에 따라 그곳에 사는 사람들의 신분에도 차이가 났습니다.

14 경복궁은 '큰 복을 누리며 번성하라'는 뜻을 지녔습니다. '부지런히 나라를 다스리라'는 뜻을 지닌 것은 근정전입니다.

15 현재 서울에 남아 있는 조선 시대의 다섯 궁궐이라고 한 것에서, 역사적으로 우리나라에서는 다섯 궁궐 이외에 궁궐이 더 있었을 것으로 짐작해 볼 수 있습니다.

16 고종 황제가 커피를 마시며 여가를 즐기거나 손님을 맞이하던 곳은 경운궁 안의 정관헌입니다.

17 창덕궁은 경복궁의 동쪽에 있다고 하여 창경궁과 함께 '동궐'로도 불렸다고 했습니다.

18 '단청'의 뜻을 뒤에 나오는 '화려하다'는 낱말과 연결지어 추론하고 있습니다. 이것은 앞뒤 문장에서 알 수 있는 사실을 바탕으로 추론한 것입니다.

19 글 ㉯는 경운궁 안에 있는 건물을 중심으로 설명하고 있습니다.

채점 기준	
상	글 ㉯의 중요한 내용을 경운궁의 건물과 관련지어 쓴 경우
중	글 ㉯의 내용을 요약하지 않고 글 그대로 쓴 경우
하	글 ㉯의 중요한 내용을 '경운궁의 건물'과 같이 낱말 형태로 쓴 경우

20 영상 광고를 만들때, 주제와 내용, 분량을 먼저 정해야 합니다.

7 우리말을 가꾸어요

핵심 개념 56쪽

1 ② 2 (1) 조사 장소 (2) 조사 방법
3 ③

1 올바른 우리말 사용과 관련 있는 질문을 만든 것입니다.

2 우리말 사용 실태 조사를 계획할 때에는 조사 날짜, 조사 장소, 조사 방법, 조사 자료, 주의할 점, 준비물 등을 생각해 보아야 합니다.

3 글쓴이는 고운 우리말을 사용하면 자신과 상대의 마음을 아름답게 해 준다는 결과를 바탕으로 하여 '고운 우리말을 사용하자.'라는 주장을 하려고 글을 쓴 것입니다.

단원평가 (기본) 57~59쪽

01 수아 02 ⑤ 03 욕 04 ②
05 대중 매체 환경 06 ⑤ 07 ㉯
08 ③ 09 ② 10 (1) 높임말 (2) 예 존중하고 배려하는 생활 공동체를 만들어 나갈 수 있습니다. 11 (1) ㉮ (2) ㉯ 12 (1) 괜찮아, 넌 잘할 수 있어. (2) 예 친구가 승점을 냈습니다. 13 ③ 14 ① 15 ㉯, ㉰, ㉱

01 여자아이는 평소에 줄임 말을 즐겨 사용하고, 줄임 말이 재미있어서 아빠와의 대화에서도 줄임 말을 사용한 것입니다.

02 여자아이가 줄임 말, 신조어, 비속어를 사용했기 때문에 아빠가 여자아이의 말을 이해하지 못해 서로 말이 통하지 않게 되었습니다.

03 글의 시작 부분에서 평범한 중고등학생 네 명을 대상으로 욕 사용 실태를 관찰했다고 하였습니다.

04 문제아, 불량 청소년이 아닌 많은 학생들이 욕을 많이 사용한다는 것에서 더 충격적이라고 하였습니다.

05 이 글에서 대중 매체 환경이 빠르게 바뀌면서 욕설이나 비속어를 대하는 나이도 더욱 어려지고 있다고 하였습니다.

06 교실에서 부딪힌 준형이와 수진이는 비속어를 사용하며 서로를 비난했기 때문에 다툼이 커졌습니다.

07 교실에서 부딪힌 준형이와 수진이는 비속어를 사용하며 서로를 비난하며 싸우고 있으므로, 준형이와 수진이에게 서로를 배려하는 말을 사용해야 한다고 말해 줄 수 있습니다.

08 간판, 텔레비전 프로그램, 신문 등에서도 우리말 사용 실태를 다룬 자료를 찾을 수 있습니다. 그러나 일기장은 개인적인 글이 실려 있으므로, 우리말 사용 실태를 다룬 자료로 알맞지 않습니다.

09 ○○초등학교에서는 선생님과 학생들이 서로를 부를 때 이름 뒤에 존칭의 뜻을 나타내는 '님'을 붙여서 부르고 있습니다.

10 ○○초등학교에서 선생님과 학생들이 어떤 방법으로 ○○초등학교의 언어문화를 만들어 나가고 있는지 확인해 봅니다.

채점 기준	
상	(1)에 '높임말'을 쓰고, (2)에 '높임말'의 효과를 연결지어 알맞게 쓴 경우
중	(1)과 (2)의 답을 모두 썼으나 (2)에 '존중', '배려'라는 말을 쓰지 못한 경우
하	(1)에만 '높임말'을 쓴 경우

11 공놀이할 때마다 실수하던 친구의 예에서 보듯이, 긍정하는 말은 마음이 편안해지고 자신감이 생기게 하지만, 부정하는 말은 화가 나면서도 자신감이 없어지게 만듭니다.

12 글쓴이가 공놀이할 때마다 실수하는 친구가 안쓰러워서 한 말이 무엇인지, 그리고 그 말은 들은 친구에게 어떤 좋은 일이 일어났는지 찾아봅니다.

채점 기준	
상	(1)에 '괜찮아, 넌 잘할 수 있어.'라고 정확하게 쓰고, (2)에 그 말을 들은 친구에게 일어난 일을 알맞게 쓴 경우
중	(1)과 (2)의 답을 모두 썼으나 (2)에 친구에게 일어난 일과 다른 내용을 함께 쓴 경우
하	(1)에만 '괜찮아, 넌 잘할 수 있어.'라고 쓴 경우

13 '안 돼.'와 '어쩔 수 없어.'는 모두 부정하는 말입니다.

14 글쓴이는 욕설, 비속어 같은 거친 말을 사용하지 말고, 고운 우리말을 사용하자고 주장하고 있습니다.

15 이 글에서 욕설이나 비속어를 사용하면 추한 마음이 생기지만 고운 말을 사용하면 고맙고, 미안하고, 너그러운 마음이 생긴다고 하였습니다.

단원평가 실전 60~63쪽

01 ⑤ 02 3 03 (1) ㉮ (2) ㉯
04 ① 05 ㉮, ㉯ 06 예 부정하는 말(비난하는 말)보다는 긍정하는 말(배려하는 말)로 상대의 기분을 상하지 않게 말합니다. 07 돌봄이
08 수환 09 ③ 10 욕설이나 비속어
11 예 우리말이 파괴되고 있습니다. / 바르고 고운 우리말 사용이 이루어지지 않고 있습니다.
12 ⑤ 13 (1) ㉯ (2) ㉮ 14 높임말
15 예 조사 대상은 우리 반 친구들이고, 조사 결과는 긍정하는 말이 부정하는 말보다 듣기가 좋다입니다.
16 ⑤ 17 ② 18 ② 19 국립국어원 우리말 다듬기 누리집 20 (1) ㉮ (2) ㉯

01 올바른 언어생활을 위해서는 욕설이나 비속어, 줄임 말, 무시의 말은 사용하지 말고 긍정의 말을 사용하는 것이 좋습니다.

02 그림 2에서 말하는 친구는 듣는 친구를 비아냥거리며 비꼬는 말로 부정적으로 말했습니다.

03 솔연이는 무시당하는 말을 들어 기분이 나쁘고 속상했을 것입니다. 그렇지만 강민이는 격려해 주는 말을 들었으므로 기분이 좋고 힘이 났을 것입니다.

04 중고등학생은 물론 초등학생에 이르기까지 욕을 많이 사용하는 문제점을 이야기하고 있습니다.

05 [사례 1]에서는 많은 학생들이 욕을 일상어처럼 사용한다고 했습니다.

06 준형이와 수진이 사이에 다툼이 일어나지 않으려면 어떤 말을 사용하는 것이 좋을지 생각해 봅니다.

채점 기준	
상	'긍정하는 말' 또는 '배려하는 말'을 쓰고, 그 말을 사용하였을 때의 좋은 점을 쓴 경우
중	'긍정하는 말' 또는 '배려하는 말'을 사용해야 한다고만 쓴 경우
하	다툼이 일어나지 않게 하는 다른 방법을 쓴 경우

07 '펫시터'는 '반려동물 돌봄이', '캣맘', '캣대디'는 '길고양이 돌봄이'로 바꾸어 부르는 것이 우리말을 올바르게 사용하는 것입니다.

08 우리말보다 외국어를 많이 사용하는 것을 올바른 언어생활이라고 할 수 없습니다. 외국어는 우리말로 바꾸어 사용하는 것이 바람직합니다.

09 조사 내용을 보면 욕설이나 비속어를 사용하는 횟수가 가장 많고, 그다음은 줄임 말, 외국어, 배려하는 말, 올바른 말, 긍정하는 말의 순입니다.

10 조사 내용을 보면, 욕설이나 비속어가 17회로 모둠 친구들이 가장 많이 사용하는 말입니다.

11 외국어 간판이 많은 모습과 욕설이나 비속어를 사용하는 청소년들에 대한 뉴스 자료에서 우리말이 파괴되고 있다는 문제점을 알 수 있습니다.

채점 기준	
상	그림에서 알 수 있는 문제점을 문장으로 쓴 경우
하	그림에 나타나 있는 말들을 그대로 옮겨 쓴 경우

12 자료 조사를 한 후에 이것들을 정리할 때에는 출처를 밝혀 정리해 두어야 합니다.

13 지원이는 '초등학생 줄임 말, 신조어 심각'이라는 잘못된 우리말 사용 실태를 다룬 뉴스 기사를 조사하였고, 중화는 OO초등학교에서 선생님과 학생들이 존칭과 높임말을 사용하는 좋은 언어문화의 사례를 조사하였습니다.

14 지원이는 OO초등학교의 사례처럼 자기 반에서 선생님과 학생, 친구들 사이에 높임말과 올바른 우리말을 써 보았으면 좋겠다고 제안했습니다.

15 글 가에서 조사 결과를 제시하고 있습니다.

채점 기준	
상	조사 대상과 조사 결과를 모두 알맞게 쓴 경우
중	조사 대상과 조사 결과를 모두 썼으나, 조사 결과를 일부 잘못 쓴 경우
하	조사 대상만 쓴 경우

16 긍정하는 말과 고운 우리말을 사용하자는 주장이 드러난 글입니다.

17 긍정하는 말과 고운 말을 사용하면 모두 기분이 좋아지고 자신감이 생깁니다.

18 성우네 반 모둠 친구들은 신문의 형식을 활용해 우리말 사례집을 만들었습니다.

19 성우네 반 모둠 친구들이 표로 제시한 다듬을 말과 다듬은 말은 국립국어원 우리말 다듬기 누리집에서 찾은 것들입니다.

20 이모티콘은 '그림말'로, 버킷 리스트는 '소망 목록'으로 다듬었습니다.

8 인물의 삶을 찾아서

핵심 개념 64쪽

1 ㉠ 책을 읽자. 2 ㉤ 3 왕가리 마타이

1 글쓴이는 '책'이라는 낱말을 자주 사용하여 '책을 읽자.'라는 생각을 전하였습니다.

2 '일편단심'은 한 조각의 붉은 마음이라는 뜻으로, 진심에서 우러나오는 변치 않는 마음을 이르는 말입니다.

3 승수는 왕가리 마타이의 말과 행동을 보고 자신의 삶과 관련지었습니다.

단원평가 기본 65~67쪽

01 꿈 02 (1) ㉯ (2) ㉮ 03 (1) 「하여가」 (2) 「단심가」 04 (1) 만수산 드렁칡 (2) 예 우리도 이같이 얽혀져 백 년까지 누리리 05 ④ 06 ③ 07 ② 08 ① 09 (1) 가랑잎 (2) 돈 10 (1) 버들이 (2) 예 자신이 사랑하는 사람을 위해 진심을 다하는 인물입니다. 11 ① 12 (1) ㉯ (2) ㉮ 13 ③ 14 인내심 15 민지

01 글쓴이는 자신이 이야기를 쓰는 작가임을 밝히고 책을 읽으며 꿈을 꾸고 키워 왔음을 이야기하고 있습니다. 따라서 '꿈'이라는 말을 사용하여 책이 작가에게 미친 영향을 이야기하면서 이 글을 읽는 사람들에게 책을 읽자는 말을 하려고 한다는 것을 짐작할 수 있습니다.

02 글쓴이는 ㉠의 아기 꿀벌이 여러 가지 경험을 하며 자신의 삶을 이끌어 가는 모습에서 꿈과 희망을 발견하였습니다. 그리고 ㉡의 인물이 자신이 받은 도움을 생각하며 어려운 사람들을 돕는 모습은 글쓴이의 마음을 울렸습니다.

03 이방원이 쓴 글 가의 제목은 「하여가」이고, 정몽주가 쓴 글 나의 제목은 「단심가」입니다.

04 글 가에서 글쓴이는 자신의 생각을 '만수산 드렁칡'에 빗대어 말하고 있습니다. 그리고 글쓴이는 종장에서 '우리도 이같이 얽혀져 백 년까지 누리리'라며 서로 얽혀져 잘 살아가자는 생각을 밝혔습니다.

채점 기준	
상	(1)에 '만수산 드렁칡'을 쓰고, (2)에 '우리도 이같이 얽혀져 백 년까지 누리리'를 쓴 경우
중	(1)과 (2)의 답을 썼으나 (2)에 종장 일부만 쓴 경우
하	(1)에만 '만수산 드렁칡'을 쓴 경우

05 글 나에서 글쓴이는 자신은 절대 변하지 않을 것이라는 생각을 '일편단심'이라는 낱말에 담아서 전달하고 있습니다.

06 ㉠은 어떤 고난도 포기하지 않고 용기를 내어 극복하려는 의지로, 죽을힘을 다해 싸우면 이길 것이라는 자신감도 나타나 있습니다.

07 이순신은 배와 군사의 수가 적기 때문에 고기잡이 배를 판옥선으로 꾸며 판옥선의 수가 많은 것처럼 보이게 하고, 백성들을 바다가 보이는 곳에서 돌아다니게 하여 군사가 많은 것처럼 보이게 하였습니다.

08 버들이가 어머니 병을 낫게 하려고 물을 뜨러 다니는 것에서 '효'를 추구하고 있음을 알 수 있습니다.

09 '나'(몽당깨비)는 가랑잎으로 돈을 만들거나 부잣집 돈을 훔쳐다 버들이에게 주었습니다.

10 '나'(몽당깨비)는 버들이를 위해서라면 어떤 일이라도 하는 인물입니다.

채점 기준	
상	(1)에 '버들이'를 쓰고, (2)에 '버들이'를 대하는 '몽당깨비'의 인물의 특성을 알맞게 쓴 경우
중	(1)과 (2)의 답을 모두 썼으나 (2)에 '사랑', '진심'이라는 낱말이 포함되지 않은 경우
하	(1)에만 '버들이'를 쓴 경우

11 왕가리 마타이가 외국에서 돌아왔을 때, 케냐의 새로운 지도자들이 차나무와 커피나무를 심어 돈을 벌려고 벌목을 하여 숲이 황폐하였습니다.

12 케냐의 새로운 지도자들은 돈벌이를 위해 자연환경을 파괴했습니다. 그러나 왕가리 마타이는 나무를 심어 자연환경을 되살리고자 하였습니다.

13 나무를 가꾸는 데 지친 사람은 왕가리 마타이가 아니라 다른 사람들입니다.

14 인내심이 부족한 사람들은 나무를 심기보다 베어서 쓰고 싶어 했습니다.

15 ㉡에서 나무를 심는 것은 현재의 아이들을 위해서, 또 미래의 케냐를 위해서라고 했습니다.

단원평가 실전 68~71쪽

01 선물 02 (1) ○ (2) ○ 03 (1) 예 뜻을 함께 모아 새 나라를 세우자. (2) 예 변함없이 고려에 충성을 다하겠다. 04 ④ 05 ㉮, ㉰
06 명량 대첩 07 ⑤ 08 예 정신
09 윤서, 이안 10 예 아들의 죽음이라는 큰 고난 앞에서도 흔들리지 않고 자신과 나라가 처한 상황을 극복하려고 생각했기 때문일 것입니다.
11 ㉰ 12 버들이 13 (1) ㉯ (2) ㉮
14 수호 15 (1) 예 관련 회사와 정부에 편지를 쓰고 언론에 자신의 주장을 알렸습니다. (2) 예 케냐 정부가 복합 빌딩의 건설을 포기했습니다.
16 ① 17 (1) ㉯ (2) ㉮ 18 ①
19 ③ 20 몽당깨비

01 이 글에서는 책이 주는 여러 가지 좋은 점들을 책이 주는 '선물'이라고 빗대어 표현하고 있습니다.

02 책을 읽는 것이 꿈을 찾고 이루는 데 도움이 된다고 하였을 뿐입니다.

03 고려에 대한 이방원과 정몽주의 생각이 어떻게 다른지 생각해 봅니다.

채점 기준	
상	(1)에 '뜻을 모아 새 나라를 세우자'는 내용을 쓰고, (2)에 '고려에 충성을 다하겠다'는 내용을 쓴 경우
중	(1)과 (2)의 답을 모두 썼으나 글에 있는 표현을 그대로 쓴 경우
하	(1)과 (2)의 답 중 하나만 쓴 경우

04 글 나에서 이방원은 '우리'라는 친근감을 주는 시어를 사용하여 자신과 정몽주가 뜻을 함께할 공동체가 되자는 마음을 드러내고 있습니다.

05 "백골이 진토 되어"는 정몽주가 고려에 충성을 다하겠다는 마음을 빗대어 표현한 것입니다.

06 명량 대첩은 임진왜란 중인 1597년에 있었던 역사적 사건으로, 시간적 배경을 알게 해 줍니다.

07 이순신은 적은 수의 배와 군사를 가졌지만 어떤 어려움도 극복할 수 있다고 생각하는 사람이었기 때문에 쉽게 포기하지 않았습니다.

08 이순신이 ㉠과 같이 말한 것은 일본과의 전쟁에 죽기를 각오하고 싸우도록 부하 장수들의 정신을 다잡아 주고 싶어서입니다.

09 이순신은 아들의 죽음을 자신의 탓으로 생각했지만, 이순신이 가족을 먼저 지킨 것은 아닙니다.

10 이순신이 이를 악물고 이제는 끝내야만 한다고 생각한 상황이 무엇인지 확인해 봅니다.

채점 기준	
상	㉠의 행동과 생각을 한 까닭을 이순신이 처한 상황과 연결하여 쓴 경우
중	㉠의 행동과 생각을 한 까닭을 썼으나, 이순신이 처한 상황과 연결짓지 못한 경우
하	이순신이 처한 상황만 쓴 경우

11 '나'(몽당깨비)는 버들이가 원하는 것을 도와주고 싶어 합니다.

12 글 다에 미미가 버들이를 어떻게 생각하는지를 알 수 있는 미미의 말이 나타나 있습니다.

13 '나'(몽당깨비)는 버들이를 믿고 사랑하여 버들이가 원하는 대로 해 주지만, 버들이는 현실적인 이익을 추구하는 모습을 보이고 있습니다.

14 왕가리 마타이는 모든 사람을 위해서 우후루 공원에 빌딩을 지어서는 안 된다고 했습니다.

15 왕가리 마타이가 우후루 공원을 지키기 위해 어떤 행동을 하였는지 찾아봅니다.

채점 기준	
상	(1)에 왕가리 마타이가 한 행동을 쓰고, (2)에 그 결과로 케냐 정부가 복합 빌딩 건설을 포기했다는 내용을 쓴 경우
중	(1)과 (2)의 답을 모두 썼으나 (2)에 노력의 결과를 일부 알맞지 않게 쓴 경우
하	(1)에만 왕가리 마타이가 한 행동을 쓴 경우

16 왕가리 마타이는 나무를 심고 가꾸는 것이 환경을 보호하고 사람을 이롭게 한다고 생각했습니다.

17 일반 사람들은 은퇴 후에 휴식을 취했지만, 왕가리 마타이는 노년에도 환경 운동가로서 환경 보호 운동에 앞장섰습니다.

18 인물이 추구하는 가치를 자신의 삶과 관련지을 때는 자신의 삶에 교훈이나 깨달음을 줄 수 있는 인물인지를 생각해 보는 것이 더 중요합니다.

19 인물 소개서는 작품 속 인물에 대한 소개이므로, 책을 읽은 시간과 장소를 쓸 필요는 없습니다.

20 책의 제목에 주인공의 이름이 포함되어 있습니다.

9 마음을 나누는 글을 써요

핵심 개념 72쪽

1 (1) ○ (2) ○ (3) × 2 나누려는 마음, 끝인사 3 다른 사람에게 베푸는 마음

1 친구가 수학 문제를 푸는 방법을 알려 줄 때에는 고마운 마음을 나누는 것이 알맞습니다.

2 신우가 지효에게 쓴 편지입니다. 신우는 지효에게 나누려는 마음을 표현한 다음 끝인사를 했습니다. 또, 글의 마지막에는 글을 쓴 사람을 밝혔습니다.

3 글쓴이가 읽을 사람에게 가지라고 한 마음은 무엇인지 생각해 써 봅니다.

단원평가 기본 73~75쪽

01 제니, 송하 02 (1) ㉮ (2) ㉯ 03 ① 04 ⑤ 05 (1) 선생님 (2) 예 선생님께 감사한 마음을 표현하기 위해서입니다. 06 ②, ③ 07 ① 08 ⑤ 09 신우, 지효 10 ②, ③ 11 (1) 너희 (2) 예 사람의 본분을 망각하지는 않았는지 걱정이라고 했습니다. 12 ① 13 편지 14 ① 15 (1) ㉯ (2) ㉮ (3) ㉰

01 마음을 나누는 글은 읽을 사람이 있어야 합니다. 그런데 민규처럼 즐거운 마음을 공책에 써 놓은 것은 읽을 사람이 있는 글이 아니므로, 마음을 나누는 글에 해당하지 않습니다.

02 전학 가는 친구와는 헤어지는 것이므로 슬픈 마음을 나눌 수 있습니다. 그리고 고생하시는 경찰분은 언제나 우리에게 도움을 주시는 분이므로 고마운 마음을 나눌 수 있습니다.

03 편지는 글을 쓰는 사람이 나누려는 마음을 자세히 표현할 수 있습니다.

04 연아는 선생님께 '시작했습니다', '알려 주셨습니다'와 같이 공손한 말을 사용하여 편지를 썼으므로 편한 말을 썼다는 ⑤는 알맞지 않습니다.

05 연아는 선생님을 만나 국어 공부가 재밌어지고 다른 과목 공부까지 좋아하게 되었다면서 어떤 마음을 전하고 있는지 씁니다.

채점 기준	
상	(1)에 '선생님'을 쓰고, (2)에 글을 쓴 목적을 나누고 싶은 마음과 연결지어 쓴 경우
중	(1)과 (2)의 답을 모두 썼으나 (2)의 답에 '감사한 마음'이라는 내용을 포함하지 않은 경우
하	(1)에만 '선생님'을 쓴 경우

06 문자 메시지는 그것을 쓰는 사람의 생각과 느낌을 바로 전달할 수 있고, 자신이 전달한 내용에 읽을 사람이 어떻게 반응하는지를 바로 확인할 수 있습니다.

07 지수는 과학 시간에 물을 엎질러 정민이의 옷을 젖게 만든 일을 사과하고 싶어서 정민이에게 문자 메시지를 보낸 것입니다.

08 이 글은 친구에게 보내는 편지글로, 높임 표현을 사용한 것이 아니라 친근한 말을 사용하고 있습니다.

09 '지효야, 안녕? 나 신우야.'에서 알 수 있듯이, 이 글은 신우가 지효에게 쓴 편지입니다.

10 이 글에서 신우는 미역국을 엎질러 지효의 가방이 더러워지게 한 일에 대한 미안한 마음을 표현하고, 오히려 지효가 자신을 걱정해 준 것에 고마운 마음을 표현하고 있습니다.

11 이 글에서 글쓴이는 '너희'가 남의 도움을 받기만 하고 사람의 본분을 잊고 있는 것은 아닌지 걱정하고 있습니다.

채점 기준	
상	(1)에 '너희'라고 쓰고, (2)에 '너희'에 대해 글쓴이가 걱정한 내용을 정확하게 쓴 경우
중	(1)과 (2)의 답을 모두 썼으나 (2)의 답이 글에서 찾아 쓴 것이 아닌 경우
하	(1)에만 '너희' 또는 '정약용의 아들'이라고 쓴 경우

12 일가친척들이 자신들을 돌보아 주지 않는 것에 불만을 가진 말버릇으로, 남의 도움을 바라는 마음이 담겨 있습니다.

13 이 글은 정약용이 두 아들에게 보낸 편지입니다.

14 이 글에서 글쓴이는 '너희'에게 다른 사람에게 베푸는 마음을 가지라고 당부하고 있습니다.

15 글쓴이가 형편이 어려운 각 집에 대해 어떤 행동이나 마음을 가지라고 했는지 이 글에서 확인하고 연결해 봅니다.

단원평가 실전 76~79쪽

01 ⑤ 02 ⑤ 03 ③ 04 ②
05 ㉯ 06 ③ 07 (1) 예 문자 메시지 쓰기 (2) 예 자신의 생각이나 느낌을 바로 전할 수 있습니다. / 읽을 사람의 반응을 바로 확인할 수 있습니다. 08 ⑤ 09 지효에게 미안하고 고마운 마음 10 ㉮, ㉯ 11 예 점심시간에 미역국을 엎질러서 지효 가방이 더러워진 사건입니다.
12 ③, ⑤ 13 ② 14 ⑤ 15 ㉮, ㉯, ㉱
16 다른 사람을 위해 먼저 베풀어라. 17 예 지난날 쌓아 놓은 공덕이 재가 바람에 날아가듯 하루아침에 사라져 버리고 말 것이라고 했습니다.
18 ⑤ 19 마리, 윤아 20 ㉯, ㉮, ㉰, ㉲, ㉱

01 마음을 나누는 글은 글쓴이가 읽을 사람에 대한 마음을 표현하는 글입니다. 따라서 읽을 사람이 궁금해하는 지식을 생각하지 않아도 됩니다.

02 이웃을 도우려고 나눔 장터를 여는 상황입니다.

03 학용품을 아껴 쓰지 않는 것을 안타까워하는 마음을 글로 쓸 수 있지만, 텔레비전 뉴스를 보는 습관을 들이자는 것은 글을 쓰는 상황과 어울리지 않습니다.

04 연아가 선생님 덕분에 국어 공부를 좋아하게 된 것에 대한 감사의 마음을 표현하려고 쓴 글입니다.

05 이 글은 연아가 선생님께 감사한 마음을 표현한 글이므로 공손한 표현을 사용하였습니다.

06 지수가 과학 시간에 실수로 물을 엎질러 정민이의 옷을 젖게 한 일에 대하여 미안한 마음을 나누기 위해 보낸 문자 메시지입니다.

07 지수와 정민이는 문자 메시지를 주고받고 있습니다.

	채점 기준
상	(1)에 '문자 메시지 쓰기'라고 쓰고, (2)에 문자 메시지의 좋은 점을 정확하게 쓴 경우
중	(1)과 (2)의 답을 모두 썼으나 (2)에 '바로 전할 수 있다.', '바로 확인할 수 있다.'와 같이 '바로'라는 낱말을 포함하지 않고 쓴 경우
하	(1)에만 '문자 메시지'라고 쓴 경우

08 편지를 사용하면 문자 메시지보다 긴 글을 사용하기 때문에 마음을 더 자세하게 표현할 수 있습니다.

09 신우는 점심시간에 미역국을 엎질러 지효 가방을 더럽힌 일을 미안해하고 있고, 지효가 자신을 이해해 준 것을 고마워하고 있습니다.

10 신우가 지효에게 개인적인 일을 글로 쓰는 것이므로, 편지나 문자 메시지로 쓰는 것이 알맞습니다.

11 신우는 미안한 마음과 고마운 마음을 표현하려고 지효에게 편지를 썼습니다.

	채점 기준
상	'점심시간에 미역국을 엎질러 지효 가방이 더러워진 사건'을 쓴 경우
중	'점심시간에 미역국을 엎지른 사건', '지효 가방이 더러워진 사건' 중 하나만 쓴 경우
하	일어난 사건을 쓴 것이 아니라, 일어난 사건에 대한 생각이나 행동과 같이 다른 내용을 쓴 경우

12 ①은 일어난 사건 떠올리기, ②는 상황 파악하기, ④는 표현하기에 해당합니다.

13 글쓴이는 '너희(아들들)'가 "일가친척 중에 한 사람도 불쌍히 여겨 돌보아 주는 사람이 없다."라고 말하는 버릇을 걱정하고 있습니다.

14 글쓴이는 남의 도움을 받고자 하는 생각을 버리면 마음이 평안해지고 기분이 화평해진다고 했습니다.

15 글쓴이는 '너희'가 다른 사람의 도움을 받는 일에 익숙해져 있는 것을 걱정하고 있습니다.

16 '너희'에게 다른 사람을 위해 먼저 베풀라고 당부하고 있습니다.

17 ㉠과 같이 말을 하면 어떻게 되는지는 ㉠ 다음에 나타나 있습니다.

	채점 기준
상	글 ㉯의 '지난날 쌓아 놓은 공덕은 재가 바람에 날아가듯 하루아침에 사라져 버리고 말 것'이라는 내용이 포함되게 정확하게 쓴 경우
하	㉠과 같이 말할 때 일어날 일이 아닌 다른 내용을 쓴 경우

18 편지는 정해진 사람에게 쓰는 글이므로, 글을 읽을 사람과 글을 쓴 사람을 모두 밝힙니다.

19 마음을 나누는 글은 글쓴이가 일어난 사건을 어떻게 생각하는지를 밝혀야 하는 것으로, 읽을 사람의 생각을 밝히는 것은 아닙니다.

20 인상 깊었던 일을 정한 후, 쓸 내용을 정리하여 글을 씁니다.

1 분수의 나눗셈

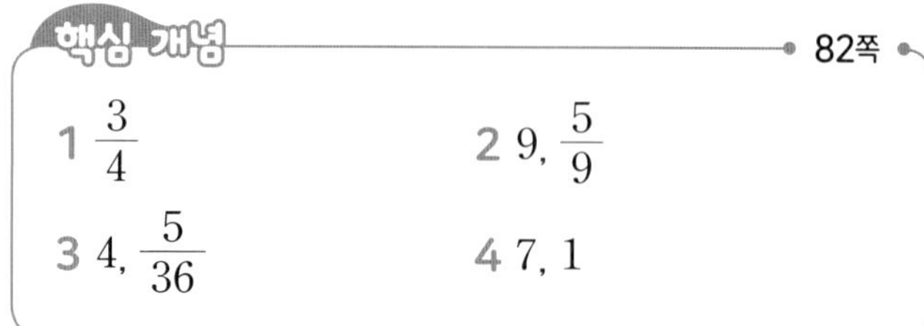

핵심 개념 82쪽

1 $\frac{3}{4}$ 2 9, $\frac{5}{9}$

3 4, $\frac{5}{36}$ 4 7, 1

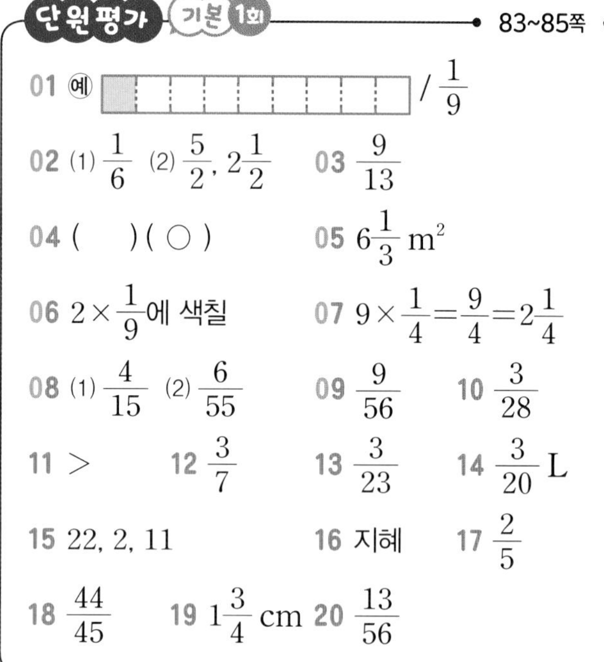

단원평가 기본 1회 83~85쪽

01 예 / $\frac{1}{9}$

02 (1) $\frac{1}{6}$ (2) $\frac{5}{2}$, $2\frac{1}{2}$ 03 $\frac{9}{13}$

04 ( )(○) 05 $6\frac{1}{3}$ m^2

06 $2\times\frac{1}{9}$에 색칠 07 $9\times\frac{1}{4}=\frac{9}{4}=2\frac{1}{4}$

08 (1) $\frac{4}{15}$ (2) $\frac{6}{55}$ 09 $\frac{9}{56}$ 10 $\frac{3}{28}$

11 $>$ 12 $\frac{3}{7}$ 13 $\frac{3}{23}$ 14 $\frac{3}{20}$ L

15 22, 2, 11 16 지혜 17 $\frac{2}{5}$

18 $\frac{44}{45}$ 19 $1\frac{3}{4}$ cm 20 $\frac{13}{56}$

04 $8\div11=\frac{8}{11}$, $15\div13=\frac{15}{13}=1\frac{2}{13}$

따라서 나눗셈의 몫이 1보다 큰 것은 $15\div13$입니다.

05 ❶ (오이를 심은 텃밭의 넓이)$=19\div3$

❷ $19\div3=\frac{19}{3}=6\frac{1}{3}$ (m^2)

채점 기준	
상	풀이 과정을 완성하여 오이를 심은 텃밭의 넓이는 몇 m^2인지 분수로 나타낸 경우
중	풀이 과정을 완성했지만 일부가 틀린 경우
하	답만 쓴 경우

09 $\frac{9}{14}\div4=\frac{9}{14}\times\frac{1}{4}=\frac{9}{56}$

11 $\frac{7}{12}\div2=\frac{7}{12}\times\frac{1}{2}=\frac{7}{24}$, $\frac{5}{8}\div3=\frac{5}{8}\times\frac{1}{3}=\frac{5}{24}$

따라서 $\frac{7}{24}>\frac{5}{24}$이므로 $\frac{7}{12}\div2>\frac{5}{8}\div3$입니다.

12 수직선에서 작은 눈금 한 칸의 크기가 $\frac{1}{7}$이므로 ㉠이 나타내는 분수는 $\frac{6}{7}$입니다. ➡ $\frac{6}{7}\div2=\frac{6\div2}{7}=\frac{3}{7}$

13 $\square\times6=\frac{18}{23}$, $\square=\frac{18}{23}\div6=\frac{18\div6}{23}=\frac{3}{23}$

14 ❶ (한 명이 마셔야 하는 주스의 양)$=\frac{3}{4}\div5$

❷ $\frac{3}{4}\div5=\frac{3}{4}\times\frac{1}{5}=\frac{3}{20}$ (L)

채점 기준	
상	풀이 과정을 완성하여 한 명이 주스를 몇 L씩 마셔야 하는지 분수로 나타낸 경우
중	풀이 과정을 완성했지만 일부가 틀린 경우
하	답만 쓴 경우

17 가장 작은 수: $3\frac{3}{5}$, 가장 큰 수: 9

➡ $3\frac{3}{5}\div9=\frac{18}{5}\div9=\frac{18\div9}{5}=\frac{2}{5}$

18 • $1\frac{4}{9}\div5=\frac{13}{45}$ • $2\frac{1}{15}\div3=\frac{31}{45}$

➡ $\frac{13}{45}+\frac{31}{45}=\frac{44}{45}$

19 평행사변형의 넓이는 (밑변)×(높이)이므로 높이는 (평행사변형의 넓이)÷(밑변)으로 구합니다.

➡ $8\frac{3}{4}\div5=\frac{35}{4}\div5=\frac{\overset{7}{\cancel{35}}}{4}\times\frac{1}{\underset{1}{\cancel{5}}}$

$=\frac{7}{4}=1\frac{3}{4}$ (cm)

20 ❶ $6\frac{1}{2}\div7=\frac{13}{2}\div7=\frac{13}{2}\times\frac{1}{7}=\frac{13}{14}$

❷ $\frac{13}{14}=$㉠$\times4$ ➡ ㉠$=\frac{13}{14}\div4=\frac{13}{14}\times\frac{1}{4}=\frac{13}{56}$

채점 기준	
상	풀이 과정을 완성하여 ㉠에 알맞은 분수를 구한 경우
중	풀이 과정을 완성했지만 일부가 틀린 경우
하	답만 쓴 경우

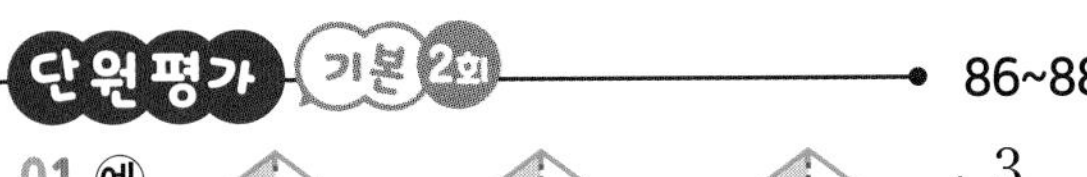

01 예 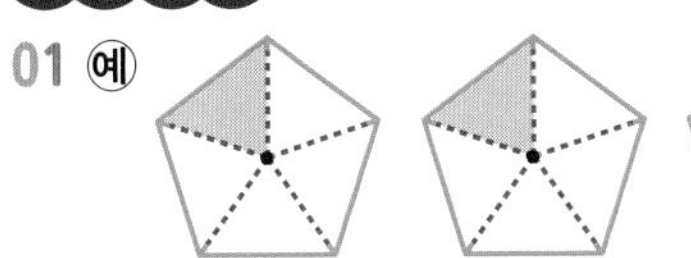 / $\frac{3}{5}$

02 (선 잇기) 03 ③ 04 25

05 $2\frac{6}{7}$ kg 06 $7\div9=7\times\frac{1}{9}$에 ○표

07 5, 12, 5, $\frac{1}{12}$, $\frac{5}{12}$ 08 ( )(○)

09 $\frac{12}{5}\times2$에 ○표 / $\frac{5}{12}\times\frac{1}{2}=\frac{5}{24}$

10 ㉡ 11 은미 12 $\frac{7}{30}$ kg 13 $\frac{7}{40}$

14 $\frac{2}{5}$ 15 $\frac{19}{24}$ 16 $\frac{29}{30}$ 17 ㉢

18 $\frac{24}{55}$ 19 5 20 $\frac{25}{27}$ kg

03 ③ $6\div5=\frac{6}{5}=1\frac{1}{5}$

04 • $1\div㉠=\frac{1}{㉠}=\frac{1}{12}$이므로 ㉠$=12$입니다.

• ㉡$\div10=\frac{㉡}{10}=\frac{13}{10}$이므로 ㉡$=13$입니다.

➡ ㉠+㉡$=12+13=25$

05 ❶ (한 봉지에 담아야 하는 쌀의 무게)

$=20\div7$

❷ $20\div7=\frac{20}{7}=2\frac{6}{7}$ (kg)

채점 기준	
상	풀이 과정을 완성하여 한 봉지에 담아야 하는 쌀은 몇 kg인지 분수로 나타낸 경우
중	풀이 과정을 완성했지만 일부가 틀린 경우
하	답만 쓴 경우

07 12>5이므로 (작은 수)÷(큰 수)=5÷12를 분수의 곱셈으로 나타내어 계산합니다.

10 ㉠ $\frac{5}{6}\div4=\frac{5}{6}\times\frac{1}{4}=\frac{5}{24}$

㉡ $\frac{2}{3}\div4=\frac{\overset{1}{\cancel{2}}}{3}\times\frac{1}{\underset{2}{\cancel{4}}}=\frac{1}{6}$

㉢ $\frac{3}{4}\div6=\frac{\overset{1}{\cancel{3}}}{4}\times\frac{1}{\underset{2}{\cancel{6}}}=\frac{1}{8}$

11 • 은미: $\frac{8}{9}\div4=\frac{8\div4}{9}=\frac{2}{9}$

• 준호: $\frac{1}{3}\div3=\frac{1}{3}\times\frac{1}{3}=\frac{1}{9}$

따라서 몫이 더 큰 나눗셈을 말하고 있는 사람은 은미입니다.

12 $\frac{7}{10}\div3=\frac{7}{10}\times\frac{1}{3}=\frac{7}{30}$ (kg)

13 ❶ 만들 수 있는 진분수는 $\frac{5}{7}$, $\frac{5}{8}$, $\frac{7}{8}$입니다.

$\frac{7}{8}>\frac{5}{7}>\frac{5}{8}$이므로 가장 큰 진분수는 $\frac{7}{8}$입니다.

❷ $\frac{7}{8}\div5=\frac{7}{8}\times\frac{1}{5}=\frac{7}{40}$

채점 기준	
상	풀이 과정을 완성하여 만든 진분수를 남은 수 카드의 수로 나눈 몫을 구한 경우
중	풀이 과정을 완성했지만 일부가 틀린 경우
하	답만 쓴 경우

16 ❶ 대분수를 가분수로 바꾸지 않고 계산하였습니다.

❷ $2\frac{9}{10}\div3=\frac{29}{10}\div3$

$=\frac{29}{10}\times\frac{1}{3}=\frac{29}{30}$

채점 기준	
상	풀이 과정을 완성하여 계산이 잘못된 이유를 쓰고, 바르게 계산한 값을 구한 경우
중	풀이 과정을 완성했지만 일부가 틀린 경우
하	답만 쓴 경우

17 ㉠ $2\frac{4}{7}\div6=\frac{18}{7}\div6=\frac{18\div6}{7}=\frac{3}{7}<\frac{1}{2}$

㉡ $3\frac{1}{4}\div7=\frac{13}{4}\div7=\frac{13}{4}\times\frac{1}{7}=\frac{13}{28}<\frac{1}{2}$

㉢ $2\frac{5}{8}\div5=\frac{21}{8}\div5=\frac{21}{8}\times\frac{1}{5}=\frac{21}{40}>\frac{1}{2}$

따라서 나눗셈의 몫이 $\frac{1}{2}$보다 큰 것은 ㉢입니다.

18 (어떤 수)$\times5=2\frac{2}{11}$

➡ (어떤 수)$=2\frac{2}{11}\div5=\frac{24}{11}\div5$

$=\frac{24}{11}\times\frac{1}{5}=\frac{24}{55}$

19 $8\frac{1}{3}\div 2=\frac{25}{3}\div 2=\frac{25}{3}\times\frac{1}{2}=\frac{25}{6}=4\frac{1}{6}$

따라서 $4\frac{1}{6}<\square$이므로 □ 안에 들어갈 수 있는 가장 작은 자연수는 5입니다.

20 (사과 3개의 무게)$=3\frac{2}{9}-\frac{4}{9}$

$=2\frac{11}{9}-\frac{4}{9}=2\frac{7}{9}$ (kg)

(사과 한 개의 무게)$=2\frac{7}{9}\div 3=\frac{25}{9}\div 3$

$=\frac{25}{9}\times\frac{1}{3}=\frac{25}{27}$ (kg)

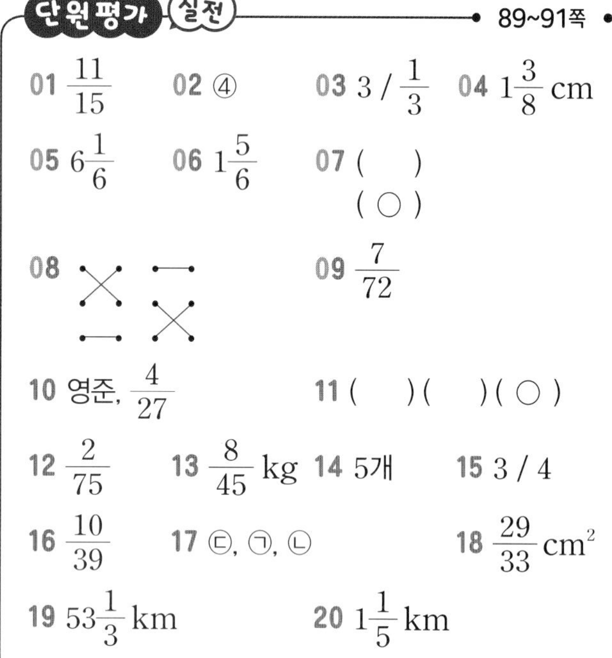

단원평가 실전 89~91쪽

01 $\frac{11}{15}$ 02 ④ 03 3 / $\frac{1}{3}$ 04 $1\frac{3}{8}$ cm

05 $6\frac{1}{6}$ 06 $1\frac{5}{6}$ 07 ( ) (○)

08 (선 잇기) 09 $\frac{7}{72}$

10 영준, $\frac{4}{27}$ 11 ( )( )(○)

12 $\frac{2}{75}$ 13 $\frac{8}{45}$ kg 14 5개 15 3 / 4

16 $\frac{10}{39}$ 17 ㉢, ㉠, ㉡ 18 $\frac{29}{33}$ cm^2

19 $53\frac{1}{3}$ km 20 $1\frac{1}{5}$ km

02 ① $1\div 3=\frac{1}{3}$ ② $5\div 8=\frac{5}{8}$

③ $10\div 9=\frac{10}{9}=1\frac{1}{9}$

④ $6\div 5=\frac{6}{5}=1\frac{1}{5}$ ⑤ $12\div 13=\frac{12}{13}$

➡ $1\frac{1}{5}>1\frac{1}{9}>\frac{12}{13}>\frac{5}{8}>\frac{1}{3}$

03 나누어지는 수가 같을 때 나누는 수가 작을수록 몫이 큽니다. $3<5<9$이므로 몫이 가장 큰 나눗셈식은 $1\div 3=\frac{1}{3}$입니다.

04 (정팔각형의 한 변)$=11\div 8=\frac{11}{8}=1\frac{3}{8}$ (cm)

05 (눈금 6칸의 크기)$=12-5=7$

(눈금 한 칸의 크기)$=7\div 6=\frac{7}{6}=1\frac{1}{6}$

➡ ㉠$=5+1\frac{1}{6}=6\frac{1}{6}$

06 어떤 자연수를 □라 하면 $\square\times 6=66$입니다.

$\square\times 6=66$ ➡ $\square=66\div 6=11$

[바른 계산] $11\div 6=\frac{11}{6}=1\frac{5}{6}$

채점 기준	
상	풀이 과정을 완성하여 바르게 계산한 값을 분수로 나타낸 경우
중	풀이 과정을 완성했지만 일부가 틀린 경우
하	답만 쓴 경우

08 $8\div 9=8\times\frac{1}{9}=\frac{8}{9}$, $7\div 5=7\times\frac{1}{5}=\frac{7}{5}=1\frac{2}{5}$,

$5\div 8=5\times\frac{1}{8}=\frac{5}{8}$

09 진분수는 $\frac{7}{9}$이므로 $\frac{7}{9}\div 8=\frac{7}{9}\times\frac{1}{8}=\frac{7}{72}$입니다.

10 영준: $\frac{4}{9}\div 3=\frac{4}{9}\times\frac{1}{3}=\frac{4}{27}$

11 • $\frac{5}{6}\div 5=\frac{5\div 5}{6}=\frac{1}{6}$ • $\frac{2}{3}\div 4=\frac{\overset{1}{\cancel{2}}}{3}\times\frac{1}{\underset{2}{\cancel{4}}}=\frac{1}{6}$

• $\frac{3}{4}\div 6=\frac{\overset{1}{\cancel{3}}}{4}\times\frac{1}{\underset{2}{\cancel{6}}}=\frac{1}{8}$

12 ㉠ $\frac{2}{5}\div 3=\frac{2}{5}\times\frac{1}{3}=\frac{2}{15}$

➡ ㉠÷㉡$=\frac{2}{15}\div 5=\frac{2}{15}\times\frac{1}{5}=\frac{2}{75}$

13 (소금 2봉지의 무게)$=\frac{4}{15}\times 2=\frac{8}{15}$ (kg)

(한 사람이 가진 소금의 무게)

$=\frac{8}{15}\div 3=\frac{8}{15}\times\frac{1}{3}=\frac{8}{45}$ (kg)

14 $\frac{3}{5}\div 8=\frac{3}{5}\times\frac{1}{8}=\frac{3}{40}$, $\frac{9}{10}\div 4=\frac{9}{10}\times\frac{1}{4}=\frac{9}{40}$

$\frac{3}{40}<\frac{\square}{40}<\frac{9}{40}$이므로 $3<\square<9$입니다.

따라서 □ 안에 들어갈 수 있는 자연수는 4, 5, 6, 7, 8로 모두 5개입니다.

채점 기준	
상	풀이 과정을 완성하여 □ 안에 들어갈 수 있는 자연수는 모두 몇 개인지 구한 경우
중	풀이 과정을 완성했지만 일부가 틀린 경우
하	답만 쓴 경우

15 $1\frac{1}{2}\div 6=\frac{3}{2}\div 6=\frac{3}{2}\times\frac{1}{6}=\frac{\overset{1}{\cancel{3}}}{\underset{4}{\cancel{12}}}=\frac{1}{4}$

16 $3\frac{1}{13}\div 4=\frac{40}{13}\div 4=\frac{40\div 4}{13}=\frac{10}{13}$,

$\frac{10}{13}\div 3=\frac{10}{13}\times\frac{1}{3}=\frac{10}{39}$

17 ㉠ $2\frac{7}{9}\div 4=\frac{25}{9}\div 4=\frac{25}{9}\times\frac{1}{4}=\frac{25}{36}$

㉡ $3\frac{1}{6}\div 6=\frac{19}{6}\div 6=\frac{19}{6}\times\frac{1}{6}=\frac{19}{36}$

㉢ $8\frac{3}{4}\div 9=\frac{35}{4}\div 9=\frac{35}{4}\times\frac{1}{9}=\frac{35}{36}$

➡ $\frac{35}{36}$(㉢)$>\frac{25}{36}$(㉠)$>\frac{19}{36}$(㉡)

채점 기준	
상	풀이 과정을 완성하여 몫이 큰 것부터 차례대로 기호를 쓴 경우
중	풀이 과정을 완성했지만 일부가 틀린 경우
하	답만 쓴 경우

18 $5\frac{3}{11}\div 6=\frac{58}{11}\div 6=\frac{\overset{29}{\cancel{58}}}{11}\times\frac{1}{\underset{3}{\cancel{6}}}=\frac{29}{33}\ (\text{cm}^2)$

19 (1분 동안 달리는 거리)

$=4\frac{4}{9}\div 5=\frac{40}{9}\div 5=\frac{40\div 5}{9}=\frac{8}{9}\ (\text{km})$

1시간=60분이므로

(1시간 동안 달릴 수 있는 거리)

$=\frac{8}{\underset{3}{\cancel{9}}}\times\overset{20}{\cancel{60}}=\frac{160}{3}=53\frac{1}{3}\ (\text{km})$

20 도로의 한쪽에 심으려는 나무는 30÷2=15(그루)이므로 나무 사이의 간격은 15−1=14(군데)입니다.

➡ (나무 사이의 간격)

$=16\frac{4}{5}\div 14=\frac{\overset{6}{\cancel{84}}}{5}\times\frac{1}{\underset{1}{\cancel{14}}}=\frac{6}{5}=1\frac{1}{5}\ (\text{km})$

2 각기둥과 각뿔

핵심 개념 92쪽

1 (　)(○)　　2 오각기둥

3 (위에서부터) 높이, 꼭짓점　　4 사각기둥

단원평가 기본 1회 93~95쪽

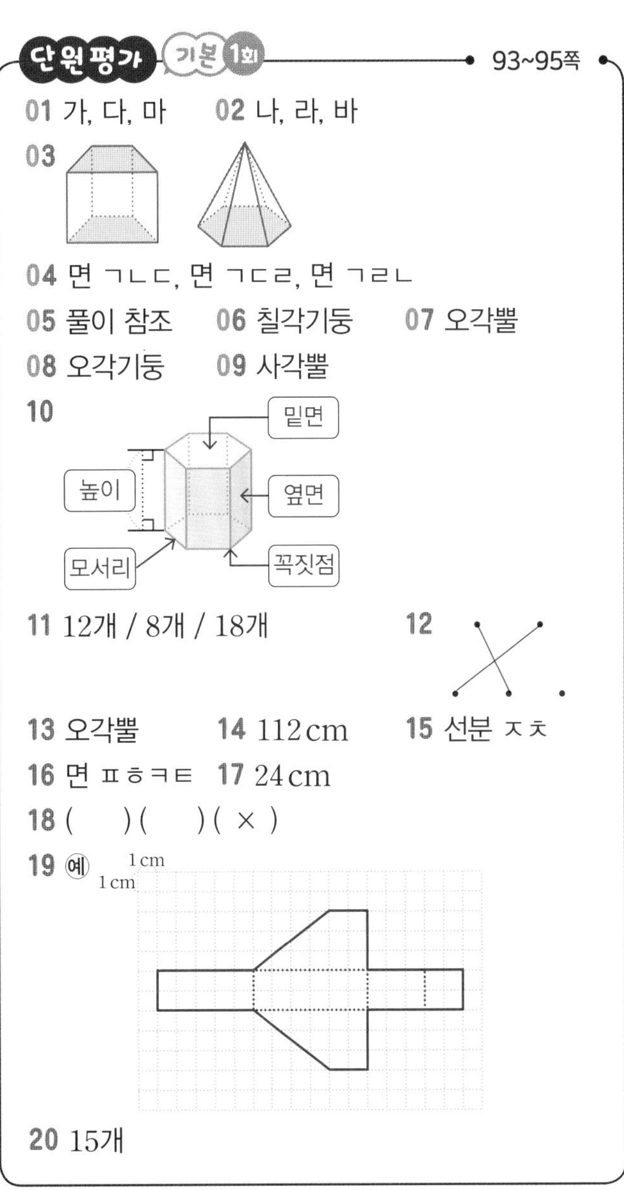

04 각뿔에서 밑면과 만나는 면을 모두 찾습니다.

05 ❶ 각뿔은 밑면이 1개이고 옆면이 모두 삼각형입니다.

❷ 주어진 입체도형은 밑면이 2개이고 옆면이 모두 직사각형이므로 각뿔이 아닌 각기둥입니다.

채점 기준	
상	각뿔에 대해 설명하고, 각뿔이 아닌 이유를 쓴 경우
중	쓴 내용 중에서 일부가 틀린 경우

08 옆면이 5개이면 한 밑면의 변이 5개이므로 밑면은 오각형입니다. 밑면의 모양이 오각형인 각기둥의 이름은 오각기둥입니다.

09 옆면의 모양이 삼각형인 입체도형은 각뿔입니다. 밑면의 모양이 사각형인 각뿔이므로 사각뿔입니다.

11 (육각기둥의 꼭짓점의 수)$=6\times2=12$(개)
(육각기둥의 면의 수)$=6+2=8$(개)
(육각기둥의 모서리의 수)$=6\times3=18$(개)

13 밑면이 다각형이고 옆면이 모두 삼각형인 입체도형은 각뿔입니다. 각뿔의 밑면의 변의 수를 □라 하면 □$+1=6$, □$=5$입니다.
밑면의 변은 5개이므로 밑면의 모양이 오각형인 오각뿔입니다.

14 ❶ 길이가 4cm인 모서리는 16개, 6cm인 모서리는 8개입니다.
❷ (각기둥의 모든 모서리의 합)
$=4\times16+6\times8=64+48=112$ (cm)

채점 기준	
상	풀이 과정을 완성하여 각기둥의 모든 모서리의 합은 몇 cm인지 구한 경우
중	풀이 과정을 완성했지만 일부가 틀린 경우
하	답만 쓴 경우

16 면 ㅁㅂㅅㅇ과 평행한 면은 전개도를 접었을 때 면 ㅁㅂㅅㅇ과 만나지 않는 면이므로 면 ㅍㅎㅋㅌ입니다.

17 ❶ 각기둥의 한 밑면은
면 ㄱㄴㅍㅎ(또는 면 ㅅㅇㅈㅊ)입니다.
❷ (선분 ㄱㄴ)=(선분 ㄷㄴ)=5cm,
(선분 ㄱㅎ)=(선분 ㅋㅌ)=9cm,
(선분 ㅎㅍ)=(선분 ㅌㅍ)=4cm이므로 한 밑면의 둘레는 $6+5+9+4=24$ (cm)입니다.

채점 기준	
상	풀이 과정을 완성하여 한 밑면의 둘레는 몇 cm인지 구한 경우
중	풀이 과정을 완성했지만 일부가 틀린 경우
하	답만 쓴 경우

18 전개도를 접었을 때 두 면이 서로 겹치면 안됩니다.

20 전개도를 접었을 때 만들어지는 각기둥은 오각기둥입니다.
(오각기둥의 모서리의 수)$=5\times3=15$(개)

단원평가 기본 2회 — 96~98쪽

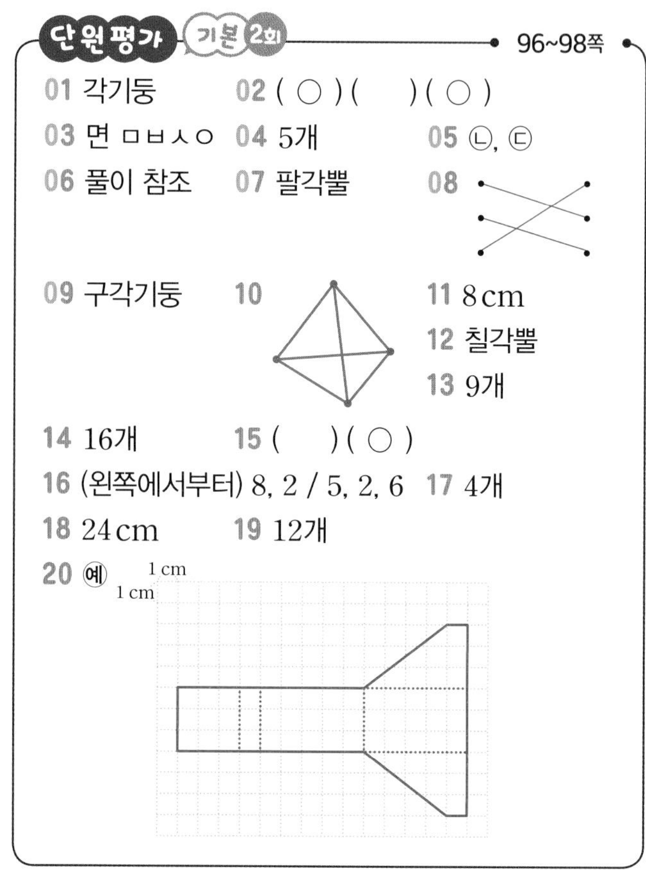

03 면 ㄱㄴㄷㄹ과 서로 합동이고 평행한 면을 찾으면 면 ㅁㅂㅅㅇ입니다.

05

	㉠	㉡	㉢	㉣
칠각기둥	2개	7개	칠각형	직사각형
칠각뿔	1개	7개	칠각형	삼각형

06 ❶ 각기둥에서 두 밑면은 서로 평행하고 합동이며 나머지 면들과 모두 수직으로 만납니다.
❷ 나머지 면들과 모두 수직으로 만나지 않습니다.

채점 기준	
상	각기둥의 밑면에 대해 설명하고, 밑면이 아닌 이유를 쓴 경우
중	쓴 내용 중에서 일부가 틀린 경우

07 밑면의 모양이 팔각형인 각뿔이므로 팔각뿔입니다.

08 • 밑면의 모양이 사각형인 각뿔은 사각뿔입니다.
• 밑면의 모양이 육각형인 각뿔은 육각뿔입니다.
• 밑면의 모양이 팔각형인 각뿔은 팔각뿔입니다.

09 밑면이 다각형이고 옆면이 모두 직사각형인 입체도형은 각기둥입니다.
옆면이 9개이면 한 밑면의 변도 9개이므로 밑면의 모양이 구각형인 구각기둥입니다.

12 육각뿔의 꼭짓점은 7개, 오각기둥의 꼭짓점은 10개, 칠각뿔의 꼭짓점은 8개입니다.

13 밑면의 모양이 칠각형이므로 칠각기둥입니다.
(칠각기둥의 면의 수)$=7+2=9$(개)

14 ❶ (오각뿔의 꼭짓점의 수)$=5+1=6$(개)
(오각뿔의 모서리의 수)$=5\times2=10$(개)
❷ (오각뿔의 꼭짓점의 수와 모서리의 수의 합)
$=6+10=16$(개)

채점 기준	
상	풀이 과정을 완성하여 오각뿔의 꼭짓점의 수와 모서리의 수의 합은 몇 개인지 구한 경우
중	풀이 과정을 완성했지만 일부가 틀린 경우
하	답만 쓴 경우

17 ❶ 면 ㉮와 만나는 면은 면 ㉮, 면 ㉣, 면 ㉥, 면 ㉦입니다.
❷ 면 ㉮와 만나는 면은 모두 4개입니다.

채점 기준	
상	풀이 과정을 완성하여 면 ㉮와 만나는 면은 모두 몇 개인지 구한 경우
중	풀이 과정을 완성했지만 일부가 틀린 경우
하	답만 쓴 경우

18 (선분 ㄷㄹ)$=7$ cm, (선분 ㄹㅅ)$=5$ cm,
(선분 ㅅㅇ)$=7$ cm, (선분 ㅇㅈ)$=5$ cm
➡ (선분 ㄷㅈ)$=7+5+7+5=24$ (cm)

19 밑면의 모양이 육각형이므로 육각기둥입니다.
(육각기둥의 꼭짓점의 수)$=6\times2=12$(개)

20 전개도를 접었을 때 사각형인 두 밑면이 서로 평행하고 높이는 3cm가 되도록 그립니다.

단원평가 실전 99~101쪽

01 ㉢	02 ⑤	03 ㉡, ㉣, ㉥
04 8개	05 ㉢	06 삼각뿔
07 팔각기둥	08 7개	09 구각기둥
10 10개	11 7개	12 26개
13 ㉢, ㉠, ㉡	14 팔각형	15 나, 육각기둥
16 팔각형	17 4개	18 300 cm^2
19 6cm	20 3cm	

03 ㉡, ㉣: 밑면이 다각형이 아닌 입체도형이므로 각기둥도 각뿔도 아닙니다.
㉥: 밑면이 2개이므로 각뿔이 아니고, 두 밑면이 평행하지만 합동이 아니므로 각기둥이 아닙니다.

04 구각뿔의 밑면은 1개이고, 옆면은 9개입니다.
➡ $9-1=8$(개)

05 각기둥의 밑면은 항상 2개입니다.
따라서 각기둥의 특징에 대한 설명으로 틀린 것은 ㉢입니다.

채점 기준	
상	풀이 과정을 완성하여 각기둥의 특징에 대한 설명으로 틀린 것을 찾아 기호를 쓴 경우
중	풀이 과정을 완성했지만 일부가 틀린 경우
하	답만 쓴 경우

07 서로 평행한 두 면이 합동인 다각형이고 옆면이 직사각형이므로 각기둥입니다.
각기둥에서 밑면은 항상 2개이므로 옆면은
$10-2=8$(개)입니다.
옆면이 8개이므로 한 밑면의 변은 8개입니다.
따라서 밑면의 모양이 팔각형이므로 팔각기둥입니다.

08 각기둥의 높이는 두 밑면 사이의 거리입니다.
따라서 높이를 나타내는 모서리는 모두 7개입니다.

09 각기둥의 한 밑면의 변의 수를 □라 하면
$□+2=11$, $□=9$입니다.
밑면의 모양이 구각형인 각기둥의 이름은 구각기둥입니다.

10 각뿔의 밑면의 변의 수를 □라 하면 $□+1=6$, $□=5$입니다. 밑면의 모양이 오각형인 각뿔의 이름은 오각뿔입니다.
➡ (오각뿔의 모서리의 수)
$=5\times2=10$(개)

11 ㉠ (오각기둥의 면의 수)$=5+2=7$(개)
㉡ (칠각뿔의 모서리의 수)$=7\times2=14$(개)
➡ ㉡$-$㉠$=14-7=7$(개)

12 밑면의 모양이 육각형이므로 육각뿔입니다.
(육각뿔의 꼭짓점의 수)$=6+1=7$(개)
(육각뿔의 면의 수)$=6+1=7$(개)
(육각뿔의 모서리의 수)$=6\times2=12$(개)
➡ $7+7+12=26$(개)

13 ㉠ (오각기둥의 모서리의 수)$=5\times3=15$(개)
㉡ (십각뿔의 면의 수)$=10+1=11$(개)
㉢ (팔각기둥의 꼭짓점의 수)$=8\times2=16$(개)
따라서 $16>15>11$이므로 구성 요소의 수가 큰 것부터 차례대로 기호를 쓰면 ㉢, ㉠, ㉡입니다.

채점 기준	
상	풀이 과정을 완성하여 구성 요소의 수가 큰 것부터 차례대로 기호를 쓴 경우
중	풀이 과정을 완성했지만 일부가 틀린 경우
하	답만 쓴 경우

14 각뿔의 밑면의 변의 수를 □라 하면 2 cm인 모서리가 □개, 5 cm인 모서리가 □개입니다. ➡ $2\times\square+5\times\square=56$, $7\times\square=56$, $\square=8$
따라서 이 각뿔의 밑면의 모양은 팔각형입니다.

17 밑면의 모양이 사각형이므로 전개도를 접으면 사각기둥이 만들어집니다.
(사각기둥의 모서리의 수)$=4\times3=12$(개)
(사각기둥의 꼭짓점의 수)$=4\times2=8$(개)
➡ $12-8=4$(개)

18 옆면은 가로 5 cm, 세로 10 cm인 직사각형이 6개입니다.
➡ (모든 옆면의 넓이의 합)
$=(5\times10)\times6=50\times6=300$ (cm^2)

채점 기준	
상	풀이 과정을 완성하여 모든 옆면의 넓이의 합은 몇 cm^2인지 구한 경우
중	풀이 과정을 완성했지만 일부가 틀린 경우
하	답만 쓴 경우

19 (두 밑면의 둘레의 합)
$=120-12\times5=120-60=60$ (cm)
각기둥의 옆면은 모두 합동이므로 밑면의 5개의 변의 길이가 모두 같습니다.
(한 밑면의 둘레)$=60\div2=30$ (cm)
➡ (밑면의 한 변)$=30\div5=6$ (cm)

20 파란색 선에서 길이가 2 cm인 선분이 10개, 길이가 4 cm인 선분이 2개이므로 길이의 합은
$2\times10+4\times2=20+8=28$ (cm)입니다.
각기둥의 높이와 길이가 같은 선분은 2개이고, 길이의 합은 $34-28=6$ (cm)입니다.
➡ (각기둥의 높이)$=6\div2=3$ (cm)

3 소수의 나눗셈

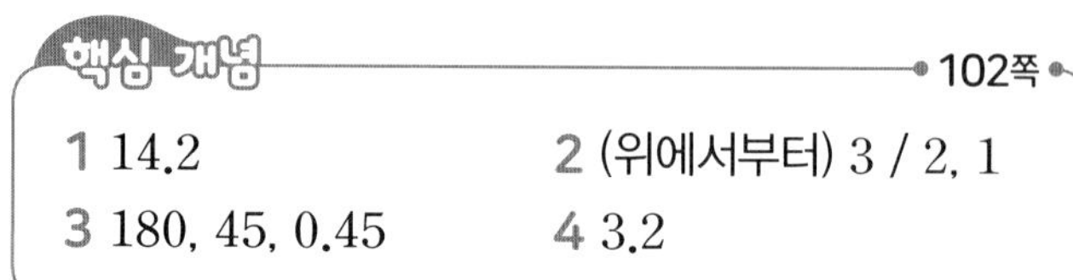
핵심 개념 102쪽

1 14.2　　2 (위에서부터) 3 / 2, 1
3 180, 45, 0.45　　4 3.2

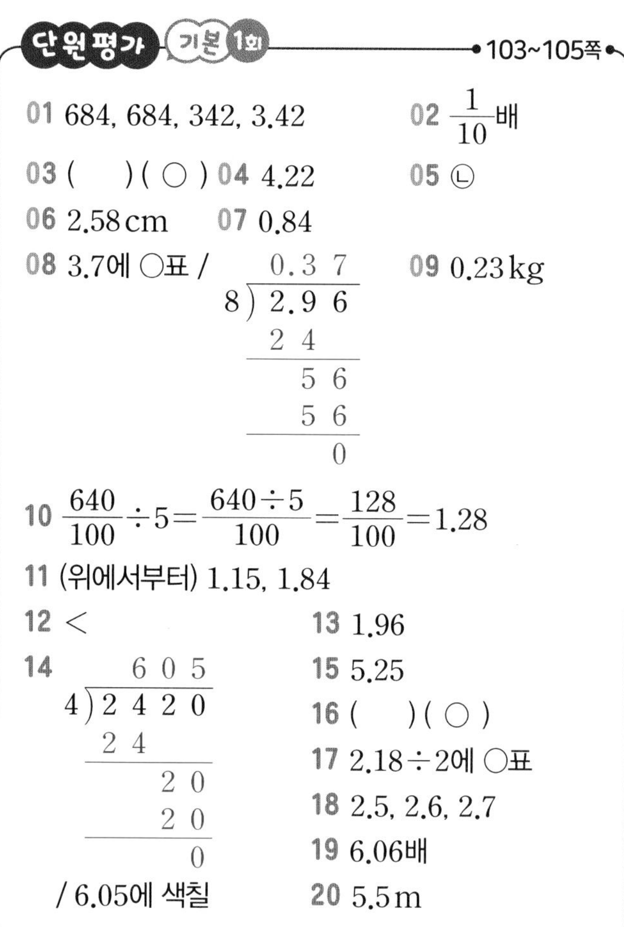
단원평가 기본 1회 103~105쪽

01 684, 684, 342, 3.42
02 $\frac{1}{10}$배
03 (　)(○)
04 4.22
05 ㉡
06 2.58 cm
07 0.84
08 3.7에 ○표 /

$$\begin{array}{r} 0.37 \\ 8\overline{)2.96} \\ \underline{24} \\ 56 \\ \underline{56} \\ 0 \end{array}$$

09 0.23 kg
10 $\frac{640}{100}\div5=\frac{640\div5}{100}=\frac{128}{100}=1.28$
11 (위에서부터) 1.15, 1.84
12 <
13 1.96
14

$$\begin{array}{r} 605 \\ 4\overline{)2420} \\ \underline{24} \\ 20 \\ \underline{20} \\ 0 \end{array}$$

/ 6.05에 색칠
15 5.25
16 (　)(○)
17 2.18÷2에 ○표
18 2.5, 2.6, 2.7
19 6.06배
20 5.5 m

02 39.6은 396의 $\frac{1}{10}$배이므로 ㉮의 몫은 ㉯의 몫의 $\frac{1}{10}$배입니다.

05 ㉠ $46.5\div5=9.3$　㉡ $26.1\div3=8.7$

06 ❶ 정삼각형은 세 변의 길이가 모두 같습니다.
❷ $7.74\div3=2.58$ (cm)

채점 기준	
상	풀이 과정을 완성하여 정삼각형의 한 변은 몇 cm인지 구한 경우
중	풀이 과정을 완성했지만 일부가 틀린 경우
하	답만 쓴 경우

09 $1.84\div8=0.23$ (kg)

12 $17.1\div6=2.85$, $11.8\div4=2.95$
따라서 $2.85<2.95$이므로 $17.1\div6<11.8\div4$입니다.

13 ❶ $9>8>5$이므로 만들 수 있는 가장 큰 소수 한 자리 수는 9.8입니다.
❷ $9.8\div5=1.96$

채점 기준	
상	풀이 과정을 완성하여 만든 소수 한 자리 수를 남은 수 카드의 수로 나눈 몫을 구한 경우
중	풀이 과정을 완성했지만 일부가 틀린 경우
하	답만 쓴 경우

16 $14.84\div7=2.12$, $16.64\div8=2.08$

17 $2.18\div2=1.09$, $3.24\div3=1.08$, $6.42\div6=1.07$
따라서 $1.09>1.08>1.07$이므로 몫이 가장 큰 나눗셈은 $2.18\div2$입니다.

18 $12\div5=2.4$, $22\div8=2.75$
2.4와 2.75 사이에 있는 소수 한 자리 수는 2.5, 2.6, 2.7입니다.

19 $30.3\div5=6.06$(배)

20 ❶ 나무 7그루를 심으므로 나무 사이의 간격은 $7-1=6$(군데)입니다.
❷ (나무 사이의 간격)$=33\div6=5.5$ (m)

채점 기준	
상	풀이 과정을 완성하여 나무를 몇 m 간격으로 심어야 하는지 구한 경우
중	풀이 과정을 완성했지만 일부가 틀린 경우
하	답만 쓴 경우

단원평가 기본 2회 106~108쪽

01 24.3, 2.43	02 12.7	03 1.57
04 (○)( )	05 2.63	06 1.64 m^2
07 0.7에 색칠	08 수호	09 0.7 kg
10 (○)( )	11 660 / 165 / 1.65	
12 3.45	13 2.95	14 27, 675, 6.75
15 2.04, 2.09	16	17 고운말
18 ㉡	19 9	20 0.28 kg

03 $14.13>9$이므로 $14.13\div9=1.57$입니다.

04 $54.6\div3=18.2$, $34.2\div2=17.1$

05 1이 10개이면 10, 0.1이 5개이면 0.5, 0.01이 2개이면 0.02이므로 혜수가 말하고 있는 수는 10.52입니다.
➡ $10.52\div4=2.63$

06 ❶ (색칠한 부분의 넓이)$=$(직사각형의 넓이)$\div6$
$=9.84\div6$
❷ $9.84\div6=1.64$ (m^2)

채점 기준	
상	풀이 과정을 완성하여 색칠한 부분의 넓이는 몇 m^2인지 구한 경우
중	풀이 과정을 완성했지만 일부가 틀린 경우
하	답만 쓴 경우

08 • 예솔: $4.85\div5=0.97$
• 수호: $6.72\div7=0.96$
따라서 계산을 바르게 한 사람은 수호입니다.

09 ❶ (전체 쌀의 양)$=2.2+1.3=3.5$ (kg)
❷ $3.5\div5=0.7$ (kg)

채점 기준	
상	풀이 과정을 완성하여 봉지 한 개에 담은 쌀은 몇 kg인지 구한 경우
중	풀이 과정을 완성했지만 일부가 틀린 경우
하	답만 쓴 경우

10

```
   0.1 4        1.2
5)0.7 0      8)9.6
  5            8
  ---          ---
   2 0         1 6
   2 0         1 6
   ---         ---
     0           0
```

$0.7\div5$의 계산에서 소수 첫째 자리까지 계산했을 때 남은 수가 있으므로 소수점 아래 0을 내려 계산해야 하는 것은 $0.7\div5$입니다.

11 $6.6\div4=\frac{660}{100}\div4=\frac{660\div4}{100}=\frac{165}{100}=1.65$

12 사각형 안에 있는 수는 20.7이고, 삼각형 안에 있는 수는 6입니다.
➡ $20.7\div6=3.45$

13 $12\times■=35.4$ ➡ $■=35.4\div12=2.95$

15 $14.28\div7=2.04$, $18.81\div9=2.09$

16 $21.56\div7=3.08$, $24.48\div8=3.06$,
$27.45\div9=3.05$

17 8÷5=1.6, 12÷8=1.5, 7÷4=1.75
따라서 1.75>1.6>1.5이므로 몫이 큰 것부터 차례대로 글자를 쓰면 '고운말'입니다.

18 ㉠ 6.24÷3=2.08
㉡ 8.36÷4=2.09
㉢ 4.16÷2=2.08

19 45.4÷5=9.08입니다.
따라서 9.08>□이므로 □ 안에 들어갈 수 있는 자연수 중에서 가장 큰 수는 9입니다.

20 ❶ (오렌지 한 봉지의 무게)=7÷5=1.4 (kg)
❷ 1.4÷5=0.28 (kg)

채점 기준	
상	풀이 과정을 완성하여 오렌지 한 개의 무게는 몇 kg인지 구한 경우
중	풀이 과정을 완성했지만 일부가 틀린 경우
하	답만 쓴 경우

단원평가 실전

109~111쪽

01 48.4 02 11.22, 1.87 03 4.6
04 9.4초 05 2.3 06 0.59
07 ③ 08 11.9
09 고래 인형, 0.1 kg 10 ㉡
11 (선 잇기) 12 8, 5, 3, 2 / 4.265
13 1.145
14 2.09배 15 ( )(×)( )
16 ㉠ 17 9.5배 18 0.84
19 14.52 20 5.05 cm

01 나누는 수가 4로 같고 몫이 $\frac{1}{10}$배가 되었으므로 나누어지는 수도 $\frac{1}{10}$배가 되어야 합니다.
➡ 48.4÷4=12.1

03 14.98÷7=2.14, 22.14÷9=2.46
➡ 2.14+2.46=4.6

채점 기준	
상	풀이 과정을 완성하여 두 나눗셈의 몫의 합을 구한 경우
중	풀이 과정을 완성했지만 일부가 틀린 경우
하	답만 쓴 경우

04 (평균)=(8.8+9.2+9.5+10.1)÷4
=37.6÷4=9.4(초)

05 어떤 수를 □라 하면 □×4=36.8,
□=36.8÷4=9.2입니다.
따라서 바르게 계산하면 9.2÷4=2.3입니다.

06 4.72<5.44<6.16이므로 가장 작은 수는 4.72입니다.
➡ 4.72÷8=0.59

07 나눗셈에서 나누어지는 수가 나누는 수보다 작으면 몫이 1보다 작습니다.
① 4.56>4 ② 7.38>6 ③ 8.82<9
④ 7.84>7 ⑤ 9.28>8

08 11과 15.5 사이를 똑같이 눈금 5칸으로 나누었습니다.
(눈금 한 칸의 크기)=(15.5−11)÷5
=4.5÷5=0.9
□ 안에 알맞은 소수는 11에서 눈금 한 칸 더 간 수입니다. ➡ 11+0.9=11.9

09 (펭귄 인형 한 개의 무게)=3.5÷5=0.7 (kg)
(고래 인형 한 개의 무게)=3.2÷4=0.8 (kg)
0.8>0.7이므로 고래 인형 한 개의 무게가 0.8−0.7=0.1 (kg) 더 무겁습니다.

11 2.5÷2=1.25, 5.4÷4=1.35, 6.9÷6=1.15,
7.5÷6=1.25, 2.3÷2=1.15, 10.8÷8=1.35

12 나누어지는 수가 클수록, 나누는 수가 작을수록 몫이 큽니다.
8>5>3>2이므로 나누어지는 수는 8.53, 나누는 수는 2입니다. ➡ 8.53÷2=4.265

13 어떤 수를 □라 하면
□×15=68.7 ➡ □=68.7÷15=4.58입니다.
따라서 어떤 수를 4로 나누었을 때의 몫은
4.58÷4=1.145입니다.

채점 기준	
상	풀이 과정을 완성하여 어떤 수를 4로 나누었을 때의 몫은 얼마인지 구한 경우
중	풀이 과정을 완성했지만 일부가 틀린 경우
하	답만 쓴 경우

15 18÷4=4.5, 11÷2=5.5, 27÷6=4.5
따라서 나눗셈의 몫이 다른 하나는 11÷2입니다.

16 ㉠ $36.18 \div 9 = 4.02$ ㉡ $24.3 \div 6 = 4.05$
㉢ $20.4 \div 5 = 4.08$ ㉣ $32.48 \div 8 = 4.06$
➡ 4.02(㉠) < 4.05(㉡) < 4.06(㉣) < 4.08(㉢)

17 (텃밭의 넓이) ÷ (연못의 넓이) $= 76 \div 8 = 9.5$(배)

18 $46 \blacktriangle 25 = (46 - 25) \div 25 = 21 \div 25 = 0.84$

19 (직사각형 가의 넓이) $= 22 \times 16.5 = 363\,(\text{cm}^2)$
직사각형 나의 넓이는 직사각형 가의 넓이와 같으므로
(직사각형 나의 넓이) $= 25 \times \square = 363\,(\text{cm}^2)$입니다.
➡ $\square = 363 \div 25 = 14.52$

채점 기준	
상	풀이 과정을 완성하여 두 직사각형의 넓이가 같을 때 □ 안에 알맞은 수를 구한 경우
중	풀이 과정을 완성했지만 일부가 틀린 경우
하	답만 쓴 경우

20 (사각뿔의 모서리의 수) $= 4 \times 2 = 8$(개)
사각뿔의 모든 모서리의 길이가 같으므로
(사각뿔의 한 모서리) $= 40.4 \div 8 = 5.05\,(\text{cm})$입니다.

4 비와 비율

핵심 개념 112쪽

1 8, 2, 4 / 4
2 5, 8
3 $\frac{7}{10}$
4 16, 16 / 16, 16

단원평가 기본 1회 113~115쪽

01 9, 12
02 4
03 ㉡
04 3, 6
05 9, 4
06 ㉢
07 5 : 8
08 12 : 22
09 $\frac{19}{25}$ / 0.76
10 (선 잇기)
11 $\frac{17}{28}$
12 <
13 $\frac{300}{4}(=75)$
14 $\frac{1}{35000}$
15 $\frac{57}{100}$ / 57
16 (위에서부터) 49 / 0.34, 34
17 36 %
18 55 %
19 20 %
20 15 %

03 ㉡ 나눗셈으로 비교하면 초콜릿 수와 사탕 수의 관계가 변하지 않습니다.

05 9에 대한 4의 비 ➡ 4 : 9
비교하는 양↗ ↖기준량

06 ㉠ 13 : 15 ㉡ 13 : 15 ㉢ 15 : 13
따라서 비가 다른 것은 ㉢입니다.

07 ❶ 전체 8칸 중에서 색칠한 부분은 5칸입니다.
❷ 전체에 대한 색칠한 부분의 비는 5 : 8입니다.

채점 기준	
상	풀이 과정을 완성하여 전체에 대한 색칠한 부분의 비를 쓴 경우
중	풀이 과정을 완성했지만 일부가 틀린 경우
하	답만 쓴 경우

08 (혜정이네 반 전체 학생 수) $= 10 + 12 = 22$(명)
따라서 혜정이네 반 전체 학생 수에 대한 여학생 수의 비는 12 : 22입니다.

09 19 : 25 ➡ $\frac{19}{25} = \frac{76}{100} = 0.76$

10 • 9 : 10 ➡ $\frac{9}{10} = 0.9$
• 20에 대한 17의 비
➡ 17 : 20 ➡ $\frac{17}{20} = \frac{85}{100} = 0.85$

11 높이와 밑변의 비 ➡ 17 : 28 ➡ $\frac{17}{28}$

12 • 3 : 4 ➡ $\frac{3}{4} = 0.75$
• 4의 5에 대한 비 ➡ 4 : 5 ➡ $\frac{4}{5} = \frac{8}{10} = 0.8$
따라서 비율을 비교하면 $0.75 < 0.8$입니다.

13 $\frac{(\text{간 거리})}{(\text{걸린 시간})} = \frac{300}{4} = 75$

14 ❶ $1\,\text{m} = 100\,\text{cm}$ ➡ $350\,\text{m} = 35000\,\text{cm}$
❷ 실제 거리에 대한 지도에서 거리의 비율을 분수로 나타내면 $\frac{1}{35000}$입니다.

채점 기준	
상	풀이 과정을 완성하여 실제 거리에 대한 지도에서 거리의 비율을 분수로 나타낸 경우
중	풀이 과정을 완성했지만 일부가 틀린 경우
하	답만 쓴 경우

17 전체 25칸 중에서 색칠한 부분은 9칸입니다.

따라서 $\frac{9}{25}\times100=36$ ➡ 36 %입니다.

18 $\frac{(\text{성공한 공 수})}{(\text{던진 공 수})}\times100=\frac{11}{20}\times100=55$ ➡ 55 %

19 (만든 소금물 양)$=160+40=200$ (g)

$\frac{(\text{소금 양})}{(\text{소금물 양})}\times100=\frac{40}{200}\times100=20$ ➡ 20 %

20 ❶ (장갑의 할인 금액)$=6000-5100=900$(원)

❷ 장갑의 할인율은

$\frac{900}{6000}\times100=15$ ➡ 15 %입니다.

채점 기준	
상	풀이 과정을 완성하여 장갑의 할인율은 몇 %인지 구한 경우
중	풀이 과정을 완성했지만 일부가 틀린 경우
하	답만 쓴 경우

단원평가 기본 2회

116~118쪽

01 2 / 2

02 예 돼지는 소보다 16마리 더 많습니다. /

예 돼지 수는 소 수의 3배입니다.

03 17 : 21 **04** ㉢ **05** 예

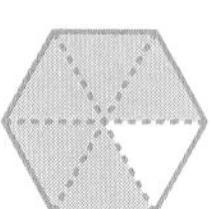

06 풀이 참조 **07** 6 : 9 **08** $\frac{4}{7}$

09 **10** $\frac{18}{23}$ **11** $\frac{3}{4}$ / 0.75

12 0.45 **13** 초록 마을

14 (위에서부터) $\frac{1}{4}$, 0.25, 25 / $\frac{7}{10}$, 0.7, 70

15 ㉡ **16** <

17 23과 25의 비에 색칠 **18** 2 %

19 5 % **20** 태진

04 ㉠ 7과 11의 비 ➡ 7 : 11 ➡ 기준량 : 11

㉡ 11에 대한 19의 비 ➡ 19 : 11 ➡ 기준량 : 11

㉢ 11의 10에 대한 비 ➡ 11 : 10 ➡ 기준량 : 10

06 ❶ 틀립니다.

❷ 8 : 9는 기준량 9에 대한 비교하는 양 8의 비를 나타내지만 9 : 8은 기준량 8에 대한 비교하는 양 9의 비를 나타냅니다.

채점 기준	
상	준섭이가 하는 말이 맞는지, 틀린지 쓰고, 그 이유를 설명한 경우
중	쓴 내용 중에서 일부가 틀린 경우

07 (경찰서와 지하철역 사이의 거리)

$=15-6=9$ (km)

(집과 경찰서 사이의 거리) : (경찰서와 지하철역 사이의 거리)$=6:9$

09 • 2와 5의 비 ➡ 2 : 5 ➡ $\frac{2}{5}=0.4$

• 25에 대한 6의 비 ➡ 6 : 25 ➡ $\frac{6}{25}=\frac{24}{100}=0.24$

11 쌀 양과 보리쌀 양의 비 ➡ 3 : 4 ➡ $\frac{3}{4}=\frac{75}{100}=0.75$

12 흰색 물감 양에 대한 빨간색 물감 양의 비

➡ 135 : 300 ➡ $\frac{135}{300}=\frac{45}{100}=0.45$

13 ❶ 넓이에 대한 인구의 비율을 각각 구하면

초록 마을: $\frac{9000}{6}=1500$,

하늘 마을: $\frac{7000}{5}=1400$

❷ 1500 > 1400이므로 인구가 더 밀집한 곳은 초록 마을입니다.

채점 기준	
상	풀이 과정을 완성하여 인구가 더 밀집한 곳은 어느 마을인지 쓴 경우
중	풀이 과정을 완성했지만 일부가 틀린 경우
하	답만 쓴 경우

14 • 1 대 4 ➡ 1 : 4 ➡ $\frac{1}{4}=\frac{25}{100}=0.25$

➡ $0.25\times100=25$ ➡ 25 %

• 7의 10에 대한 비 ➡ 7 : 10 ➡ $\frac{7}{10}=0.7$

➡ $0.7\times100=70$ ➡ 70 %

15 ㉡ $0.6\times100=60$ ➡ 60 %

16 $\frac{21}{25}\times100=84$ ➡ 84 %

따라서 84<85이므로 $\frac{21}{25}$<85 %입니다.

17 • 23과 25의 비 ➡ 23 : 25

➡ $\frac{23}{25}\times100=92$ ➡ 92 %

• $\frac{45}{50}\times100=90$ ➡ 90 %

18 $\frac{4}{200}\times100=2$ ➡ 2 %

19 (1년 이자)=315000−300000=15000(원)

따라서 은행의 이자율은

$\frac{15000}{300000}\times100=5$ ➡ 5 %입니다.

20 ❶ • 태진: $\frac{7}{20}\times100=35$ ➡ 35 %

• 호영: $\frac{8}{25}\times100=32$ ➡ 32 %

❷ 35>32이므로 타율이 더 높은 사람은 태진이입니다.

채점 기준	
상	풀이 과정을 완성하여 타율이 더 높은 사람은 누구인지 쓴 경우
중	풀이 과정을 완성했지만 일부가 틀린 경우
하	답만 쓴 경우

단원평가 실전 119~121쪽

01 혜리 02 16, 17, 18 / 22살

03 ㉣ 04 ㉢

05 (선 잇기) 06 10 : 11 07 57 : 56

08 (위에서부터) 4, 25, $\frac{4}{25}$(=0.16) / 47, 50, $\frac{47}{50}$(=0.94)

09 $\frac{3}{5}$ / 0.6 10 ㉢, ㉠, ㉡ 11 나

12 0.625 13 지유

14 (선 잇기) 15 ⑤ 16 ㉣

17 60 m^2 18 52 %

19 태경 20 864 cm^2

02 13+2=15, 14+2=16, 15+2=17, 16+2=18이므로 언니는 수지보다 항상 2살 많습니다.

따라서 수지가 20살일 때 언니의 나이는 20+2=22(살)입니다.

04 ㉠ 비교하는 양: 4, 기준량: 8 ➡ 4<8

㉡ 비교하는 양: 6, 기준량: 9 ➡ 6<9

㉢ 비교하는 양: 5, 기준량: 3 ➡ 5>3

06 (백합 수)=21−10=11(송이)

백합 수에 대한 장미 수의 비 ➡ 10 : 11

채점 기준	
상	풀이 과정을 완성하여 백합 수에 대한 장미 수의 비를 쓴 경우
중	풀이 과정을 완성했지만 일부가 틀린 경우
하	답만 쓴 경우

07 (환경 체험 학습을 한 학생 수)=26+30=56(명)

(역사 체험 학습을 한 학생 수)=29+28=57(명)

따라서 역사 체험 학습을 한 학생 수의 환경 체험 학습을 한 학생 수에 대한 비는 57 : 56입니다.

09 그림면 수에 대한 숫자면 수의 비

➡ 3 : 5 ➡ $\frac{3}{5}$(=0.6)

10 ㉠ 4의 6에 대한 비 ➡ 4 : 6 ➡ $\frac{4}{6}$

㉡ $\frac{5}{6}$ ㉢ 3 : 6 ➡ $\frac{3}{6}$

따라서 $\frac{3}{6}$(㉢)<$\frac{4}{6}$(㉠)<$\frac{5}{6}$(㉡)입니다.

11 가: $\frac{9}{12}=0.75$, 나: $\frac{8}{10}=0.8$, 다: $\frac{15}{20}=0.75$

12 (높이)=(평행사변형의 넓이)÷(밑변)

=360÷24=15 (cm)

평행사변형의 밑변에 대한 높이의 비

➡ 15 : 24 ➡ $\frac{15}{24}=\frac{5}{8}=\frac{625}{100}=0.625$

13 포도주스 양에 대한 포도 원액 양의 비율을 각각 구하면 지유: $\frac{120}{400}=0.3$, 수호: $\frac{125}{500}=0.25$ 입니다.

따라서 0.3>0.25이므로 지유가 만든 포도주스가 더 진합니다.

채점 기준	
상	풀이 과정을 완성하여 누가 만든 포도주스가 더 진한지 쓴 경우
중	풀이 과정을 완성했지만 일부가 틀린 경우
하	답만 쓴 경우

15 ① $4:5 \Rightarrow \frac{4}{5}=0.8$ ② 0.8 ③ $\frac{16}{20}=0.8$

④ $80\% \Rightarrow 0.8$ ⑤ $\frac{8}{100}=0.08$

16 ㉠ $\frac{5}{8}=0.625$ ㉡ 0.62

㉢ $63\% \Rightarrow 0.63$ ㉣ $\frac{16}{25}=0.64$

따라서 $0.64>0.63>0.625>0.62$이므로 비율이 가장 큰 것은 ㉣입니다.

17 30%를 분수로 나타내면 $\frac{30}{100}$입니다.

(고구마를 심은 밭의 넓이)$=200\times\frac{30}{100}=60\,(m^2)$

18 (나 후보의 득표수)$=500-238-2=260$(표)

(나 후보의 득표율)$=\frac{260}{500}\times100=52 \Rightarrow 52\%$

19 • 태경: (필통의 할인 금액)

$=5000-4000=1000$(원)

(필통의 할인율)$=\frac{1000}{5000}\times100=20$

$\Rightarrow 20\%$

• 리안: (공책의 할인 금액)

$=3000-2460=540$(원)

(공책의 할인율)$=\frac{540}{3000}\times100=18$

$\Rightarrow 18\%$

따라서 $20>18$이므로 할인율이 더 높은 물건을 산 사람은 태경이입니다.

채점 기준	
상	풀이 과정을 완성하여 할인율이 더 높은 물건을 산 사람은 누구인지 쓴 경우
중	풀이 과정을 완성했지만 일부가 틀린 경우
하	답만 쓴 경우

20 (가로)$=30+30\times\frac{20}{100}=30+6=36\,(cm)$

(세로)$=30-30\times\frac{20}{100}=30-6=24\,(cm)$

$\Rightarrow$ (직사각형의 넓이)$=36\times24=864\,(cm^2)$

5 여러 가지 그래프

핵심 개념 122쪽

1 그림그래프 2 원그래프

3 100

123~125쪽

01 1000 kg / 100 kg 02 2200 kg

03 맛나 과수원 04 달콤 과수원 05 20 %

06 초록 07 노랑 08 2배

09 20, 40, 100

10
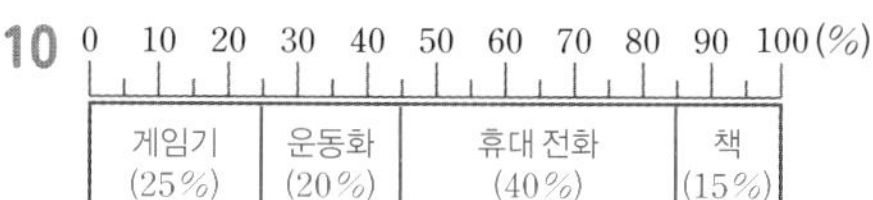

11
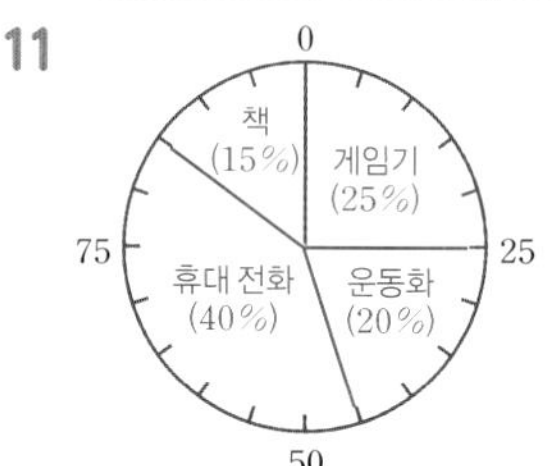

12 35 %

13 200, 900, 1700, 1900, 100 /

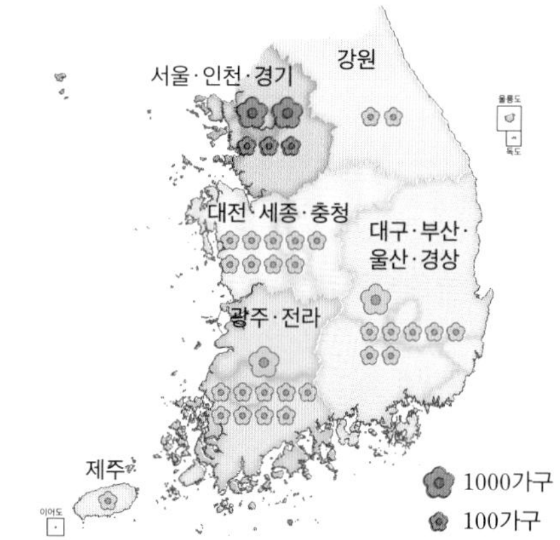

14 예 서울 · 인천 · 경기의 화초 재배 농가가 가장 많습니다. /

예 제주의 화초 재배 농가가 가장 적습니다.

15 15 % 16 강아지, 고양이 17 30명

18 (1) 예 꺾은선그래프 (2) 예 띠그래프, 원그래프

19 20～39세, 34 % 20 0～19세, 40～69세

02 (큰 사과) 2개, (작은 사과) 2개이므로 2200 kg입니다.

05 파랑을 좋아하는 학생은 전체의 20 %입니다.

06 비율이 25 %인 색깔은 초록입니다.

07 노랑의 비율이 30 %로 가장 크므로 가장 많은 학생들이 좋아하는 색깔은 노랑입니다.

08 ❶ 파랑을 좋아하는 학생의 비율은 20 %, 빨강을 좋아하는 학생의 비율은 10 %입니다.
❷ 파랑을 좋아하는 학생 수는 빨강을 좋아하는 학생 수의 20÷10=2(배)입니다.

채점 기준	
상	풀이 과정을 완성하여 파랑을 좋아하는 학생 수는 빨강을 좋아하는 학생 수의 몇 배인지 구한 경우
중	풀이 과정을 완성했지만 일부가 틀린 경우
하	답만 쓴 경우

09 • 운동화: $\frac{80}{400} \times 100 = 20$ ➡ 20 %
• 휴대 전화: $\frac{160}{400} \times 100 = 40$ ➡ 40 %
➡ 백분율의 합계: 25+20+40+15=100 (%)

12 운동화: 20 %, 책: 15 % ➡ 20+15=35 (%)

13 160 → 200, 939 → 900, 1658 → 1700, 1892 → 1900, 124 → 100

14

채점 기준	
상	그림그래프를 보고 알 수 있는 내용을 두 가지 쓴 경우
중	그림그래프를 보고 알 수 있는 내용을 한 가지만 쓴 경우

15 백분율의 합계는 100 %입니다.
햄스터를 기르는 학생은 전체 학생의 100−35−30−10−10=15 (%)입니다.

16 학생들이 기르는 비율이 30 % 이상인 반려동물은 강아지와 고양이입니다.

17 ❶ 새를 기르는 학생은 전체의 10 %입니다.
❷ $300 \times \frac{10}{100} = 30$(명)

채점 기준	
상	풀이 과정을 완성하여 새를 기르는 학생은 몇 명인지 구한 경우
중	풀이 과정을 완성했지만 일부가 틀린 경우
하	답만 쓴 경우

19 2010년에 인구수가 가장 많은 나이대는 20～39세이고, 비율은 34 %입니다.

20 0～19세가 30 %에서 21 %로 작아지고, 40～69세가 28 %에서 24 %로 작아졌습니다.

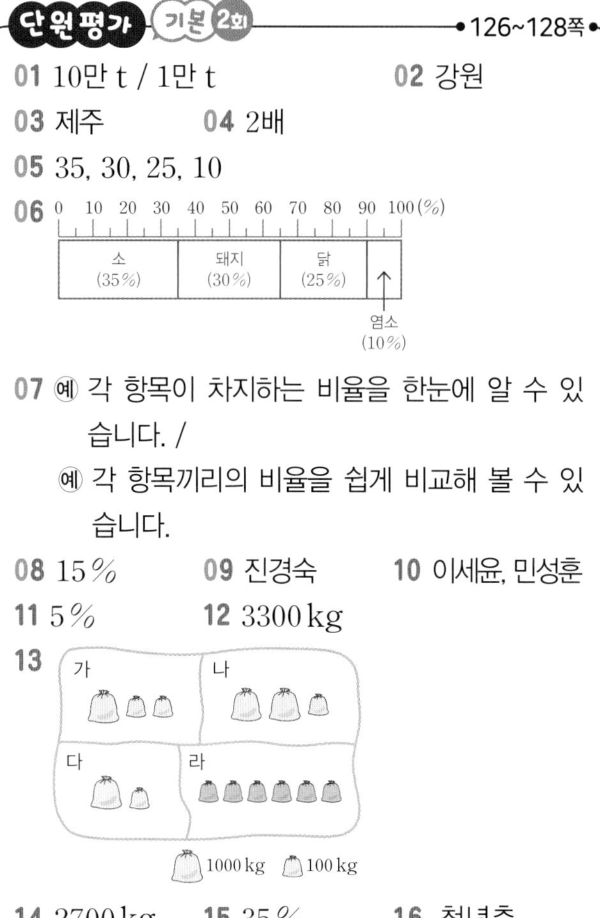

단원평가 기본 2회 126~128쪽

01 10만 t / 1만 t **02** 강원
03 제주 **04** 2배
05 35, 30, 25, 10
06

07 예 각 항목이 차지하는 비율을 한눈에 알 수 있습니다. /
예 각 항목끼리의 비율을 쉽게 비교해 볼 수 있습니다.
08 15 % **09** 진경숙 **10** 이세윤, 민성훈
11 5 % **12** 3300 kg
13

14 2700 kg **15** 35 % **16** 청년층
17 2000명 **18** ㉡ **19** 25 %
20 150명

04 (큰 감자) 1개는 (작은 감자) 10개와 같으므로 광주 · 전라의 감자 생산량은 서울 · 인천 · 경기의 감자 생산량의 10÷5=2(배)입니다.

05 • 소: $\frac{70}{200} \times 100 = 35$ ➡ 35 %
• 돼지: $\frac{60}{200} \times 100 = 30$ ➡ 30 %
• 닭: $\frac{50}{200} \times 100 = 25$ ➡ 25 %
• 염소: $\frac{20}{200} \times 100 = 10$ ➡ 10 %

06 각 항목의 백분율의 크기만큼 선을 그어 띠를 나누고 나눈 띠 위에 각 항목의 내용과 백분율을 씁니다.

07

채점 기준	
상	띠그래프가 표에 비해 어떤 점이 좋은지 두 가지 쓴 경우
중	띠그래프가 표에 비해 어떤 점이 좋은지 한 가지만 쓴 경우

10 얻은 표의 비율이 큰 사람부터 차례대로 2명을 찾으면 이세윤과 민성훈입니다.

11 (무효표의 비율)$=100-40-30-15-10=5(\%)$

12 가 마을: 1200 kg, 나 마을: 2100 kg
➡ $1200+2100=3300$ (kg)

13 가 마을: 1200 kg, 나 마을: 2100 kg,
다 마을: 1100 kg
(라 마을의 쓰레기 배출량)
$=5000-1200-2100-1100=600$ (kg)

14 ❶ 쓰레기 배출량이 가장 많은 마을:
나 마을 ➡ 2100 kg
쓰레기 배출량이 가장 적은 마을:
라 마을 ➡ 600 kg
❷ (배출량의 합)$=2100+600=2700$ (kg)

채점 기준	
상	풀이 과정을 완성하여 쓰레기 배출량이 가장 많은 마을과 가장 적은 마을의 배출량의 합은 몇 kg인지 구한 경우
중	풀이 과정을 완성했지만 일부가 틀린 경우
하	답만 쓴 경우

15 띠그래프를 보면 전입이 가장 많은 세대는 노년층이고, 비율은 35 %입니다.

16 청년층이 전입 세대의 비율(15 %)보다 전출 세대의 비율(45 %)이 더 높습니다.

17 ❶ 전체 전출 세대는(100 %)는
유아 · 청소년층(20 %)의 5배입니다.
❷ 전체 전출 세대는 $400\times5=2000$(명)입니다.

채점 기준	
상	풀이 과정을 완성하여 전체 전출 세대는 몇 명인지 구한 경우
중	풀이 과정을 완성했지만 일부가 틀린 경우
하	답만 쓴 경우

19 • 5회 이상 7회 이하: 15 % • 8회 이상: 10 %
➡ 5회 이상: $15+10=25(\%)$

20 • 1회 이하: $500\times\frac{40}{100}=200$(명)
• 8회 이상: $500\times\frac{10}{100}=50$(명)
➡ $200-50=150$(명)

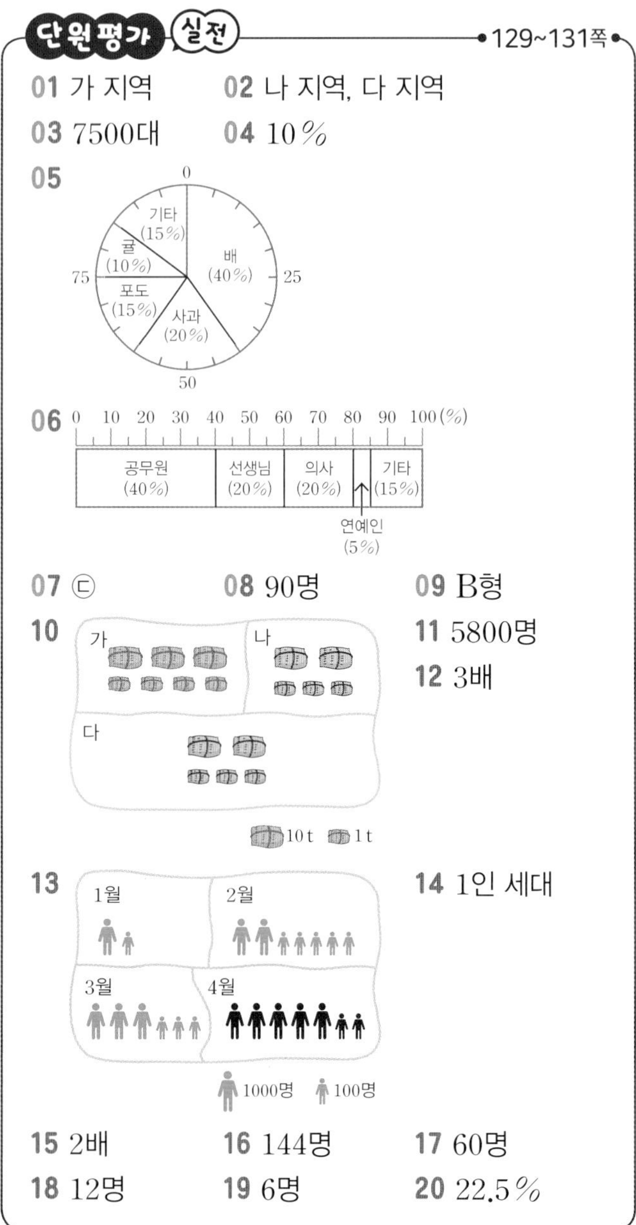
단원평가 실전 129~131쪽

01 가 지역 02 나 지역, 다 지역
03 7500대 04 10 %
05

06

07 ㉢ 08 90명 09 B형
10

11 5800명
12 3배
13

14 1인 세대
15 2배 16 144명 17 60명
18 12명 19 6명 20 22.5 %

03 가 지역: 2200대, 나 지역: 3100대,
다 지역: 400대, 라 지역: 1800대
➡ (네 지역의 자동차 판매량의 합)
$=2200+3100+400+1800=7500$(대)

채점 기준	
상	풀이 과정을 완성하여 네 지역의 자동차 판매량은 모두 몇 대인지 구한 경우
중	풀이 과정을 완성했지만 일부가 틀린 경우
하	답만 쓴 경우

06 (선생님과 의사를 더한 비율)
$=100-40-5-15=40$ (%)
선생님과 의사의 비율은 같으므로
(선생님의 비율)=(의사의 비율)
$=40\div2=20$ (%)입니다.

07 ㉢ B형: 30 %, AB형: 15 % ➡ $30\div15=2$(배)

08 AB형: 15 %, B형: 30 %
따라서 $30\div15=2$(배)이므로 B형인 학생은 $45\times2=90$(명)입니다.

채점 기준	
상	풀이 과정을 완성하여 B형인 학생은 몇 명인지 구한 경우
중	풀이 과정을 완성했지만 일부가 틀린 경우
하	답만 쓴 경우

10 가 마을의 쌀 수확량은 34 t이므로 나 마을과 다 마을의 쌀 수확량은 모두 $80-34=46$ (t)입니다.
$46\div2=23$이므로 나 마을과 다 마을의 쌀 수확량은 각각 23 t입니다.

13 (1월부터 4월까지의 관람객 수의 합계)
$=3025\times4=12100$(명)
1월: 1100명, 2월: 2500명, 3월: 3300명
➡ (4월의 관람객 수)
$=12100-1100-2500-3300=5200$(명)

15 2022년의 1인 세대의 비율은 41 %, 4인 세대 이상의 비율은 18 %입니다.
$41\div18=2.2\cdots$이므로 약 2배입니다.

17 5권 이상 7권 미만: 15 %, 7권 이상: 5 %
(5권 이상 읽은 학생 수의 비율)$=15+5=20$ (%)
➡ (5권 이상 읽은 학생 수)$=300\times\frac{20}{100}=60$(명)

19 기타: $400\times\frac{15}{100}=60$(명)
➡ 계룡산: $60\times\frac{10}{100}=6$(명)

채점 기준	
상	풀이 과정을 완성하여 계룡산에 가고 싶은 학생은 몇 명인지 구한 경우
중	풀이 과정을 완성했지만 일부가 틀린 경우
하	답만 쓴 경우

20 한라산: $400\times\frac{20}{100}=80$(명)
한라산에 가고 싶은 학생이 10명 늘었으므로
(한라산에 가고 싶은 학생 수)$=80+10=90$(명)
(한라산에 가고 싶은 학생 수의 비율)
$=\frac{90}{400}\times100=22.5$ ➡ 22.5 %

6 직육면체의 겉넓이와 부피

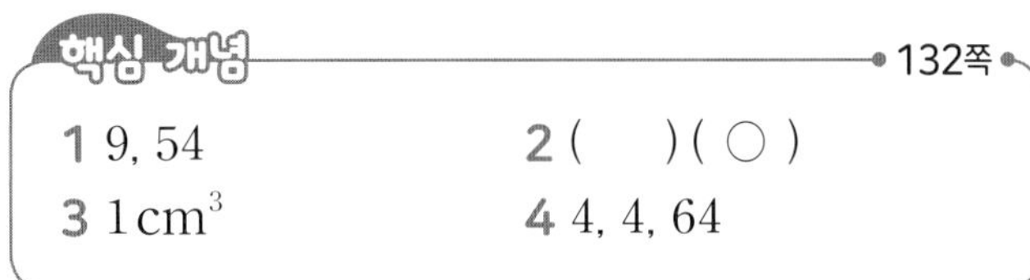
핵심 개념 — 132쪽

1 9, 54 **2** ( ) (○)
3 1 cm^3 **4** 4, 4, 64

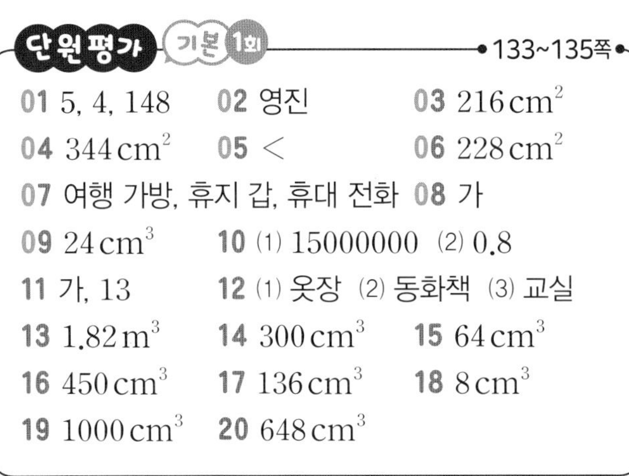
단원평가 기본 1회 — 133~135쪽

01 5, 4, 148 **02** 영진 **03** 216 cm^2
04 344 cm^2 **05** < **06** 228 cm^2
07 여행 가방, 휴지 갑, 휴대 전화 **08** 가
09 24 cm^3 **10** (1) 15000000 (2) 0.8
11 가, 13 **12** (1) 옷장 (2) 동화책 (3) 교실
13 1.82 m^3 **14** 300 cm^3 **15** 64 cm^3
16 450 cm^3 **17** 136 cm^3 **18** 8 cm^3
19 1000 cm^3 **20** 648 cm^3

03 정육면체의 겉넓이는 (한 면의 넓이)$\times$6으로 구합니다. ➡ $36\times6=216$ (cm^2)

04 (직육면체의 겉넓이)
$=(6\times7+7\times10+6\times10)\times2$
$=172\times2=344$ (cm^2)

05 $(8\times3+3\times7+8\times7)\times2$
$=101\times2=202$ (cm^2)
$(5\times5+5\times10+5\times10)\times2$
$=125\times2=250$ (cm^2)
➡ $202\ cm^2<250\ cm^2$

06 ❶ 색칠한 직사각형의 세로를 □cm라 하면 $4\times□=24$이므로 □$=6$입니다.
❷ (직육면체의 겉넓이)
$=(4\times6+6\times9+4\times9)\times2$
$=114\times2=228$ (cm^2)

채점 기준	
상	풀이 과정을 완성하여 전개도를 접어서 만든 직육면체의 겉넓이는 몇 cm^2인지 구한 경우
중	풀이 과정을 완성했지만 일부가 틀린 경우
하	답만 쓴 경우

07 부피를 비교하면 여행 가방이 가장 크고, 휴대 전화가 가장 작습니다.

08 상자가 가에는 12개, 나에는 15개를 쌓았으므로 부피가 더 작은 것은 가입니다.

09 부피가 $1\,cm^3$인 쌓기나무가 모두 $3 \times 4 \times 2 = 24$(개)입니다. ➡ 부피: $24\,cm^3$

11 가: $4 \times 5 \times 2 = 40$(개) ➡ $40\,cm^3$
나: $3 \times 3 \times 3 = 27$(개) ➡ $27\,cm^3$
직육면체 가의 부피가 $40 - 27 = 13\,(cm^3)$ 더 큽니다.

13 ❶ $1000000\,cm^3 = 1\,m^3$이므로 $620000\,cm^3 = 0.62\,m^3$입니다.
❷ $1.2 + 0.62 = 1.82\,(m^3)$

채점 기준	
상	풀이 과정을 완성하여 침대와 서랍장의 부피의 합은 몇 m^3인지 구한 경우
중	풀이 과정을 완성했지만 일부가 틀린 경우
하	답만 쓴 경우

14 (직육면체의 부피)$= 10 \times 6 \times 5 = 300\,(cm^3)$

15 (정육면체의 부피)$= 4 \times 4 \times 4 = 64\,(cm^3)$

16 (선물 상자의 부피)$= 5 \times 9 \times 10 = 450\,(cm^3)$

17 ❶ (정육면체 가의 부피)
$= 10 \times 10 \times 10 = 1000\,(cm^3)$
(직육면체 나의 부피)
$= 16 \times 6 \times 9 = 864\,(cm^3)$
❷ (부피의 차)$= 1000 - 864 = 136\,(cm^3)$

채점 기준	
상	풀이 과정을 완성하여 정육면체 가와 직육면체 나의 부피의 차는 몇 cm^3인지 구한 경우
중	풀이 과정을 완성했지만 일부가 틀린 경우
하	답만 쓴 경우

18 정육면체의 모든 모서리는 길이가 같고, 정육면체의 모서리는 12개이므로
한 모서리는 $24 \div 12 = 2\,(cm)$입니다.
➡ (정육면체의 부피)$= 2 \times 2 \times 2 = 8\,(cm^3)$

19 모든 모서리를 직육면체의 가장 짧은 모서리인 10 cm가 되도록 떡을 잘라야 합니다.
따라서 만들 수 있는 가장 큰 정육면체의 부피는 $10 \times 10 \times 10 = 1000\,(cm^3)$입니다.

20 (왕관의 부피)$= 18 \times 18 \times (12 - 10)$
$= 18 \times 18 \times 2 = 648\,(cm^3)$

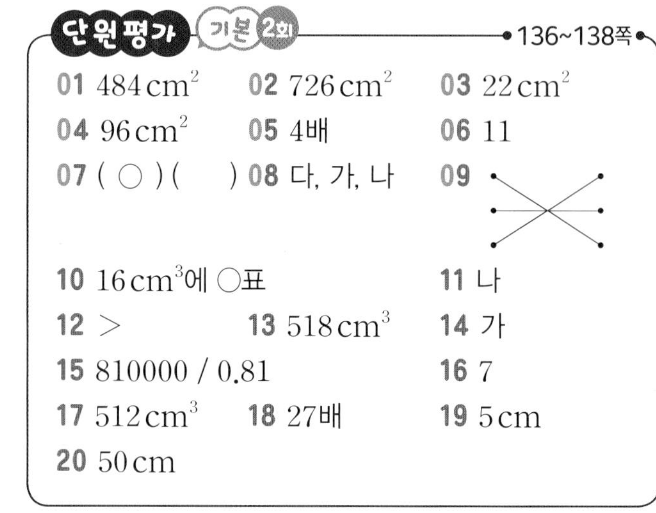
단원평가 기본 2회 136~138쪽

01 $484\,cm^2$ **02** $726\,cm^2$ **03** $22\,cm^2$
04 $96\,cm^2$ **05** 4배 **06** 11
07 (○)(　) **08** 다, 가, 나 **09**
10 $16\,cm^3$에 ○표 **11** 나
12 > **13** $518\,cm^3$ **14** 가
15 810000 / 0.81 **16** 7
17 $512\,cm^3$ **18** 27배 **19** 5 cm
20 50 cm

01 (과자 상자의 겉넓이)
$= (10 \times 9 + 9 \times 8 + 10 \times 8) \times 2$
$= 242 \times 2 = 484\,(cm^2)$

02 (정육면체의 겉넓이)$= 11 \times 11 \times 6 = 726\,(cm^2)$

03 (직육면체 가의 겉넓이)
$= (5 \times 2 + 2 \times 4 + 5 \times 4) \times 2$
$= 38 \times 2 = 76\,(cm^2)$
(정육면체 나의 겉넓이)$= 3 \times 3 \times 6 = 54\,(cm^2)$
➡ $76 - 54 = 22\,(cm^2)$

04 정육면체는 모든 모서리의 길이가 같습니다.
(정육면체의 한 모서리)$= 16 \div 4 = 4\,(cm)$
➡ (정육면체의 겉넓이)$= 4 \times 4 \times 6 = 96\,(cm^2)$

05 (처음 정육면체의 겉넓이)$= 2 \times 2 \times 6 = 24\,(cm^2)$
모든 모서리를 2배로 늘이면 한 모서리가 4 cm이므로
(늘인 정육면체의 겉넓이)$= 4 \times 4 \times 6 = 96\,(cm^2)$
따라서 정육면체의 모든 모서리를 2배로 늘이면 겉넓이는 $96 \div 24 = 4$(배)가 됩니다.

06 ❶ (직육면체의 겉넓이)
$= (12 \times \square + \square \times 5 + 12 \times 5) \times 2 = 494\,(cm^2)$
❷ $12 \times \square + \square \times 5 + 12 \times 5 = 494 \div 2 = 247$,
$12 \times \square + \square \times 5 = 247 - 60 = 187$,
$\square \times 17 = 187$, $\square = 187 \div 17 = 11$

채점 기준	
상	풀이 과정을 완성하여 □ 안에 알맞은 수는 얼마인지 구한 경우
중	풀이 과정을 완성했지만 일부가 틀린 경우
하	답만 쓴 경우

07 빗금 친 부분의 넓이가 같으므로 가로를 비교합니다.
가로가 더 긴 왼쪽 직육면체의 부피가 더 큽니다.

08 세 직육면체의 밑면의 넓이가 모두 같으므로 높이를 비교합니다.
높이가 짧은 것부터 차례대로 기호를 쓰면 다, 가, 나이므로 부피가 작은 직육면체부터 차례대로 기호를 쓰면 다, 가, 나입니다.

10 지우개의 실제 부피에 가장 가까운 것은 $16\,cm^3$입니다.

11 • 가는 쌓기나무가 한 층에 12개씩 3층이므로
$12\times3=36$(개)입니다. ➡ $36\,cm^3$
• 나는 쌓기나무가 한 층에 10개씩 4층이므로
$10\times4=40$(개)입니다. ➡ $40\,cm^3$
따라서 부피가 더 큰 직육면체는 나입니다.

12 $880000\,cm^3=0.88\,m^3$ ➡ $8\,m^3>0.88\,m^3$

13 (직육면체의 부피)=(한 밑면의 넓이)×(높이)
$=74\times7=518\,(cm^3)$

14 ❶ 가: $10\times15\times4=600\,(cm^3)$
나: $8\times8\times8=512\,(cm^3)$
❷ $600\,cm^3>512\,cm^3$이므로 부피가 더 큰 물건은 가입니다.

채점 기준	
상	풀이 과정을 완성하여 부피가 더 큰 물건의 기호를 쓴 경우
중	풀이 과정을 완성했지만 일부가 틀린 경우
하	답만 쓴 경우

15 $50\,cm=0.5\,m$
(직육면체의 부피)$=1.8\times0.5\times0.9=0.81\,(m^3)$
$1\,m^3=1000000\,cm^3$이므로
$0.81\,m^3=810000\,cm^3$입니다.

16 직육면체의 부피가 $280\,m^3$이므로
$\square\times8\times5=280$입니다.
$\square\times40=280$, $\square=280\div40=7$

17 정육면체의 한 모서리는 $24\div3=8\,(cm)$이므로
(정육면체의 부피)$=8\times8\times8=512\,(cm^3)$입니다.

18 (처음 정육면체의 부피)$=3\times3\times3=27\,(cm^3)$
(늘인 정육면체의 부피)$=9\times9\times9=729\,(cm^3)$
➡ $729\div27=27$(배)

19 (왼쪽 직육면체의 부피)$=8\times5\times5=200\,(cm^3)$
오른쪽 직육면체의 높이를 $\square$cm라 하면
$10\times4\times\square=200$입니다.
➡ $40\times\square=200$, $\square=200\div40=5$
따라서 오른쪽 직육면체의 높이는 5 cm입니다.

20 ❶ $0.125\,m^3=125000\,cm^3$
❷ 정육면체의 한 모서리를 $\square$cm라 하면
(정육면체의 부피)
$=\square\times\square\times\square=125000\,(cm^3)$
$50\times50\times50=125000$이므로 $\square=50$입니다.
따라서 정육면체의 한 모서리는 50 cm입니다.

채점 기준	
상	풀이 과정을 완성하여 정육면체의 한 모서리는 몇 cm인지 구한 경우
중	풀이 과정을 완성했지만 일부가 틀린 경우
하	답만 쓴 경우

단원평가 실전

139~141쪽

01 $334\,cm^2$	**02** $382\,cm^2$	**03** 8
04 $440\,cm^2$	**05** $96\,cm^2$	**06** 10 cm
07 가	**08** 나, 다, 가	**09** ㉡
10 $270\,cm^3$	**11** $2\,cm^3$	**12** ㉢, ㉡, ㉠, ㉣
13 $540\,cm^3$	**14** $284\,cm^3$	**15** $0.09\,m^3$
16 4배	**17** $954\,cm^3$	**18** 2 cm
19 128개	**20** $500\,cm^2$	

01 (직육면체의 겉넓이)
$=(11\times5)\times2+(5+11+5+11)\times7$
$=55\times2+32\times7=110+224=334\,(cm^2)$

02 (세로)=(빗금 친 면의 넓이)÷(가로)
$=56\div8=7\,(cm)$
(직육면체의 겉넓이)$=(8\times7+7\times9+8\times9)\times2$
$=191\times2=382\,(cm^2)$

03 (한 면의 넓이)$=384\div6=64\,(cm^2)$
$\square\times\square=64$이고 $8\times8=64$이므로 $\square=8$입니다.

04 (포장지의 넓이)$=30\times30=900\,(cm^2)$
(상자의 겉넓이)$=(12\times10+10\times5+12\times5)\times2$
$=230\times2=460\,(cm^2)$
➡ (남는 포장지의 넓이)$=900-460=440\,(cm^2)$

05 자른 나무토막의 겉넓이에서 처음 나무토막보다 늘어난 부분은 잘린 단면만큼입니다.
잘린 단면은 넓이가 $8\times6=48\,(\mathrm{cm}^2)$인 직사각형 2개이므로 늘어난 겉넓이는 $48\times2=96\,(\mathrm{cm}^2)$입니다.

채점 기준	
상	풀이 과정을 완성하여 자른 두 나무토막의 겉넓이의 합은 처음 나무토막의 겉넓이보다 몇 cm^2 늘었는지 구한 경우
중	풀이 과정을 완성했지만 일부가 틀린 경우
하	답만 쓴 경우

06 (직육면체의 겉넓이)
$=(18\times8+8\times6+18\times6)\times2$
$=300\times2=600\,(\mathrm{cm}^2)$
정육면체의 한 모서리를 □cm라 하면
□×□×6=600, □×□=100에서
10×10=100이므로 □=10입니다.

07 두 직육면체의 가로와 세로가 같으므로 높이를 비교하면 4 cm > 3 cm입니다.
따라서 부피가 더 큰 직육면체는 가입니다.

08 쌓은 상자의 수를 알아보면 가는 8개, 나는 12개, 다는 9개입니다.
따라서 12개>9개>8개이므로 부피가 큰 것부터 차례대로 기호를 쓰면 나, 다, 가입니다.

09 ㉡ $4500000\,\mathrm{cm}^3=4.5\,\mathrm{m}^3$

10 부피가 $1\,\mathrm{cm}^3$인 쌓기나무가 $5\times6\times9=270$(개)이므로 부피는 $270\,\mathrm{cm}^3$입니다.

11 가: $4\times4\times3=48$(개) ➡ $48\,\mathrm{cm}^3$
나: $5\times2\times5=50$(개) ➡ $50\,\mathrm{cm}^3$
따라서 나는 가보다 부피가 $50-48=2\,(\mathrm{cm}^3)$ 더 큽니다.

12 ㉠ $5.3\,\mathrm{m}^3$
㉡ $46000000\,\mathrm{cm}^3=46\,\mathrm{m}^3$
㉢ 400 cm=4 m ➡ $4\times4\times4=64\,(\mathrm{m}^3)$
㉣ 40 cm=0.4 m ➡ $0.5\times8\times0.4=1.6\,(\mathrm{m}^3)$
따라서 $64\,\mathrm{m}^3>46\,\mathrm{m}^3>5.3\,\mathrm{m}^3>1.6\,\mathrm{m}^3$이므로 부피가 큰 것부터 차례대로 기호를 쓰면 ㉢, ㉡, ㉠, ㉣입니다.

13 (상자의 부피)$=9\times6\times10=540\,(\mathrm{cm}^3)$

14 (왼쪽 직육면체의 부피)$=4\times7\times5=140\,(\mathrm{cm}^3)$
(오른쪽 직육면체의 부피)$=3\times8\times6=144\,(\mathrm{cm}^3)$
➡ (부피의 합)$=140+144=284\,(\mathrm{cm}^3)$

채점 기준	
상	풀이 과정을 완성하여 두 직육면체의 부피의 합은 몇 cm^3인지 구한 경우
중	풀이 과정을 완성했지만 일부가 틀린 경우
하	답만 쓴 경우

15 (직육면체의 부피)
$=30\times50\times60=90000\,(\mathrm{cm}^3)$ ➡ $0.09\,\mathrm{m}^3$

16 (처음 직육면체의 부피)$=8\times7\times5=280\,(\mathrm{cm}^3)$
(늘인 직육면체의 부피)
$=16\times14\times5=1120\,(\mathrm{cm}^3)$
➡ $1120\div280=4$(배)

17 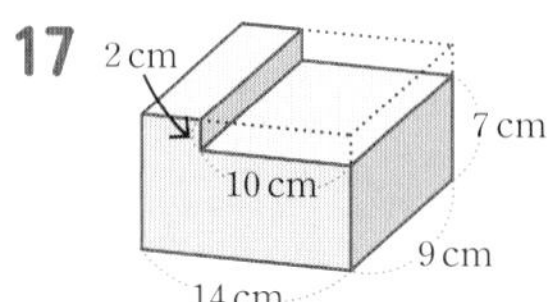

(큰 직육면체의 부피)$=14\times9\times(7+2)$
$=14\times9\times9=1134\,(\mathrm{cm}^3)$
(작은 직육면체의 부피)$=10\times9\times2=180\,(\mathrm{cm}^3)$
➡ (입체도형의 부피)$=1134-180=954\,(\mathrm{cm}^3)$

18 쌓은 정육면체 모양의 부피는 $512\,\mathrm{cm}^3$이고,
$8\times8\times8=512$이므로 한 모서리는 8 cm입니다.
(작은 정육면체 모양 상자의 한 모서리)
$=8\div4=2\,(\mathrm{cm})$

19 1 m에는 50 cm를 2개 놓을 수 있습니다.
따라서 정육면체 모양의 상자를 4 m에는 8개, 2 m에는 4개 놓을 수 있으므로 이 창고에는
$8\times4\times4=128$(개)까지 쌓을 수 있습니다.

채점 기준	
상	풀이 과정을 완성하여 정육면체 모양의 상자를 몇 개까지 쌓을 수 있는지 구한 경우
중	풀이 과정을 완성했지만 일부가 틀린 경우
하	답만 쓴 경우

20 직육면체의 세로를 □cm라 하면
15×□×4=600, 60×□=600,
□=600÷60=10입니다.
(직육면체의 겉넓이)
$=(15\times10+10\times4+15\times4)\times2=500\,(\mathrm{cm}^2)$

1 우리나라의 정치 발전

1 민주주의의 발전과 시민 참여

핵심 자료 145쪽

1-1 이승만 1-2 김주열
2-1 유신 헌법 2-2 ○ 2-3 ×
3-1 6월 민주 항쟁 3-2 지방 자치제
3-3 ○

확인 평가 146~147쪽

01 이승만 02 ① 03 ③ 04 ⑤
05 ② 06 ㉠, ㉡ 07 ①, ④ 08 ㉠
09 예 6월 민주 항쟁의 결과 대통령 직선제를 실시하게 되었습니다. 10 6·29 민주화 선언
11 ③ 12 ⑤

01 우리나라의 첫 번째 대통령으로, 1960년 3월 15일에 치러진 정부통령 선거에서 이겨 집권을 이어 나가고자 한 사람은 이승만입니다.

02 3·15 부정 선거가 원인이 되어 일어난 사건은 4·19 혁명입니다.

03 4·19 혁명의 결과 이승만이 대통령직에서 물러났고, 3·15 부정 선거는 무효가 되었습니다.

04 1972년 박정희 정부는 대통령을 할 수 있는 횟수의 제한을 없애는 등의 내용이 담긴 유신 헌법을 새로 만들었습니다.

05 광주에서 민주화 시위가 일어나자, 전두환과 일부 군인들은 계엄군을 보내 무력으로 시위를 진압하였습니다. 이에 시민들은 시민군을 조직하여 계엄군에 대항하였습니다.

06 5·18 민주화 운동 당시 광주 시민들은 "계엄령을 해제하라!", "전두환은 물러가라!" 등의 구호를 외쳤습니다.

07 5·18 민주화 운동은 부당한 정권에 맞서 민주주의를 지키려는 시민들의 의지를 보여 준 사건으로, 세계 여러 나라의 민주화 운동에 많은 영향을 주었습니다. ①, ④는 5·18 민주화 운동과 관련 없는 설명입니다.

08 6월 민주 항쟁은 '㉠ 박종철 사망 → ㉣ 시민들의 민주화 요구 → ㉡ 이한열 사망 → ㉢ 6·29 민주화 선언 발표'의 순서로 일어났습니다.

09 6월 민주 항쟁의 결과 당시 대통령 후보였던 노태우는 대통령 직선제를 포함한 시민들의 민주화 요구를 받아들이겠다고 발표하였습니다.

채점 기준	
상	대통령 직선제를 실시하게 되었다고 쓴 경우
중	대통령을 국민들이 직접 뽑게 되었다고만 쓴 경우

10 노태우가 발표한 6·29 민주화 선언에는 언론의 자유 보장, 지방 자치제 시행, 국민의 기본권 보장, 대통령 직선제 시행 등의 내용이 담겨 있습니다.

11 지방 자치제는 지역의 일을 각 지역에서 스스로 결정하고 처리하는 제도로, 5·16 군사 정변 때 폐지되었다가 1990년대부터 다시 시행되었습니다.

12 오늘날 시민들은 촛불 집회와 같은 대규모 집회에 참여하기도 합니다.

2 일상생활과 민주주의

핵심 자료 149쪽

1-1 민주주의 1-2 지방 의회 1-3 ○
2-1 선거 2-2 직접 선거 2-3 평등
3-1 ○ 3-2 결정

확인 평가 150~151쪽

01 ② 02 민주주의 03 ③
04 ⑤ 05 예 인간의 존엄성을 실현하려면 개인의 자유와 평등이 보장되어야 합니다.
06 ③ 07 ① 08 ④ 09 관용
10 ③ 11 예 소수의 의견도 존중해야 합니다.
12 ㉠ → ㉤ → ㉣ → ㉡ → ㉢

01 가정에서 일어나는 문제를 해결하는 일, 학급이나 학교에서 규칙을 만드는 일, 지역이나 나라의 중요한 일을 결정하는 것 등이 모두 정치에 해당합니다.

02 민주주의는 모든 국민이 나라의 주인으로서 권리를 갖고, 나라를 다스리는 정치 제도를 의미합니다.

03 ③ 직거래 장터는 촌락과 도시가 교류하는 모습으로, 대화와 타협으로 공동의 문제를 해결하는 민주주의의 사례로 보기 어렵습니다.

04 ⑤ 자유는 다른 사람의 자유를 침해하지 않는 범위 안에서 이루어져야 합니다.

05 진정한 민주주의는 인간의 존엄성을 바탕으로 개인의 자유와 평등이 보장될 때 실현됩니다.

채점 기준	
상	개인의 자유와 평등이 보장되어야 한다고 쓴 경우
중	단순히 자유와 평등에 대해서만 쓴 경우

06 ③ 재산, 성별 등과 관계없이 선거권을 가진 사람은 모두 선거에 참여할 수 있습니다.

07 민주 선거의 기본 원칙으로는 보통 선거, 평등 선거, 직접 선거, 비밀 선거가 있습니다.

08 ④ 자신의 의견을 결코 굽히지 않는 것은 민주주의를 실천하는 바람직한 태도가 아닙니다.

09 민주주의를 실천하기 위해서는 대화와 토론을 바탕으로 나와 다른 의견을 인정하고 포용하는 관용의 태도가 필요합니다.

10 ③ 학교 시험 문제의 정답은 다수의 의견에 따라 결정할 수 없습니다.

11 다수의 의견이 항상 옳은 것은 아니며, 다수의 결정으로 소수가 피해를 볼 수도 있습니다. 따라서 다수결의 원칙을 따를 때에는 소수의 의견도 존중해야 합니다.

채점 기준	
상	충분히 대화와 토론을 해야 한다 또는 소수의 의견도 존중해야 한다고 쓴 경우
중	다양한 의견을 살펴봐야 한다고만 쓴 경우

12 민주적 의사 결정 원리에 따라 문제를 해결하는 과정은 '문제 확인 → 문제 발생 원인 파악 → 문제 해결 방안 탐색 → 문제 해결 방안 결정 → 문제 해결 방안 실천' 순으로 이루어집니다.

③ 민주 정치의 원리와 국가 기관의 역할

핵심 자료 153쪽

1-1 ○ 1-2 국민 주권 2-1 정부
2-2 보건복지부 2-3 × 2-4 환경부
3-1 ○ 3-2 국회 3-3 정부

확인 평가 154~155쪽

01 국민 주권 02 ④ 03 ④
04 ⑤ 05 국정 감사 06 ⑩ 법에 따라 나라의 살림을 맡아 합니다. 07 ④
08 ④ 09 ㉡, ㉣ 10 3 11 ⑤
12 ⑤

02 우리나라는 권력 분립의 원리에 따라 국가 권력을 국회, 정부, 법원이 나누어 맡도록 하고 있습니다.

03 ④ 나라 살림에 쓸 예산안을 계획하는 것은 정부에서 하는 일입니다.

05 국회는 국정 감사를 하여 정부가 법에 따라 일을 잘 하고 있는지 감시합니다.

06 정부는 대통령, 국무총리, 행정 각부 등으로 구성된 국가 기관으로, 법에 따라 국가의 살림을 맡아 합니다.

채점 기준	
상	법에 따라 나라의 살림을 맡아 한다고 쓴 경우
중	나라의 살림을 맡아 한다고 쓴 경우

07 ④ 대통령은 5년마다 국민이 직접 뽑습니다.

08 국토교통부는 교통과 주택 관련 정책을 펼칩니다.

09 법원은 법에 따라 재판을 하는 국가 기관으로, 법을 지키지 않은 사람을 처벌하고 개인과 국가, 지방 자치 단체 사이에서 생긴 갈등을 해결해 주는 일 등을 합니다. ㉠은 국회, ㉢은 정부에서 하는 일입니다.

10 우리나라에서는 원칙적으로 한 사건에 대해 급이 다른 법원에서 세 번까지 재판을 받을 수 있는 삼심 제도를 두고 있습니다.

11 헌법재판소는 헌법과 관련된 분쟁을 해결하는 기관입니다.

12 ⑤ 국회, 정부, 법원은 서로 견제하며 균형을 이룹니다.

단원평가 기본 156~159쪽

01 ④ 02 예 이승만이 대통령 자리에서 물러났습니다. 3·15 부정 선거가 무효가 되었습니다.
03 ③ 04 ① 05 ⑤ 06 ③, ⑤
07 주안 08 민주주의 09 ③ 10 ②
11 ⑤ 12 (1) 다수결 (2) 예 쉽고 빠르게 문제를 해결할 수 있습니다. 13 ② 14 ②
15 ⑤ 16 ④ 17 ④ 18 ①
19 ① 20 예 국가 기관이 서로 견제하고 균형을 이룸으로써 국민의 자유와 권리를 보장하기 위해서입니다.

01 우리나라의 첫 번째 대통령이었던 이승만은 계속해서 권력을 유지하고자 헌법을 바꾸었습니다. 또한 이승만 정부는 정부통령 선거에서 이기기 위해 3·15 부정 선거를 하였습니다.

02 국립 4·19 민주 묘지는 4·19 혁명과 관련된 분들을 모신 곳입니다. 4·19 혁명의 결과 이승만이 대통령 자리에서 물러나게 되었고, 3·15 부정 선거는 무효가 되었습니다.

채점 기준	
상	이승만이 대통령직에서 물러나고, 3·15 부정 선거가 무효가 되었다고 쓴 경우
중	이승만 정부가 자행한 3·15 부정 선거가 무효가 되었다고만 쓴 경우
하	예시 답안의 내용 중 한 가지만 쓴 경우

03 박정희와 일부 군인들은 혼란스러운 사회를 안정시킨다는 명분으로 5·16 군사 정변을 일으켜 정권을 잡았습니다.

04 박정희는 정권을 계속 유지하기 위해 1972년에 대통령을 할 수 있는 횟수의 제한을 없애고, 대통령 직선제를 간선제로 바꾸는 등의 내용이 담긴 유신 헌법을 새로 만들었습니다.

05 전두환과 일부 군인들이 계엄령을 전국으로 확대하고 민주화 운동을 탄압한 것이 원인이 되어 5·18 민주화 운동이 일어났습니다.

06 6월 민주 항쟁 당시 대학생 박종철이 경찰의 고문으로 사망한 사건이 일어나고, 전두환 정부가 국민의 요구를 받아들이지 않고 대통령 간선제를 유지하겠다고 발표하면서 시위가 확산되었습니다.

07 주안 - 6월 민주 항쟁 이후 사회 문제 해결에 참여하는 시민의 수가 늘어 시민들의 영향력이 커졌습니다.

09 국가나 다른 사람에게 구속받지 않고 자신의 의사를 스스로 결정하는 것을 자유라고 합니다.

11 민주주의를 실천하기 위해서는 양보와 타협, 관용과 비판적 태도가 필요합니다.

12 다수결의 원칙을 따르면 쉽고 빠르게 문제를 해결할 수 있지만, 소수의 의견이 무시될 수 있다는 단점도 있습니다.

채점 기준	
상	(1)에 다수결을 쓰고, (2)에 쉽고 빠르게 문제를 해결할 수 있다고 쓴 경우
중	(1)에 다수결을 쓰고, (2)에 문제를 효과적으로 해결할 수 있다고 쓴 경우
하	(1)에 다수결만 쓴 경우

13 '문제 해결 방안 결정하기' 단계에서는 대화와 타협을 통해 가장 합리적인 방법을 찾고, 타협이 어려울 때에는 다수결의 원칙을 활용합니다.

14 우리나라 헌법에는 주권이 국민에게 있다는 국민 주권의 원리에 대한 내용이 담겨 있습니다.

15 제시된 그림은 국회가 국정 감사를 하는 모습입니다. 국회는 국정 감사를 통해 정부가 법에 따라 일을 잘하고 있는지 확인하고 감시합니다.

16 ④ 나라의 살림에 필요한 예산안을 심의하여 확정하는 것은 국회에서 하는 일입니다.

18 ① 잘못된 법을 고치거나 폐지하는 것은 국회에서 하는 일입니다.

19 우리나라는 공정한 재판을 위해 법원이 외부의 영향이나 간섭을 받지 않도록 하고, 특별한 경우가 아니면 재판의 과정과 결과를 공개하도록 하며, 한 사건에 대해 세 번까지 재판을 받을 수 있는 삼심 제도를 두고 있습니다.

20 삼권 분립의 목적은 국가 기관이 서로 견제하고 균형을 이루어 국민의 자유와 권리를 보장하는 것입니다.

채점 기준	
상	국가 기관이 서로 견제하여 균형을 이룸으로써 국민의 자유와 권리를 보장하기 위해서라고 쓴 경우
중	국민의 자유와 권리를 지키기 위해서라고만 쓴 경우

단원평가 실전 160~163쪽

01 ① 02 예 대통령을 할 수 있는 횟수의 제한을 없애는, 대통령 직선제를 간선제로 바꾸는
03 ⑤ 04 ⑤ 05 ㉡ → ㉢ → ㉠ → ㉣
06 ㉡, ㉢ 07 예 촛불 집회에 참여합니다. 누리 소통망 서비스(SNS)에 의견을 제시합니다. 정당이나 시민 단체에 가입하여 활동합니다. 선거와 투표에 참여합니다. 08 ② 09 ⑤
10 ④ 11 ㉡, ㉢, ㉣ 12 ①
13 ③ 14 ⑤ 15 ③ 16 ③, ⑤
17 ⑤ 18 예 특별한 경우가 아니면 모든 재판의 과정과 결과를 공개합니다. 삼심 제도를 시행합니다. 19 ⑤ 20 수혁

01 시위 도중 사망한 김주열 학생의 시신이 마산 앞바다에서 발견되면서 도화선이 된 사건은 4·19 혁명입니다.

02 유신 헌법에는 대통령을 할 수 있는 횟수의 제한을 없애고, 대통령 직선제를 간선제로 바꾸는 등의 내용이 담겨 있었습니다.

채점 기준	
상	예시 답안의 내용 두 가지를 모두 알맞게 쓴 경우
중	예시 답안의 내용 중 한 가지만 쓴 경우

03 전두환과 일부 군인들이 군사 정변으로 정권을 잡은 후 계엄령을 전국으로 확대하자, 이에 저항하여 5·18 민주화 운동이 일어났습니다.

05 6월 민주 항쟁은 '㉡ 박종철 사망 → ㉢ 정부의 간선제 유지 발표 → ㉠ 이한열 희생 → ㉣ 6·29 민주화 선언 발표'의 순서로 일어났습니다.

06 6·29 민주화 선언에는 대통령 직선제를 포함하여 신문·방송 등 언론의 자유 보장, 지방 자치제 시행 등의 내용이 담겨 있습니다.

07 오늘날 시민들이 사회 공동의 문제 해결에 참여하는 방법으로는 촛불 집회에 참여하기, 정당이나 시민 단체에 가입하여 활동하기, 누리 소통망 서비스(SNS)에 의견 제시하기 등이 있습니다.

채점 기준	
상	예시 답안의 내용 중 두 가지를 모두 알맞게 쓴 경우
중	예시 답안의 내용 중 한 가지만 쓴 경우

08 가정에서 일어나는 문제를 해결하는 일, 학급이나 학교에서 규칙을 만드는 일, 지역이나 나라의 중요한 일을 결정하는 것 등이 모두 정치에 해당합니다.

09 ⑤ 민주주의는 신분, 재산, 성별, 인종, 장애 등에 관계없이 모두가 존중받는 것입니다.

10 선거를 민주적으로 치르려면 보통 선거, 평등 선거, 직접 선거, 비밀 선거의 원칙이 지켜져야 합니다.

11 민주주의 사회에서는 대화와 토론을 거쳐 양보와 타협으로 서로의 의견을 조정하며, 양보와 타협에 이르지 못할 때에는 다수결의 원칙으로 문제를 해결합니다.

12 ① 쓰레기 소각장이 꼭 필요한 시설이라고 하더라도 서로의 생각과 가치가 다를 수 있다는 것을 인정하고, 양보와 타협으로 서로의 의견을 조정하는 것이 필요합니다.

14 국민이 선출한 대표로, 국회에서 일하는 사람은 국회 의원입니다.

15 ③ 억울하게 피해를 입은 사람을 구제하는 일을 하는 국가 기관은 법원입니다.

16 국무총리는 대통령을 도와 행정 각부를 관리하며, 대통령이 임무를 수행할 수 없을 때는 대통령을 대신합니다. ①은 국회 의원, ②는 대통령, ④는 법관(판사)에 대한 설명입니다.

17 ⑤ 주택 정책과 교통 정책을 세우는 일을 하는 부서는 국토교통부입니다.

18 공정한 재판이 이루어지려면 법원은 국회나 정부와 같은 다른 기관의 영향이나 간섭을 받지 않아야 하며, 법관은 개인적인 의견이 아니라 헌법과 법률에 따라 판결을 내려야 합니다.

채점 기준	
상	법원의 독립, 공개 재판, 삼심 제도의 내용 중 두 가지를 모두 알맞게 쓴 경우
중	법원의 독립, 공개 재판, 삼심 제도의 내용 중 한 가지만 쓴 경우

19 헌법재판소는 헌법과 관련된 분쟁을 해결하는 기관입니다.

20 삼권 분립은 국회, 정부, 법원이 국가 권력을 나누어 맡는 것으로, 삼권 분립은 국민의 자유와 권리 보장을 목적으로 합니다.

2 우리나라의 경제 발전

1 우리나라 경제 체제의 특징

핵심 자료 165쪽

1-1 × 1-2 기업 1-3 이윤
2-1 시장 2-2 ○ 2-3 인터넷 쇼핑
3-1 적은 3-2 ○ 3-3 만족
3-4 ○

확인 평가 166~167쪽

01 (1) ㉠ (2) ㉡ 02 ① 03 시장
04 ㉠, ㉡ 05 ㉠ → ㉡ → ㉢ 06 ㉠ 적은, ㉡ 많은 07 ⑤ 08 ②, ④ 09 ③
10 ② 11 공정 거래 위원회 12 예 경제활동에 기준이 되는 법과 제도를 만듭니다. 허위·과장 광고를 하지 못하도록 규제합니다.

01 가계와 기업은 경제활동에 참여하는 경제 주체로, 가계는 가정 살림을 같이하는 생활 공동체, 기업은 이윤을 얻기 위해 생산 활동을 하는 조직을 말합니다.

02 가계는 생산 활동에 참여하여 얻은 소득으로 소비 활동을 하는 경제 주체입니다.

04 가계는 가격, 품질, 디자인 등 다양한 선택 기준을 고려하여 합리적인 선택을 합니다.

05 가계는 어떤 물건을 살지 우선순위를 먼저 정합니다. 그리고 원하는 상품을 사기 위한 선택 기준을 세운 후, 다양한 상품을 비교·평가하는 순서로 합리적 선택을 합니다.

06 기업은 보다 많은 이윤을 얻기 위해 적은 비용으로 많은 수입을 얻을 수 있는 합리적 선택을 합니다.

07 ⑤ 기업은 회사 대표가 아니라 소비자가 좋아하거나 원하는 상품을 개발해야 합니다.

09 ③ 경제활동의 자유와 경쟁을 통해 개인은 기업들이 생산한 다양한 종류의 상품을 소비할 수 있습니다.

10 제시된 내용은 독과점 기업들이 담합하여 물건이나 서비스의 가격을 올려 소비자가 피해를 본 사례입니다.

11 공정 거래 위원회는 공정한 경제활동을 위해 정부에서 만든 기관입니다.

12 정부는 기업 간의 공정하고 자유로운 경쟁을 보장하기 위해 공정 거래 위원회를 설립하여 운영하고, 공정한 경제활동의 기준이 되는 법이나 제도를 만듭니다.

채점 기준	
상	공정한 경제활동을 위한 정부의 노력을 알맞게 쓴 경우
중	바람직한 경제활동을 할 수 있도록 노력한다고만 쓴 경우

2 우리나라의 경제 성장

핵심 자료 169쪽

1-1 ○ 1-2 중화학 공업 1-3 철강
1-4 국민 소득 2-1 국내 총생산 2-2 ○
2-3 증가 2-4 ○ 3-1 ×
3-2 × 3-3 1970 3-4 서비스업

확인 평가 170~171쪽

01 ㉠, ㉢ 02 ⑤ 03 예 경제 개발 5개년 계획을 세웠습니다. 발전소, 도로, 항만 등을 건설하였습니다. 04 ③ 05 ②, ⑤ 06 ㉠, ㉡
07 ② 08 ③ 09 한류 10 ③
11 ③ 12 ③, ⑤

01 6·25 전쟁 직후 우리나라는 생활에 필요한 물품을 만드는 소비재 산업이 발전하였으며, 파괴된 여러 시설을 복구하고 경제적으로 자립하기 위해 힘을 모았습니다.

03 1960년대에 정부는 경제 성장을 이루기 위해 경제 개발 5개년 계획을 세우고, 경제 발전의 기초가 되는 기반 시설을 건설하였습니다.

채점 기준	
상	경제 개발 5개년 계획 수립 또는 기반 시설 건설 등의 내용을 알맞게 쓴 경우
중	우리나라의 경제 성장을 위해서 노력하였다고만 쓴 경우

04 ③ 정부와 기업이 전국에 초고속 정보 통신망을 설치한 것은 1990년대입니다.

05 1970년대 이후 기계, 자동차, 조선 등 중화학 공업 제품들이 수출되면서 우리나라의 수출액이 크게 증가하였습니다.

06 ㉢ 1980년대에는 중화학 공업 제품의 생산 비중이 경공업을 넘어서게 되었습니다.

07 ② 우리나라는 경제가 성장하면서 1970년대 이후 농업보다 제조업의 비중이 커졌습니다.

09 오늘날 전 세계로 퍼진 한류는 문화 콘텐츠 산업을 빠르게 발전시키면서 우리나라의 경제 성장에 기여하고 있습니다.

10 ③ 가계 소득이 늘어나면서 해외여행객이 증가하였습니다.

11 경제가 성장하면서 저소득층의 소득에 비해 고소득층의 소득이 더 많이 증가하여 빈부 격차가 더욱 심화되는 문제가 나타나고 있습니다.

12 경제 성장 과정에서 나타난 환경 문제를 해결하기 위해 정부는 전기 자동차 보급 지원 정책을 실시하고, 기업은 친환경 제품을 개발하며, 시민들은 에너지 절약 운동을 하는 등의 노력을 합니다.

③ 세계 속의 우리나라 경제

핵심 자료 173쪽

1-1 무역 1-2 수출국 1-3 ×
2-1 수입 2-2 반도체 2-3 수출
3-1 증가 3-2 ○ 3-3 ○

확인 평가 174~175쪽

01 ㉠ 수출, ㉡ 수입 02 ㉠, ㉡ 03 ④
04 ⑤ 05 ⑤ 06 ⑤ 07 ⑤
08 ㉮ 기술 발전의 기회를 얻을 수 있습니다. 다른 나라에 공장을 세워 노동력에 드는 비용과 운반 비용을 줄일 수 있습니다. 09 ③
10 ㉮ 무역 분쟁을 겪고 있는 나라 간에 대화와 타협으로 해결합니다. 국제기구에 도움을 요청합니다.
11 세계 무역 기구(WTO)

01 무역은 나라와 나라 사이에 물건과 서비스를 사고파는 것으로, 다른 나라에 물건과 서비스를 파는 것을 수출, 다른 나라에서 물건과 서비스를 사 오는 것을 수입이라고 합니다.

02 나라마다 자연환경과 자원, 기술 수준 등에 차이가 있기 때문에 각 나라는 더 잘 만들 수 있는 상품을 생산하고, 이를 다른 나라와 교류하면서 경제적 이익을 얻습니다.

03 우리나라의 나라별 수출액과 수입액 비율 모두 중국이 가장 높습니다.

04 우리나라는 우리나라에 없거나 부족한 원유나 천연가스 같은 에너지 자원을 많이 수입합니다.

05 우리나라는 한 상품을 만들기 위해 여러 나라와 협력하고 있습니다.

06 ⑤ 같은 종류의 물건을 생산하는 다른 나라보다 더 낮은 가격을 내세우는 것은 경쟁의 모습입니다.

07 ⑤ 다른 나라에 가지 않더라도 그 나라에서 열리는 운동 경기를 쉽게 볼 수 있습니다.

08 기업은 다른 나라 기업과의 교류로 기술 발전의 기회를 얻고, 다른 나라에 공장을 세워 노동력에 드는 비용과 운반에 드는 비용을 줄이고 있습니다.

채점 기준	
상	예시 답안의 내용 중 한 가지를 알맞게 쓴 경우
중	기업이 더 많은 이윤을 얻을 수 있다고만 쓴 경우

09 ③ 자유 무역 협정(FTA)은 경제 교류를 자유롭고 편리하게 하기 위한 것으로, 무역 문제와 관련이 없습니다.

10 무역 분쟁이 발생하였을 때에는 분쟁을 겪고 있는 나라 간에 대화와 타협으로 문제를 함께 해결하려는 노력이 필요합니다. 또한 국제기구에 도움을 요청할 수도 있습니다.

채점 기준	
상	예시 답안의 내용 중 두 가지를 모두 알맞게 쓴 경우
중	예시 답안의 내용 중 한 가지만 쓴 경우

11 세계 무역 기구(WTO)는 나라 간에 자유롭고 공정한 무역을 위해 설립된 국제기구로, 나라와 나라 사이에 무역을 할 때 지켜야 할 규칙을 정하고 무역 갈등이 생겼을 때 조정하는 일을 합니다.

단원평가 기본 176~179쪽

01 ㉠ 가계, ㉡ 기업 02 ① 03 예 시간과 공간의 제약 없이 언제 어디에서든지 물건을 살 수 있습니다. 04 ⑤ 05 ①, ⑤ 06 선하 07 ① 08 ①, ⑤ 09 ㉡, ㉣ 10 ③ 11 ③ 12 ③ 13 (1) 환경 문제 (2) 예 친환경 제품을 개발합니다. 14 ⑤ 15 무역 16 예 기술력을 활용하여 만든 물건을 많이 수출하고, 에너지 자원을 많이 수입합니다. 17 ①, ③ 18 ① 19 ⑤ 20 ㉡, ㉣

01 ㉠은 생산 활동에 참여하여 그 대가로 소득을 얻고, 소득으로 물건과 서비스를 사는 가계입니다. ㉡은 물건을 만들어 판매하는 기업입니다.

02 ① 사람들에게 일자리를 제공하고 급여를 지급하는 경제 주체는 기업입니다.

03

채점 기준	
상	시간과 공간의 제약 없이 언제 어디에서든지 물건을 살 수 있다고 쓴 경우
중	쉽고 편리하게 물건을 살 수 있다고만 쓴 경우

04 가계는 가격, 품질, 디자인, 상표 등 다양한 선택 기준을 고려하여 합리적 선택을 합니다.

05 자유로운 경쟁으로 개인은 더 큰 만족을 얻고 좋은 서비스를 제공받을 수 있습니다. ②, ④는 자유로운 경쟁이 기업에 미치는 영향입니다. ③ 개인은 다양한 물건을 살 수 있어 더 큰 만족을 얻습니다.

06 선하 - 정부는 공정한 경제활동의 기준이 되는 법이나 제도를 만들고, 공정 거래 위원회를 만들어 소비자의 이익을 보호하는 등의 노력을 합니다.

07 6·25 전쟁으로 우리나라는 산업 시설이 파괴되고 국토가 황폐해졌습니다. 이에 우리나라는 파괴된 시설을 복구하는 데 힘을 쏟았습니다.

08 1960년대 정부는 경제 성장을 이루기 위해 경제 개발 5개년 계획을 세우고, 경제 발전의 기초가 되는 기반 시설을 건설하였습니다.

09 1970~1980년대에는 중화학 공업이 빠르게 발전하면서 수출액과 국민 소득이 급격히 늘어났습니다.

10 2000년대 이후 우리나라에서는 고도의 기술이 필요한 첨단 산업이 발전하고 있습니다.

11 2000년대 이후 우리나라는 의료 서비스, 금융, 관광, 문화 콘텐츠 산업 등 다양한 분야의 서비스업이 발전하고 있습니다. ③ 자동차 산업은 1980년대에 발전하였습니다.

12 국내 총생산은 일정 기간 동안 한 나라 안에서 생산된 물건과 서비스의 양을 돈으로 계산해 합한 것을 말합니다. 국내 총생산이 꾸준히 증가하고 있는 것을 통해 우리나라의 경제가 성장하고 있다는 것을 알 수 있습니다.

13 경제 성장을 중시하면서 대기 오염, 토양 오염 등 환경 문제가 발생하였습니다. 이에 기업은 친환경 제품을 개발하는 등의 노력을 하고 있습니다.

채점 기준	
상	(1)에 환경 문제를 쓰고, (2)에 친환경 제품을 개발하여 판매한다는 내용 등 기업의 노력을 알맞게 쓴 경우
중	(1)에 환경 문제를 쓰고, (2)에 환경 문제에 관심을 가지고 노력한다고만 쓴 경우
하	(1)에 환경 문제만 쓴 경우

14 우리나라는 기술이 필요한 전자 제품을 잘 만들기 때문에 전자 제품을 수출하면 경제적 이익을 얻을 수 있습니다.

15 무역을 할 때 다른 나라에 물건과 서비스를 파는 것은 수출이고, 다른 나라에서 서비스를 사 오는 것은 수입입니다.

16 우리나라는 반도체, 자동차 등 기술력을 활용하여 만든 물건을 많이 수출하고, 원유, 천연가스 등 에너지 자원을 많이 수입하고 있습니다.

채점 기준	
상	기술력을 활용한 물건을 수출하고, 에너지 자원을 수입한다고 쓴 경우
중	다양한 물건을 수출하고 수입한다고만 쓴 경우

17 우리나라는 부족하거나 없는 자원, 물건, 노동력 등을 수입하거나 한 상품을 만들기 위해 다른 나라와 협력하는 등 다른 나라와 경제적 상호 의존 관계를 맺고 있습니다.

19 자기 나라의 경제만을 보호하려고 하다 보면 무역 문제가 발생할 수 있습니다.

20 다른 나라와 무역 분쟁이 발생하였을 때에는 나라 간에 협상을 통해 문제를 해결하려는 노력이 필요하며, 무역 관련 국제기구에 도움을 요청할 수도 있습니다.

단원평가 실전 180~183쪽

01 ① 02 ① 03 ② 04 ③
05 자유 06 ㉢, ㉣ 07 ③ 08 예 노동력이 값싸고 풍부하였기 때문입니다. 09 ④
10 ② 11 ㉣ → ㉢ → ㉠ → ㉡ 12 ①
13 ③ 14 예 ○○ 나라는 배, 자동차, 반도체 등을 △△ 나라에서 수입하고, △△ 나라는 목재, 열대 과일, 원유 등을 ○○ 나라에서 수입합니다.
15 ㉡, ㉢ 16 ㉡, ㉣ 17 ④ 18 ④, ⑤
19 예 미국이 철강을 수입하지 않아 우리나라의 수출이 어려워졌습니다. 20 국제기구

01 ① 기업에 고용되어 다양한 생산 활동에 참여하고 얻은 소득으로 생활에 필요한 물건을 구입하는 소비 활동을 하는 경제 주체는 가계입니다.

02 가계는 기업에 노동력을 제공하고 소득을 얻으며, 기업은 가계의 노동력을 활용하여 생산 활동을 합니다. 이처럼 가계와 기업은 경제적으로 도움을 주고받습니다.

03 ② 전통 시장은 일정한 장소가 있는 시장으로, 물건을 직접 보고 비교해서 살 수 있다는 장점이 있습니다. ①, ③, ④는 생산자와 소비자가 온라인에서 만나 물건을 사고파는 시장입니다.

04 다양한 상품의 판매량을 통해 소비자가 원하는 상품을 분석하고 소비자의 의견을 반영하는 것은 '소비자 분석하기' 단계에 해당합니다.

06 개인은 자신이 원하는 일자리와 더 많은 소득을 얻으려고 다른 사람과 경쟁합니다. ㉠, ㉡은 경제활동 속 자유의 모습입니다.

07 ③ 정부는 경제 질서를 바로잡고 공정한 경제활동이 이루어지도록 기업의 자유로운 경제활동을 적절하게 규제합니다.

08 1960년대 우리나라에서는 값싸고 풍부한 노동력을 바탕으로 의류, 신발, 가발 등과 같은 제품을 만드는 경공업이 발전하였습니다.

채점 기준	
상	노동력이 값싸고 풍부하였기 때문이라고 쓴 경우
중	자원과 기술이 부족하였기 때문이라고 쓴 경우

10 중화학 공업의 발전으로 수출액이 증가하고 국민 소득이 급격히 늘어나 사람들의 생활 수준이 높아졌습니다.

11 ㉣ 소비재 산업은 6·25 전쟁 직후, ㉢ 경공업은 1960년대, ㉠ 정보 통신 산업은 1990년대, ㉡ 첨단 산업은 2000년대 이후 발전하였습니다.

12 ① 경제 개발 5개년 계획은 1960~1980년대 정부가 추진한 경제 계획입니다.

13 노동자와 기업 경영자 사이의 갈등을 해결하기 위해 기업은 좋은 일자리를 제공하고, 노동자들의 인권을 보호하기 위해 노력합니다.

14 두 나라는 자신의 나라에 부족한 것은 다른 나라에서 사 오고, 풍부한 것은 다른 나라에 팔아 경제적 이익을 얻을 수 있습니다.

채점 기준	
상	예시 답안과 같이 두 나라의 교류를 구체적으로 쓴 경우
중	단순히 두 나라가 물건을 주고받는다고만 쓴 경우

15 ㉠ 우리나라는 반도체를 많이 수출하기도 하지만 많이 수입하기도 합니다.

16 제시된 사례에서 우리나라 기업이 만든 자동차 부품이 다른 나라 기업의 자동차 생산에 사용된다는 점에서 상호 의존 관계를 알 수 있고, 다른 나라 기업들보다 뛰어난 기술과 품질을 인정받았다는 점에서 경쟁 관계를 알 수 있습니다.

17 ④ 1970년보다 2019년에 우리나라의 무역 규모가 매우 커졌으므로 무역의 이익도 크게 증가하였을 것으로 예상할 수 있습니다.

18 다른 나라와의 경제 교류가 증가하면서 기업은 다른 나라와의 교류로 기술 발전의 기회를 얻고, 다른 나라에 공장을 세워 운반 비용을 줄입니다. ②, ③은 경제 교류가 개인에 미치는 영향입니다.

19 미국이 철강 수입을 규제하면서 우리나라의 철강 수출이 어려워져 기업이 피해를 입게 됩니다.

채점 기준	
상	미국이 철강을 수입하지 않아 우리나라의 수출이 어려워졌다고 쓴 경우
중	기업이 어려움을 겪었다고만 쓴 경우

20 무역 문제가 일어났을 때 무역 문제 해결과 관련된 국제기구에 가입해 도움을 받을 수 있습니다.

1 과학자처럼 탐구해 볼까요

핵심 자료 187쪽

1-1 탐구 문제 1-2 굵기
2-1 ○ 2-2 양초 심지의 굵기(지름)
2-3 심지의 길이, 양초의 모양과 크기
3-1 막대그래프 3-2 ○ 3-3 세로축
3-4 ×

단원평가 기본 188~189쪽

01 ㉡ 02 ⑤ 03 ㉠ 다르게, ㉡ 같게
04 ② 05 ① 06 (1) ㉠ (2) ㉡
07 (1) 3 (2) 예 양초 심지의 굵기가 굵을수록 촛불의 길이가 깁니다. 08 ㉡ 09 가설
10 (1) × (2) × (3) ○

01 가설은 관찰한 사실이나 경험 등을 바탕으로 탐구 문제에 대해 내려 보는 잠정적인 결론입니다.

02 가설은 이해하기 쉽고 간결하게 표현해야 합니다.

03 실험을 통해 알아보고자 하는 하나의 조건을 제외한 나머지는 모두 같게 합니다.

04 실험에서 양초 심지의 굵기를 각각 다르게 해야 합니다.

05 실험하는 동안 안전 수칙을 철저히 지키고, 실험을 할 때 관찰하거나 측정한 내용은 바로 기록합니다.

06 표는 많은 양의 자료를 체계적으로 정리할 수 있고, 그래프는 실험 조건과 실험 결과의 관계를 한눈에 알아보기 쉽게 나타낼 수 있습니다.

07 양초 심지의 굵기가 굵을수록 촛불의 길이가 길어짐을 알 수 있습니다.

채점 기준	
상	(1)에 3을 쓰고, (2)에 양초 심지의 굵기가 굵을수록 촛불이 길다고 쓴 경우
하	(1)에 3만 쓴 경우

08 실험하는 동안 변인이 잘 통제되지 않았다면 실험 방법을 고쳐 다시 실험합니다.

09 실험 결과가 가설과 다르다면 가설을 수정하고 탐구를 다시 시작합니다.

10 ㉡은 '결론 이끌어 내기'입니다. 실험 결과를 정리하고 해석하여 가설이 옳은지 판단하고, 이를 바탕으로 결론을 이끌어 냅니다.

2 지구와 달의 운동

핵심 자료 191쪽

1-1 자전축 1-2 동, 서 2-1 다릅니다.
2-2 × 2-3 × 2-4 겨울철
3-1 초승달 3-2 ×

단원평가 기본 192~195쪽

01 ㉠ 02 ③ 03 ㉡ 04 예 동쪽 하늘에서 남쪽 하늘을 지나 서쪽 하늘로 위치가 달라집니다. 05 자전 06 ㉠ 07 ②
08 (1) ㉠ (2) ㉡ 09 ⑤ 10 지환
11 ① 12 ①, ③ 13 ④ 14 (1) 지구의 공전 (2) 예 지구가 공전하기 때문입니다.
15 ①, ④ 16 ⑤ 17 ④ 18 ㉢
19 ㉡ 20 (1) 상현달 (2) 예 동쪽 하늘에서 보름달을 관측할 수 있습니다.

01 하루 동안 태양은 동쪽 하늘에서 남쪽 하늘을 지나 서쪽 하늘로 위치가 달라집니다.

02 지구가 자전하기 때문에 하루 동안 태양이 동쪽에서 서쪽으로 위치가 달라지는 것처럼 보입니다.

03 하루 동안 달은 동쪽에서 서쪽으로 위치가 달라집니다.

04 하루 동안 달과 태양은 동쪽 하늘에서 남쪽 하늘을 지나 서쪽 하늘로 위치가 달라집니다.

채점 기준	
상	동쪽에서 서쪽으로 위치가 변한다고 쓴 경우
중	제시어를 언급하지 않고 같은 방향으로 변한다라고만 쓴 경우

05 학생이 지구라면 학생이 제자리에서 회전하는 것은 지구가 제자리에서 회전하는 것(지구의 자전)입니다.

06 지구의 자전은 지구가 자전축을 중심으로 하루에 한 바퀴씩 회전하는 것입니다.

07 지구는 자전축을 중심으로 하루에 한 바퀴씩 서쪽에서 동쪽(시계 반대 방향)으로 자전합니다.

08 지구가 자전할 때 지구에서 태양 빛을 받는 곳은 낮이 되고, 태양 빛을 받지 못하는 곳은 밤이 됩니다.

09 ㉠은 태양 빛을 받지 못하는 밤이고, ㉡은 태양 빛을 받는 낮입니다. 지구는 하루에 한 바퀴씩 자전하므로 1 일 뒤 같은 시각에 ㉠은 밤, ㉡은 낮이 됩니다.

10 계절별 대표적인 별자리는 하루 동안 밤하늘을 관측했을 때 그 계절에 오래 보이는 별자리를 말하며, 계절마다 대표적인 별자리는 달라집니다.

11 목동자리, 사자자리, 처녀자리는 봄철 대표적인 별자리입니다.

12 백조자리, 독수리자리는 여름철, 안드로메다자리는 가을철 대표적인 별자리입니다.

13 지구의 공전은 지구가 태양을 중심으로 1 년에 한 바퀴씩 서쪽에서 동쪽으로 회전하는 것입니다.

14 지구가 태양 주위를 회전하면 계절에 따라 보이는 별자리가 달라집니다.

채점 기준	
상	(1)에 지구의 공전을 쓰고, (2)에 지구의 공전 때문이라고 쓴 경우
하	(1)에 지구의 공전이라고만 쓴 경우

15 겨울철 9 시 무렵 동쪽에서 보이던 사자자리는 같은 시각 봄철에는 남쪽, 여름철에는 서쪽에서 보이며, 가을철에는 보이지 않습니다.

16 그믐달은 음력 27 일~28 일 무렵에 볼 수 있습니다.

17 달은 약 30 일 주기로 모양 변화를 반복합니다.

18 달은 초승달, 상현달, 보름달, 하현달, 그믐달 순서로 모양 변화를 반복합니다.

19 초승달은 음력 2 일~3 일 무렵에 태양이 진 직후 서쪽 하늘에서 볼 수 있습니다.

20 여러 날 동안 관측한 달의 위치는 서쪽에서 동쪽으로 날마다 조금씩 옮겨 가면서 그 모양도 달라집니다.

채점 기준	
상	(1)에 상현달을 쓰고, (2)에 동쪽 하늘과 보름달을 모두 쓴 경우
하	(1)에 상현달이라고만 쓴 경우

단원평가 실전

196~199쪽

01 ㉡ 02 ① 03 ④ 04 ㉠ 동, ㉡ 서 05 예 지구가 제자리에서 회전하기 때문입니다. 지구가 자전하기 때문입니다. 등
06 자전축 07 ㉡, ㉣ 08 밤 09 ㉠ 동, ㉡ 서 10 ㉡ 11 ㉠, ㉢ 12 ㉡, ㉢, ㉣
13 ④, ⑤ 14 예 지구가 공전하기 때문입니다.
15 ㉢ 16 ② 17 ⑤ 18 ②
19 ⑤ 20 예 여러 날 동안 관측한 달은 서쪽에서 동쪽으로 위치가 달라집니다.

01 남쪽을 바라보고 선 뒤 태양을 관측하며, 하루 동안 태양은 동쪽에서 서쪽으로 위치가 달라집니다.

02 하루 동안 달은 동쪽에서 서쪽으로 위치가 달라집니다.

03 하루 동안 태양과 달은 동쪽에서 서쪽으로 움직이는 것처럼 보입니다.

04 지구 역할을 하는 학생이 제자리에서 서쪽에서 동쪽으로 회전하면 전등은 동쪽에서 서쪽으로 움직이는 것처럼 보입니다.

05 지구가 서쪽에서 동쪽으로 자전하기 때문에 태양이 동쪽에서 서쪽으로 움직이는 것처럼 보입니다.

채점 기준	
상	지구가 제자리에서 회전하기 때문이라고 쓰거나 지구의 자전 때문이라고 쓴 경우
중	지구의 회전 때문이라고만 쓴 경우

06 지구의 자전축은 지구의 북극과 남극을 이은 가상의 직선을 말합니다.

07 지구는 자전축을 중심으로 하루에 한 바퀴씩 서쪽에서 동쪽(시계 반대 방향)으로 자전합니다.

08 (가) 부분은 태양 빛을 받지 못하는 밤입니다.

09 지구가 서쪽에서 동쪽으로 자전하기 때문에 태양과 달의 위치가 동쪽에서 서쪽으로 달라집니다.

10 여름철 대표적인 별자리는 여름철 밤하늘에서 가장 오래 보이는 별자리입니다.

11 목동자리는 봄철, 페가수스자리는 가을철 대표적인 별자리입니다.

12 지구 역할을 하는 학생이 서쪽에서 동쪽으로 전등 주위를 회전하면 밤에 ㉠ → ㉡ → ㉢ → ㉣의 순으로 계절별 별자리가 잘 보입니다.

13 전등은 태양 역할을 하고, 지구를 중심으로 태양 쪽에 있는 별자리는 볼 수 없습니다.

14 지구가 공전하기 때문에 지구의 위치가 달라져 계절에 따라 보이는 별자리와 별자리들이 보이는 위치가 달라집니다.

채점 기준	
상	지구가 공전하기 때문이라고 쓴 경우
중	지구의 위치가 변해서라고만 쓴 경우

15 태양과 같은 방향에 있는 별자리는 밤하늘에서 관찰하기 어렵습니다.

16 지구의 자전 방향과 지구의 공전 방향은 모두 서쪽에서 동쪽으로 같습니다.

17 음력 2 일~3 일 무렵에는 초승달, 음력 7 일~8 일 무렵에는 상현달, 음력 15 일 무렵에는 보름달, 음력 22 일~23 일 무렵에는 하현달을 볼 수 있습니다.

18 달은 약 30 일 주기로 모양 변화를 반복합니다.

19 ㉠은 보름달이고, ㉢은 상현달이므로 두 달을 관측한 날짜는 약 7 일 차이가 납니다.

20 여러 날 동안 같은 장소, 같은 시각에 관측한 달은 서쪽에서 동쪽으로 위치가 달라지며, 그 모양도 달라집니다.

채점 기준	
상	서쪽에서 동쪽으로 위치가 달라진다고 쓴 경우
중	왼쪽 방향으로 이동한다고 쓴 경우

3 여러 가지 기체

핵심 자료 201쪽

1-1 이산화 망가니즈, 묽은 과산화 수소수
1-2 낮아
2-1 온도　2-2 압력, 약해져서
3-1 질소, 산소　3-2 헬륨　3-3 질소

단원평가 기본 202~205쪽

01 ㉢　02 (라), (바), (나), (마), (다)
03 ㉥, 집기병　04 ③　05 (1) 산소
(2) 예 색깔이 없습니다. 냄새가 없습니다. 다른 물질이 타는 것을 돕습니다. 금속을 녹슬게 합니다. 등
06 (나)　07 (다), 예 집기병에 들어 있는 기체가 산소인 경우 석회수가 흐려지지 않고, 이산화 탄소인 경우 석회수가 뿌옇게 흐려지기 때문입니다.
08 ⑤　09 ①, ③　10 ⑤　11 ⑤
12 ㉡, ㉢　13 예 찌그러진 탁구공을 뜨거운 물에 넣으면 탁구공 안에 들어 있는 기체의 온도가 높아져 기체의 부피가 커지기 때문입니다.　14 ①
15 ⑤　16 ㉠ 온도, ㉡ 압력　17 ①
18 ㉡　19 ④　20 ④

01 ㉢은 핀치 집게입니다.

02 깔때기에 고무관을 끼운 뒤 (라) → (바) → (나) → (마) → (다) 순으로 기체 발생 장치를 꾸밉니다.

03 발생한 기체는 집기병(㉥)에 모입니다.

04 기체가 발생할 때에는 핀치 집게(㉢)를 열지 않도록 하고, ㄱ 자 유리관(㉤)을 집기병(㉥) 속에 너무 깊이 넣지 않도록 합니다.

05 산소는 색깔과 냄새가 없고, 다른 물질이 타는 것을 돕습니다. 또 구리와 철 같은 금속을 녹슬게 합니다.

채점 기준	
상	(1)에 산소를 쓰고, (2)에 산소의 성질 한 가지를 쓴 경우
하	(1)에 산소라고만 쓴 경우

06 기체의 냄새를 확인할 때는 손으로 바람을 일으켜 냄새를 맡습니다.

07 이산화 탄소는 석회수를 뿌옇게 흐리게 합니다.

채점 기준	
상	(다)를 쓰고, 석회수가 이산화 탄소와 만나면 뿌옇게 흐려진다고 쓴 경우
하	(다)라고만 쓴 경우

08 산소는 색깔과 냄새가 없고, 금속을 녹슬게 합니다.

09 비행선을 공중에 띄울 때는 헬륨, 식품의 내용물을 보존하는 데는 질소, 압축 공기통이나 산소 호흡 장치에는 산소를 이용합니다.

10 자전거 체인이 붉게 녹슨 것은 산소가 구리, 철과 같은 금속을 녹슬게 하는 성질이 있기 때문입니다.

11 고무풍선을 씌운 삼각 플라스크를 뜨거운 물에 넣으면 고무풍선이 부풀어 오르고, 얼음물에 넣으면 고무풍선이 오그라듭니다.

12 온도가 높아지면 기체의 부피는 커집니다.

13 기체의 온도가 높아지면 기체의 부피가 커집니다.

채점 기준	
상	탁구공 안 기체의 온도가 높아져 기체의 부피가 커지기 때문이라고 쓴 경우
중	탁구공 안 기체의 온도가 높아져 기체의 부피가 변하기 때문이라고만 쓴 경우

14 피스톤을 세게 누르면 주사기 안에 들어 있는 공기의 부피가 많이 작아져 피스톤이 많이 들어갑니다.

15 액체는 압력에 따라 부피가 거의 변하지 않습니다.

16 기체는 일정한 압력에서 온도에 따라 부피가 변하고, 일정한 온도에서는 압력에 따라 부피가 변합니다.

17 기체의 부피 변화에 영향을 준 것은 ①에서는 온도이고, ②, ③, ④에서는 압력입니다.

18 하늘 높이 올라갈수록 공기의 압력이 낮아지므로 부풀린 풍선이 더 부풀어 커집니다.

19 식품의 내용물을 보존하거나 신선하게 보관하는 데 이용하는 기체는 질소입니다.

20 비행기의 타이어를 채우는 데 이용하는 기체는 질소입니다.

단원평가 실전 206~209쪽

01 핀치 집게 02 ① 03 (나)
04 예 ㉢의 내부에서 거품이 발생하고, ㉣의 끝부분에서 거품이 나오며, ㉤ 내부의 물의 높이가 낮아집니다.
05 ⑤ 06 ③ 07 예 산소는 금속을 녹슬게 합니다. 08 ㉠ 09 ① 10 ⑤
11 ①, ③ 12 ㉠ 13 예 동전이 딸각거리며 움직입니다. 차가운 유리병을 두 손으로 감싸면 유리병 안에 들어 있는 기체의 온도가 높아져 기체의 부피가 커지기 때문입니다. 14 ④
15 ㉠ 16 ② 17 기체의 부피
18 ④ 19 ③ 20 ②

01 고무관의 중간 부분에 핀치 집게를 끼웁니다.

02 ㉠은 깔때기, ㉡은 핀치 집게, ㉢은 가지 달린 삼각 플라스크, ㉣은 ㄱ 자 유리관, ㉤은 집기병입니다.

03 기체 발생 장치에서 산소를 발생시키려면 깔때기에 묽은 과산화 수소수를 넣어야 합니다.

04 기체 발생 장치에서 기체가 발생할 때 가지 달린 삼각 플라스크(㉢) 내부에서 거품이 발생하고, ㄱ 자 유리관(㉣) 끝부분에서 거품이 나오며, 집기병(㉤) 내부의 물의 높이가 낮아집니다.

채점 기준	
상	㉢, ㉣, ㉤에서의 변화를 모두 바르게 쓴 경우
중	㉢, ㉣, ㉤에서의 변화를 한두 가지만 바르게 쓴 경우

05 물을 넣은 가지 달린 삼각 플라스크에 탄산수소 나트륨을 넣고 깔때기에 진한 식초를 넣으면 이산화 탄소가 발생합니다.

06 산소는 색깔과 냄새가 없습니다.

07 산소는 구리, 철과 같은 금속을 녹슬게 합니다.

채점 기준	
상	산소는 금속을 녹슬게 한다고 쓴 경우
중	산소는 금속을 변화시킨다고만 쓴 경우

08 산소와 이산화 탄소는 색깔과 냄새가 없습니다. 다른 물질이 타는 것을 돕는 것은 산소입니다.

09 이산화 탄소가 들어 있는 집기병에 향불을 넣으면 향불이 꺼집니다.

10 이산화 탄소는 석회수를 뿌옇게 흐리게 합니다.

11 일정한 압력에서 기체의 부피는 온도에 따라 변합니다.

12 플라스틱 스포이트의 머리 부분에 들어 있는 공기의 온도가 높아지면 공기의 부피가 커지므로 색소 방울은 ㉠ 쪽으로 이동합니다.

13 온도가 높아지면 기체의 부피가 커집니다.

채점 기준	
상	동전이 움직인다고 쓰고, 유리병 안 기체의 부피가 커지기 때문이라고 쓴 경우
중	동전이 움직인다고만 쓴 경우

14 기체에 가하는 압력이 약할 때에는 기체의 부피가 조금 작아집니다.

15 액체는 압력에 따라 부피가 거의 변하지 않습니다.

16 햇빛이 비치는 곳에 과자 봉지를 두면 과자 봉지 안에 들어 있는 기체의 온도가 높아져 기체의 부피가 커지므로 과자 봉지가 부풀어 오릅니다.

17 기체의 부피 변화에 영향을 주는 것은 정은과 민지의 예에서는 온도이고, 혜경의 예에서는 압력입니다.

18 공기는 여러 가지 기체가 섞여 있는 혼합물입니다.

19 질소는 식품의 내용물을 보존하는 데 이용하고, 헬륨은 풍선을 공중에 띄우는 데 이용합니다.

20 압축 공기통과 호흡 장치에 들어 있으며, 다른 물질이 타는 것을 돕고 구리, 철과 같은 금속을 녹슬게 하는 기체는 산소입니다.

4 식물의 구조와 기능

핵심 자료 211쪽

1-1 × 1-2 세포벽
2-1 뿌리의 유무 2-2 자르지 않은 2-3 흡수
3-1 물(붉은 색소 물) 3-2 ×
3-3 운반

핵심 자료 213쪽

1-1 다르게 한 조건 1-2 ㉡
2-1 청람색 2-2 ㉡ 3-1 수술
3-2 ○

단원평가 기본 214~217쪽

01 수연 02 (1) ㉠, 세포벽 (2) 예 핵이 있습니다. 세포막으로 둘러싸여 있습니다. 등 03 >
04 ① 05 ② 06 (1) 소나무 줄기 (2) 예 소나무 줄기는 고구마 줄기보다 굵기가 훨씬 더 굵습니다. 소나무 줄기는 곧게 뻗지만, 고구마 줄기는 땅 위를 기는 듯이 뻗어나갑니다. 등 07 ①
08 ①, ③, ⑤ 09 ③ 10 기공
11 ②, ⑤ 12 ⑤ 13 ③ 14 암술, 예 사과꽃은 암술, 수술, 꽃잎, 꽃받침으로 이루어져 있지만, 호박꽃의 암꽃은 수술이 없어 암술, 꽃잎, 꽃받침으로 이루어져 있습니다. 15 ④
16 ⑤ 17 ④ 18 ③ 19 열매
20 ㉢

01 세포는 종류에 따라 하는 일이 다르고, 크기가 매우 작아 맨눈으로 관찰하기 어렵습니다.

02 식물 세포와 동물 세포는 모두 둥근 모양의 핵이 있고, 세포막으로 둘러싸여 있습니다.

채점 기준	
상	(1)에 ㉠, 세포벽을 쓰고, (2)에 식물 세포와 동물 세포의 공통점 한 가지를 옳게 쓴 경우
하	(1)에 ㉠, 세포벽만 쓴 경우

03 뿌리를 자르지 않은 양파는 물을 흡수하므로, ㉡의 비커에 담긴 물의 양이 더 많이 줄어듭니다.

04 ㉡의 비커에 담긴 물의 양이 더 많이 줄어든 것을 통해 뿌리는 물을 흡수한다는 것을 알 수 있습니다.

05 양파와 파는 뿌리가 수염처럼 나는 식물입니다.

06 식물의 종류에 따라 줄기의 생김새가 다양합니다.

채점 기준	
상	(1)에 소나무 줄기를 쓰고, (2)에 소나무 줄기와 고구마 줄기의 굵기나 뻗는 모습 등에서 차이점 한 가지를 옳게 쓴 경우
하	(1)에 소나무 줄기만 쓴 경우

07 붉게 물든 부분은 물이 이동한 통로입니다.

08 줄기는 뿌리에서 흡수한 물이 이동하는 통로 역할을 하고 식물을 지지하며, 줄기에 양분을 저장하기도 합니다.

09 식물의 잎은 잎몸에 잎맥이 뻗어 있고, 대부분 잎몸과 연결된 잎자루가 줄기에 달려 있습니다.

10 기공은 잎의 표면에 있는 작은 구멍입니다.

11 증산 작용은 잎에서 일어납니다. 증산 작용은 식물의 온도를 조절하고, 뿌리에서 흡수한 물이 잎까지 이동하도록 돕습니다.

12 뿌리에서 흡수하여 잎으로 이동한 물의 일부는 광합성에 이용되고, 일부는 잎의 기공을 통해 식물 밖으로 빠져나갑니다.

13 빛을 받은 잎에서는 광합성이 일어나 녹말이 만들어지므로, 아이오딘-아이오딘화 칼륨 용액을 떨어뜨렸을 때 청람색으로 변합니다.

14 사과꽃은 암술과 수술이 함께 있지만, 호박꽃은 암꽃과 수꽃이 따로 있습니다.

채점 기준	
상	암술을 쓰고, 제시어를 모두 언급하여 두 꽃의 생김새의 차이점을 옳게 쓴 경우
중	암술만 쓴 경우

15 수술에서 꽃가루가 만들어지고, 암술 속에서 씨가 만들어져 자랍니다.

16 옥수수는 바람, 동백나무는 새, 검정말은 물, 사과나무와 코스모스는 곤충에 의해 꽃가루받이가 이루어집니다.

17 단풍나무는 열매에 날개가 있어서 돌면서 멀리 날아가 씨가 퍼집니다.

18 가죽나무는 단풍나무와 같이 열매에 날개가 있어서 돌면서 멀리 날아가 씨가 퍼집니다.

19 열매는 씨를 보호하고 씨를 퍼뜨립니다.

20 뿌리에서 흡수한 물과 잎에서 만들어진 양분은 줄기를 통해 이동합니다.

단원평가 실전 218~221쪽

01 ①, ② 02 예 (가)는 세포벽이 있지만, (나)는 세포벽이 없습니다. 03 ㉡ 04 ②
05 ④ 06 예 가로 단면에는 붉은 점이 여러 개 퍼져 있고, 세로 단면에는 붉은 선이 여러 개 있습니다. 07 ② 08 ① 09 지환
10 ①, ⑤ 11 예 빛을 받지 못한 잎과 빛을 받은 잎을 비교하기 위해서입니다. 12 ㉢
13 ② 14 ④ 15 ⑤ 16 ②
17 ③ 18 소연 19 ⑤ 20 기공

01 양파 표피 세포(식물 세포)와 입안 상피 세포(동물 세포) 모두 핵과 세포막을 갖고 있습니다.

02 동물 세포에는 식물 세포에 있는 세포벽이 없습니다.

채점 기준	
상	(가)는 세포벽이 있고, (나)는 세포벽이 없다라고 쓴 경우
중	세포벽의 유무라고만 쓴 경우

03 토마토 뿌리는 굵고 곧은 뿌리에 가는 뿌리들이 나 있습니다.

04 식물의 증산 작용은 주로 잎에서 일어납니다.

05 토란과 연꽃은 줄기에, 사과와 토마토는 열매에, 고구마, 무, 당근 같은 식물은 뿌리에 양분을 저장합니다.

06 백합 줄기에서 물이 이동하는 통로는 줄기의 여러 군데에 분포합니다.

채점 기준	
상	가로 단면과 세로 단면의 관찰 결과를 모두 쓴 경우
중	가로 단면 또는 세로 단면의 관찰 결과만 쓴 경우

07 백합 줄기의 단면에서 붉게 물든 부분은 물이 이동한 통로입니다.

08 소나무 줄기는 표면이 꺼칠꺼칠하고, 나팔꽃과 고구마의 줄기는 표면이 매끈합니다.

09 잎몸에 잎맥이 뻗어 있습니다.

10 뿌리에서 잎으로 이동한 물의 일부는 광합성에 이용되고, 일부는 잎의 기공을 통해 식물 밖으로 빠져나갑니다.

11 광합성으로 생기는 물질을 확인하는 실험이기에 고추 모종 한 개에만 어둠상자를 씌워 빛을 받지 못하게 하는 것입니다.

채점 기준	
상	빛을 받은 잎과 빛을 받지 못한 잎을 비교하기 위해서라고 쓴 경우
중	어둠상자로 빛을 차단하기 위해서라고만 쓴 경우

12 빛을 받은 잎에서만 광합성이 일어나 녹말이 만들어지므로, 아이오딘-아이오딘화 칼륨 용액을 떨어뜨렸을 때 청람색으로 변합니다.

13 온도가 높을 때, 햇빛이 강할 때, 습도가 낮을 때, 바람이 잘 불 때, 식물 안에 물의 양이 많을 때 증산 작용이 잘 일어납니다.

14 (가)는 암술, (나)는 꽃받침, (다)는 수술, (라)는 꽃잎입니다.

15 수술에서 꽃가루를 만들고, 꽃잎이 암술과 수술을 둘러싸서 보호합니다.

16 꽃가루받이가 이루어지면 열매가 맺히고, 그 속에서 씨가 자랍니다.

17 소나무는 바람, 코스모스는 곤충, 검정말은 물, 동백나무는 새에 의해 꽃가루받이가 이루어집니다.

18 열매나 씨의 생김새는 씨가 퍼지는 방법에 따라 씨를 멀리 퍼뜨리기에 유리한 구조로 생겼습니다.

19 열매 끝이 갈고리 모양이어서 열매가 동물의 털이나 사람의 옷에 붙어 씨를 퍼뜨리는 도꼬마리 열매의 특징을 활용해 찍찍이 테이프가 만들어졌습니다.

20 물이 부족한 상황에서 잎은 기공을 닫아 물이 밖으로 빠져나가는 것을 막습니다.

5 빛과 렌즈

핵심 자료 223쪽

1-1 프리즘 1-2 여러 가지
2-1 꺾여 나아갑니다 2-2 꺾이지 않고 그대로 나아갑니다 2-3 빛의 굴절
2-4 × 3-1 돋보기 3-2 ○
3-3 볼록

단원평가 기본 224~227쪽

01 ① 02 ㉡ 03 예 햇빛은 여러 가지 색의 빛으로 이루어져 있습니다. 04 ②
05 (1) ○ (2) ○ (3) × 06 ②, ⑤ 07 ②, ④
08 ㉠, ㉢ 09 ⑤ 10 (1) 유라 (2) 예 곧게 나아가던 빛이 볼록 렌즈의 가운데 부분을 통과하면 빛은 꺾이지 않고 그대로 나아가. 11 ㉠, ㉢
12 ① 13 ① 14 ③ 15 예 돋보기안경은 책의 작은 글씨를 확대해서 볼 수 있어 가까운 것이 잘 보이지 않는 사람의 시력을 교정하는 데 도움을 줍니다. 16 인영 17 ㉠, ㉡
18 ④ 19 ⑤ 20 볼록 렌즈

01 태양이 있는 맑은 날 실험해야 합니다.

02 실험을 통해 햇빛이 여러 가지 색의 빛으로 이루어져 있다는 것을 알 수 있습니다.

03 비가 내린 뒤 무지개를 볼 수 있는 까닭은 햇빛이 여러 가지 색의 빛으로 이루어져 있기 때문입니다.

채점 기준	
상	햇빛은 여러 가지 색의 빛으로 이루어져 있다고 쓴 경우
중	햇빛은 무지개를 만든다고 쓴 경우

04 물속에서 공기 중으로 나오는 빛이 물과 공기의 경계에서 굴절하여 눈으로 들어오기 때문에 동전이 보입니다.

05 거울에 비친 내 모습의 좌우가 바뀌어 보이는 까닭은 빛의 반사 때문입니다.

06 수조의 물에 우유를 두세 방울 정도 넣어 섞고 향 연기를 채우면 빛이 나아가는 모습을 잘 관찰할 수 있습니다.

07 서로 다른 물질의 경계에서 빛이 비스듬히 나아갈 때는 꺾여서 나아가고, 수직으로 나아갈 때는 꺾이지 않고 그대로 나아갑니다.

08 빛은 서로 다른 물질의 경계를 비스듬히 나아갈 때 꺾입니다.

09 볼록 렌즈는 렌즈의 가운데 부분이 가장자리보다 두꺼운 렌즈입니다.

10 곧게 나아가던 빛이 볼록 렌즈의 가운데 부분을 통과하면 빛은 꺾이지 않고 그대로 나아갑니다.

채점 기준	
상	(1)에 유라를 쓰고, (2)에 빛이 꺾이지 않고 그대로 나아간다고 쓴 경우
하	(1)에 유라만 쓴 경우

11 볼록 렌즈로 물체를 보면 실제 물체보다 크게 보이거나, 작게 상하좌우가 바뀌어 보일 때도 있습니다.

12 유리창은 두께가 일정한 평면이기 때문에 볼록 렌즈 구실을 할 수 없습니다.

13 망원경은 멀리 있는 물체를, 현미경은 작은 물체를, 돋보기안경은 책의 작은 글씨를, 시계 확대경은 시계의 날짜를 확대해서 볼 때 쓰입니다.

14 곤충을 관찰할 때 돋보기를 사용하면 작아서 잘 보이지 않는 부분을 확대하여 자세히 볼 수 있습니다.

15 돋보기안경은 가까운 것이 잘 보이지 않는 사람의 시력을 교정하는 데 도움을 줍니다.

채점 기준	
상	제시어를 모두 언급해서 옳게 쓴 경우
중	제시어 한두 개를 언급하지 않고 쓴 경우

16 현미경은 볼록 렌즈를 이용하여 작은 물체의 모습을 확대해서 볼 수 있게 만든 기구입니다.

17 볼록 렌즈를 사용하면 작은 물체나 멀리 있는 물체를 자세히 관찰할 수 있습니다.

18 간이 사진기를 만들 때 속 상자의 네모난 구멍이 뚫린 부분에는 기름종이를 붙입니다.

19 간이 사진기의 겉 상자에는 볼록 렌즈를 붙이고, 속 상자에는 기름종이를 붙여 사용합니다.

20 겉 상자의 볼록 렌즈에서 빛이 굴절합니다.

단원평가 실전 228~231쪽

01 ㉠ 02 ④ 03 ② 04 기현
05 ④ 06 ㉰ 레이저 지시기의 빛이 나아가는 모습을 더 잘 관찰하기 위해서입니다. 07 ④
08 ㉢ 09 ① 10 ② 11 ③
12 은서, ㉰ ㉠ 위치에 있던 물체를 ㉡ 위치로 옮기면 볼록 렌즈 너머로 보이는 물체가 작게 거꾸로 보입니다. 13 ① 14 ③ 15 ⑤
16 ④ 17 ㉡ 18 ② 19 ③
20 ㉰ 간이 사진기에 있는 볼록 렌즈에서 빛이 굴절하여 기름종이에 상하좌우가 바뀐 물체의 모습을 만들기 때문입니다.

01 프리즘을 대신하기 위해서는 투명하면서 비스듬한 부분이 있는 물체를 사용해야 합니다.

02 햇빛이 프리즘을 통과하면 흰색 종이에 여러 가지 색의 빛으로 나타납니다. 이를 통해 햇빛이 여러 가지 색의 빛으로 이루어져 있다는 것을 알 수 있습니다.

03 물에 잠긴 젓가락은 빛의 굴절 때문에 실제보다 떠올라 보이므로 위로 꺾여 보입니다.

04 빛이 물과 공기의 경계에서 굴절하기 때문에 물속의 물고기가 실제 위치보다 위로 떠올라 보입니다.

05 빛을 두 물질의 경계에 수직으로 비추면 서로 다른 물질이라도 빛의 굴절이 일어나지 않습니다.

06 수조의 물에 우유를 두세 방울 정도 넣어 섞고, 향 연기를 채우면 빛이 나아가는 모습을 잘 관찰할 수 있습니다.

채점 기준	
상	빛이 나아가는 모습을 더 잘 관찰하기 위해서라고 쓴 경우
중	빛이 나아가는 모습을 보기 위해서라고만 쓴 경우

07 빛이 공기와 물의 경계에서 비스듬하게 나아갈 때는 꺾여 나아가지만, 수직으로 나아갈 때는 꺾이지 않고 그대로 나아갑니다.

08 빛이 공기에서 유리로 수직으로 나아갈 때에는 굴절하지 않습니다.

09 볼록 렌즈는 유리와 같이 투명한 물질로 만듭니다.

10 볼록 렌즈에서 빛의 굴절로 일어난 현상입니다.

11 볼록 렌즈에 가까이 있는 물체는 실제보다 크게 보이고, 볼록 렌즈에서 멀리 있는 물체는 실제보다 작게 거꾸로 보입니다.

12 볼록 렌즈로 물체를 관찰하면 실제와 다르게 보입니다.

채점 기준	
상	은서를 쓰고, 크기가 작아지고 상하좌우가 바뀌어 보인다고 쓴 경우
중	은서만 쓴 경우

13 볼록 렌즈로 관찰한 물체의 모습은 실제보다 크거나 작게 상하좌우가 바뀌어 보이기도 합니다.

14 볼록 렌즈의 가장자리를 통과한 빛은 렌즈의 두꺼운 쪽으로 굴절하고, 볼록 렌즈의 가운데 부분을 통과한 빛은 굴절하지 않습니다.

15 볼록 렌즈의 구실을 하는 물체는 빛을 통과시킬 수 있고, 가운데 부분이 가장자리보다 두껍습니다.

16 망원경은 멀리 있는 물체를 관찰할 때 사용합니다.

17 돋보기로 글자를 가까이에서 보면 크게 확대되어 보이고, 멀리서 보면 작게 거꾸로 보이기도 합니다.

18 간이 사진기를 만들 때 겉 상자의 동그란 구멍이 뚫린 부분에 볼록 렌즈를 붙이고, 속 상자의 네모난 구멍이 뚫린 부분에 기름종이를 붙입니다.

19 간이 사진기로 글자를 보면 상하좌우가 바뀌어 보입니다.

20 간이 사진기 겉 상자의 볼록 렌즈에서 빛이 굴절하여 실제 물체의 모습과 상하좌우가 바뀌어 보입니다.

채점 기준	
상	볼록 렌즈에서 빛이 굴절하기 때문이라고 쓴 경우
중	볼록 렌즈 때문이라고만 쓴 경우

기초학력 진단평가 모의평가

국어

2~6쪽

1 ③	2 ④	3 ①	4 ③	5 ②
6 ③	7 ③	8 ③	9 ④	10 ②
11 ④	12 ②	13 ①	14 ①	15 ②
16 ③	17 ②	18 ③	19 ①	20 ④
21 ③	22 ④	23 ②	24 ③	25 ②

1 민재는 주민이의 말을 공감하는 태도로 들으며 자신의 생각과 감정을 말하고 있습니다.

4 할머니께서 강하고 세게 밟으라고 하시지만, '나'는 겁이 나서 그렇게 하지 못하고 있는 상황입니다.

5 설명하는 글을 요약할 때 재미있는 사례나 표현은 삭제하고 중심 내용만 정리합니다.

7 이 글에서는 어류의 여러 기관을 '피부의 비늘', '아가미', '옆줄'로 나열하여 설명하고 있습니다.

9 '고쳐야 할 표현'을 고려하는 것은 고쳐쓰기 단계에서 할 일로, 글을 쓴 이후에 이루어지는 활동입니다.

11 ④에서 높임의 대상을 나타내는 말인 '아버지께서'가 높임 표현인 '청소하신다'와 호응을 이룹니다.

12 ①과 ③은 '견문', ④는 '감상'에 해당합니다.

13 풋고추는 덜 익은 고추이고, 풋밤은 덜 익은 밤, 풋사과는 덜 익은 사과입니다.

16 대화를 빠르게 끝내는 것은 공감하며 대화하는 까닭과는 관련이 없습니다.

17 서빙고가 음식 저장용, 식용, 또는 의료용으로 쓸 얼음을 왕실과 고급 관리들에게 공급했습니다.

20 '별로'라는 말과 서술어의 호응이 어색합니다.

21 핑공 카페는 댓글을 달아 의견을 나타낼 수 있는 인터넷 매체 자료입니다. 누리 소통망은 인터넷 매체 자료에 포함됩니다.

25 ① '삼각김밥'을 '삼김'으로 줄여 사용한 것, ③ '엘레강스', '스타일' 등 외국어를 많이 사용한 것, ④ 높임 대상이 아닌 '자리'를 높여서 표현한 것은 우리말을 바르지 않게 사용한 예입니다.

수학

7~10쪽

1 ②	2 ③	3 ④	4 ③	5 ①
6 ②	7 ④	8 ②	9 ①	10 ③
11 ④	12 ②	13 ④	14 ③	15 ②
16 ①	17 ④	18 ②	19 ①	20 ②
21 ③	22 ②	23 ①	24 ③	25 ④

4 $\begin{array}{r|rr} 2 & 18 & 30 \\ 3 & 9 & 15 \\ \hline & 3 & 5 \end{array}$ ➡ 최대공약수: $2\times3=6$

최소공배수: $2\times3\times3\times5=90$

6 분모와 분자를 72와 64의 최대공약수인 8로 나눕니다. ➡ $\frac{64\div8}{72\div8}=\frac{8}{9}$

따라서 분모와 분자의 합은 $9+8=17$입니다.

10 $(14+\square)\times2=48$, $14+\square=48\div2$, $14+\square=24$, $\square=24-14=10$

12 마름모의 두 대각선은 각각 $7\times2=14$(cm), 9 cm입니다.

➡ (마름모의 넓이)$=14\times9\div2=63$ (cm^2)

14 밀가루를 100 g 단위로 사야 하므로 450을 올림하여 백의 자리까지 나타내면 450 ➡ 500입니다.

따라서 밀가루를 최소 500 g 사야 합니다.

17 각각의 대응변의 길이가 서로 같으므로

(변 ㅁㅂ)=(변 ㄷㄴ)=11 cm,

(변 ㄹㅂ)=(변 ㄱㄴ)=6 cm입니다.

➡ (삼각형 ㄹㅁㅂ의 둘레)$=8+11+6=25$(cm)

18 대응각의 크기는 서로 같으므로

(각 ㄱㅁㄹ)=(각 ㄱㄴㄷ)$=75°$입니다.

➡ (각 ㅁㄱㅂ)$=360°-90°-120°-75°=75°$

20 (1분 동안 수도 10개로 받을 수 있는 물의 양)

$=1.4\times10=14$ (L)

2분 30초$=2\frac{30}{60}$분$=2\frac{5}{10}$분$=2.5$분

➡ (2분 30초 동안 수도 10개로 받을 수 있는 물의 양)

$=14\times2.5=35$ (L)

23 전개도를 접었을 때 선분 ㅅㅇ은 선분 ㅁㄹ과 만나 한 모서리가 됩니다.

25 (과목별 시험 점수의 평균)

$=(86+84+92+90)\div4$

$=352\div4=88$(점)

사회

11~15쪽

1 ④	2 ②	3 ④	4 ④	5 ③
6 ④	7 ③	8 ③	9 ③	10 ②
11 ②	12 ①	13 ④	14 ②	15 ③
16 ④	17 ①	18 ④	19 ④	20 ②
21 ④	22 ③	23 ①	24 ③	25 ④

1 ㉠은 러시아, ㉡은 몽골, ㉢은 중국입니다.

3 ① 산지는 높이 솟은 산들이 모여 이룬 지형, ② 평야는 하천 주변에 넓고 평평한 땅, ③ 해안은 바다와 육지가 만나는 곳입니다.

4 ④ 우리나라는 여름에 남쪽에서 덥고 습한 바람이 불어오고, 겨울에 북서쪽에서 차갑고 건조한 바람이 불어옵니다.

5 오늘날 서울을 중심으로 한 수도권이나 공업이 발달한 부산 등의 도시에 인구가 많습니다.

6 ④ 공항이 많아 지역 간 교류가 활발할 것입니다.

9 헌법에 나타난 국민의 기본권에는 자유권, 평등권, 참정권, 사회권, 청구권이 있습니다.

11 ② 법은 다른 사람의 권리를 침해하지 못하도록 합니다.

12 「저작권법」은 창작물을 만든 사람의 권리를 보호하기 위해 만든 법입니다.

13 고조선은 우리 역사에 처음으로 등장한 나라입니다.

14 삼국은 4세기 백제의 근초고왕 때, 5세기 고구려의 광개토 대왕과 장수왕 때, 6세기 신라의 진흥왕 때의 순서로 전성기를 맞이하였습니다.

16 ④ 왕건은 호족을 자기편으로 만들기 위한 정책을 펼쳤습니다.

17 ① 불국사는 통일 신라 시대에 만들어진 절입니다.

18 앙부일구는 해시계로, 가마솥 모양을 닮았습니다.

21 갑신정변은 급진 개화파가 새로운 정부를 구성하여 근대적 개혁을 추진하고자 한 사건으로, 청 군대의 진압과 일본의 배신으로 실패하였습니다.

22 ③ 일제는 한글을 쓰지 못하게 하고, 일본어를 쓰도록 강요하였습니다.

25 6·25 전쟁은 '① 북한의 침략 → ③ 국군과 국제 연합군의 반격 → ② 중국군의 개입 → ④ 정전 협정 체결'의 순서로 전개되었습니다.

과학

16~20쪽

1 ②	2 ①	3 ④	4 ②	5 ③
6 ①	7 ③	8 ④	9 ②	10 ④
11 ④	12 ①	13 ③	14 ②	15 ④
16 ③	17 ①	18 ②	19 ④	20 ③
21 ④	22 ①	23 ②	24 ③	25 ③

1 기온은 알코올 온도계를 사용해서 측정합니다.

2 온도가 높은 생선과 온도가 낮은 얼음이 접촉하면 생선에서 얼음으로 열이 이동합니다.

3 아이스박스는 외부의 열이 내부로 이동하는 것을 막아 낮은 온도를 유지합니다.

4 태양에 의해 염전에서 소금을 얻습니다.

5 수성은 지구보다 크기가 작습니다.

7 큰곰자리는 북쪽 밤하늘에서 볼 수 있습니다.

8 소금물을 거름 장치로 걸러도 거름종이에 남는 것이 없습니다.

9 물의 온도가 낮아지면 백반이 물에 용해되는 양이 줄어들므로 비커 바닥에 백반 알갱이가 생깁니다.

10 고무찰흙의 양을 줄이면 기구가 가벼워집니다.

11 가느다란 선이 모여 있고 끝에 작은 알갱이가 달려 있는 것은 곰팡이를 관찰한 결과입니다.

12 짚신벌레는 스스로 헤엄쳐 움직일 수 있습니다.

13 제시된 세균의 생김새는 나선 모양입니다.

14 연꽃과 같이 햇빛, 물 등을 이용해 필요한 양분을 스스로 만드는 생물을 생산자라고 합니다.

15 매는 개구리 대신 다른 먹이를 먹고 살 수 있습니다.

16 사막에서 사는 사막여우는 모래색 털이 모래가 많은 사막의 환경과 비슷해 몸을 숨기기 쉽습니다.

17 쓰레기 매립으로 토양 오염이 발생하면 주변에 악취가 심해 사람들의 생활 환경이 훼손됩니다.

18 공기 중에 수증기가 포함된 정도를 습도라고 합니다.

19 공기 중의 수증기가 차가운 창문 표면에 닿아 응결해 나타난 현상으로, 비슷한 자연 현상은 이슬입니다.

20 차가운 공기는 따뜻한 공기보다 무게가 무겁습니다.

21 시간이 지남에 따라 물체의 위치가 변할 때 물체가 운동한다고 합니다.

22 움직이는 케이블카는 속력이 일정한 운동을 합니다.

23 에어백은 탑승자의 충격을 줄여 줍니다.

24 묽은 염산은 색깔이 없고 투명합니다.

25 묽은 염산은 대리암 조각과 달걀 껍데기를 녹입니다.